Fischer

IAS-Abschlüsse von
Einzelunternehmungen

Rechnungswesen und Steuern

IAS-Abschlüsse von Einzelunternehmungen

Rechtliche Grundlagen und finanzwirtschaftliche Analyse

Von
Dipl.-Kfm. Dr. Wolfgang-Wilhelm Fischer

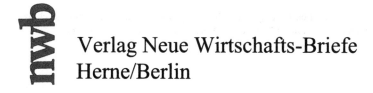

Verlag Neue Wirtschafts-Briefe
Herne/Berlin

Die Deutsche Bibliothek – CIP-Einheitsaufnahme

Fischer, Wolfgang-Wilhelm:
IAS-Abschlüsse von Einzelunternehmungen:
rechtliche Grundlagen und finanzwirtschaftliche Analyse /
von Wolfgang-Wilhelm Fischer. – Herne ; Berlin :
Verl. Neue Wirtschafts-Briefe, 2001
  (Rechnungswesen und Steuern)
  Zugl.: Osnabrück, Univ., Diss., 2001
  ISBN 3-482-53641-4

ISBN 3-482-**53641**-4

© Verlag Neue Wirtschafts-Briefe GmbH & Co., Herne/Berlin 2001

Alle Rechte vorbehalten.

Dieses Buch und alle in ihm enthaltenen Beiträge und Abbildungen sind urheberrechtlich geschützt. Mit Ausnahme der gesetzlich zugelassenen Fälle ist eine Verwertung ohne Einwilligung des Verlages unzulässig.

Druck: Bercker, Kevelaer

Vorwort

Durch das Kapitalaufnahmeerleichterungsgesetz (KapAEG) wurden internationale Rechnungslegungsstandards – insbesondere die IAS – unter bestimmten Voraussetzungen für die Konzernabschlüsse von deutschen Unternehmungen anwendbar. Sollten auch die Einzelabschlüsse in Zukunft nach den IAS erstellt werden, weist die vorliegende Arbeit nach, daß finanzwirtschaftliche Jahresabschlußanalysen in wesentlichen Punkten geändert werden müßten.
Um einzelne Änderungen für finanzwirtschaftliche Analysen verstehen zu können, werden die konzeptionellen Unterschiede von HGB- und IAS-Abschlüssen in den ersten Kapiteln herausgearbeitet, wobei im Gegensatz zu sonstigen Abhandlungen die anerkannten Systematisierungen für HGB-Abschlüsse als generelle Leitlinie dienen. Daher ist der Teil als Lern- und Arbeitshilfe für Praktiker sowie Studenten der Wirtschafts- und Rechtswissenschaften besonders geeignet, sollen die unterschiedlichen Konzeptionen der beiden Rechnungslegungssysteme erstmalig erarbeitet werden.
Infolge dieser Unterschiede sind die notwendigen Voraussetzungen des allgemeinen Übergangs von HGB- zu IAS-Abschlüssen unter der besonderen Berücksichtigung der deutschen Bilanzrechtsspezifika im nachfolgenden Kapitel abzuklären, ehe IAS-Abschlüsse von Einzelunternehmungen hinsichtlich ihrer Aufbereitungserfordernisse für finanzwirtschaftliche Analysen untersucht werden. Dazu werden einschlägige IAS für alle Positionen, denen besondere Relevanz unter jahresabschlußanalytischen Gesichtspunkten zukommt, in ihren Einzelheiten dargestellt, hinsichtlich ihrer Beeinflußbarkeit gewürdigt und bezüglich ihrer Aufbereitungsmöglichkeiten analysiert, so daß konkrete Handlungsempfehlungen zur Erstellung von Strukturbilanzen für IAS-Abschlüsse von Einzelunternehmungen möglich werden. Da die klassischen Kennzahlendefinitionen und -interpretationen ungeachtet der zugrundeliegenden Rechnungslegungskonzeption übereinstimmen, bleibt die vorliegende Arbeit auf die analytische Aufbereitung beschränkt. Hierbei wird die vorsichtige Nutzung der vorliegenden Jahresabschlußinformationen propagiert, so daß die vorliegende Arbeit insbesondere den speziellen Belangen bei der einzelfallbezogenen Kreditwürdigkeitsprüfung gerecht wird. Insofern ist dieser Teil in erster Linie an erfahrene Praktiker gerichtet, wenngleich auch Studenten mit bilanzanalytischen Vorkenntnissen zur kritischeren Beurteilung von IAS-Abschlüssen befähigt werden.
Nachdem sämtliche Handlungsempfehlungen am umfassenden Beispielfall umgesetzt worden sind, faßt das letzte Kapitel schließlich die wünschenswerten Bilanzrechtsentwicklungen und jahresabschlußanalytischen Konsequenzen für kreditgewährende Finanzinstitute zusammen.

Dabei basiert die Untersuchung auf dem Rechtsstand, der für Jahresabschlüsse zum 31.12.2000 gilt. Bezüglich neuerer Entwicklungen ist die Beachtung von einschlägigen Literaturquellen unerläßlich.

In dieser Form wäre die Arbeit, die der Fachbereich Wirtschaftswissenschaften der Universität Osnabrück unter dem Titel "IAS-Abschlüsse von Einzelunternehmungen als Grundlage von Kreditwürdigkeitsprüfungen" am 01. März 2001 als Dissertation angenommen hat, ohne die Unterstützung von vielen Personen nicht entstanden. Ihnen sei mein aufrichtiger Dank an dieser Stelle ausgesprochen.

Meine besondere Anerkennung gilt meinem verehrten Doktorvater, Herrn Prof. Dr. Peter Betge, für seine fachliche Unterstützung und seinen freundschaftlichen Beistand. Durch die kritische Durchsicht meines Manuskriptes und die vielen Stunden eingehender Besprechungen hat die vorliegende Arbeit wertvolle Anregungen erfahren. Ebenfalls großer Dank gebührt Herrn Prof. Dr. Jörg Manfred Mössner, der in meiner Studienzeit das Interesse an Bilanzierungsfragen weckte und trotz zahlreicher Belastungen das Korreferat zur Promotion übernahm.

Daß sowohl sprachliche Fehler als auch überlange Sätze weitgehend vermieden wurden, ist Frau Elfriede Fischer zu verdanken. Ihre Korrekturarbeiten wird jeder Leser schätzen lernen. Das letzte Dankeswort gilt meinen Eltern, Agnes und Wolfgang Fischer, für die vielfältige Unterstützung während meiner Studien- und Promotionszeit. Mithin soll diese Arbeit meinen Eltern und Lehrern gewidmet sein.

Osnabrück, im Juli 2001   Wolfgang-Wilhelm Fischer

Inhaltsverzeichnis

Vorwort...	V
Inhaltsverzeichnis...	VII
Abbildungsverzeichnis..	XI
Tabellenverzeichnis..	XII
Abkürzungsverzeichnis...	XVIII
Symbolverzeichnis..	XXI

1	**Jahresabschlüsse als Grundlage von Kreditwürdigkeitsprüfungen bzw. -überwachungen**..	1
1.1	Gegenstand von Kreditwürdigkeitsprüfungen bzw. -überwachungen..	1
1.2	Gegenstand von Jahresabschlußanalysen...	5
1.3	Problemstellung und Vorgehensweise..	7
2	**Konzeptionelle Grundlagen**..	9
2.1	Systematik von Rechnungslegungsvorschriften.................................	9
2.1.1	HGB-Abschlüsse..	9
2.1.2	IAS-Abschlüsse..	10
2.2	Zielsetzungen von Jahresabschlüssen...	16
2.2.1	HGB-Abschlüsse..	16
2.2.2	IAS-Abschlüsse..	18
2.3	Bestandteile von Jahresabschlüssen..	20
2.3.1	HGB-Abschlüsse..	20
2.3.2	IAS-Abschlüsse..	22
2.3.2.1	Bilanz (balance sheet)..	23
2.3.2.2	Gewinn- und Verlustrechnung (income statement)............................	26

2.3.2.3	Kapitalflußrechnung (cash flow statement)	29
2.3.2.4	Eigenkapitalspiegel (statement showing changes in equity)	32
2.3.2.5	Erläuterungen (notes)	33
2.4	Rechnungslegungsgrundsätze	36
2.4.1	HGB-Abschlüsse	36
2.4.2	IAS-Abschlüsse	38
2.4.2.1	Systematik von Rechnungslegungsgrundsätzen	38
2.4.2.2	Rahmengrundsätze	40
2.4.2.3	Systemgrundsätze	48
2.4.2.4	Grundsätze zur Konkretisierung von Informationsaufgaben	51
2.4.2.5	Grundsätze zur Konkretisierung von Zahlungsbemessungsaufgaben	55
3	**Bilanzierungs- und Bewertungsgrundlagen**	60
3.1	HGB-Abschlüsse	60
3.2	IAS-Abschlüsse	67
3.2.1	Vermögenswerte (assets)	67
3.2.1.1	Bilanzieller Ansatz	68
3.2.1.1.1	Abstrakte Bilanzierungsfähigkeit	68
3.2.1.1.2	Konkrete Bilanzierungsfähigkeit	71
3.2.1.1.3	Zurechnung zum Betriebsvermögen	72
3.2.1.2	Bilanzielle Bewertung	73
3.2.1.2.1	Grundlegende Wertmaßstäbe	73
3.2.1.2.2	Zugangsbewertung	75
3.2.1.2.3	Folgebewertung	79
3.2.2	Schulden (liabilities)	88
3.2.2.1	Bilanzieller Ansatz	88
3.2.2.2	Bilanzielle Bewertung	92
3.2.3	Eigenkapital (equity)	96

Inhaltsverzeichnis IX

4	**Bilanzrechtlicher Übergang von HGB- zu IAS-Abschlüssen für deutsche Einzelunternehmungen**...............	97
4.1	Unmittelbare Zahlungsbemessungsfunktion von HGB-Abschlüssen................	97
4.2	Maßgeblichkeit von Handels- für Steuerbilanzen.............	101
4.3	Erweiterte Rechnungslegungspflichten in IAS-Abschlüssen.............	107
5	**Analyse von Einzelabschlüssen nach Regelungen zur IAS-Rechnungslegung für Zwecke von Kreditwürdigkeitsprüfungen**...............	109
5.1	Finanzwirtschaftliche Jahresabschlußanalyse................	109
5.2	Sachanlagevermögen..............	112
5.2.1	Neubewertete Vermögenswerte (assets)...............	113
5.2.2	Öffentliche Zuschüsse (government grands)...............	117
5.2.3	Fremdkapitalkosten (borrowing costs)...............	121
5.3	Finanzanlagevermögen..............	126
5.3.1	Neubewertete Finanzinvestitionen (investments)...............	127
5.3.2	Außerplanmäßige Wertänderungen...............	134
5.3.3	Finanzanlagen in Immobilien (investment properties)...............	139
5.3.4	Latente Steuerforderungen (deferred tax assets)...............	144
5.4	Immaterielle Vermögenswerte (intangible assets)...............	149
5.4.1	Geschäfts- oder Firmenwerte (goodwill)...............	150
5.4.2	Sonstige immaterielle Vermögenswerte (intangible assets)...............	157
5.5	Umlaufvermögen (current assets)...............	164
5.5.1	Vorräte (inventories)...............	164
5.5.2	Langfristige Fertigungsaufträge (construction contracts)...............	171
5.5.3	Erhaltene Anzahlungen (progress payments)...............	188
5.5.4	Kurzfristige Finanzinvestitionen (current investments)...............	191
5.5.5	Eigene Anteile...............	196

5.6	Fremdkapital	198
5.6.1	Pensionsrückstellungen	199
5.6.2	Latente Steuerverbindlichkeiten (deferred tax liabilities)	212
5.6.3	Sonstige Rückstellungen (provisions)	216
5.6.4	Eventualverbindlichkeiten (contingent liabilities)	227
5.7	Zusammenfassender Überblick über erarbeitete Aufbereitungsempfehlungen	230
5.8	Erfolgswirtschaftliche Jahresabschlußanalyse	233
6	**Beispielfall**	238
7	**Schlußbetrachtung**	259
Literaturverzeichnis		263
Gesetzesmaterialien		277
Stichwortverzeichnis		278

Abbildungsverzeichnis

Abb. 1.01: Entwicklung von Insolvenzen deutscher Unternehmungen und Privatpersonen im Zeitraum zwischen 1991 und 1998............................ 1
Abb. 1.02: Bestandteile von Kreditwürdigkeitsprüfungen bzw. -überwachungen.. 2
Abb. 1.03: Kriterien und Informationsquellen zur Bonitätsprüfung von Kreditnehmern... 3

Abb. 2.01: Normenhierarchie von Regelungen zur IAS-Rechnungslegung........ 10
Abb. 2.02: Funktionen von HGB-Abschlüssen.. 17
Abb. 2.03: Informationsbereiche von Anhangangaben in HGB-Abschlüssen.... 22
Abb. 2.04: Systematisierung von Bilanzierungsgrundsätzen zur HGB-Rechnungslegung.. 37
Abb. 2.05: Systematisierung von Grundprinzipien zur IAS-Rechnungslegung.. 39

Abb. 3.01: Abstrakte Bilanzierungskriterien von Vermögenspositionen in IAS-Abschlüssen... 68
Abb. 3.02: Kategorien von Vermögenswerten (assets) nach Regelungen zur IAS-Rechnungslegung... 74
Abb. 3.03: Verbuchung von Neubewertungen (revaluations) in IAS-Abschlüssen... 83
Abb. 3.04: Abstrakte Bilanzierungskriterien von Schuldpositionen in IAS-Abschlüssen... 88

Abb. 5.01: Teilbereiche der finanzwirtschaftlichen Jahresabschlußanalyse........ 109
Abb. 5.02: Überblick über unterschiedliche Implikationen von bilanzpolitischen Zielsetzungen.. 110
Abb. 5.03: Überblick über jahresabschlußanalytische Aufbereitungsmaßnahmen... 111
Abb. 5.04: Überblick über unterschiedliche Methoden zur erfolgswirksamen Auflösung von negativen Unterschiedsbeträgen (negative goodwill)... 152
Abb. 5.05: Voraussetzungen für Segmentierungen und Zusammenfassungen beim Bilanz- und Erfolgsausweis von Fertigungsaufträgen (construction contracts)... 173
Abb. 5.06: Klassifizierung von üblichen Durchführungswegen für betriebliche Altersversorgungen in IAS-Abschlüssen.. 200
Abb. 5.07: Teilbereiche der erfolgswirtschaftlichen Jahresabschlußanalyse...... 234

Tabellenverzeichnis

Tab. 2.01:	Übersicht über Standards zur IAS-Rechnungslegung, deren Anwendung für Geschäftsjahre mit Beginn ab 01.01.2000 verpflichtend ist...	12
Tab. 2.02:	Eigenkapitalgeber-Fremdkapitalgeber-Konflikt...	17
Tab. 2.03:	Mindestgliederung von Bilanzpositionen in HGB-Abschlüssen...	20
Tab. 2.04:	Mindestgliederung von Bilanzpositionen in IAS-Abschlüssen von Einzelunternehmungen...	23
Tab. 2.05:	Gliederungsempfehlung für die Bilanz (balance sheet) laut dem Anhang zum IAS 1...	25
Tab. 2.06:	Mindestgliederung von Erfolgspositionen in IAS-Abschlüssen von Einzelunternehmungen...	27
Tab. 2.07:	Gliederungsempfehlung für die Gewinn- und Verlustrechnung (income statement) nach dem Umsatzkostenverfahren laut dem Anhang zum IAS 1...	27
Tab. 2.08:	Gliederungsempfehlung für die Gewinn- und Verlustrechnung (income statement) nach dem Gesamtkostenverfahren laut dem Anhang zum IAS 1...	28
Tab. 2.09:	Gliederungsempfehlung für die Kapitalflußrechnung (cash flow statement) nach direkter Methode laut dem Anhang zum IAS 7...	30
Tab. 2.10:	Gliederungsempfehlung für die Kapitalflußrechnung (cash flow statement) nach indirekter Methode laut dem Anhang zum IAS 7...	31
Tab. 2.11:	Eigenkapitalspiegel (statement showing changes in equity) in IAS-Abschlüssen...	33
Tab. 2.12:	Anlagenspiegel in IAS-Abschlüssen...	35
Tab. 2.13:	Erläuterungen (notes) zu Finanzinstrumenten (financial instruments) in IAS-Abschlüssen...	36
Tab. 2.14:	Überblick über wesentliche Bestimmungen zur Einzelabbildung in IAS-Abschlüssen...	50
Tab. 2.15:	Übersicht über wesentliche Abweichungen zur Einzelabbildung in IAS-Abschlüssen...	51
Tab. 3.01:	Explizite Aktivierungsverbote, -gebote und -wahlrechte in HGB-Abschlüssen...	60
Tab. 3.02:	Bestandteile von Anschaffungskosten in HGB-Abschlüssen...	61
Tab. 3.03:	Bestandteile von Herstellungskosten in HGB-Abschlüssen...	62
Tab. 3.04:	Formen von Abschreibung und Wertmaßstäbe zur Folgebewertung von Vermögenspositionen in HGB-Abschlüssen...	63

Tab. 3.05:	Explizite Passivierungsgebote, -wahlrechte und -verbote in HGB-Abschlüssen..	64
Tab. 3.06:	Wertmaßstäbe zur Zugangsbewertung von Schulden in HGB-Abschlüssen..	65
Tab. 3.07:	Überblick über Aktivierungsgebote, -wahlrechte und -verbote in IAS-Abschlüssen mit besonderer Relevanz für konzernunabhängige Unternehmungen...	71
Tab. 3.08:	Bestandteile von Anschaffungskosten in IAS-Abschlüssen...............	75
Tab. 3.09:	Bestandteile von Herstellungskosten in IAS-Abschlüssen.................	77
Tab. 3.10:	Formen von Wertberichtigungen und Wertmaßstäbe zur Folgebewertung von Anlagevermögen in IAS-Abschlüssen.......................	79
Tab. 3.11:	Formen von Wertberichtigungen und Wertmaßstäbe zur Folgebewertung von Umlaufvermögen in IAS-Abschlüssen.......................	79
Tab. 3.12:	Ermittlung von realisierbaren Nettoveräußerungserlösen (net realisable values) zur bilanziellen Vorratsbewertung in IAS-Abschlüssen..	86
Tab. 3.13:	Überblick über Passivierungsgebote, -wahlrechte und -verbote in IAS-Abschlüssen mit besonderer Relevanz für konzernunabhängige Unternehmungen...	92
Tab. 3.14:	Wertmaßstäbe zur Zugangsbewertung von Schuldpositionen in IAS-Abschlüssen..	93
Tab. 5.01:	Strukturbilanzschema für IAS-Abschlüsse..	111
Tab. 5.02:	Beispiel zur Neubewertung (revaluation) von Sachanlagen...............	116
Tab. 5.03:	Beispiel zur Neubewertung (revaluation) von Sachanlagen in Strukturbilanzen..	117
Tab. 5.04:	Beispiel zur Bilanzierung öffentlicher Zuschüsse (government grands)...	120
Tab. 5.05:	Beispiel zur Berücksichtigung öffentlicher Zuschüsse (government grands) in Strukturbilanzen...	121
Tab. 5.06:	Beispiel zur Bilanzierung von Fremdkapitalkosten (borrowing costs)..	124
Tab. 5.07:	Beispiel zur Berücksichtigung von Fremdkapitalkosten (borrowing costs) in Strukturbilanzen..	125
Tab. 5.08:	Beispielhafte Datensituation zur Bewertung von Finanzanlagen......	131
Tab. 5.09:	Beispiel zur Bewertung von Finanzanlagen.......................................	132
Tab. 5.10:	Beispiel zur Berücksichtigung von Finanzanlagen in Strukturbilanzen...	133
Tab. 5.11:	Beispielhafte Datensituation zur Berücksichtigung vorübergehender Wertminderungen von Finanzanlagen...	136

Tab. 5.12: Beispiel zur Berücksichtigung vorübergehender Wertminderungen von Finanzanlagen... 137

Tab. 5.13: Beispiel zur Berücksichtigung vorübergehender Wertminderungen von Finanzanlagen in Strukturbilanzen... 138

Tab. 5.14: Quantitative Erläuterungspflichten für Finanzanlagen in Immobilien (investment properties) in Abhängigkeit vom Bilanzausweis... 140

Tab. 5.15: Beispiel zur Bilanzierung von Finanzanlagen in Immobilien (investment properties)... 142

Tab. 5.16: Beispiel zur Berücksichtigung von Finanzanlagen in Immobilien (investment properties) in Strukturbilanzen... 143

Tab. 5.17: Beispiel zur Bilanzierung latenter Steuerforderungen (deferred tax assets)... 149

Tab. 5.18: Beispiel zur Berücksichtigung latenter Steuerforderungen (deferred tax assets) in Strukturbilanzen... 149

Tab. 5.19: Buchwertermittlung von Geschäfts- oder Firmenwerten (goodwill)... 151

Tab. 5.20: Beispielhafte Datensituation zur Bilanzierung von Geschäfts- oder Firmenwerten (goodwill)... 156

Tab. 5.21: Beispiel zur Bilanzierung von Geschäfts- oder Firmenwerten (goodwill)... 157

Tab. 5.22: Beispiel zur Berücksichtigung von Geschäfts- oder Firmenwerten (goodwill) in Strukturbilanzen... 157

Tab. 5.23: Beispiel zur Bilanzierung immaterieller Vermögenswerte (intangible assets)... 163

Tab. 5.24: Beispiel zur Berücksichtigung immaterieller Vermögenswerte (intangible assets) in Strukturbilanzen... 163

Tab. 5.25: Überblick über Verbrauchsfolgeverfahren... 165

Tab. 5.26: Tendentielle Konsequenzen von unterschiedlichen Verbrauchsfolgeverfahren für bilanzielle bzw. strukturbilanzielle Vorratsausweise bei steigenden Preisen... 168

Tab. 5.27: Ermittlung von Vorratsbeständen und -aufwendungen unter Zugrundelegung von Verbrauchsfolgeverfahren... 169

Tab. 5.28: Beispiel zur Bilanzierung von Vorräten (inventories) unter Zugrundelegung von Verbrauchsfolgeverfahren... 170

Tab. 5.29: Beispiel zur Berücksichtigung von Vorräten (inventories) unter Zugrundelegung von Verbrauchsfolgeverfahren in Strukturbilanzen... 170

Tab. 5.30: Ermittlung von Periodenerfolgen für einzelne Fertigungsaufträge (construction contracts)... 176

Tab. 5.31:	Formeln zur Ermittlung von Auftragserfolgen für einzelne Rechnungslegungsperioden.	178
Tab. 5.32:	Buchwertermittlung für Aufträge in Bearbeitung.	180
Tab. 5.33:	Beispielhafte Ausgangssituation zur Bilanzierung langfristiger Fertigungsaufträge (construction contracts).	183
Tab. 5.34:	Buchwertermittlung von Fertigungsaufträgen (construction contracts) bei getrennter Bilanzierung mit Teilgewinnausweis (percentage-of-completion-method).	184
Tab. 5.35:	Buchwertermittlung von Fertigungsaufträgen (construction contracts) bei getrennter Bilanzierung mit Gewinnausweis bei Fertigstellung (completed-contracted-method).	184
Tab. 5.36:	Buchwertermittlung von Fertigungsaufträgen (construction contracts) bei gemeinsamer Bilanzierung mit Teilgewinnausweis (percentage-of-completion-method).	185
Tab. 5.37:	Beispiel zur Bilanzierung langfristiger Fertigungsaufträge (construction contracts).	186
Tab. 5.38:	Beispiel zur Berücksichtigung langfristiger Fertigungsaufträge (construction contracts) in Strukturbilanzen.	187
Tab. 5.39:	Beispiel zur Bilanzierung erhaltener Anzahlungen (progress payments).	190
Tab. 5.40:	Beispiel zur Berücksichtigung erhaltener Anzahlungen (progress payments) in Strukturbilanzen.	190
Tab. 5.41:	Beispielhafte Datensituation zur Bilanzierung kurzfristiger Finanzinvestitionen (current investments).	194
Tab. 5.42:	Beispiel zur Bilanzierung kurzfristiger Finanzinvestitionen (current investments).	194
Tab. 5.43:	Beispiel zur Berücksichtigung kurzfristiger Finanzinvestitionen (current investments) in Strukturbilanzen.	195
Tab. 5.44:	Beispiel zur Bilanzierung eigener Anteile.	198
Tab. 5.45:	Beispiel zur Berücksichtigung eigener Anteile in Strukturbilanzen.	198
Tab. 5.46:	Buchwertermittlung für leistungsorientierte Versorgungszusagen (defined benefit plans).	201
Tab. 5.47:	Ermittlung von Personalaufwendungen für leistungsorientierte Versorgungszusagen (defined benefit plans).	202
Tab. 5.48:	Ermittlung von Differenzbeträgen aus leistungsorientierten Versorgungszusagen (defined benefit plans).	205
Tab. 5.49:	Buchwertermittlung für Pensionsrückstellungen.	210
Tab. 5.50:	Beispiel zur Bilanzierung von Pensionsrückstellungen.	211
Tab. 5.51:	Beispiel zur Berücksichtigung von Pensionsrückstellungen in Strukturbilanzen.	212

Tab. 5.52:	Beispiel zur Bilanzierung latenter Steuerverbindlichkeiten (deferred tax liabilities)	215
Tab. 5.53:	Beispiel zur Berücksichtigung latenter Steuerverbindlichkeiten (deferred tax liabilities) in Strukturbilanzen	216
Tab. 5.54:	Beispielhafte Datensituation zur Bilanzierung von Rückstellungen (provisions)	225
Tab. 5.55:	Beispiel zur Bilanzierung von Rückstellungen (provisions)	226
Tab. 5.56:	Beispiel zur Berücksichtigung von Rückstellungen (provisions) in Strukturbilanzen	226
Tab. 5.57:	Beispiel zur Erfassung von Eventualverbindlichkeiten (contingent liabilities)	230
Tab. 5.58:	Beispiel zur Berücksichtigung von Eventualverbindlichkeiten (contingent liabilities) in Strukturbilanzen	230
Tab. 5.59:	Zusammenfassung von Aufbereitungsmaßnahmen für IAS-Abschlüsse	231
Tab. 5.60:	Jahresabschlußanalytische Aufbereitung für die Gewinn- und Verlustrechnung nach dem Umsatzkostenverfahren	235
Tab. 5.61:	Jahresabschlußanalytische Aufbereitung für die Gewinn- und Verlustrechnung nach dem Gesamtkostenverfahren	236
Tab. 6.01:	Beispielhafte Datensituation zur Berücksichtigung vorübergehender Wertminderungen von Finanzanlagen	239
Tab. 6.02:	Beispielhafte Ausgangssituation zur Bilanzierung langfristiger Fertigungsaufträge	240
Tab. 6.03:	Beispielhafte Datensituation zur Bilanzierung kurzfristiger Finanzinvestitionen	241
Tab. 6.04:	Beispielhafte Datensituation zur Bilanzierung von Rückstellungen.	242
Tab. 6.05:	Beispielhafte Veränderungsbilanz der Unternehmung mit guten Vermögens-, Finanz- und Ertragslagen bzw. -entwicklungen	243
Tab. 6.06:	Beispielhafte Gewinn- und Verlustrechnung der Unternehmung mit guten Vermögens-, Finanz- und Ertragslagen bzw. -entwicklungen nach Maßgabe des Umsatzkostenverfahrens	243
Tab. 6.07:	Beispielhafte Erläuterungen zum IAS-Abschluß der Unternehmung mit guten Vermögens-, Finanz- und Ertragslagen bzw. -entwicklungen	244
Tab. 6.08:	Beispielhafte Veränderungsbilanz der Unternehmung mit schlechten Vermögens-, Finanz- und Ertragslagen bzw. -entwicklungen	245
Tab. 6.09:	Beispielhafte Gewinn- und Verlustrechnung der Unternehmung mit schlechten Vermögens-, Finanz- und Ertragslagen bzw. -entwicklungen nach Maßgabe des Umsatzkostenverfahrens	245

Tab. 6.10:	Beispielhafte Erläuterungen zum IAS-Abschluß der Unternehmung mit schlechten Vermögens-, Finanz- und Ertragslagen bzw. -entwicklungen...	246
Tab. 6.11:	Beispielhafte Strukturbilanz für die Unternehmung mit guten Vermögens-, Finanz- und Ertragslagen bzw. -entwicklungen................	247
Tab. 6.12:	Beispielhafte Gewinn- und Verlustrechnung für die Unternehmung mit guten Vermögens-, Finanz- und Ertragslagen bzw. -entwicklungen nach jahresabschlußanalytischen Aufbereitungen..........	250
Tab. 6.13:	Beispielhafte Strukturbilanz für die Unternehmung mit schlechten Vermögens-, Finanz- und Ertragslagen bzw. -entwicklungen..........	252
Tab. 6.14:	Beispielhafte Gewinn- und Verlustrechnung für die Unternehmung mit schlechten Vermögens-, Finanz- und Ertragslagen bzw. -entwicklungen nach jahresabschlußanalytischen Aufbereitungen...	255
Tab. 6.15:	Strukturbilanzdifferenzen im Beispielfall..	256
Tab. 6.16:	Ursachen von Strukturbilanzdifferenzen im Beispielfall..................	257
Tab. 7.01:	Überblick über Aufbereitungsmaßnahmen für IAS-Abschlüsse von Einzelunternehmungen für Zwecke von Kreditwürdigkeitsprüfungen...	260

Abkürzungsverzeichnis

a.A.	andere(r) Ansicht
Abb.	Abbildung
Abl.	Amtsblatt
Abs.	Absatz
a.F.	alte Fassung
AG	Die Aktiengesellschaft (Zeitschrift)
AktG	Aktiengesetz
aktiv.f.	aktivierungsfähig
Art.	Artikel
Aufl.	Auflage
BB	Betriebs-Berater (Zeitschrift)
BFH	Bundesfinanzhof
BFuP	Betriebswirtschaftliche Forschung und Praxis (Zeitschrift)
BGBl.	Bundesgesetzblatt
BiRiLiG	Bilanzrichtlinien-Gesetz
BR-Drucks.	Bundesrat-Drucksache
Bsp.	Beispiel(e)
BStBl.	Bundessteuerblatt
BT-Drucks.	Bundestag-Drucksache
BVerfG	Bundesverfassungsgericht
BVerfGE	Amtliche Sammlung von Entscheidungen des Bundesverfassungsgerichts
bzw.	beziehungsweise
DATEV	Datenverarbeitungsorganisation der steuerberatenden Berufe e.G.
DB	Der Betrieb (Zeitschrift)
DM	Deutsche Mark
DMBG	DM-Bilanz-Gesetz
ders.	derselbe
dies.	dieselbe(n)
DRSC	Deutsches Rechnungslegungs-Standard Committee
DStR	Deutsches Steuerrecht (Zeitschrift)
DStZ	Deutsche Steuer-Zeitung
E	Exposure Draft
EG	Europäische Gemeinschaft
e.G.	eingetragene Genossenschaft
EGHGB	Einführungsgesetz zum Handelsgesetzbuche

EStG	Einkommensteuergesetz
et al.	et alii, et alia
etc.	et cetera
EU	Europäische Union
e.V.	eingetragener Verein
EWG	Europäische Wirtschaftsgemeinschaft
f	folgend
F	Framework for the Preparation and Presentation of Financial Statements
FASB	Financial Accounting Standards Board
ff	fortfolgend
Fifo	First-in-first-out
GAAP	Generally Accepted Accounting Principles
GE	Geldeinheiten
GEFIU	Gesellschaft für Finanzwirtschaft in der Unternehmensführung e.V.
GG	Grundgesetz
GmbHG	Gesetz betreffend die Gesellschaften mit beschränkter Haftung
Gr. S.	Großer Senat
HGB	Handelsgesetzbuch
Hrsg.	Herausgeber
IAS	International Accounting Standard(s)
IASC	International Accounting Standards Committee
IDW	Institut der Wirtschaftsprüfer in Deutschland e.V.
insb.	insbesondere
i.V.m.	in Verbindung mit
Jg.	Jahrgang
JoF	Journal of Finance
KapAEG	Gesetz zur Verbesserung der Wettbewerbsfähigkeit deutscher Konzerne an Kapitalmärkten und zur Erleichterung der Aufnahme von Gesellschafterdarlehn (Kapitalaufnahmeerleichterungsgesetz)
KNN	Künstliche Neuronale Netze
KonTraG	Gesetz zur Kontrolle und Transparenz im Unternehmensbereich
KPMG	Klynveld Peat Marwick Goerdeler Deutsche Treuhand
KWG	Kreditwesengesetz
lfd.	laufende(-r, -s)
Lifo	Last-in-first-out

m.e.M.	mit einzelnen Modifikationen
m.w.E.	mit weiteren Einzelheiten
m.w.N.	mit weiteren Nachweisen
Nr.	Nummer(n)
ÖBA	Österreichisches Bankarchiv (Zeitschrift)
o.Jg.	ohne Jahrgang
p.a.	per annum
rev.	revised
RIW	Recht der Internationalen Wirtschaft (Zeitschrift)
Rz.	Randziffer(n)
S.	Seite(n)
SEC	Securities and Exchange Commission
SFAS	Statements of Financial Accounting Standards
SIC	Standing Interpretations Committee
StB	Der Steuerberater (Zeitschrift)
StuW	Steuer und Wirtschaft (Zeitschrift)
SWI	Steuer Wirtschaft International (Zeitschrift)
t	Tonne(n)
Tab.	Tabelle
TDM	Tausend Deutsche Mark
Tz.	Teilziffer(n)
u.	und
US	United States (of America)
USA	United States of America
vgl.	vergleiche
VOB	Verdingungsordnung für Bauleistungen
WI	Wirtschaftsinformatik (Zeitschrift)
Wpg	Die Wirtschaftsprüfung (Zeitschrift)
ZfB	Zeitschrift für Betriebswirtschaft
ZfbF	Zeitschrift für betriebswirtschaftliche Forschung
ZIR	Zeitschrift Interne Revision

Symbolverzeichnis

AfA_{GFW}	Abschreibungen von derivativen Geschäfts- oder Firmenwerten (goodwill) im betrachteten Rechnungslegungszeitraum in GE
AiB	Buchwert von Aufträgen in Bearbeitung in GE
AiB_{EA}	Buchwertveränderungen von Aufträgen in Bearbeitung infolge erhaltener Anzahlungen (progress payments) in GE
AHK_{iAV}	historische bzw. fortgeführte Anschaffungs- oder Herstellungskosten von immateriellen Vermögenswerten (intangible assets) in GE
AHK_{SAV}	historische bzw. fortgeführte Anschaffungs- oder Herstellungskosten von Sachanlagen in GE
AK_{FAV}	Buchwert von marktfähigen Finanzinvestitionen (investments), die zu anderen Werten als aktuellen Marktwerten (market values) im grundsätzlichen Regelfall zu historischen Anschaffungskosten - bilanziert werden, in GE
AK_{KFI}	Buchwert von kurzfristigen Finanzinvestitionen (current investments), die zu anderen Werten als aktuellen Marktwerten (market values) im grundsätzlichen Regelfall zu historischen Anschaffungskosten bilanziert werden, in GE
BE_{GFW}	Betriebsergebnis ohne Abschreibungen von derivativen Geschäfts- oder Firmenwerte (goodwill) im betrachteten Rechnungslegungszeitraum in GE
bAzD	berücksichtigungspflichtige Aufwendungen für zurückliegende Dienstzeiten (past service costs) in GE/PE
bER	Buchwert von Erstattungsansprüchen in GE
BW_{FAV}	Buchwert von nicht-marktfähigen Finanzanlagen bei vorübergehenden Wertminderungen in GE
BZ_0	Betriebszugehörigkeit im Pensionszusagezeitpunkt $t = 0$ in PE
BZ_m	minimale Betriebszugehörigkeit, die zur Begründung von Pensionsansprüchen erforderlich ist, in PE
BZ_n	Betriebszugehörigkeit im spätesten Versorgungszeitpunkt $t = n$ in PE
BZ_t	Betriebszugehörigkeit im betrachteten Rechnungslegungszeitraum t in PE
$C_0(X)$	Kapitalwert von Größe X in GE

ΔX	Veränderung von Bilanzposition X im Rechnungslegungszeitraum in GE
ΔX^{St}	Veränderung von Strukturbilanzposition X im Zuge von Aufbereitungsmaßnahmen in GE
DRSt	Buchwertveränderungen von Rückstellungen (provisions) durch Diskontierungen in GE
EA	Buchwert eigener Anteile in GE
EK	bilanzielles Eigenkapital in GE
EK^{St}	strukturbilanzielles Eigenkapital in GE
ER_t	Auftragserfolg in Periode t in GE
EV	Wert von Eventualverbindlichkeiten (contingent liabilities) nach Abzug von Erstattungsansprüchen in GE
FAV	bilanzielles Finanzanlagevermögen in GE
FAV^{St}	strukturbilanzielles Finanzanlagevermögen in GE
FG_t	Fertigstellungsgrad (stage of completion) in Periode t in GE/GE
FiI	Buchwert von Finanzanlagen in Immobilien (investment properties) in GE
FiI_{SAV}	Buchwert von Finanzanlagen in Immobilien (investment properties), die als Sachanlagevermögen bilanziert werden, in GE
FKK	Fremdkapitalkosten (borrowing costs), deren erstmalige Bilanzierung im betrachteten Rechnungslegungszeitraum erfolgt, in GE
FOR	bilanzielles Forderungsvermögen in GE
FOR^{St}	strukturbilanzielles Forderungsvermögen in GE
FV_{FAV}	beizulegender Wert (fair value) von nicht-marktfähigen Finanzanlagen bei vorübergehenden Wertminderungen in GE
GFW	Buchwert von derivativen Geschäfts- oder Firmenwerten (goodwill) in GE
GFW^{St}	strukturbilanzieller Wert von derivativen Geschäfts- oder Firmenwerten (goodwill) in GE
GFW_{nU}	Buchwert von derivativen Geschäfts- oder Firmenwerten (goodwill) vor Abzug von negativen Unterschiedsbeträgen (negative goodwill) in GE
GK_t^a	angefallene Gesamtauftragskosten in Periode t in GE
GK_t^s	geschätzte Gesamtauftragskosten in Periode t in GE

Symbolverzeichnis

GR	bilanzielle Gewinnrücklagen in GE
GR^{St}	strukturbilanzielle Gewinnrücklagen in GE
GS	Gehaltssteigerungen als Prozentsatz vom Nettogehalt in $\frac{GE/PE}{GE/PE}$
GU_t^s	geschätzte Gesamtauftragserlöse in Periode t in GE
iAV	Buchwert von immateriellen Vermögenswerten (intangible assets) in GE
iAV^{St}	strukturbilanzieller Wert von immateriellen Vermögenswerten (intangible assets) in GE
KFI	Buchwert von kurzfristigen Finanzinvestitionen (current investments) in GE
KFI^{St}	strukturbilanzieller Wert von kurzfristigen Finanzinvestitionen (current investments) in GE
lStf	Buchwert latenter Steuerforderungen (deferred tax assets) in GE
lStv	Buchwert von latenten Steuerverbindlichkeiten (deferred tax liabilities) in GE
$lStv^{St}$	strukturbilanzieller Wert von latenten Steuerverbindlichkeiten (deferred tax liabilities) in GE
MW_{FAV}	aktuelle Marktwerte (market values) von marktfähigen Finanzinvestitionen (investments), die zu anderen Werten bilanziert werden, in GE
MW_{KFI}	aktueller Marktwert (market value) von kurzfristigen Finanzinvestitionen (current investments), die zu anderen Werten bilanziert werden, in GE
NB_{iAV}	Neubewertungsbetrag (revalued amount) für immaterielle Vermögenswerte (intangible assets) in GE
NB_{SAV}	Neubewertungsbetrag (revalued amount) für Sachanlagen in GE
NBR	bilanzielle Neubewertungsrücklagen (revaluation surplus) in GE
NBR^{St}	strukturbilanzielle Neubewertungsrücklagen (revaluation surplus) in GE
NG_0	Nettogehalt im Pensionszusagezeitpunkt t = 0 in GE/PE
nU	Buchwert von negativen Unterschiedsbeträgen (negative goodwill) in GE
nU^{St}	strukturbilanzieller Wert von negativen Unterschiedsbeträgen (negative goodwill) in GE
PA	erdiente Pensionsansprüche pro Rechnungslegungsperiode in GE/PE

PA_n	erdiente Pensionsansprüche im spätesten Versorgungszeitpunkt t = n in GE
PA_t	erdiente Pensionsansprüche im Rechnungslegungszeitraum t in GE
pDB	passivische Differenzbeträge in GE
PRSt	bilanzielle Pensionsrückstellungen in GE
$PRSt^{St}$	strukturbilanzielle Pensionsrückstellungen in GE
PZ	Pensionszusage als Prozentsatz vom Nettoendgehalt in $\frac{GE/PE}{GE/PE}$
RAP_{EA}	passivische (Rechnungs-) Abgrenzungsposten (deferred income) für erhaltene Anzahlungen (progress payments) in GE
RAP_{EA}^{St}	strukturbilanzielle Abgrenzungsposten für erhaltene Anzahlungen (progress payments) in GE
RAP_{Zu}	passivische (Rechnungs-) Abgrenzungsposten (deferred income) für vermögensbezogene Zuschüsse in GE
RAP_{Zu}^{St}	strukturbilanzielle (Rechnungs-) Abgrenzungsposten (deferred income) für vermögensbezogene Zuschüsse in GE
RSt	bilanzielle Rückstellungen (provisions) in GE
RSt^{St}	strukturbilanzielle Rückstellungen (provisions) in GE
s^{ErSt}	pauschaler Ertragsteuersatz in GE/GE
SAV	bilanzielles Sachanlagevermögen in GE
SAV^{St}	strukturbilanzielles Sachanlagevermögen in GE
t´	Laufindex für Rechnungslegungsperioden
uAzD	unrealisierte Aufwendungen für zurückliegende Dienstzeiten (past service costs) in GE
$uAzD_t$	unrealisierte Aufwendungen für zurückliegende Dienstzeiten (past service costs) im Rechnungslegungszeitraum t in GE
uDtU	unrealisierte Differenzbeträge aufgrund temporärer Übergangsregelungen in GE
UE_t	Auftragserlöse in Periode t in GE
uEvB	unrealisierte Erfolge aus versicherungsmathematischen Bewertungsänderungen in GE
UK_t^a	angefallene Auftragskosten in Periode t in GE
V^s	geschätzte Auftragsverluste in GE

Symbolverzeichnis XXV

VLL	Buchwert von Verbindlichkeiten aus Lieferung und Leistung in GE
VOR	bilanzielles Vorratsvermögen in GE
VOR_{EA}	Buchwertveränderungen von Vorräten (inventories) infolge erhaltener Anzahlungen (progress payments) in GE
VOR_{VF}	Korrekturwert für bilanzielles Vorratsvermögen bei alternativer Anwendung von bevorzugten Verbrauchsfolgeverfahren oder stichtagsbezogenen Marktbewertungen in GE
VOR^{St}	strukturbilanzielles Vorratsvermögen in GE
ZU_{GFW}	Zugänge an derivativen Geschäfts- oder Firmenwerten (goodwill) im betrachteten Rechnungslegungszeitraum in GE

1 Jahresabschlüsse als Grundlage von Kreditwürdigkeitsprüfungen bzw. -überwachungen

Mit der zunehmenden Anzahl an Insolvenzen, deren zeitliche Entwicklung in Deutschland vom nachfolgenden Diagramm 1.01 wiedergegeben wird, stiegen die voraussichtlichen Forderungsausfälle auf Beträge, deren mangelnde Deckung zu Existenzschwierigkeiten für einzelne Finanzinstitute[1] führen kann. So waren 33.977 Insolvenzen von deutschen Unternehmungen und Privatpersonen im Jahr 1998 mit voraussichtlichen Forderungsausfällen von 39,3 Milliarden DM verbunden.[2]

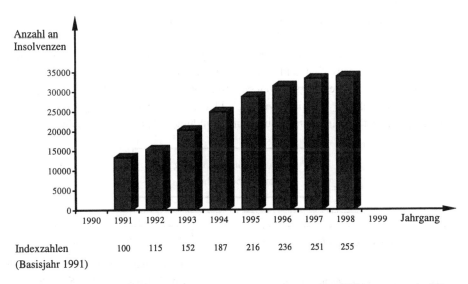

Abb. 1.01: Entwicklung von Insolvenzen deutscher Unternehmungen und Privatpersonen im Zeitraum zwischen 1991 und 1998[3]

1.1 Gegenstand von Kreditwürdigkeitsprüfungen bzw. -überwachungen

Vor diesem Hintergrund ist die einzelfallbezogene Kreditwürdigkeitsprüfung bzw. -überwachung für kreditgewährende Finanzinstitute unabhängig der gesetzlichen Ver-

---

[1] Daß keine Bezugnahme auf Begriffsdefinitionen im Kreditwesengesetz (KWG) erfolgt, hat den Grund im generellen Erfordernis der Kreditwürdigkeitsprüfung bzw. -überwachung bei Kreditvergaben und im möglichen Transfer der Untersuchungsergebnisse auf Finanzinstitute außerhalb Deutschlands.

[2] Vgl. Angele, J. (1999), S. 299ff m.w.E.

[3] Da offizielle Insolvenzzahlen für 1990 und 1999 infolge der deutsch-deutschen Wiedervereinigung bzw. der neugefaßten Insolvenzregelungen zu statistischen Brüchen führen, bleiben diese Werte unberücksichtigt.

pflichtung aus wirtschaftlichen Gesichtspunkten unerläßlich.[4] Im einzelnen werden folgende Zielsetzungen mit dieser Prüfung bzw. Überwachung verfolgt:[5]

(1) Erfassung und Begrenzung des erwarteten Risikos der mangelnden Fähigkeit oder Bereitschaft von Kreditnehmern, ihren Kreditverpflichtungen nachzukommen,

(2) Erfüllung der gesetzlichen Verpflichtung zur Prüfung der wirtschaftlichen Verhältnisse von Kreditnehmern[6] und

(3) Gewinnung von weiteren Erkenntnissen zur kundenorientierten Erfolgspotentialanalyse.

Unter vornehmlicher Berücksichtigung der vorgenannten Zielsetzungen kann die einzelfallbezogene Kreditwürdigkeitsprüfung bzw. -überwachung - ungeachtet unterschiedlicher Begriffsdefinitionen im betriebswirtschaftlichen Schrifttum - als systematische Beurteilung von einzelnen Kreditengagements im Hinblick auf Sicherheit, Nachhaltigkeit, Expansivität und Exklusivität durch Beschaffung, Verarbeitung und Bewertung von entscheidungsrelevanten Informationen über potentielle bzw. gegenwärtige Kreditnehmer definiert werden.[7] Dabei sind zwei Prüfungs- bzw. Überwachungsgegenstände in Entsprechung zur Abbildung 1.02 auseinanderzuhalten.

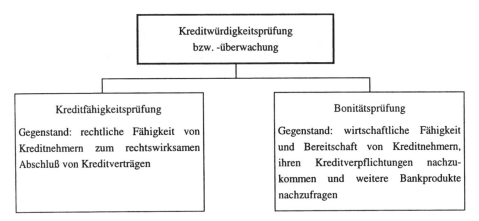

Abb. 1.02: Bestandteile von Kreditwürdigkeitsprüfungen bzw. -überwachungen[8]

---

[4] Vgl. Büschgen, H. (1998), S. 939; Hartmann-Wendels, T./Pfingsten, A./Weber, M. (1998), S. 150f.

[5] Vgl. Koberg, A. (1991), S. 62ff m.w.E.

[6] Nähere Erläuterungen über die gesetzlichen Verpflichtungen zur Kreditwürdigkeitsprüfung bzw. -überwachung gemäß den gegenwärtigen Bestimmungen im Kreditwesengesetz (KWG) enthalten folgende Literaturbeiträge: Becker, E. et al. in: Reischauer, F./Kleinhans, J. (1963ff), § 18 Tz. 1ff; Buchmann, P. (2000), S. 227ff u. 280ff; Sauer, W. (1996), S. 132ff.

[7] Vgl. Koberg, A. (1991), S. 69ff.

[8] Vgl. Büschgen, H. (1998), S. 940; Schierenbeck, H. (1999), S. 252f.

Gegenstand von Kreditwürdigkeitsprüfungen bzw. -überwachungen 3

Entgegen der Kreditfähigkeitsprüfung, die auf juristische Problemstellungen - etwa Geschäftsfähigkeit oder Vertretungsbefugnis von Kreditnehmern - beschränkt bleibt,[9] basiert die Bonitätsprüfung auf detaillierten Untersuchungen von Kreditnehmern hinsichtlich ihrer Leistungsfähigkeit und -bereitschaft. Welche unterschiedlichen **Kriterien und Informationsquellen zur Bonitätsprüfung** herangezogen werden, zeigt die nachfolgende Übersicht 1.03.

Bonitätskriterien			
wirtschaftliche Situation	zukünftige Entwicklungsperspektive	persönliche Wesensart	potentielle Kreditsicherheiten
Einzel- und Konzernabschlüsse	Technologierapport	persönliche Kontakte	Haftungsverhältnisse
Prüfungsberichte	Produktionsprogramme	Betriebsbesichtigungen	Wertgutachten
Steuererklärungen bzw. -bescheide	Kunden- und Lieferanteninformationen	bisheriges Geschäftsverhalten	
DATEV-Bögen	technische Studien	Fähigkeitsnachweise (Zeugnisse, Diplome etc.)	
Zwischenberichte	volkswirtschaftliche Studien	Referenzen	
Planungsrechnungen	Branchenberichte	Wirtschaftsauskünfte	
Kreditgespräche	Wirtschafts- und Fachpresse	Handelsregisterauszüge	
Geschäftsauskünfte		Prüfungsberichte	
Informationsquellen			

Abb. 1.03: Kriterien und Informationsquellen zur Bonitätsprüfung von Kreditnehmern

Wenngleich sämtliche Informationsquellen zur zukünftigen Entwicklungsperspektive und persönlichen Wesensart in jüngerer Vergangenheit an praktischer Bedeutung gewonnen haben, müssen die handelsrechtlichen **Jahresabschlüsse** von Unternehmungen als die dominierende Informationsgrundlage zur Kreditwürdigkeitsprüfung[10] charakterisiert werden.[11] Ihre besondere Bedeutung für diese Zwecke besitzen die handels-

---

[9] Vgl. Büschgen, H. (1998), S. 940.
[10] Im folgenden wird der Begriff "Kreditwürdigkeitsprüfung" im Sinn des Begriffs "Bonitätsprüfung" verwendet.
[11] Vgl. Baetge, J. (1998), S. 8; Büschgen, H. (1998), S. 941; Hartmann-Wendels, T./Pfingsten, A./Weber, M. (1998), S. 161; Koberg, A. (1991), S. 61.

rechtlichen Jahresabschlüsse durch folgende Vorteile gegenüber anderen Informationsquellen:[12]

(1) einheitliche Erstellung und Prüfung von Jahresabschlüssen nach gesetzlichen Regelungen, wodurch ihre Akzeptanz, intersubjektive Nachprüfbarkeit und weitgehende Vergleichbarkeit sichergestellt ist,

(2) überwiegende Quantifizierbarkeit von Jahresabschlußinformationen, womit quantitative Grenzwertvorgaben und elektronische Datenverarbeitungen zur einzelfallbezogenen Kreditwürdigkeitsprüfung möglich sind, und

(3) regelmäßige Erstellung von Jahresabschlüssen zum Ende von abgegrenzten Zeiträumen, so daß Entwicklungstendenzen über Zeitreihenanalysen festzustellen sind.

Diesen Vorteilen sind folgende Nachteile gegenüberzustellen, soll die Eignung von Jahresabschlußinformationen für Zwecke der Kreditwürdigkeitsprüfung umfassend gewürdigt werden:[13]

(1) vergangenheits- und stichtagsorientierte Informationen, womit gewünschte Erkenntnisse über zukünftige Vermögens-, Finanz- und Ertragslagen bzw. -entwicklungen durch ungewisse Extrapolationen von vergangenen Entwicklungen gewonnen werden müssen,

(2) mangelnde Aktualität von Jahresabschlußangaben im Zeitpunkt ihrer Verfügbarkeit in Anbetracht langer Fristen zur Jahresabschlußerstellung bzw. -veröffentlichung,

(3) unvollständige Daten für umfassende Unternehmensbeurteilungen infolge ihrer Beschränkung auf monetäre Zahlengrößen und tatsächliche Geschäftsvorgänge, wodurch wesentliche Determinanten für zukünftige Vermögens-, Finanz- und Ertragslagen bzw. -entwicklungen - etwa technisches Knowhow oder offene Kreditlinien - unberücksichtigt bleiben, und

(4) beeinflußbare Informationen angesichts bilanzrechtlicher Ansatz- und Bewertungswahlrechte und subjektiver Ermessens- und Gestaltungsspielräume, die bilanzpolitische Gestaltungspotentiale für rechnungslegende Unternehmungen eröffnen.

Aufgrund der genannten Nachteile von Jahresabschlußinformationen werden weitere Informationsquellen vor der endgültigen Bewilligung von Krediten herangezogen, auch wenn die jahresabschlußanalytische Untersuchung für die einzelfallbezogene Kreditwürdigkeitsprüfung unerläßlich ist.[14]

---

[12] Vgl. Koberg, A. (1991), S. 77f.
[13] Vgl. Büschgen, H. (1998), S. 943; Coenenberg, A. (1997), S. 564f; Gräfer, H. (1994), S. 31f; Koberg, A. (1991), S. 79; Wöhe, G. (1997), S. 873f.
[14] Vgl. Büschgen, H. (1998), S. 943; Koberg, A. (1991), S. 79f.

1.2 Gegenstand von Jahresabschlußanalysen

Grundsätzlich kann die jahresabschlußanalytische Untersuchung als systematische Verarbeitung von Jahresabschlußinformationen zur Beurteilung von unternehmensindividuellen Vermögens-, Finanz- und Ertragslagen bzw. -entwicklungen definiert werden. In diesem Zusammenhang sind drei Analyseschritte auseinanderzuhalten:[15]

(1) Überprüfung der originären Jahresabschlußdaten auf ihre Konformität bzw. Ordnungsmäßigkeit nach Maßgabe der gesetzlichen Vorschriften bei fehlender Jahresabschlußprüfung oder eingeschränktem Bestätigungsvermerk,

(2) Aufbereitung der originären Jahresabschlußdaten in sogenannten Strukturbilanzen, um die vergleichbare Abbildung von vergleichbaren Sachverhalten trotz der bilanzrechtlichen Ansatz- und Bewertungswahlrechte sowie subjektiven Ermessens- und Gestaltungsspielräume sicherzustellen, und

(3) Ermittlung von unternehmensindividuellen Vermögens-, Finanz- und Ertragslagen bzw. -entwicklungen durch Zeit- und Branchenvergleiche von aufbereiteten Jahresabschlußdaten.

Um aussagekräftige Informationen über die jahresabschlußanalytische Untersuchung zu gewinnen, wurden verschiedene Analysemethoden in der betriebswirtschaftlichen Forschung und Praxis entwickelt. Gegenwärtig werden folgende Methoden angewandt:[16]

(1) **Kennzahlenanalyse**: systematische Verdichtung von aufbereiteten Jahresabschlußinformationen in aussagekräftigen Verhältnis- oder Absolutzahlen zur isolierten Abbildung von wesentlichen Determinanten für unternehmensindividuelle Vermögens-, Finanz- und Ertragslagen bzw. -entwicklungen,[17]

(2) **Scoring-Verfahren**: Aggregation von verschiedenen Kennzahlen, deren genaue Festlegung und Gewichtung nach subjektiven Überzeugungen von Experten erfolgen, zu einzelnen Gesamtwerten, anhand derer bestandsfeste und -gefährdete Unternehmungen abgegrenzt werden,[18]

---

[15] Vgl. Coenenberg, A. (1997), S. 567; Koberg, A. (1991), S. 80ff.
[16] Vgl. Küting, K./Weber, C. (1999), S. 16ff.
[17] Nähere Erläuterungen zur Kennzahlenanalyse enthalten folgende Literaturbeiträge: Baetge, J. (1998), S. 139ff; Büschgen, H. (1998), S. 941f; Coenenberg, A. (1997), S. 577ff; Gräfer, H. (1994), S. 97ff; Küting, K./Weber, C. (1999), S. 23ff; Wöhe, G. (1997), S. 810ff.
[18] Nähere Erläuterungen zu Scoring-Verfahren enthalten folgende Literaturbeiträge: Baetge, J. (1998), S. 539ff; Hartmann-Wendels, T./Pfingsten, A./Weber, M. (1998), S. 152ff; Küting, K./Weber, C. (1999), S. 392ff; Schmidt, R. (1990), S. 62ff; Weber, M./Krahnen, J./Weber, A. (1995), S. 1621ff.

(3) **Diskriminanzanalyse**: mathematisch-statistisches Verfahren zur überschneidungsfreien Differenzierung zwischen bestandsfesten und -gefährdeten Unternehmungen mittels einzelner oder mehrerer Merkmalsvariablen, deren kritischer Trennwert aus repräsentativen Stichproben von solventen und insolventen Unternehmungen hergeleitet wird,[19]

(4) **Neuronale Netze**: Verfahren künstlicher Intelligenz, die bestandsfeste und -gefährdete Unternehmungen durch vorheriges Erlernen von grundlegenden Zusammenhängen aus repräsentativen Stichproben und durch späteres Wiedererkennen von solchen Zusammenhängen bei anderen Unternehmungen unter gleichzeitiger Berücksichtigung von quantitativen und qualitativen Daten unterscheiden können,[20]

(5) **Datenbankanalysen**: Differenzierung zwischen bestandsfesten und -gefährdeten Unternehmungen mittels problemgerechter Abfragen aus Datensammlungen, in denen relevante Jahresabschlußinformationen nach systematischen Kriterien archiviert werden,[21] und

(6) **Expertensysteme**: interaktive Software, die bestandsfeste und -gefährdete Unternehmungen durch gespeichertes Sach- und Erfahrungswissen mittels allgemeiner Regularien, Richtlinien und Heuristiken unterscheiden kann.[22]

Mögen die neueren Fortentwicklungen (2) bis (6) auch vielversprechende Wege zeigen, bleibt die klassische Kennzahlenanalyse wegen ihrer Verständlichkeit, hohen Aussagefähigkeit und intersubjektiven Nachvollziehbarkeit doch das dominierende Analyseinstrument.[23] So beruht die klassische Kennzahlenanalyse auf wirtschaftlichen Kausalzusammenhängen zwischen zukünftigen Unternehmensentwicklungen und deren Bestimmungsfaktoren, während die neueren Fortentwicklungen auf statistischen Verallgemeinerungen von Beobachtungen aus vergangenen Perioden unter Vernach-

---

[19] Nähere Erläuterungen zu Diskriminanzanalysen enthalten folgende Literaturbeiträge: Altman, E. (1968), S. 590ff; Baetge, J. (1998), S. 560ff; Baetge, J./Beuter, H./Feidicker, M. (1992), S. 749ff; Büschgen, H. (1998), S. 945ff; Coenenberg, A. (1997), S. 579ff; Deutsche Bundesbank (1992), S. 30ff); dies. (1999), S. 55f u. 58ff; Feidicker, M. (1992), S. 32ff; Hüls, Dagmar (1995), S. 16ff; Küting, K./Weber, C. (1999), S. 353ff; Leker, J. (1993), S. 135ff; ders. (1994), S. 732ff; Niehaus, H. (1987), S. 55ff; Oser, P. (1996), S. 367ff; Wöhe, G. (1997), S. 869ff.

[20] Nähere Erläuterungen zu Neuronalen Netzen enthalten folgende Literaturbeiträge: Baetge, J. (1994), S. 2ff; ders. (1998), S. 572ff; Baetge, J./Jerschensky, A. (1996), S. 1581ff; Baetge, J./Kruse, A./Uthoff, C. (1996), S. 274ff; Erxleben, K. et al. (1992), S. 1238ff; Kerling, M./Poddig, T. (1994), S. 435ff; Krause, C. (1993), S. 33ff; Küting, K./Weber, C. (1999), S. 375ff; Uthoff, C. (1997), S. 45ff.

[21] Nähere Erläuterungen zu Datenbankanalysen enthält folgender Literaturbeitrag: Küting, K./Weber, C. (1999), S. 438ff.

[22] Nähere Erläuterungen zu Expertensystemen enthalten folgende Literaturbeiträge: Büschgen, H. (1998), S. 950; Brandstätter, J. (1993), S. 107ff; Deutsche Bundesbank (1999), S. 56f u. 60ff; Küting, K./Weber, C. (1999), S. 465ff.

[23] Vgl. Küting, K./Weber, C. (1999), S. 23.

lässigung von ökonomischen Ursache-Wirkungsbeziehungen basieren.[24] Weil insofern ihre Hinzuziehung zur Erklärung von Ergebnissen aus anderen Methoden erforderlich ist, soll die klassische Kennzahlenanalyse im Mittelpunkt der nachfolgenden Darstellung zur Kreditwürdigkeitsprüfung von Einzelunternehmungen auf Basis von IAS-Abschlüssen stehen.

1.3 Problemstellung und Vorgehensweise

Daß die Kreditwürdigkeitsprüfung von Einzelunternehmungen auf Basis von IAS-Abschlüssen zum Untersuchungsgegenstand gewählt wird, hat die Hauptursache im Kapitalaufnahmeerleichterungsgesetz (KapAEG),[25] durch das deutsche Konzernrechnungslegungsvorschriften für internationale Rechnungslegungsstandards geöffnet wurden (§ 292a HGB). Daraus resultierten bedeutende Veränderungen von deutschen Konzernabschlüssen, bei deren Übertragung auf Einzelabschlüsse die Jahresabschlußanalyse im Rahmen der Kreditwürdigkeitsprüfung in wesentlichen Punkten geändert werden müßte.

Infolgedessen soll die primäre Intention der vorliegenden Arbeit sein, die analytische Untersuchung von Einzelabschlüssen nach Regelungen zur IAS-Rechnungslegung für Zwecke der einzelfallbezogenen Kreditwürdigkeitsprüfung aufzuzeigen. Daß die nachfolgenden Erörterungen auf Einzelabschlüsse beschränkt bleiben, rechtfertigt der unterschiedliche Umfang von Einzel- und Konzernabschlußanalysen. Denn während Konzernabschlußanalysen für wenige Kreditengagements mit hohen Kreditbeträgen notwendig werden, müssen Einzelabschlußanalysen für viele Kreditengagements mit kleineren Kreditbeträgen erfolgen. In solchen Fällen sind Jahresabschlüsse mittels standardisierter Verfahren ohne großen Kosten- und Zeitaufwand aufzubereiten, um schnelle Zeit- und Branchenvergleiche über verschiedene Kennzahlen zu ermöglichen.[26] Da die klassischen Kennzahlendefinitionen und -interpretationen ungeachtet der zugrundeliegenden Rechnungslegungsvorschriften übereinstimmen, soll die vorliegende Arbeit ausschließlich die analytische Aufbereitung von Einzelabschlüssen nach Regelungen zur IAS-Rechnungslegung für die speziellen Belange bei der einzelfallbezogenen Kreditwürdigkeitsprüfung behandeln.

---

[24] Vgl. Baetge, J./Jerschensky, A. (1996), S. 1581; Büschgen, H. (1998), S. 944; Coenenberg, A. (1997), S. 584; Schierenbeck, H. (1999), S. 253ff; Wöhe, G. (1997), S. 867f.

[25] Nähere Erläuterungen zur Auslegung und Anwendung von § 292a HGB enthalten folgende Literaturbeiträge: Böcking, H./Orth, C. (1998), S. 1241ff; dies. (1998a), 1873; Busse von Colbe, W. (1999), S. 401ff; Mujkanovic, R. (1999), S. 999ff; Pellens, B. (1999), S. 531; Pellens, B./ Bonse, A./ Gassen, J. (1998), S. 785ff.

[26] Vgl. Büschgen, H. (1998), S. 941.

Bevor die jahresabschlußanalytische Aufbereitung dargestellt wird, beschreiben die nachfolgenden Ausführungen im Kapitel 2 und 3 die konzeptionellen Unterschiede von HGB- und IAS-Abschlüssen, wobei im Unterschied zu sonstigen Abhandlungen[27] die anerkannten Systematisierungen für HGB-Abschlüsse als generelle Leitlinie dienen. Infolge dieser Unterschiede sind die notwendigen Voraussetzungen des allgemeinen Übergangs von HGB- zu IAS-Abschlüssen unter der besonderen Berücksichtigung der deutschen Bilanzrechtsspezifika im Kapitel 4 abzuklären, ehe die analytische Aufbereitung für IAS-Abschlüsse von Einzelunternehmungen mit dem speziellen Bezug zur Kreditwürdigkeitsprüfung im Kapitel 5 betrachtet wird. Dazu werden einschlägige IAS für alle Positionen, denen besondere Relevanz unter jahresabschlußanalytischen Gesichtspunkten zukommt, in ihren Einzelheiten dargestellt, hinsichtlich ihrer Beeinflußbarkeit gewürdigt und bezüglich ihrer Aufbereitungsmöglichkeiten analysiert, so daß konkrete Handlungsempfehlungen zur Erstellung von Strukturbilanzen für IAS-Abschlüsse von Einzelunternehmungen möglich werden. Nachdem die erarbeiteten Handlungsempfehlungen am umfassenden Beispielfall im folgenden Kapitel 6 umgesetzt worden sind, faßt das letzte Kapitel 7 schließlich die wünschenswerten Bilanzrechtsentwicklungen und jahresabschlußanalytischen Konsequenzen für kreditgewährende Finanzinstitute zusammen.

---

[27] Vgl. Achleitner, A./Behr, G. (1998), S. 97ff; Bardenz, A. (1998), S. 113ff; Baukmann, D./Mandler, U. (1997), S. 18ff; Born, K. (1999), S. 529ff; Busse von Colbe, W./Seeberg, T. (1997), S. 6ff; Demming, C. (1997), S. 43ff; Förschle, G./Kroner, M./Mandler, U. (1996), S. 99ff; GEFIU (1995), S. 1140ff u. 1185ff; Goebel, A. (1995), S. 2490ff; IDW (1995), S. 1ff; Risse, A. (1996), S. 93ff; Wollmert, P. (1995), S. 11ff.

2 Konzeptionelle Grundlagen

In grundsätzlicher Divergenz zu HGB-Abschlüssen, die am kontinentaleuropäischen Rechtssystem orientiert sind, werden IAS-Abschlüsse vom anglo-amerikanischen Rechtssystem geprägt,[1] so daß große Unterschiede zwischen beiden Rechnungslegungskonzeptionen bestehen.[2] Insbesondere differieren folgende Bereiche in beiden Konzeptionen:
(1) Systematik von Rechnungslegungsvorschriften,
(2) Zielsetzungen von Jahresabschlüssen,
(3) Bestandteile von Jahresabschlüssen und
(4) Rechnungslegungsgrundsätze.

2.1 Systematik von Rechnungslegungsvorschriften

Angesichts unterschiedlicher Entwicklungen von kulturellen und wirtschaftlichen Rahmenbedingungen wurden verschiedene Rechtsordnungen in kontinentaleuropäischen und anglo-amerikanischen Staaten entwickelt. Während die kontinentaleuropäischen Staaten detaillierte Regelungen für weite Rechtsgebiete vorgeben, beschränken die anglo-amerikanischen Staaten ihre Rechtsordnungen auf allgemeine Vorschriften, deren Konkretisierung durch Urteile staatlicher Gerichte und Bestimmungen nichtstaatlicher Institutionen und Organisationen erfolgt.[3] Vor diesem Hintergrund sind wesentliche Unterschiede zwischen Regelungen für HGB- und IAS-Abschlüsse im Hinblick auf ihre Systematik festzustellen.

2.1.1 HGB-Abschlüsse

Seit die europäischen Bilanzrichtlinien - namentlich die Richtlinien des Rates zur Harmonisierung des Gesellschaftsrechts vom 25.07.1978 (Bilanzrichtlinie),[4] vom 13.06.1983 (Konzernbilanzrichtlinie)[5] und vom 10.04.1984 (Abschlußprüferrichtli-

---

[1] Vgl. Goebel, A. (1994), S. 2457f; Goebel, A./Fuchs, M. (1994), S. 874f; Gräfer, H./Demming, C. (1994), S. 19f; Haller, A. (1993), S. 1304; Havermann, H. (1994), S. 671; Küting, K. (1993), S. 32f; Pellens, B. (1999), S. 410; Schruff, W. (1993), S. 405f; differenzierend: Kleekämper, H. (1995), S. 126; Risse, A. (1996), S. 84ff; Wagenhofer, A. (1996), S. 62f.
[2] Vgl. Förschle, G./Kroner, M./Mandler, U. (1996), S. 99ff; IDW (1995), S. 1ff; Risse, A. (1996), S. 1ff; Schruff, W. (1993), S. 405ff; Wagenhofer, A. (1996), S. 105ff; Wollmert, P. (1995), S. 1ff.
[3] Vgl. Risse, A. (1996), S. 23; Rost, P. (1991), S. 86f; Wagenhofer, A. (1996), S. 47f.
[4] Vierte Richtlinie des Rates vom 25. Juli 1978 aufgrund von Artikel 54 Absatz 3 Buchstabe g des Vertrages über den Jahresabschluß von Gesellschaften bestimmter Rechtsformen (78/660/EWG), Abl. EG Nr. L 222 vom 14.08.1978, S. 11-31.
[5] Siebente Richtlinie des Rates vom 13. Juni 1983 aufgrund von Artikel 54 Absatz 3 Buchstabe g des Vertrages über den konsolidierten Abschluß (83/349/EWG), Abl. EG Nr. L 193 vom 18.06.1983, S. 1-17.

nie)[6] - mit dem Bilanzrichtlinien-Gesetz[7] in das nationale Recht transformiert wurden, sind grundlegende Vorschriften für Jahresabschlüsse von deutschen Unternehmungen im Handelsgesetzbuch (§§ 238 - 341o HGB) zusammengefaßt,[8] wobei allgemeine Rechnungslegungsvorschriften für alle Kaufleute (§§ 238 - 263 HGB) und ergänzende Rechnungslegungsvorschriften für bestimmte Unternehmungen (§§ 264 - 341o HGB) unterteilt werden. Zudem sind weitere Regelungen für HGB-Abschlüsse von Kapitalgesellschaften im Aktien- bzw. GmbH-Gesetz kodifiziert.[9]

2.1.2 IAS-Abschlüsse

In genereller Unterscheidung zum systematischen Aufbau von Regelungen für HGB-Abschlüsse sind Regelungen für IAS-Abschlüsse durch kasuistische Bestimmungen über sogenannte Standards geprägt.[10] Um konsistente Bestimmungen trotz kasuistischer Regelungstechnik sicherzustellen, werden die einzelfallbezogenen Standards zur IAS-Rechnungslegung den allgemeinen Leitlinien im Preface to Statements of International Accounting Standards (nachfolgend kurz: Preface) und Framework for the Preparation and Presentation of Financial Statements (nachfolgend kurz: Framework) unterstellt, so daß mehrere Regelungsstufen in Entsprechung zur nachfolgenden Abbildung 2.01 abzugrenzen sind.

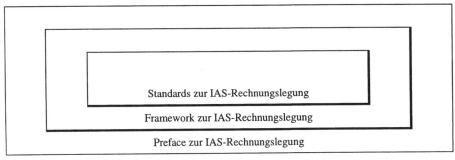

Abb. 2.01: Normenhierarchie von Regelungen zur IAS-Rechnungslegung

---

[6] Achte Richtlinie des Rates vom 10. April 1984 aufgrund von Artikel 54 Absatz 3 Buchstabe g des Vertrages über die Zulassung der mit der Pflichtprüfung der Rechnungslegungsunterlagen beauftragten Personen (84/253/EWG), Abl. EG Nr. L 126 vom 12.05.1984, S. 20-26.

[7] Gesetz zur Durchführung der Vierten, Siebenten und Achten Richtlinie des Rates der Europäischen Gemeinschaften zur Koordinierung des Gesellschaftsrechts (Bilanzrichtlinien-Gesetz - BiRiLiG) vom 19.12.1985, BGBl. 1985 I, S. 2355-2433.

[8] Vgl. Baetge, J. (1996), S. 29f; Coenenberg, A. (1997), S. 16ff; Knobbe-Keuk, B. (1989), S. 28ff; Wöhe, G. (1997), S. 149ff.

[9] Vgl. Baetge, J. (1996), S. 47; Federmann, R. (1994), S. 62.

[10] Vgl. Gidlewitz, H. (1996), S. 149; Haller, A. (1993), S. 1304; Havermann, H. (1994), S. 671; KPMG (1996), S. 18; Pellens, B. (1999), S. 400; Risse, A. (1996), S. 77; Schruff, W. (1993), S. 422; Wagenhofer, A. (1996), S. 108.

In seiner Funktion als Einführung beschreibt das **Preface** allgemein das International Accounting Standard Committee (IASC) in seinen Zielen und Strukturen, wobei Bestimmungen zu Rechnungslegungszwecken und -inhalten ebenso kodifiziert werden wie Erläuterungen zum Entwicklungsprozeß von Standards oder zum Verhältnis von Standards zu nationalen Rechnungslegungsnormen.[11] Daß diese Bestimmungen gegenüber korrespondierenden Standardvorschriften subsidiär sind, wird im Schrifttum aufgrund ihrer Bezeichnung als Vorwort nicht bestritten, auch wenn ausdrückliche Regelungen zur hierarchischen Einordnung fehlen.[12] Gleichwohl galt das Preface als Grundlage für IAS-Abschlüsse, bevor das Framework im Juli 1989 in Kraft trat.[13]

Gemäß seiner Zweckbestimmung dient das **Framework** als grundlegende Konzeption für die IAS-Rechnungslegung. Über konzeptionelle Ausführungen sollen konsistente Standards sichergestellt werden,[14] indem Anhaltspunkte zur Entwicklung von neuen Standards (IAS F.1), zur Interpretation von bestehenden Standards und zur Klärung von offenen Ansatz- und Bewertungsfragen (IAS 1.22) gegeben werden. Im einzelnen sind folgende Bereiche geregelt:

(1) einführende Erläuterungen zur Rechnungslegung (IAS F.1-11),
(2) Zielsetzungen von Jahresabschlüssen (IAS F.12-21),
(3) wesentliche Grundprinzipien von Jahresabschlüssen (IAS F.22-46),
(4) Bestandteile von Jahresabschlüssen (IAS F.47-81),
(5) allgemeine Ansatz- und Bewertungsbestimmungen (IAS F.82-101) und
(6) prinzipielle Kapitalerhaltungskonzeptionen (IAS F.102-110).

Neben dem Framework werden Bestimmungen zu Grundlagenaspekten in den Standards kodifiziert.[15] In erster Linie ist die wiederholte Kodifizierung in den früheren Verabschiedungszeitpunkten von einzelnen Standards begründet.[16] Zum anderen muß-

---

[11] Vgl. Bellavite-Hövermann, Y./Prahl, R. (1997), S. 18; Gidlewitz, H. (1996), S. 153; Hayn, S. (1994), S. 718; KPMG (1996), S. 17; Risse, A. (1996), S. 95; Wollmert, P./Achleitner, A. in: Baetge, J. et al. (1997), Teil A, Kap. II Tz. 7; dies. (1997), S. 209.

[12] Vgl. Risse, A. (1996), S. 95f; Wollmert, P./Achleitner, A. in: Baetge, J. et al. (1997), Teil A, Kap. II Tz. 7; dies. (1997), S. 209.

[13] Vgl. Risse, A. (1996), S. 96; Wagenhofer, A. (1996), S. 107f; Wollmert, P./Achleitner, A. in: Baetge, J. et al. (1997), Teil A, Kap. II Tz. 7; dies. (1997), S. 209.

[14] Vgl. Bellavite-Hövermann, Y./Prahl, R. (1997), S. 18; Förschle, G./Kroner, M./Mandler, U. (1996), S. 96; Fuchs, M. (1997), S. 17; Gidlewitz, H. (1996), S. 153; Glaum, M./Mandler, U. (1996), S. 124ff; Goebel, A. (1994), S. 2457; Goebel, A./Fuchs, M. (1994), S. 874; Haller, A. (1993), S. 1301; Hayn, S. (1994), S. 718f; IDW (1995), S. 9; Kleekämper, H. (1994), S. 47; ders (1995), S. 107; KPMG (1996), S. 18; Pellens, B. (1999), S. 411; Risse, A. (1996), S. 78 u. 96; Schruff, W. (1993), S. 422f; Wagenhofer, A. (1996), S. 10 u. 114; Wollmert, P. (1995), S. 7; Wollmert, P./Achleitner, A. in: Baetge, J. et al. (1997), Teil A, Kap. II Tz. 8; dies. (1997), S. 209f.

[15] Vgl. Goebel, A. (1994), S. 2457f; Goebel, A./Fuchs, M. (1994), S. 874; Wollmert, P. (1995), S. 8; Wollmert, P./Achleitner, A. in: Baetge, J. et al. (1997), Teil A, Kap. II Tz. 10; dies. (1997), S. 210.

[16] Vgl. KPMG (1996), S. 18; Wollmert, P. (1995), S. 8; Wollmert, P./Achleitner, A. in: Baetge, J. et al. (1997), Teil A, Kap. II Tz. 10; dies. (1997), S. 210.

ten Grundannahmen von IAS-Abschlüssen über Standardbestimmungen festgeschrieben werden, um ihnen Vorrang gegenüber Einzelfallregelungen einzuräumen.[17] Infolge dieser Überschneidung von Regelungsbereichen sind Konflikte zwischen einzelnen Framework- und Standardbestimmungen unausweichlich.[18] Da aber das Framework laut expliziter Klarstellung keinen Standardstatus besitzt (IAS F.2), gehen die Standards ungeachtet ihres Verabschiedungszeitpunktes im Konfliktfall vor.[19] Sämtliche weiteren Versuche im Schrifttum zur IAS-Rechnungslegung, über diese Beziehungen aufgrund des Sinns und Zwecks von Jahresabschlüssen bzw. der Kausalzusammenhänge zwischen Grundannahmen und Grundsätzen zu detaillierteren Normenhierarchien zu gelangen,[20] sind angesichts fehlender Operationalität und offensichtlicher Vernachlässigung von grundlegenden Zusammenhängen zwischen Framework- und Standardbestimmungen ungeeignet.[21]

Generell handeln die **Standards** über abgegrenzte Bereiche von rechnungslegungsrelevanten Sachverhalten,[22] wobei erhebliche Unterschiede im Hinblick auf Inhalt bzw. Systematik zwischen einzelnen Standards bestehen.[23] Die Standards, die für Geschäftsjahre mit Beginn ab 01.01.2000 verpflichtend sind, führt die Tabelle 2.01 auf.

IAS 1:	Darstellung von Jahresabschlüssen (Presentation of Financial Statements)
IAS 2:	Vorräte (Inventories)
IAS 4:	Abschreibungen (Depreciation Accounting)
IAS 7:	Kapitalflußrechnungen (Cash Flow Statements)
IAS 8:	Periodenergebnis, grundlegende Fehler und Bilanzierungs- und Bewertungsänderungen (Profit or Loss for the Period, Fundamental Errors and Changes in Accounting Policies)
IAS 10:	Erfolgsunsicherheiten und Ereignisse nach Rechnungslegungsstichtagen (Events After the Balance Sheet Date)

---

[17] Vgl. Wollmert, P. (1995), S. 8; Wollmert, P./Achleitner, A. in: Baetge, J. et al. (1997), Teil A, Kap. II Tz. 10; dies. (1997), S. 210.

[18] Vgl. Bellavite-Hövermann, Y./Prahl, R. (1997), S. 18; Glaum, M./Mandler, U. (1996), S. 127; KPMG (1996), S. 18; Pellens, B. (1999), S. 412; Wollmert, P. (1995), S. 8; Wollmert, P./Achleitner, A. in: Baetge, J. et al. (1997), Teil A, Kap. II Tz. 11; dies. (1997), S. 210.

[19] Vgl. Bellavite-Hövermann, Y./Prahl, R. (1997), S. 18; Fuchs, M. (1997), S. 18; Glaum, M./Mandler, U. (1996), S. 127; IDW (1995), S. 9; KPMG (1996), S. 18; Pellens, B. (1999), S. 412; Risse, A. (1996), S. 96; Wagenhofer, A. (1996), S. 114; Wollmert, P. (1995), S. 8; Wollmert, P./Achleitner, A. in: Baetge, J. et al. (1997), Teil A, Kap. II Tz. 11; dies. (1997), S. 210.

[20] Vgl. Bellavite-Hövermann, Y./Prahl, R. (1997), S. 18f; Hayn, S. (1994), S. 719f; KPMG (1996), S. 26ff; Pellens, B. (1999), S. 414ff.

[21] Vgl. Wollmert, P./Achleitner, A. in: Baetge, J. et al. (1997), Teil A, Kap. II Tz. 11; dies. (1997), S. 210.

[22] Vgl. Bellavite-Hövermann, Y./Prahl, R. (1997), S. 15; Gidlewitz, H. (1996), S. 149; Gräfer, H./Demming, C. (1994), S. 16f; KPMG (1996), S. 18; Risse, A. (1996), S. 77; Wagenhofer, A. (1996), S. 108; Wollmert, P. (1995), S. 8; Wollmert, P./Achleitner, A. in: Baetge, J. et al. (1997), Teil A, Kap. II Tz. 9; dies. (1997), S. 210.

[23] Vgl. Cairns, D. (1995), S. 1671; Wollmert, P. (1995), S. 8; Wollmert, P./Achleitner, A. in: Baetge, J. et al. (1997), Teil A, Kap. II Tz. 9; dies. (1997), S. 210.

IAS 11:	Fertigungsaufträge (Construction Contracts)
IAS 12:	Ertragsteuern (Income Taxes)
IAS 14:	Segmentberichterstattung (Segment Reporting)
IAS 16:	Sachanlagen (Property, Plant and Equipment)
IAS 17:	Leasingverhältnisse (Leases)
IAS 18:	Erträge (Revenue)
IAS 19:	Leistungen an Arbeitnehmer (Employee Benefits)
IAS 20:	Bilanzierung und Darstellung öffentlicher Zuschüsse (Accounting for Government Grants and Disclosure of Government Assistance)
IAS 21:	Auswirkungen von Wechselkursänderungen (The Effects of Changes in Foreign Exchange Rates)
IAS 22:	Unternehmenszusammenschlüsse (Business Combinations)
IAS 23:	Fremdkapitalkosten (Borrowing Costs)
IAS 24:	Angaben über Beziehungen zu nahestehenden Unternehmungen und Personen (Related Party Disclosures)
IAS 25:	Bilanzierung von Finanzinvestitionen (Accounting for Investments)
IAS 26:	Bilanzierung und Berichterstattung über Pensionspläne (Accounting and Reporting by Retirement Benefit Plans)
IAS 27:	Konzernabschlüsse und Bilanzierung von Anteilen an Tochtergesellschaften (Consolidated Financial Statements and Accounting for Investments in Subsidiaries)
IAS 28:	Bilanzierung von Anteilen an assoziierten Unternehmen (Accounting for Investments in Associates)
IAS 29:	Rechnungslegung in Hochinflationsländern (Financial Reporting in Hyperinflationary Economies)
IAS 30:	Angaben im Jahresabschluß von Kredit- und Finanzinstituten (Disclosures in the Financial Statements of Banks and Similar Financial Institutions)
IAS 31:	Rechnungslegung über Anteile an Joint Ventures (Financial Reporting of Interests in Joint Ventures)
IAS 32:	Berichterstattung über Finanzinstrumente (Financial Instruments: Disclosure and Presentation)
IAS 33:	Ergebnis je Aktie (Earnings Per Share)
IAS 34:	Zwischenberichterstattung (Interim Financial Reporting)
IAS 35:	Einstellung von Bereichen (Discontinuing Operations)
IAS 36:	Wertminderungen von Vermögenswerten (Impairment of Assets)
IAS 37:	Rückstellungen, Eventualschulden und -forderungen (Provisions, Contingent Liabilities and Contingent Assets)
IAS 38:	Immaterielle Vermögenswerte (Intangible Assets)

Tab. 2.01: Übersicht über Standards zur IAS-Rechnungslegung, deren Anwendung für Geschäftsjahre mit Beginn ab 01.01.2000 verpflichtend ist

Obgleich ihre Primärausrichtung auf Konzernabschlüsse zielt,[24] sind sämtliche Standards auf Einzel- und Konzernabschlüsse in gleicher Weise anzuwenden, sofern nicht Spezifika von Konzernabschlüssen betroffen sind.[25] Neben dem IAS 27 und IAS 28, mittels derer Bestimmungen im IAS 3 "Konzernabschlüsse (Consolidated Financial Statements)" ersetzt wurden (IAS 27.33 und 28.29), sind der IAS 21, IAS 22 und IAS 31 für Einzelabschlüsse ebenfalls unerheblich.[26] Wie diese Standards, die ausschließlich Konzernabschlüsse betreffen, lassen die nachfolgenden Erörterungen auch die branchen-, größen- und rechtsformabhängigen Sonderregelungen im IAS 14, IAS 30 und IAS 33 unberücksichtigt. Bleiben letztere Standards außer Betracht, müssen sämtliche Regelungen in Unabhängigkeit von Branche, Größe und Rechtsform von rechnungslegenden Unternehmungen angewendet werden.[27]

Wie aus der Übersicht in der Tabelle 2.01 entnommen werden kann, wird kein geschlossenes Normensystem durch die verpflichtenden Regelungen zum gegenwärtigen Zeitpunkt begründet, weil einerseits einzelne Ansatz- und Bewertungsfragen ungeklärt, andererseits bedeutende Ergänzungen und Veränderungen wahrscheinlich bleiben.[28] Neben der mangelnden Geschlossenheit wird die sachgerechte **Interpretation** der auslegungsbedürftigen Bestimmungen durch die supranationalen Wesenszüge, entstehungsgeschichtlichen Unterschiede und fehlenden Sekundärquellen erschwert,[29] so daß durchgängige Interpretationstechniken im einschlägigen Schrifttum nicht entwickelt werden konnten.[30] Um diesem Mangel abzuhelfen, werden verbindliche Interpretationen für einzelne Bestimmungen vom Standing Interpretations Committee (SIC) herausgegeben.[31] Zudem wurden Interpretationshinweise im IAS 1 kodifi-

---

[24] Vgl. Gidlewitz, H. (1996), S. 160; Kleekämper, H. (1994), S. 59; ders. (1995), S. 126; Risse, A. (1996), S. 76; Wagenhofer, A. (1996), S. 106.

[25] Vgl. Cairns, D. (1995), S. 1673; Fuchs, M. (1997), S. 19; Gidlewitz, H. (1996), S. 152f; Hayn, S. (1994), S. 718; van Hulle, K. (1995), S. 50; IDW (1995), S. 12; Kleekämper, H. (1995), S. 107; KPMG (1996), S. 19; Pellens, B. (1999), S. 400; Scherrer, G. (1994), S. 7; Wagenhofer, A. (1996), S. 107f; Wollmert, P./Achleitner, A. in: Baetge, J. et al. (1997), Teil A, Kap. II Tz. 15; dies. (1997), S. 211.

[26] Vgl. Busse von Colbe, W./Ordelheide, D. (1993), S. 12; Fuchs, M. (1997), S. 19; Gidlewitz, H. (1996), S. 160f; Scherrer, G. (1994), S. 7.

[27] Vgl. Cairns, D. (1995), S. 1671ff; Fuchs, M. (1997), S. 19f; Gidlewitz, H. (1996), S. 152; Hayn, S. (1994), S. 718f; IDW (1995), S. 11; Kleekämper, H. (1995), S. 107; KPMG (1996), S. 19; Küting, K./Hayn, S. (1995), S. 1643; Risse, A. (1996), S. 76; Wagenhofer, A. (1996), S. 107ff; Wollmert, P./Achleitner, A. in: Baetge, Jörg et al. (1997), Teil A, Kap. II Tz. 15; dies. (1997), S. 211.

[28] Vgl. Bellavite-Hövermann, Y./Prahl, R. (1997), S. 22; Bippus, B. (1998), S. 640; Cairns, D. (1995), S. 1671; Gidlewitz, H. (1996), S. 152; Goebel, A. (1994), S. 2457f; Goebel, A./Fuchs, M. (1994), S. 874; Schmidt, M. (1998), S. 808; Wagenhofer, A. (1996), S. 63; Wollmert, P./Achleitner, A. in: Baetge, J. et al. (1997), Teil A, Kap. II Tz. 16; dies. (1997), S. 211.

[29] Vgl. Küting, K./Hayn, S. (1995), S. 1642; Wollmert, P./Achleitner, A. in: Baetge, J. et al. (1997), Teil A, Kap. II Tz. 16; dies. (1997), S. 211.

[30] Vgl. Fuchs, M. (1997), S. 21; Küting, K./Hayn, S. (1995), S. 1642; Wollmert, P./Achleitner, A. in: Baetge, J. et al. (1997), Teil A, Kap. II Tz. 16; dies. (1997), S. 211.

[31] Nähere Erläuterungen zum Standing Interpretations Committee (SIC) enthält folgender Literaturbeitrag: Fey, G./Schruff, W. (1997), S. 585ff.

ziert,[32] wonach folgende Informationsquellen für die weitere Klärung von offenen Ansatz- und Bewertungsregelungen unter der grundsätzlichen Maxime von bestmöglichen Informationsausweisen seitens rechnungslegender Unternehmungen hinzuziehen sind (IAS 1.22):

(1) andere Standardregelungen und -interpretationen, die gleichartige oder verwandte Sachverhalte behandeln,

(2) allgemeine Ansatz- und Bewertungsbestimmungen für Bilanz- und Erfolgspositionen im Framework und

(3) anerkannte Rechnungslegungspraktiken, die mit anderen Standardregelungen und -interpretationen sowie allgemeinen Ansatz- und Bewertungsbestimmungen im Framework übereinstimmen.

Infolge berechtigter Kritik sehen die endgültigen Bestimmungen im IAS 1 von den ursprünglichen Bestrebungen im Standardentwurf in diesem Zusammenhang ab, ebenso Regelungen in den Statements of Principles und den Exposure Drafts als Interpretationshilfen zuzulassen (IAS E53.29). Denn während die Hinzuziehung der Statements of Principles - wegen regelmäßiger Änderungserfordernisse in kritischen Regelungsbereichen - ohne Zweifel unzweckmäßig ist,[33] hatte das Schrifttum die Exposure Drafts angesichts fortgeschrittener Entwicklungsprozesse[34] als weitere Interpretationshilfe anerkannt, sofern gültige Regelungen in Überarbeitung befindlicher Standards nicht tangiert wurden. Doch lassen sämtliche Exposure Drafts, wie der E53 selbst zeigt, noch erhebliche Änderungen erwarten, so daß generelle Rückgriffe auf die Statements of Principles und die Exposure Drafts als zusätzliche Interpretationshilfen ungerechtfertigt sind.[35]

Trotz dieser Korrektur erlauben die Interpretationshinweise des IAS 1 infolge ihrer Unbestimmtheit keine eindeutige Auslegung in jedem Einzelfall.[36] Letztlich müssen offene Ansatz- und Bewertungsfragen unter dem vornehmlichen Rückgriff auf allgemeine Regelungen im Framework geklärt werden. Daß solche Rückgriffe zulässig

---

[32] Vgl. Achleitner, A./Kleekämper, H. (1997), S. 122; Achleitner, A./Pejic, P. (1996), S. 2038f; Wollmert, P./Achleitner, A. in: Baetge, J. et al. (1997), Teil A, Kap. II Tz. 18; dies. (1997), S. 211.

[33] Vgl. Achleitner, A./Kleekämper, H. (1997), S. 122; Wollmert, P./Achleitner, A. in: Baetge, J. et al. (1997), Teil A, Kap. II Tz. 20; dies. (1997), S. 212; a.A.: IDW (1995), S. 4.

[34] Nähere Erläuterungen zum Entwicklungsprozeß von Standards zur IAS-Rechnungslegung enthalten folgende Literaturbeiträge: Bellavite-Hövermann, Y./Prahl, R. (1997), S. 15; Cairns, D. (1995), S. 1673ff; Fuchs, M. (1997), S. 21f; Gidlewitz, H. (1996), S. 154f; IASC (1995), S. 10; Kleekämper, H. (1994), S. 54f; ders. (1995), S. 108ff; KPMG (1996), S. 16; Küting, K./Brakensiek, S. (1999), S. 678f; Pellens, B. (1999), S. 397ff; Risse, A. (1995), S. 832f; Wagenhofer, A. (1996), S. 72ff; Wollmert, P. (1995), S. 6f.

[35] Vgl. Achleitner, A./Kleekämper, H. (1997), S. 122; Wollmert, P./Achleitner, A. in: Baetge, J. et al. (1997), Teil A, Kap. II Tz. 20; dies. (1997), S. 212; a.A.: IDW (1995), S. 4.

[36] Vgl. Wollmert, P./Achleitner, A. in: Baetge, J. et al. (1997), Teil A, Kap. II Tz. 19; dies. (1997), S. 211f.

sind, stand im Schrifttum außer Frage, bevor allgemeine Interpretationshinweise kodifiziert wurden.[37] Hätten diese Hinweise also keiner Erwähnung bedurft, mußte angesichts abweichender Meinungen im bilanzrechtlichen Schrifttum[38] klargestellt werden, daß schematische Rückgriffe auf nationale Rechnungslegungsvorschriften bzw. Sekundärliteratur zur Klärung von offenen Ansatz- und Bewertungsfragen unzulässig sind. Lediglich wenn offene Ansatz- und Bewertungsfragen durch nationale Rechnungslegungsvorschriften bzw. Sekundärliteratur in völligem Einklang zur IAS-Rechnungslegung gelöst werden, darf auf diese Quellen zurückgegriffen werden.[39]

2.2 Zielsetzungen von Jahresabschlüssen

Wenn auch Regelungen zur HGB- und IAS-Rechnungslegung eher Ergebnisse von fortschreitenden Entwicklungsprozessen als Ergebnisse von konsequenter Zielorientierung sind, müssen ihre Zielsetzungen zu ihrer Interpretation herangezogen werden. Generell bezeichnen die Zielsetzungen von Jahresabschlüssen die Gesamtheit von Funktionen, die mit Hilfe von normativen Rechnungslegungsgrundlagen in Jahresabschlüsse intendiert werden.[40] In diesem Sinne sollen HGB- und IAS-Abschlüsse an verschiedenen Zielsetzungen ausgerichtet sein.

2.2.1 HGB-Abschlüsse

Obschon die grundlegenden Zielsetzungen von HGB-Abschlüssen nicht kodifiziert werden, lassen die einschlägigen Bestimmungen im Handelsgesetzbuch auf Jahresabschlußfunktionen schließen. In diesem Zusammenhang sind die Bestimmungen in den §§ 238, 242 und 264 HGB von besonderer Relevanz. Welche konkreten Funktionen von HGB-Abschlüssen aus diesen Bestimmungen vom Schrifttum abgeleitet werden,[41] gibt die Übersicht 2.02 wieder.

---

[37] Vgl. Goebel, A. (1994), S. 2457; Goebel, A./Fuchs, M. (1994), S. 874; Glaum, M./Mandler, U. (1996), S. 125ff; Hayn, S. (1994), S. 719; IDW (1995), S. 9; Kleekämper, H. (1995), S. 107; KPMG (1996), S. 18; Pellens, B. (1997), S. 405; Wagenhofer, A. (1996), S. 114; Wollmert, P. (1995), S. 7f.

[38] Vgl. Risse, A. (1996), S. 93f.

[39] Vgl. Achleitner, A./Kleekämper, H. (1997), S. 122; Wollmert, P./Achleitner, A. in: Baetge, J. et al. (1997), Teil A, Kap. II Tz. 19; dies. (1997), S. 211.

[40] Vgl. Baetge, J. (1996), S. 50; Baetge, J./Kirsch, H. in: Küting, K./Weber, C. (1995), I Rz. 264; Federmann, R. (1994), S. 37f; Ordelheide, D. (1993), S. 256.

[41] Vgl. Baetge, J. (1996), S. 50ff; Baetge, J./Commandeur, D. in: Küting, K./Weber, C. (1995), § 264 HGB Rz. 38; Bauch, G./Oestreicher, A. (1989), S. 43ff; Coenenberg, A. (1997), S. 10ff; IDW (1995), S. 12; Kempermann, M. in: Kirchhof, P./Söhn, H. (1995), § 5 EStG Rz. B53; Ordelheide, D. (1993), S. 256ff.

Zielsetzung von Jahresabschlüssen 17

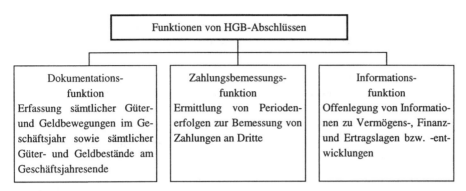

Abb. 2.02: Funktionen von HGB-Abschlüssen

Da die vollständige Erfassung von sämtlichen Güter- und Geldbewegungen bzw. -beständen die unerläßliche Grundlage für andere Jahresabschlußfunktionen ist, muß die Dokumentationsfunktion offensichtlich der Zahlungsbemessungs- und Informationsfunktion nachgeordnet sein.[42] Hingegen ist die Hierarchie zwischen der Zahlungsbemessungs- und Informationsfunktion umstritten. Weil indes keine Funktionendominanz aus Regelungen zur HGB-Rechnungslegung abzuleiten ist,[43] müssen beide Jahresabschlußfunktionen unter Ausgleich zwischen unterschiedlichen Interessen von Jahresabschlußadressaten gleichgestellt werden, wobei insbesondere der Eigenkapitalgeber-Fremdkapitalgeber-Konflikt gemäß der Tabelle 2.02 gelöst werden muß.

	Eigenkapitalgeber	Fremdkapitalgeber
Informationsinteressen	geeignete Informationen für Entscheidungen über Kapitalüberlassungen und Managementbestellungen bei vornehmlichem Interesse am	
	erfolgswirtschaftlichen Potential (z.B.: erwirtschafteter Erfolg in vergangenen Zeiträumen, finanzielle Stabilität)	finanzwirtschaftlichen Potential (z.B.: Verschuldungsgrad und -fähigkeit, Haftungssubstanz)
Vermögensinteressen	maximale Mehrung von eingesetztem Kapital und/oder laufenden Einnahmen	fristgerechte Erfüllung von Zins- und Tilgungszahlungen ungeschmälerte Haftungssubstanz durch Vermeidung von übermäßigen Gewinnausschüttungen und anderen Vermögensumschichtungen

Tab. 2.02: Eigenkapitalgeber-Fremdkapitalgeber-Konflikt[44]

---

[42] Vgl. Baetge, J. (1996), S. 63; Baetge, J./Kirsch, H. in: Küting, K./Weber, C. (1995), I Rz. 265; Coenenberg, A. (1997), S. 11; Kempermann, M. in: Kirchhof, P./Söhn, H. (1995), § 5 EStG Rz. B53; Leffson, U. (1987), S. 157.

[43] Vgl. Baetge, J. (1996), S. 64; Moxter, A. (1995), S. 419ff; Streim, H. in: Hofbauer, M. et al. (1997), § 264 HGB Rz. 13ff; a.A.: Born, K. (1999), S. 534; Heinhold, M. (1996), S. 194f.

[44] Vgl. Federmann, R. (1994), S. 42f, Wöhe, G. (1997), S. 43ff.

Ungeachtet solcher Interessengegensätze sollen sämtliche Jahresabschlußbestandteile nach Maßgabe der **Lehre vom Zweckpluralismus** gleichzeitig beiden Jahresabschlußfunktionen dienen,[45] obschon unterschiedliche Ansatz- und Bewertungsregelungen zu ihrer Erfüllung erforderlich sind. Denn während die Zahlungsbemessungsfunktion unter der Beachtung von Objektivierungsaspekten vorsichtige Bilanzansätze und -bewertungen verlangt, erfordert die Informationsfunktion unter der Hinnahme von Entobjektivierungen risikoneutrale Bilanzansätze und -bewertungen.[46] Um diesen Konflikt zu vermeiden, werden die Bilanz und die Gewinn- und Verlustrechnung nach der **Abkopplungsthese** auf die Zahlungsbemessungsfunktion beschränkt bzw. von der Informationsfunktion entbunden, wobei Informationsdefizite in der Bilanz und der Gewinn- und Verlustrechnung durch Anhangangaben auszugleichen sind.[47] Hierbei muß die nähere Konkretisierung von Informationserfordernissen im Anhang berücksichtigen, daß alle Jahresabschlüsse - aufgrund der unumgänglichen Schätzungen und Prognosen zur Berücksichtigung zukünftiger Sachverhalte und der notwendigen Objektivierungen und Simplifizierungen zur Eingrenzung subjektiver Gestaltungsmöglichkeiten - keine zutreffenden Darstellungen im betriebswirtschaftlichen Sinne geben können. Im gesetzlichen Sinne genügen HGB-Abschlüsse bereits ihrer Informationsfunktion, wenn ihre Bestandteile als Gesamtheit unternehmensindividuelle Vermögens-, Finanz- und Ertragslagen bzw. -entwicklungen wiedergeben.[48]

2.2.2 IAS-Abschlüsse

Demgegenüber ist die erklärte Zielsetzung von IAS Abschlüssen durch die **primäre Orientierung an Informationsaufgaben** gekennzeichnet.[49] So sollen aktuelle Infor-

---

[45] Vgl. Baetge, J./Commandeur, D. in: Küting, K./Weber, C. (1995), § 264 HGB Rz. 39; Coenenberg, A. (1997), S. 13; Großfeld, B. (1990), Rz. 398ff; Leffson, U. (1987), S. 98ff (insb. S. 104f).

[46] Vgl. Adler, H./Düring, W./Schmaltz, K. (1995ff), § 264 HGB Rz. 88; Baetge, J./Kirsch, H. in: Küting, K./Weber, C. (1995), I Rz. 280f; Coenenberg, A. (1997), S. 13; Kempermann, M. in: Kirchhof, P./Söhn, H. (1995), § 5 EStG Rz. B55; Moxter, A. (1991), S. 67; ders. (1995), S. 419; Schildbach, T. (1987), S. 12f; Streim, H. in: Hofbauer, M. et al. (1997), § 264 HGB Rz. 14; Winnefeld, R. (1997), Rz. C 110; a.A.: Leffson, U. (1987), S. 60f u. 91f.

[47] Vgl. Adler, H./Düring, W./Schmaltz, K. (1995ff), § 264 HGB Rz. 88ff; Budde, W./Karig, P. in: Budde, W. (1990), § 264 HGB Rz. 25ff; Euler, R. (1997), S. 175; Kempermann, M. in: Kirchhof, P./Söhn, H. (1995), § 5 EStG Rz. B50f; Knobbe-Keuk, B. (1989), S. 36f; Moxter, A. (1991), S. 67f; ders. (1995), S. 426f; Schildbach, T. (1997), S. 13f; Siepe, G. (1997), S. 625f; Streim, H. in: Hofbauer, M. et al. (1997), § 264 HGB Rz. 13ff; Winnefeld, R. (1997), Rz. C 110ff.

[48] Vgl. Adler, H./Düring, W./Schmaltz, K. (1995ff), § 264 HGB Rz. 60ff u. 92ff m.w.E.; Coenenberg, A. (1997), S. 13f; Großfeld, B. (1990), Rz. 397; Leffson, U. (1987), S. 67ff; Moxter, A. (1991), S. 64ff; ders. (1995), S. 428; Schildbach, T. (1987), S. 4ff m.w.E.; Streim, H. in: Hofbauer, M. et al. (1997), § 264 HGB Rz. 25ff m.w.E.; Winnefeld, R. (1997), Rz. C 50ff m.w.E.

[49] Vgl. Achleitner, A./Wollmert, P./van Hulle, K. in: Baetge, J. et al. (1997), Teil A, Kap. II Tz. 4; Baukmann, D./Mandler, U. (1997), S. 12; Demming, C. (1997), S. 45; Förschle, G./Kroner, M./Mandler, U. (1996), S. 96; Glaum, M./Mandler, U. (1996), S. 124; Goebel, A./Fuchs, M. (1994), S. 875; IDW (1995), S. 12f; Kleekämper, H. (1994), S. 48f; KPMG (1996), S. 25; Pellens, B. (1999), S. 413; Risse, A. (1996), S. 32; Schruff, W. (1993), S. 406; Wagenhofer, A. (1996), S. 115f.

Zielsetzung von Jahresabschlüssen 19

mationen über unternehmensindividuelle Vermögens-, Finanz- und Ertragslagen bzw. -entwicklungen offengelegt werden, um ökonomische Entscheidungen unter Berücksichtigung von Informationen aus Jahresabschlüssen und anderen Bezugsquellen zu ermöglichen (IAS F.12f). Dabei reichen die Gruppen der Jahresabschlußadressaten von Eigen- und Fremdkapitalgebern über Arbeitnehmer, Handelsgläubiger und Kunden bis zu Staat und Öffentlichkeit (IAS F.9). Obschon alle Gruppen von Jahresabschlußadressaten im Grundsatz gleichgestellt sein sollen (IAS F.6), bleiben einige Informationsbedürfnisse unerfüllt, weil partielle Unterschiede und Unvereinbarkeiten zwischen einzelnen Interessen von Jahresabschlußadressaten bestehen (IAS F.9f). Während solchen Interessengegensätzen in HGB-Abschlüssen über Kompromißlösungen entsprochen wird,[50] stehen die Informationsbedürfnisse von Kapitalgebern bei IAS Abschlüssen im Vordergrund, womit sowohl die Belange von Kapitalgebern als auch die Belange von anderen Jahresabschlußadressaten in optimaler Weise erfüllt sein sollen (IAS F.10). Insofern kann die primäre Zielsetzung von IAS-Abschlüssen auf folgende Formel gebracht werden: Mittels aktueller Jahresabschlußinformationen sollen gegenwärtige und potentielle Eigen- und Fremdkapitalgeber zu Entscheidungen über Kapitalüberlassungen und Managementbestellungen befähigt werden (IAS F.14).

Für derartige Entscheidungen benötigen Kapitalgeber einerseits Informationen über unternehmensindividuelle Vermögens-, Finanz- und Ertragslagen bzw. -entwicklungen, andererseits Informationen über ausschüttungsfähige Gewinne in vergangenen und zukünftigen Rechnungslegungsperioden. Folglich müssen IAS-Abschlüsse als Grundlage für Entscheidungen über Kapitalüberlassungen und Managementbestellungen ebenso taugen wie als Grundlage für Erwartungen über Gewinnausschüttungen.[51] Daher ist die erklärte Zielsetzung von IAS-Abschlüssen - ungeachtet der besonderen Betonung von Informationsaufgaben - um die **faktische Zahlungsbemessungsfunktion** zu ergänzen,[52] auch wenn der Eigenkapitalgeber-Fremdkapitalgeber-Konflikt mangels verbindlicher Beschränkungen für die Gewinnausschüttungen ungeregelt bleibt. Weil sämtliche Güter- und Geldbewegungen bzw. -bestände zur Erfüllung von Informations- und Zahlungsbemessungsaufgaben bekannt sein müssen, haben IAS-Abschlüsse zudem Dokumentationsaufgaben. Damit sind übereinstimmende Zielsetzungen von IAS- und HGB-Abschlüssen bei unterschiedlichen Gewichtungen festzustellen.

---

[50] Vgl. Baetge, J. (1996), S. 63f; Coenenberg, A. (1997), S. 10f; Federmann, R. (1994), S. 47; Goebel, A./Fuchs, M. (1994), S. 875; Wagenhofer, A. (1996), S. 115; Wöhe, G. (1997), S. 41ff.
[51] Vgl. Goebel, A. (1994), S. 2458; Goebel, A./Fuchs, M. (1994), S. 875.
[52] Vgl. Busse von Colbe, W. (1995), S. 389; ders. (1998), S. 383; Demming, C. (1997), S. 45; Goebel, A./Fuchs, M. (1994), S. 875; Groh, M. (1998), S. 191f; Lutz, G. (1999), S. 148f; Oestreicher, A./Spengel, C. (1999), S. 595; Pellens, B. (1999), S. 521; Richter, M. 1998), S. 161.

2.3 Bestandteile von Jahresabschlüssen

Nachdem die vorangegangenen Darlegungen im Vorgriff die wichtigsten Bestandteile von Jahresabschlüssen angesprochen haben, werden die nachfolgenden Unterabschnitte im Einzelnen die verpflichtenden Bestandteile von HGB- und IAS-Abschlüssen gegenüberstellen.

2.3.1 HGB-Abschlüsse

Laut allgemeinen Rechnungslegungsvorschriften im Handelsgesetzbuch müssen Kaufleute ihre Geschäftslage zu jedem Geschäftsjahresende unter Beachtung von Grundsätzen ordnungsmäßiger Buchführung in ihren Jahresabschlüssen mittels Bilanz und Gewinn- und Verlustrechnung ermitteln (§ 242 HGB). Ferner werden Kapitalgesellschaften durch ergänzende Rechnungslegungsvorschriften zur zusätzlichen Erstellung von Anhang und Lagebericht verpflichtet, wobei Bilanz, Gewinn- und Verlustrechnung und Anhang als gleichwertige Bestandteile von Jahresabschlüssen gelten (§ 264 I HGB).

Vereinfacht bezeichnet die **Bilanz** die Gegenüberstellung von Vermögens- und Kapitalpositionen,[53] die nach Bindungs- bzw. Überlassungsdauern, Rechtsverhältnissen und/oder Produktionsstufen gegliedert werden.[54] Für die Bilanz von HGB-Abschlüssen wird die Mindestgliederung von Vermögens- und Kapitalpositionen in der Tabelle 2.03 aufgeführt.

Aktiva   Bilanz   Passiva
Anlagevermögen: Vermögenspositionen, die bestimmt sind, im Geschäftsbetrieb auf Dauer eingesetzt zu werden (§ 247 II HGB)	**Eigenkapital:** Kapitalpositionen, die über Kapitalzuführungen oder Gewinnthesaurierungen von Gesellschaftern für betriebliche Zwecke ohne generelle Zeitbeschränkung überlassen werden
Umlaufvermögen: Vermögenspositionen, die bestimmt sind, im Geschäftsbetrieb umgeformt oder umgesetzt, mit anderen Worten nicht auf Dauer eingesetzt zu werden	**Fremdkapital:** Kapitalpositionen, denen betriebliche Verpflichtungen, die rechtliche Begründung als Verbindlichkeiten oder wirtschaftliche Verursachung als Rückstellungen in abgelaufenen Rechnungslegungsperioden fanden, mit genereller Zeitbeschränkung gegenüberstehen,
Korrekturposten zu Passiva: Bilanzierungshilfen, Rechnungsabgrenzungsposten und Fehlbeträge, die nicht durch Eigenkapital gedeckt sind.	**Korrekturposten zu Aktiva:** Rechnungsabgrenzungsposten und Sonderposten mit Rücklagenanteil.

Tab. 2.03: Mindestgliederung von Bilanzpositionen in HGB-Abschlüssen[55]

---

[53] Vgl. Coenenberg, A. (1997), S. 5; Knobbe-Keuk, B. (1989), S. 13; Ordelheide, D. (1993), S. 231f; Wöhe, G. (1997), S. 30f.
[54] Vgl. Coenenberg, A. (1997), S. 63f.
[55] Vgl. Knobbe-Keuk, B. (1989), S. 52f; Wöhe, G. (1990), S. 16ff.

Zudem enthalten allgemeine Rechnungslegungsvorschriften für HGB-Abschlüsse zur Sicherstellung der Verständlichkeit und Vergleichbarkeit von Bilanzpositionen noch weitere Form- und Gliederungsbestimmungen (§§ 243 und 246 HGB), die ergänzende Rechnungslegungsvorschriften für bestimmte Unternehmungen (§§ 265ff HGB) verschärfen.[56]

Ebenso gelten die Form- und Gliederungsbestimmungen für die **Gewinn- und Verlustrechnung**, in der Periodenerfolge durch die Saldierung von Erträgen und Aufwendungen ermittelt und durch die Offenlegung von Quellen erläutert werden.[57] Dabei kann die Systematisierung von Erträgen und Aufwendungen nach Maßgabe des Gesamt- oder Umsatzkostenverfahrens erfolgen (§ 275 I HGB). Wird die Gewinn- und Verlustrechnung nach Maßgabe des Gesamtkostenverfahrens erstellt, müssen Gesamtleistungen - als Summe aus Umsatzerlösen, Bestandsveränderungen und aktivierten Eigenleistungen - gegen Gesamtaufwendungen - zur Erzielung von Umsatzerlösen, Bestandsveränderungen und aktivierten Eigenleistungen - gekürzt werden. Dagegen stellt die Gewinn- und Verlustrechnung nach Maßgabe des Umsatzkostenverfahrens ihrerseits Umsatzerlöse und -aufwendungen gegenüber, wobei Umsatzaufwendungen durch Umsatzprozesse im Geschäftsjahr verursachte Aufwendungen umfassen. Trotz dieser Unterschiede führen die beiden Verfahren, sofern die gewählten Bewertungsmethoden für fertige und unfertige Erzeugnisse beibehalten werden, zum gleichen Jahreserfolg,[58] auch wenn folgende Erfolgszwischengrößen differieren können:[59]

(1) betriebliches Ergebnis: Erfolg vor Steuern aus eigentlichen Betriebstätigkeiten,

(2) finanzielles Ergebnis: Erfolg vor Steuern aus gewöhnlichen Kapitalanlage- und Finanzierungsgeschäften und

(3) außerordentliches Ergebnis: Erfolg vor Steuern aus außergewöhnlichen Geschäftsvorgängen (§ 277 IV HGB).

Wie das Wahlrecht zwischen dem Gesamt- und Umsatzkostenverfahren beispielhaft zeigt, sind die ausgewiesenen Bilanz- und Erfolgspositionen durch die wahlrechts- und ermessensbedingten Gestaltungsspielräume beeinträchtigt. Infolgedessen müssen HGB-Abschlüsse von Kapitalgesellschaften, um ihre Aussagequalität zu verbessern,[60] durch **Anhang**angaben ergänzt werden (§ 264 I HGB). Dabei können drei Informationsbereiche in Entsprechung zur Abbildung 2.03 unterschieden werden.

---

[56] Vgl. Wöhe, G. (1997), S. 235ff.
[57] Vgl. Baetge, J. (1996), S. 522f; Coenenberg, A. (1997), S. 7f; Ordelheide, D. (1993), S. 233f; Wöhe, G. (1990), S. 102f; ders. (1997), S. 272ff.
[58] Vgl. Baetge, J. (1996), S. 534f; Coenenberg, A. (1997), S. 308ff; Ordelheide, D. (1993), S. 266; Wöhe, G. (1990), S. 105ff; ders. (1997), S. 274ff.
[59] Vgl. Baetge, J. (1996), S. 587f; Coenenberg, A. (1997), S. 313ff; Ordelheide, D. (1993), S. 266.
[60] Vgl. Adler, H./Düring, W./Schmaltz, K. (1995ff), § 284 HGB Rz. 10; Coenenberg, A. (1997), S. 367; Wöhe, G. (1990), S. 214, ders. (1997), S. 619.

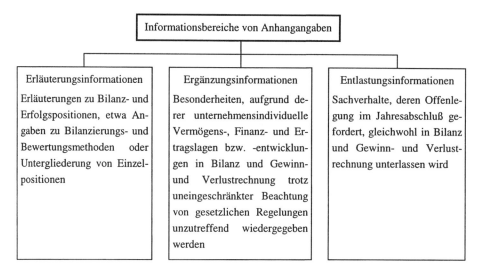

Abb. 2.03: Informationsbereiche von Anhangangaben in HGB-Abschlüssen[61]

Ergänzend zum Jahresabschluß ist der **Lagebericht** von Kapitalgesellschaften zu erstellen (§ 264 I HGB). Mit diesem Instrument sollen Jahresabschlußangaben durch abschließende Gesamtbeurteilungen von unternehmensindividuellen Entwicklungen verdichtet und durch zusätzliche Informationen in sachlicher bzw. zeitlicher Hinsicht abgerundet werden.[62]

2.3.2 IAS-Abschlüsse

Vor ihrer Neufassung im IAS 1 enthielten die Form- und Inhaltsvorschriften für IAS-Abschlüsse nur geringere Vorgaben, so daß dahingehende Überarbeitungen von Regelungen zur IAS-Rechnungslegung seitens verschiedener Stimmen in Literatur und Rechnungslegungspraxis gefordert wurden.[63] Infolge dieser Überarbeitungen wurden die ursprünglichen Bestimmungen im IAS 1 "Angabe von Bilanzierungs- und Bewertungsmethoden (Disclosure of Accounting Policies)", IAS 5 "Offenlegungspflichtige Informationen (Information to be Disclosed in Financial Statements)" und IAS 13 "Darstellung kurzfristiger Vermögenswerte und Schulden (Presentation of Current Assets and Current Liabilities)" für Geschäftsjahre mit Beginn ab 01.07.1998 (IAS 1.103) durch die neugefaßten Regelungen im IAS 1 ersetzt.[64] Seitdem müssen rech-

---

[61] Vgl. Baetge, J. (1996), S. 605; Coenenberg, A. (1997), S. 368f; Russ, W. (1986), S. 20ff.
[62] Vgl. Adler, H./Düring, W./Schmaltz, K. (1995ff), § 289 HGB Rz. 17ff; Baetge, J. (1996), S. 637; Coenenberg, A. (1997), S. 400ff; Wöhe, G. (1997), S. 662ff.
[63] Vgl. Achleitner, A./Kleekämper, H. (1997), S. 117; Achleitner, A./Pejic, P. (1996), S. 2037.
[64] Vgl. Achleitner, A./Kleekämper, H. (1997), S. 117; Achleitner, A./Pejic, P. (1996), S. 2037; KPMG (1996), S. 22; Schwarzinger, P. (1997), S. 556; Wagenhofer, A. (1996), S. 288.

nungslegungspflichtige Unternehmungen durch folgende Jahresabschlußbestandteile über ihre Vermögens-, Finanz- und Ertragslagen bzw. -entwicklungen berichten (IAS 1.7):

(1) Bilanz (balance sheet),
(2) Gewinn- und Verlustrechnung (income statement)
(3) Kapitalflußrechnung (cash flow statement),
(4) Eigenkapitalspiegel (statement showing changes in equity) und
(5) Erläuterungen (notes).

2.3.2.1 Bilanz (balance sheet)

Um bessere Zeit- und Branchenvergleiche von IAS-Abschlüssen durch genauere Reglementierungen von Jahresabschlußpräsentationen zu ermöglichen, legt der IAS 1 einerseits die Grundkonzepte zur Jahresabschlußerstellung bzw. -darstellung, andererseits die Strukturen und Inhalte von Jahresabschlußbestandteilen fest.[65] Welche Bilanzpositionen im IAS-Abschluß von Einzelunternehmungen auszuweisen sind (IAS 1.66), gibt die Tabelle 2.04 wieder.

I.	Sachanlagen (tangible assets)
II.	immaterielle Vermögenswerte (intangible assets)
III.	Finanzanlagen (investments)
IV.	Vorräte (inventories)
V.	Forderungen aus Lieferung und Leistung sowie sonstige Forderungen (trade and other receivables)
VI.	Zahlungsmittel und Zahlungsmitteläquivalente (cash and cash equivalentes)
VII.	gezeichnetes Kapital (share capital)
VIII.	Rücklagen (reserves)
IX.	Minderheitenanteile (minority interests)
X.	verzinsliche Verbindlichkeiten (interest-bearing liabilities)
XI.	Verbindlichkeiten aus Lieferung und Leistung sowie sonstige Verbindlichkeiten (trade and other payables)
XII.	Rückstellungen (provisions)
XIII.	latente Steuerforderungen bzw. -verbindlichkeiten (deferred tax assets bzw. liabilities)

Tab. 2.04: Mindestgliederung von Bilanzpositionen in IAS-Abschlüssen von Einzelunternehmungen

---

[65] Vgl. Achleitner, A./Kleekämper, H. (1997), S. 126; Achleitner, A./Pejic, P. (1996), S. 2037; KPMG (1996), S. 149f; Schwarzinger, P. (1997), S. 556.

Da die vorstehende Mindestgliederung lediglich grobe Strukturen vorgibt, liegt die konkrete Präsentationsform und Positionsanordnung im Ermessen des einzelnen Rechnungslegungssubjektes (IAS 1.68), womit die vorgegebene Gliederung als flexibles Schema interpretiert werden muß.[66] In diesem Sinne sind weitere Gliederungsänderungen unter folgenden Voraussetzungen zwingend (IAS 1.67ff):

(1) Ergänzung von Positionen, deren Offenlegung nach anderen Regelungen zur IAS-Rechnungslegung[67] oder zur sachgerechten Information von Jahresabschlußadressaten erforderlich ist (Bsp.: gesonderter Ausweis von Neubewertungsrücklagen (revaluation surplus) oder Entwicklungskosten bei umfangreichen Forschungs- und Entwicklungstätigkeiten),

(2) Umbenennung und Umgliederung von Positionen, deren Bezeichnung bzw. Reihenfolge nicht individuellen Unternehmensgegenständen oder Tätigkeitsbereichen entspricht (Bsp.: geänderte Bilanzgliederung von Kredit- und Finanzinstituten oder Pensionsfonds), und

(3) Kürzung und Zusammenfassung von Positionen, deren Bedeutung aufgrund individueller Unternehmensgegenstände oder Tätigkeitsbereiche unwesentlich ist (Bsp.: Kürzung von immateriellen Vermögenswerten (intangible assets) mangels derivativer Geschäfts- oder Firmenwerte (goodwill) und nennenswerter Forschungs- und Entwicklungsaktivitäten).

Zudem verlangen verschiedene Bestimmungen im IAS 1 noch weitere Informationen zu Vermögens- und Kapitalpositionen, die in der Bilanz oder den Erläuterungen (notes) ausgewiesen werden können.[68] Beispielsweise müssen Bilanzpositionen unter Berücksichtigung von anderen Regelungen und individuellen Unternehmensgegenständen oder Tätigkeitsbereichen untergliedert, Verbindlichkeiten und Forderungen gegenüber Gesellschaftern und Geschäftsführern offengelegt oder Gattung und Zweck von jeder Eigenkapitalrücklage beschrieben werden (IAS 1.72ff). Letztlich sind die Form- und Inhaltsvorschriften für die Bilanz (balance sheet) durch Unbestimmtheit und Vielfalt gekennzeichnet. Deshalb ist folgende Empfehlung zur Bilanzgliederung, die aus dem Anhang zum IAS 1 in die Tabelle 2.05 übernommen wurde, als potentieller Anhaltspunkt hilfreich, obschon ihre Verwendung freiwillig ist.[69]

---

[66] Vgl. Achleitner, A./Kleekämper, H. (1997), S. 124; Achleitner, A./Pejic, P. (1996), S. 2040; Wagenhofer, A. (1996), S. 290.

[67] Nähere Erläuterungen zu Positionen, deren Offenlegung aufgrund anderer Regelungen zur IAS-Rechnungslegung erforderlich ist, enthält folgender Literaturbeitrag: Wollmert, P./Achleitner, A. (1997), S. 255.

[68] Vgl. Achleitner, A./Kleekämper, H. (1997), S. 125; Achleitner, A./Pejic, P. (1996), S. 2041; KPMG (1996), S. 150; Schwarzinger, P. (1997), S. 559.

[69] Vgl. Achleitner, A./Kleekämper, H. (1997), S. 124; Schwarzinger, P. (1997), S. 559.

Aktivseite

A. Anlagevermögen

  I. Sachanlagen

  II. immaterielle Vermögenswerte
  1. Geschäfts- oder Firmenwerte
  2. Produktionslizenzen, Patente und Markenrechte
  3. andere Vermögenswerte immaterieller Natur

  III. Finanzanlagen
  1. Beteiligungen an assoziierten Unternehmungen
  2. andere Finanzanlagen

B. Umlaufvermögen

  I. Vorräte

  II. Forderungen aus Lieferungen und Leistungen und sonstige Forderungen

  III. Vorauszahlungen

  IV. Zahlungsmittel und Zahlungsmitteläquivalente

Passivseite

A. Eigenkapital

  I. gezeichnetes Kapital

  II. Rücklagen

  III. Gewinnrücklagen

B. Minderheitenanteile

C. langfristiges Fremdkapital

  I. verzinsliche Darlehn

  II. latente Steuern

  III. Pensionsrückstellungen

D. kurzfristiges Fremdkapital

  I. Verbindlichkeiten aus Lieferungen und Leistungen und sonstige Verbindlichkeiten

  II. kurzfristige Darlehn

  III. kurzfristiger Teil verzinslicher Darlehn

  IV. sonstige Rückstellungen

Tab. 2.05: Gliederungsempfehlung für die Bilanz (balance sheet) laut dem Anhang zum IAS 1

Bezüglich dieser Gliederungsempfehlung sei angemerkt, daß zwischen kurz- (current) und langfristigen (non-current) Vermögens- und Kapitalpositionen laut ausdrücklicher Feststellung nicht unterschieden werden muß (IAS 1.53). Sollten allerdings Bilanzpositionen nach Fristigkeiten unterschieden werden, sind einschlägige Bestimmungen zur Differenzierung von kurz- (current) und langfristigen (non-current) Vermögens-

und Kapitalpositionen zwingend (IAS 1.53). Danach müssen Vermögenspositionen, wie folgt, gegliedert werden (IAS 1.57):

(1) **Anlagevermögen (long-term assets)**: Vermögenswerte, die über mehrere Geschäftszyklen bzw. -jahre für betriebliche Geschäfts- oder Investmentzwecke genutzt werden sollen, und

(2) **Umlaufvermögen (current assets)**: Vermögenspositionen, die im folgenden Geschäftszyklus bzw. -jahr umgesetzt werden sollen, einschließlich Zahlungsmittel und Zahlungsmitteläquivalente, die ohne jede Beschränkung eingesetzt werden können.

Entsprechend sind folgende Kapitalpositionen auseinanderzuhalten, sofern ihr Rechtscharakter als weiteres Gliederungskriterium einbezogen wird:

(1) **Eigenkapital (equity)**: Saldo von Vermögenspositionen über Rückstellungen (provisions) und Verbindlichkeiten (IAS F.49c), der unterschiedlichste Posten wie Grund- bzw. Stammkapital (share capital), Gewinnrücklagen (retained earnings) oder Neubewertungsrücklagen (revaluation surplus) umfaßt (IAS F.65f und 81),

(2) **Rückstellungen (provisions)**: ungewisse Verpflichtungen aus Ereignissen in vergangenen Rechnungslegungsperioden, deren Wert aufgrund unsicherer Entstehung, Höhe und/oder Fälligkeit über Schätzungen festzustellen ist (IAS F.64),

(3) **langfristige (non-current) Verbindlichkeiten**: unwiderrufliche Verpflichtungen aus Ereignissen in vergangenen Rechnungslegungsperioden (IAS F.49b), deren Begleichung im folgenden Geschäftszyklus bzw. -jahr nicht erwartet wird (IAS 1.60), und

(4) **kurzfristige (current) Verbindlichkeiten**: unwiderrufliche Verpflichtungen aus Ereignissen in vergangenen Rechnungslegungsperioden (IAS F.49b), deren Begleichung im folgenden Geschäftszyklus bzw. -jahr erwartet wird (IAS 1.60).

Folglich wären langfristige Verbindlichkeiten, soweit ihre Begleichung im folgenden Geschäftszyklus bzw. -jahr notwendig wird, in kurzfristige Kapitalpositionen umzugliedern. Da aber Fälligkeiten langfristiger Verbindlichkeiten im Regelfall verlängert werden, müssen solche Umgliederungen bei gesicherten Prolongationen unterbleiben, wobei allerdings die Verbindlichkeiten, die trotz kurzfristiger Fälligkeit als langfristige Kapitalpositionen ausgewiesen werden, einschließlich ihrer Refinanzierungsbedingungen in den Erläuterungen (notes) offenzulegen sind (IAS 1.63).

2.3.2.2 Gewinn- und Verlustrechnung (income statement)

In grundsätzlicher Analogie zur Bilanz (balance sheet) wird der Mindestinhalt für die Gewinn- und Verlustrechnung (income statement) durch einschlägige Bestimmungen im IAS 1 vorgegeben.[70] Die Erfolgspositionen, die im IAS-Abschluß von Einzelunternehmungen auszuweisen sind, gibt die Tabelle 2.06 wieder (IAS 1.75).

I.	Umsatzerlöse (revenues)
II.	Erfolg betrieblicher Tätigkeiten (result of operating activities)
III.	Finanzierungsaufwendungen (financing expense)
IV.	Steueraufwendungen (tax expense)
V.	Erfolg gewöhnlicher Geschäftätigkeiten (result from ordinary activities)
VI.	außerordentliche Posten (extraordinary items)
VII.	Minderheitenanteile (minority interests)
VIII.	Jahresüberschuß oder -fehlbetrag (net profit or loss for the period)

Tab. 2.06: Mindestgliederung von Erfolgspositionen in IAS-Abschlüssen von Einzelunternehmungen

Neben den einzelnorm- und flexibilitätsbegründeten Gliederungsänderungen (IAS 1.75f), deren Reglementierung in den Ausführungen über die Bilanz (balance sheet) dargestellt wird,[71] bleiben die offenlegungspflichtigen Informationen, deren Ausweis über die Gewinn- und Verlustrechnung (income statement) oder die Erläuterungen (notes) erfolgen kann, im obigen Gliederungsschema unberücksichtigt. Dazu gehören die erläuternden Aufschlüsselungen von Erträgen und Aufwendungen (analysis of income and expenses) und die betragsmäßigen Angaben zu Gewinnausschüttungsbeschlüssen bzw. -vorschlägen im Rechnungslegungszeitraum (IAS 1.77ff). Sollten die Erträge und Aufwendungen nach Maßgabe des **Umsatzkostenverfahrens** aufgeschlüsselt werden, zeigt die Tabelle 2.07 die Gliederung, die im Anhang zum IAS 1 empfohlen wird.

01.		Umsatzerlöse
02.	-	Umsatzkosten
03.	**=**	**Bruttoerfolg**
04.	+	sonstige betriebliche Erträge
05.	-	Vertriebskosten
06.	-	Verwaltungsaufwendungen
07.	-	sonstige betriebliche Aufwendungen
08.	**=**	**Erfolg betrieblicher Tätigkeiten**

---

[70] Vgl. Achleitner, A./Kleekämper, H. (1997), S. 124; Achleitner, A./Pejic, P. (1996), S. 2042; Schwarzinger, P. (1997), S. 560; Wagenhofer, A. (1996), S. 290.
[71] Siehe hierzu Kapitel 2.3.2.1.

09.	-	Finanzierungsaufwendungen
10.	+	Erfolgsanteile aus Beteiligungen und Joint Ventures bei Equity-Bilanzierung
11.	**=**	**Erfolg vor Ertragsteuern**
12.	-	Ertragsteuern
13.	**=**	**Erfolg nach Ertragsteuern**
14.	-	Gewinnanteile von Minderheitsgesellschaftern
15.	**=**	**Erfolg gewöhnlicher Geschäftstätigkeiten**
16.	±	außerordentliche Positionen
17.	**=**	**Jahresüberschuß bzw. -fehlbetrag**

Tab. 2.07: Gliederungsempfehlung für die Gewinn- und Verlustrechnung (income statement) nach dem Umsatzkostenverfahren laut dem Anhang zum IAS 1

Demgegenüber soll die Gewinn- und Verlustrechnung (income statement) nach Maßgabe des **Gesamtkostenverfahrens** in Entsprechung zur Tabelle 2.08 gegliedert werden.

01.		Umsatzerlöse
02.	+	sonstige betriebliche Erträge
03.	±	Veränderungen von Beständen fertiger und unfertiger Erzeugnisse
04.	+	andere aktivierte Eigenleistungen
05.	-	Roh-, Hilfs- und Betriebsstoffe
06.	-	Personalaufwendungen
07.	-	Abschreibungen
08.	-	sonstige betriebliche Aufwendungen
09.	**=**	**Erfolg betrieblicher Tätigkeiten**
10.	-	Finanzierungsaufwendungen
11.	+	Erfolgsanteile aus Beteiligungen und Joint Ventures bei Equity-Bilanzierung
12.	**=**	**Erfolg vor Ertragsteuern**
13.	-	Ertragsteuern
14.	**=**	**Erfolg nach Ertragsteuern**
15.	-	Gewinnanteile von Minderheitsgesellschaftern
16.	**=**	**Erfolg gewöhnlicher Geschäftstätigkeiten**
17.	±	außerordentliche Positionen
18.	**=**	**Jahresüberschuß bzw. -fehlbetrag**

Tab. 2.08: Gliederungsempfehlung für die Gewinn- und Verlustrechnung (income statement) nach dem Gesamtkostenverfahren laut dem Anhang zum IAS 1

Ungeachtet der gewählten Verfahrensalternative erfassen die außerordentlichen Erfolgspositionen (extraordinary items) ausschließlich Ergebnisse aus Ereignissen oder Transaktionen, die aufgrund wesentlicher Unterschiede zu unternehmensindividuellen Geschäftstätigkeiten mit großer Seltenheit und Unregelmäßigkeit auftreten (IAS 8.6). Sämtliche anderen Erträge und Aufwendungen müssen im Ergebnis aus gewöhnlichen Geschäftstätigkeiten (profit or loss from ordinary activities) offengelegt werden.[72] Dabei erfordern selbst Posten, deren Betrag, Art oder Seltenheit gesonderte Angaben verlangen, keine Ausnahme (IAS 8.18).

2.3.2.3 Kapitalflußrechnung (cash flow statement)

Ergänzend zur Bilanz (balance sheet) und Gewinn- und Verlustrechnung (income statement) soll die Kapitalflußrechnung (cash flow statement) als Pflichtbestandteil von IAS-Abschlüssen über die Cash-flow-Entwicklung durch Finanzmittelfondsänderungen im Rechnungslegungszeitraum informieren. Nach einschlägigen IAS werden Finanzmittelfonds aus Zahlungsmitteln (cash), die Kassenbestände und Sichtguthaben enthalten, und Zahlungsmitteläquivalenten (cash equivalents), die kurzfristige Kapitalanlagen ohne bedeutende Wertänderungsrisiken umfassen (IAS 7.6), gebildet, wobei Kontokorrentkredite als integraler Bestandteil von Zahlungsmitteldispositionen unter restriktiven Voraussetzungen über Finanzmittelfondskürzungen berücksichtigt werden können (IAS 7.8). Infolge der Ermessensspielräume im Rahmen von Finanzmittelfondsabgrenzungen muß die Zusammensetzung von Zahlungsmitteln (cash) und Zahlungsmitteläquivalenten (cash equivalents) sowie die Überleitung zu Bilanzpositionen über Erläuterungen (notes) offengelegt werden (IAS 7.45), um den Informationsgehalt der Kapitalflußrechnung (cash flow statement) sicherzustellen.[73]

Mit derselben Begründung müssen die Cash-flows aus Betriebs- (cash flows from operating activities), Investitions- (cash flows from investing activities) und Finanzierungstätigkeiten (cash flows from financing activities) unter der Beachtung von allgemeinen Gliederungsprinzipien getrennt ausgewiesen werden (IAS 7.10). Dabei ist der **Cash-flow aus Betriebstätigkeiten (cash flows from operating activities)**, dessen überwiegender Teil aus betrieblichen Umsatztätigkeiten resultiert,[74] nach der direkten oder indirekten Methode in den wesentlichen Kategorien für die Ein- und Auszahlungen unsaldiert darzustellen (IAS 7.18). Neben dem Cash-flow aus Betriebstätigkeiten (cash flows from operating activities) muß der **Cash-flow aus Investitionstätigkeiten (cash flows from investing activities)** offengelegt werden, weil die getätigten Zahlun-

---

[72] Vgl. Wagenhofer, A. (1996), S. 296.
[73] Vgl. KPMG (1996), S. 115.
[74] Vgl. KPMG (1996), S. 117.

gen für Sach- und Finanzinvestitionen einige Rückschlüsse auf die zukünftigen Erlöse und Zahlungsmittelzuflüsse zulassen.[75] Infolgedessen dürfen Zahlungspositionen aus Investitions- und Finanzierungstätigkeiten nicht verrechnet werden (IAS 7.21). Vielmehr müssen Veränderungen von Zahlungspositionen, die aus Transaktionen mit Kapitalgebern resultieren, als **Cash-flow aus Finanzierungstätigkeiten (cash flows from financing activities)** getrennt ausgewiesen werden.[76]

Mangels weiterer Vorgaben steht die Gliederung der Kapitalflußrechnung (cash flow statement) - abgesehen von Angaben zu Zahlungswirkungen aus Fremdwährungsgeschäften (IAS 7.28), außerordentlichen Geschäftsvorfällen (IAS 7.29), Zins- und Dividendenleistungen (IAS 7.31), Ertragsteuern (IAS 7.35) sowie Betriebserwerben bzw. -verkäufen (IAS 7.39) - im subjektiven Ermessen jedes einzelnen Rechnungslegungssubjektes.[77] Sofern die maßgeblichen Zahlungsvorgänge aus den internen Konten direkt ermittelt werden, wird das Gliederungsschema der Tabelle 2.09 im Anhang zum IAS 7 empfohlen.

I.	**Cash-flow aus laufender Geschäftstätigkeit**
+	Einzahlungen von Kunden
-	Auszahlungen an Lieferanten und Beschäftigte
=	Zahlungsmittel aus laufender Geschäftstätigkeit
-	Zinszahlungen
-	Ertragsteuerzahlungen
=	Cash-flow vor außerordentlichen Positionen
±	Zahlungsmittel aus außerordentlichen Positionen
=	Netto-Cash-flow aus laufender Geschäftstätigkeit
II.	**Cash-flow aus Investitionstätigkeiten**
-	Auszahlungen für Erwerb von Unternehmen
-	Auszahlungen für Erwerb von Sachanlagen
+	Einzahlungen aus Verkauf von Unternehmen
+	Einzahlungen aus Verkauf von Sachanlagen
+	erhaltene Zinszahlungen
+	erhaltene Dividendenzahlungen
=	Netto-Cash-flow aus Investitionstätigkeiten

---

[75] Vgl. KPMG (1996), S. 118.
[76] Vgl. KPMG (1996), S. 118.
[77] Vgl. Achleitner, A./Wollmert, P./van Hulle, K. in: Baetge, J. et al. (1997), Teil A, Kap. III Tz. 145; Wagenhofer, A. (1996), S. 290; Wollmert, P./Achleitner, A. (1997), S. 254.

Bestandteile von Jahresabschlüssen 31

III.	**Cash-flow aus Finanzierungstätigkeiten**
±	Zahlungen aufgrund Veränderungen gezeichneten Kapitals
±	Zahlungen aufgrund Veränderungen langfristiger Ausleihungen
-	Zahlungen für Finanzierungsleasinggeschäfte
-	Dividendenzahlungen
=	Netto-Cash-flow aus Finanzierungstätigkeiten
IV.	**Netto-Veränderungen von Zahlungsmitteln und Zahlungsmitteläquivalenten als Summe von Positionen I bis III**
V.	**Zahlungsmittel und Zahlungsmitteläquivalente zu Geschäftsjahresbeginn**
+	Zahlungsmittel
+	Zahlungsmitteläquivalente
±	wechselkursbedingte Veränderungen von Zahlungsmitteln und Zahlungsmitteläquivalenten
=	Zahlungsmittel und Zahlungsmitteläquivalente zu Geschäftsjahresbeginn
VI.	**Zahlungsmittel und Zahlungsmitteläquivalente zu Geschäftsjahresende als Summe von Positionen IV und V**

Tab. 2.09: Gliederungsempfehlung für die Kapitalflußrechnung (cash flow statement) nach direkter Methode laut dem Anhang zum IAS 7

Da die direkte Herleitung von Zahlungsbewegungen aus den internen Konten aufwendig ist, erstellen die meisten Unternehmungen, deren Jahresabschluß auf anglo-amerikanischen Rechnungslegungsvorschriften basiert, ihre Kapitalflußrechnung (cash flow statement) nach der indirekten Methode.[78] Für diesen Fall zeigt die Tabelle 2.10 die Gliederung, die im Anhang zum IAS 7 vorgeschlagen wird.

I.	**Cash-flow aus laufenden Geschäftstätigkeiten**
+	Erfolg gewöhnlicher Geschäftstätigkeiten vor Ertragsteuern
±	Berichtigungen für Abschreibungen, Erfolge aus Währungsumrechnungen, Erträge aus Finanzinvestitionen und Zinsaufwendungen
=	Ergebnis gewöhnlicher Geschäftstätigkeiten vor Veränderungen von Umlaufvermögen
±	Erhöhung bzw. Verminderung von Forderungen aus Lieferungen und Leistungen und sonstigen Forderungen, Vorräten und Verbindlichkeiten aus Lieferungen und Leistungen
=	Cash-flow aus laufenden Geschäftstätigkeiten
-	Zinszahlungen
-	Ertragsteuerzahlungen
=	Cash-flow vor außerordentlichen Positionen
±	Zahlungsmittel aus außerordentlichen Positionen
=	Netto-Cash-flow aus laufenden Geschäftstätigkeiten

---

[78] Vgl. KPMG (1996), S. 119f.

> **II. Cash-flow aus Investitionstätigkeiten**
> - Auszahlungen für Erwerb von Unternehmungen
> - Auszahlungen für Erwerb von Sachanlagen
> + Einzahlungen aus Verkauf von Unternehmungen
> + Einzahlungen aus Verkauf von Sachanlagen
> + erhaltene Zinszahlungen
> + erhaltene Dividendenzahlungen
> = Netto-Cash-flow aus Investitionstätigkeiten
>
> **III. Cash-flow aus Finanzierungstätigkeiten**
> ± Zahlungen aufgrund Veränderungen gezeichneten Kapitals
> ± Zahlungen aufgrund Veränderungen langfristiger Ausleihungen
> - Zahlungen aus Finanzierungsleasingverträgen
> - Dividendenzahlungen
> = Netto-Cash-flow aus Finanzierungstätigkeiten
>
> **IV. Netto-Veränderungen von Zahlungsmitteln und Zahlungsmitteläquivalenten als Summe von Positionen I bis III**
>
> **V. Zahlungsmittel und Zahlungsmitteläquivalente zu Geschäftsjahresbeginn**
> + Zahlungsmittel
> + Zahlungsmitteläquivalente
> ± wechselkursbedingte Veränderungen von Zahlungsmitteln und Zahlungsmitteläquivalenten
> = Zahlungsmittel und Zahlungsmitteläquivalente zu Geschäftsjahresbeginn
>
> **VI. Zahlungsmittel und Zahlungsmitteläquivalente zu Geschäftsjahresende als Summe von Positionen IV und V**

Tab. 2.10: Gliederungsempfehlung für die Kapitalflußrechnung (cash flow statement) nach indirekter Methode laut dem Anhang zum IAS 7

2.3.2.4 Eigenkapitalspiegel (statement showing changes in equity)

Zusätzlich wurde der Eigenkapitalspiegel (statement showing changes in equity) als Pflichtbestandteil von IAS-Abschlüssen mit der Neufassung vom IAS 1 im Jahr 1997 eingeführt (IAS 1.86). Mittels dieses Instruments sollen erfolgsunwirksame Eigenkapitalveränderungen, deren Ursachen weder Veränderungen gezeichneten Kapitals noch Ausschüttungen erwirtschafteter Gewinne sind, über einzelne Rechnungslegungsperioden zusammengefaßt werden.[79] Ohne konkrete Regelungen zur Erfolgswirksamkeit von jahresabschlußrelevanten Sachverhalten darlegen zu wollen,[80] werden die Positio-

---

[79] Vgl. Achleitner, A./Kleekämper, H. (1997), S. 119f; Achleitner, A./Pejic, P. (1996), S. 2042; Wollmert, P./Achleitner, A. in: Baetge, J. et al. (1997), Teil A, Kap. II Tz. 27; dies. (1997), S. 212f.

[80] Siehe hierzu Kapitel 2.4.2.4.

Bestandteile von Jahresabschlüssen 33

nen, die im Eigenkapitalspiegel (statement showing changes in equity) auszuweisen sind, in der Tabelle 2.11 dargelegt.

	Berichtsjahr	Vorjahr
Eigenkapitalveränderungen aus Neubewertungen (revaluations) von Sachanlagen (tangible assets) Neubewertungen (revaluations) immaterieller Vermögenswerte (intangible assets) Neubewertungen (revaluations) von Finanzanlagen (investments) Währungsumrechnungen		
Summe erfolgsneutraler Eigenkapitalveränderungen ohne Transaktionen mit Gesellschaftern		
Jahresüberschuß/Jahresfehlbetrag		
Summe von Eigenkapitalveränderungen ohne Transaktionen mit Gesellschaftern		
Gewinne/Verluste aus Bilanzierungs- und Bewertungsänderungen bzw. -korrekturen		

Tab. 2.11: Eigenkapitalspiegel (statement showing changes in equity) in IAS-Abschlüssen[81]

Sollten die bestehenden Regelungen zu den erfolgsneutralen Eigenkapitalveränderungen geändert werden, müßte die Gliederung des Eigenkapitalspiegels (statement showing changes in equity) gekürzt bzw. erweitert werden. Folglich ist der Übergang von Jahresabschlüssen nach Maßgabe historischer Kosten zu Jahresabschlüssen nach Maßgabe aktueller Marktwerte mit dem Eigenkapitalspiegel (statement showing changes in equity) vollzogen worden.[82]

2.3.2.5 Erläuterungen (notes)

Insgesamt werden die Inhalte und Strukturen für die Jahresabschlußbestandteile im Groben durch den IAS 1 determiniert, womit ursprüngliche Möglichkeiten, jahresabschlußrelevante Informationen in erläuternden Angaben statt einschlägigen Jahresabschlußbestandteilen offenzulegen, erhebliche Einschränkungen erfuhren. Trotzdem haben die Erläuterungen (notes) zu IAS-Abschlüssen an Bedeutung nicht verloren. Entsprechend dem Anhang von HGB-Abschlüssen können die Erläuterungen (notes) zu IAS-Abschlüssen in drei Informationsbereiche unterteilt werden (IAS 1.91):

---

[81] Vgl. Achleitner, A./Kleekämper, H. (1997), S. 120.
[82] Vgl. Achleitner, A./Kleekämper, H. (1997), S. 120; Achleitner, A./Pejic, P. (1996), S. 2042.

(1) **Erläuterungsinformationen**: Grundlagen von Jahresabschlüssen einschließlich Bilanzierungs- und Bewertungsmethoden,
(2) **Entlastungsinformationen**: Sachverhalte, deren Offenlegung ungeachtet entsprechender Informationspflichten laut einschlägigen IAS in anderen Jahresabschlußbestandteilen unterblieben ist, und
(3) **Ergänzungsinformationen**: Besonderheiten, deren Kenntnis zur zutreffenden Beurteilung von unternehmensindividuellen Vermögens-, Finanz- und Ertragslagen bzw. -entwicklungen trotz fehlender Offenlegungspflicht erforderlich ist.

Indes werden Ergänzungsinformationen in den Erläuterungen (notes) von IAS-Abschlüssen stark eingeschränkt,[83] weil Korrekturen von fehlerhaften Angaben in anderen Jahresabschlußbestandteilen durch entsprechende Erläuterungen (notes) in IAS-Abschlüssen unzulässig sind (IAS 1.12). Dennoch ist der Umfang der Erläuterungen (notes) in IAS-Abschlüssen im Vergleich zum Anhang von HGB-Abschlüssen erweitert, wobei insbesondere Zusatzangaben bei Verwendung von alternativen Bilanzierungs- und Bewertungsmethoden (allowed alternative treatments) anzuführen sind. Infolge dieser Vielfalt an Informationen müssen die Angaben in den Erläuterungen (notes) zu IAS-Abschlüssen in systematischer Form erfolgen.[84] So sind Angaben, die in unmittelbarer Beziehung zu Positionen in anderen Jahresabschlußbestandteilen stehen, durch Querverweise mittels Ziffern oder Buchstaben zu kennzeichnen (IAS 1.92). Ferner kann die Sicherstellung der Verständlichkeit erfordern, daß die angewandten Bilanzierungs- und Bewertungsmethoden (accounting policies) vor den ergänzenden Informationen zu einzelnen Jahresabschlußpositionen und den sonstigen Angaben in gesonderten Kapiteln dargestellt werden (IAS 1.94).

Schließlich gehören die obligatorischen Zusatzaufstellungen zu den verpflichtenden Erläuterungsbestandteilen, weil die Sachverhalte, die entgegen ihrer Offenlegungspflicht in anderen Jahresabschlußbestandteilen nicht angegeben wurden, in den Erläuterungen (notes) dargestellt werden müssen.[85] In diesem Zusammenhang kann die Segmentberichterstattung, in der Vermögens- und Kapitalpositionen sowie Erfolgsgrößen nach Tätigkeitsbereichen (business segments) und Regionen (geographical segments) auszuweisen sind (IAS 14.1ff), als klassisches Beispiel angeführt werden (IAS F.7). Da nicht-börsennotierte Unternehmungen bzw. Konzerne keine Segmentberichterstattung erstellen müssen (IAS 14.3), können weitere Darlegungen zu diesem Rechnungslegungsinstrument im Überblick über IAS-Abschlüsse von kleinen und

---

[83] Vgl. Wollmert, P./Achleitner, A. in: Baetge, J. et al. (1997), Teil A, Kap. II Tz. 25; dies. (1997), S. 212.
[84] Vgl. Achleitner, A./Kleekämper, H. (1997), S. 125; Achleitner, A./Pejic, P. (1996), S. 2043; Schwarzinger, P. (1997), S. 561.
[85] Vgl. Achleitner, A./Pejic, P. (1996), S. 2043; a.A.: Wollmert, P./Achleitner, A. (1997), S. 212.

Bestandteile von Jahresabschlüssen 35

mittleren Einzelunternehmungen entfallen.[86] Gleiches gilt für die Übersicht über die Beziehungen zu nahestehenden Personen und Unternehmungen (related parties, IAS 24.1ff), sofern Transaktionen mit Gesellschaftern, Geschäftsführern und Personen, die Gesellschaftern und Geschäftsführern nahestehen, über Bilanz- bzw. Erfolgspositionen getrennt ausgewiesen werden. Letztlich sind die Zusatzaufstellungen, die von Einzelunternehmungen in den Erläuterungen (notes) zu IAS-Abschlüssen ausgewiesen werden müssen, auf den Anlagenspiegel und die Erläuterungen (notes) zu Finanzinstrumenten (financial instruments) beschränkt. Mittels des **Anlagenspiegels** wird die Wertentwicklung für das Anlagevermögen erläutert, indem die Buchwerte zum Periodenbeginn ähnlich dem Beispiel in der Tabelle 2.12 auf die Buchwerte zum Periodenende übergeleitet werden.

Bilanzposition	1	...
Anschaffungs- oder Herstellungskosten zum Periodenbeginn		
kumulierte Abschreibungen zum Periodenbeginn		
Anschaffungs- oder Herstellungskosten zum Periodenende		
kumulierte Abschreibungen zum Periodenende		
Zugänge im Periodenablauf		
Abgänge im Periodenablauf		
planmäßige Abschreibungen im Periodenablauf		
außerplanmäßige Ab- und Zuschreibungen im Periodenablauf		
neubewertungsbedingte Buchwertänderungen im Periodenablauf		
Währungsdifferenzen		
sonstige Bewegungen im Periodenablauf		

Tab. 2.12: Anlagenspiegel in IAS-Abschlüssen[87]

Dabei können Finanzanlagen (investments) unberücksichtigt bleiben,[88] auch wenn die betreffenden Vermögenswerte (assets) in Teilen von den zusätzlichen **Erläuterungen (notes) zu Finanzinstrumenten (financial instruments)** ausgenommen sind (IAS 32.1). Mit dieser Zusatzaufstellung sollen die finanz- und erfolgswirtschaftlichen Wirkungen von bilanzwirksamen und -unwirksamen Finanzinstrumenten (financial instru-

---

[86] Nähere Erläuterungen zur Segmentberichterstattung enthalten folgende Literaturbeiträge: Böcking, H./Benecke, B. (1998), S. 92ff; Langenbucher, G. (1999), S. 157ff; Pejic, P. (1997), S. 2038ff.
[87] Vgl. Wagenhofer, A. (1996), S. 294f.
[88] Vgl. Wagenhofer, A. (1996), S. 294.

ments) dargestellt werden.[89] Dazu müssen sämtliche Gruppen von Finanzinstrumenten (financial instruments), die nach charakteristischen Merkmalen und gewählten Wertmaßstäben abzugrenzen sind, in Entsprechung zur nachfolgenden Tabelle 2.13 erläutert werden (IAS 32.42ff).

Position	1	...
Beschreibung von Finanzinstrumenten (Bsp.: Umfang, Gattung, vertragliche Vereinbarungen mit Bedeutung für Beträge, Zeitpunkte und Risiken von Zahlungen)		
Bilanzierungs- und Bewertungsmethoden		
Informationen zum Preisrisiko (Bsp.: früherer Zeitpunkt aus Zinsbindungsablauf und Fälligkeitstermin, Effektivverzinsung)		
Informationen zum Bonitäts- und Liquiditätsrisiko (Bsp.: Maximalrisiko ohne Berücksichtigung von Sicherheiten, Konzentrationen von Kreditrisiken)		
beizulegende Werte (fair values) bzw. Einflußfaktoren beizulegender Werte (fair values), deren Ermittlung aus Zeit- oder Kostengründen unmöglich ist		
Besonderheiten (Bsp.: Bewertung oberhalb beizulegender Werte (fair values), Sicherungsgeschäfte für spätere Geschäftsvorfälle)		

Tab. 2.13: Erläuterungen (notes) zu Finanzinstrumenten (financial instruments) in IAS-Abschlüssen

2.4 Rechnungslegungsgrundsätze

Um allgemeine Zielsetzungen und Inhalte von Jahresabschlußbestandteilen zu konkretisieren, enthalten Normensysteme zur Rechnungslegung regelmäßig Kataloge an übergeordneten Rechnungslegungsgrundsätzen, die sachgerechte Leitlinien zur Behandlung jahresabschlußrelevanter Sachverhalte in Ergänzung spezieller Einzelvorschriften vorgeben.[90]

2.4.1 HGB-Abschlüsse

Solche Leitlinien kodifiziert das Handelsgesetzbuch mit den Grundsätzen ordnungsmäßiger Buchführung (§ 243 I HGB), die einerseits die Dokumentationsgrundsätze für die Buchführung und das Inventar, andererseits die Bilanzierungsgrundsätze für die

---

[89] Vgl. KPMG (1996), S. 162; Wagenhofer, A. (1996), S. 227.
[90] Vgl. Baetge, J. (1996), S. 65; Federmann, R. (1994), S. 105; Moxter, A. (1991), S. 7; Schildbach, T. (1992), S. 82.

Bilanz und die Gewinn- und Verlustrechnung umfassen.[91] Daneben können die Bilanzierungsgrundsätze unter Berücksichtigung der Jahresabschlußfunktionen nach Maßgabe der Abbildung 2.04 systematisiert werden.

```
Rahmengrundsätze: Grundsätze jeder Informationsvermittlung
├── Grundsatz der Verständlichkeit
│   ├── Grundsatz der Klarheit
│   └── Grundsatz der Übersichtlichkeit
├── Grundsatz der Relevanz bzw. Wesentlichkeit
├── Grundsatz zeitgerechter Bilanzierung
│   ├── Grundsatz zeitgerechter Bilanzerstellung
│   └── Stichtagsprinzip
├── Grundsatz der Zuverlässigkeit
│   ├── Grundsatz der Vollständigkeit
│   └── Grundsatz der Bilanzwahrheit
│       ├── Grundsatz intersubjektiver Nachprüfbarkeit
│       └── Grundsatz der Willkürfreiheit
└── Grundsatz der Vergleichbarkeit
    ├── Grundsatz der Bilanzidentität
    ├── Grundsatz formeller Stetigkeit
    └── Grundsatz materieller Stetigkeit

Systemgrundsätze: Grundsätze spezieller Informationsvermittlung über Jahresabschlüsse
├── Grundsatz der Unternehmensfortführung
├── Grundsatz nomineller Kapitalerhaltung
│   ├── Grundsatz der Pagatorik
│   └── Anschaffungswertprinzip
└── Grundsatz der Einzelabbildung
    ├── Grundsatz der Einzelbilanzierung
    ├── Grundsatz der Einzelbewertung
    └── Saldierungsverbot
```

---

[91] Vgl. Baetge, J. (1996), S. 65f; Baetge, J./Kirsch, H. (1995), Rz. 287.

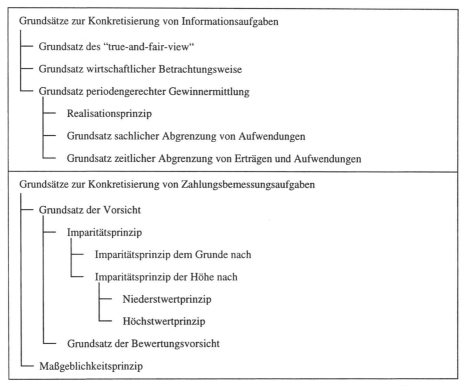

Abb. 2.04: Systematisierung von Bilanzierungsgrundsätzen zur HGB-Rechnungslegung[92]

2.4.2 IAS-Abschlüsse

In formaler Hinsicht sind die Grundprinzipien zur IAS-Rechnungslegung, deren Normierung im Framework und IAS 1 erfolgt, mit den Bilanzierungsgrundsätzen zur HGB-Rechnungslegung gleichzusetzen,[93] obwohl unterschiedliche Hierarchieordnungen für beide Grundsatzkataloge gelten.[94]

2.4.2.1 Systematik von Rechnungslegungsgrundsätzen

Ursprünglich wurde die Hierarchie unter den Grundprinzipien zur IAS-Rechnungslegung durch die Differenzierung zwischen Grundannahmen (underlying bzw. funda-

---

[92] Vgl. Baetge, J. (1996), S. 79ff; Baetge, J./Kirsch, H. (1995), Rz. 292ff.
[93] Vgl. Coenenberg, A. (1997), S. 45; Kleekämper, H. (1994), S. 49; Wagenhofer, A. (1996), S. 10; Wollmert, P. (1995), S. 9.
[94] Vgl. Achleitner, A./Wollmert, P./van Hulle, K. in: Baetge, J. et al. (1997), Teil A, Kap. III Tz. 73; Coenenberg, A. (1997), S. 45; Kleekämper, H. (1994), S. 49; Schruff, W. (1993), S. 406f; Wagenhofer, A. (1996), S. 121; Wollmert, P. (1995), S. 9; Wollmert, P./Achleitner, A. (1997), S. 245.

mental accounting assumptions) und Grundmerkmalen (qualitative characteristics) hervorgehoben, wobei die Zuordnung nach Framework- und Standardbestimmungen im Einzelfall verschieden war.[95] Im neugefaßten IAS 1 wurde diese Differenzierung aufgegeben, indem sämtliche Grundprinzipien als grundlegende Überlegungen (overall considerations) bezeichnet wurden.[96] Damit sind alle Strukturierungsversuche auf der Grundlage der Unterscheidung zwischen Grundannahmen (underlying bzw. fundamental accounting assumptions) und Grundmerkmalen (qualitative characteristics) angesichts der Mißachtung der Zusammenhänge zwischen Framework- und Standardbestimmungen obsolet.[97] Entsprechend den Bilanzierungsgrundsätzen zur HGB-Rechnungslegung sollten die Grundprinzipien zur IAS-Rechnungslegung in überblickartigen Darstellungen für didaktische Zwecke nach den Funktionen von Jahresabschlüssen gemäß der Abbildung 2.05 systematisiert werden.

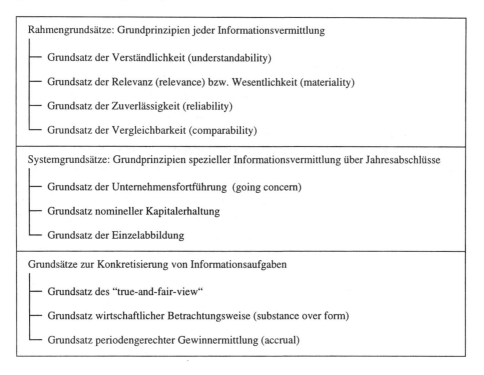

---

[95] Vgl. Achleitner, A./Kleekämper, H. (1997), S. 123; Achleitner, A./Pejic, P. (1996), S. 2039; Achleitner, A./Wollmert, P./van Hulle, K. in: Baetge, J. et al. (1997), Teil A, Kap. III Tz. 73; Cairns, D. (1995), S. 1695; Fuchs, M. (1997), S. 61; Pellens, B. (1997), S. 417; Risse, A. (1996), S. 116f; Wollmert, P./Achleitner, A. (1997), S. 245.
[96] Vgl. Achleitner, A./Kleekämper, H. (1997), S. 123; Achleitner, A./Wollmert, P./van Hulle, K. in: Baetge, J. et al. (1997), Teil A, Kap. III Tz. 73; Wollmert, P./Achleitner, A. (1997), S. 245.
[97] Vgl. Wollmert, P./Achleitner, A. (1997), S. 210.

```
Grundsätze zur Konkretisierung von Zahlungsbemessungsaufgaben
 ├── Imparitätsprinzip
 └── Grundsatz der Bewertungsvorsicht
```

Abb. 2.05: Systematisierung von Grundprinzipien zur IAS-Rechnungslegung

2.4.2.2 Rahmengrundsätze

Laut anerkannter Definition im bilanzrechtlichen Schrifttum umfassen die Rahmengrundsätze, die im Framework als "Grundmerkmale" (qualitative characteristics) bezeichnet werden (IAS F.24), ausschließlich allgemeine Prinzipien für jede Informationsvermittlung,[98] zwischen denen inhaltliche Ausgewogenheit bei bestmöglichen Informationsausweisen für weitgefaßte Adressatenkreise anzustreben ist. Im einzelnen werden vier Rahmengrundsätze unterschieden:

(1) Grundsatz der Verständlichkeit (understandability),
(2) Grundsatz der Relevanz (relevance) bzw. Wesentlichkeit (materiality),
(3) Grundsatz der Zuverlässigkeit (reliability) und
(4) Grundsatz der Vergleichbarkeit (comparability).

Nach dem **Grundsatz der Verständlichkeit (understandability)**, der in korrespondierenden Regelungen zur IAS- und HGB-Rechnungslegung in genereller Entsprechung festgeschrieben wird,[99] müssen Informationen in IAS-Abschlüssen für weitgefaßte Adressatenkreise mit durchschnittlichen Kenntnissen (average prudent) von wirtschaftlichen Zusammenhängen nachvollziehbar sein. Gleichwohl dürfen Informationen zu jahresabschlußrelevanten Sachverhalten, die aufgrund ihrer Bedeutung für ökonomische Entscheidungen offenzulegen sind, unter Bezugnahme auf potentielle Verständnisschwierigkeiten nicht weggelassen werden (IAS F.25). Vielmehr darf unterstellt werden, daß potentielle Verständnisschwierigkeiten von Jahresabschlußadressaten über einschlägige Rechnungslegungsvorschriften bereits berücksichtigt wurden.[100]

Um dem Grundsatz der Verständlichkeit (understandability) zu genügen, müssen alle Jahresabschlußinformationen in klarer (clear) und prägnanter (concise) Form dargestellt werden. Insbesondere müssen Jahresabschlußpositionen geeignet gruppiert und

---

[98] Vgl. Gidlewitz, H. (1996), S. 196.
[99] Vgl. Fuchs, M. (1997), S. 79; Risse, A. (1996), S. 103; Wagenhofer, A. (1996), S. 117; a.A.: Förschle, G./Kroner, M./Mandler, U. (1996), S. 96.
[100] Vgl. Achleitner, A./Wollmert, P./van Hulle, K. in: Baetge, J. et al. (1997), Teil A, Kap. III Tz. 70; Wollmert, P./Achleitner, A. (1997), S. 222.

sinnvoll strukturiert werden,[101] auch wenn Präsentationsformen und Positionsanordnungen im Detail offen bleiben. Da durch den Begriff "disclose" im Regelfall zudem auf die Spezifizierung von Ausweisorten verzichtet wird, differieren IAS-Abschlüsse von HGB-Abschlüssen, die an starren Schemata ausgerichtet sind.[102] Dennoch darf die Bestimmung von Ausweisorten in IAS-Abschlüssen aufgrund der Forderung nach Klarheit (clearness) und Prägnanz (conciseness) nicht beliebig erfolgen, womit der Großteil von offenlegungspflichtigen Informationen in den Erläuterungen (notes) auszuweisen ist.[103]

Entsprechend dem Grundsatz der Verständlichkeit (understandability) muß der **Grundsatz der Relevanz (relevance)** unter Berücksichtigung der Primärausrichtung von IAS-Abschlüssen an Informationsaufgaben konkretisiert werden, womit der Begriff "Relevanz (relevance)" im Sinne von Entscheidungsrelevanz auszulegen ist.[104] Hinsichtlich ihrer Eigenart (nature) sind Informationen für Jahresabschlußadressaten entscheidungsrelevant, wenn ihre Kenntnis entweder aktuelle Entscheidungen unterstützt oder frühere Entscheidungen bestätigt bzw. falsifiziert (IAS F.26). Ferner muß die Wesentlichkeit (materiality) als weiteres Kriterium für die Entscheidungsrelevanz im grundsätzlichen Regelfall gegeben sein (IAS F.29). Nach einschlägigen IAS sind Informationen wesentlich (material), wenn ökonomische Entscheidungen von Jahresabschlußadressaten durch ihre Nichtoffenlegung oder fehlerhafte Darstellung im Einzelfall beeinflußt werden können (IAS F.30 und 1.31).

Jedoch dürfen jahresabschlußrelevante Informationen wegen ihrer Unwesentlichkeit nicht weggelassen werden, weil vom Anwendungsbereich des Grundsatzes der Wesentlichkeit (materiality) lediglich Darstellungsfragen berührt werden.[105] Demnach können unwesentliche Informationen von ähnlicher Eigenart oder Funktion entgegen gesonderter Offenlegungserfordernisse zusammengefaßt werden,[106] während wesentliche (material) Informationen als gesonderte Positionen offenzulegen sind (IAS 1.29).

---

[101] Vgl. Achleitner, A./Wollmert, P./van Hulle, K. in: Baetge, J. et al. (1997), Teil A, Kap. III Tz. 127; Fuchs, M. (1997), S. 79; Wollmert, P./Achleitner, A. (1997), S. 252f.
[102] Siehe hierzu Kapitel 2.3.
[103] Vgl. Achleitner, A./Wollmert, P./van Hulle, K. in: Baetge, J. et al. (1997), Teil A, Kap. III Tz. 128; Goebel, A./Fuchs, M. (1994), S. 878; Wollmert, P./Achleitner, A. (1997), S. 253.
[104] Vgl. Cairns, D. (1995), S. 1678; Coenenberg, A. (1997), S. 47; Förschle, G./Kroner, M./Mandler, U. (1996), S. 96; Fuchs, M. (1997), S. 80; Gidlewitz, H. (1996), S. 196; Glaum, M./Mandler, U. (1996), S. 124; Goebel, A./Fuchs, M. (1994), S. 877; Hayn, S. (1994), S. 719; Kleekämper, H. (1994), S. 50; KPMG (1996), S. 27; Pellens, B. (1999), S. 414; Wagenhofer, A. (1996), S. 117f; Wollmert, P./Achleitner, A. (1997), S. 214.
[105] Vgl. Achleitner, A./Pejic, P. (1996), S. 2039; Achleitner, A./Wollmert, P./van Hulle, K. in: Baetge, J. et al. (1997), Teil A, Kap. III Tz. 10; Fuchs, M. (1997), S. 82; Wollmert, P./Achleitner, A. (1997), S. 214.
[106] Beispielsweise können Rückstellungen für latente Steuerverbindlichkeiten (deferred tax liabilities), deren Umfang im Vergleich zur Bilanzsumme gering ist, in IAS-Abschlüssen als allgemeine Rückstellungen (provisions) erfaßt werden, wenngleich ihr Ausweis als gesonderte Position verlangt wird (IAS 12.69).

Da diese Regelungen für sämtliche Jahresabschlußbestandteile gelten,[107] können jahresabschlußrelevante Informationen, die angesichts minderer Bedeutung keine separaten Bilanz- oder Erfolgspositionen rechtfertigen, gleichwohl gesonderte Erläuterungen (notes) erfordern (IAS 1.30).

Außer der Darstellung bestimmt der Grundsatz der Wesentlichkeit (materiality) noch den Umfang, in dem Fehlbewertungen im Einzelfall geduldet werden (IAS F.30f). Insofern differieren IAS-Abschlüsse von HGB-Abschlüssen, in denen sämtliche Verstöße gegen Einzelbestimmungen - ungeachtet ihrer Konsequenzen für ökonomische Entscheidungen von Jahresabschlußadressaten - zu eingeschränkten Bestätigungsvermerken führen.[108] Bleibt diese Besonderheit außer acht, stimmt der Grundsatz der Wesentlichkeit (materiality) in HGB- und IAS-Abschlüssen angesichts beiderseitiger Orientierung an entscheidungsrelevanten Informationsausweisen überein.[109]

Ebenfalls weitgehende Übereinstimmung weist der **Grundsatz der Zuverlässigkeit (reliability)** als dritter Rahmengrundsatz auf.[110] Wie einschlägige Formulierungen mit "To be reliable ..." als einführenden Terminus erkennen lassen, müssen zuverlässige (reliable) Jahresabschlußinformationen nach Regelungen zur IAS-Rechnungslegung richtig (faithful), unter Wahrung von Neutralität (neutrality) unverzerrt und in Grenzen von Relevanz (relevance) bzw. Wesentlichkeit (materiality) vollständig (complete) sein. Somit können folgende Subprinzipien als unmittelbare Voraussetzungen für zuverlässige (reliable) Jahresabschlußinformationen unterschieden werden:

(1) Grundsatz getreuer Rechenschaftslegung (faithful representation, IAS F.33f),
(2) Grundsatz der Neutralität (neutrality, IAS F.36) und
(3) Grundsatz der Vollständigkeit (completeness, IAS F.38).

Demgegenüber stehen der Grundsatz wirtschaftlicher Betrachtungsweise (substance over form, IAS F.35) und der Grundsatz der Vorsicht (prudence, IAS F.37) - als weitere Subprinzipien des Grundsatzes der Zuverlässigkeit (reliability) - laut ausdrücklicher Klarstellung in finalen Beziehungen zur getreuen (faithful) bzw. neutralen (neutral) Rechenschaftslegung. Da ihrer Beachtung insofern mittelbarer Einfluß für zuverlässige (reliable) Jahresabschlußinformationen beigemessen werden muß,[111] sollen die letztgenannten Subprinzipien entgegen ihrer Einordnung im Framework gemäß ihrem Charakter im Zusammenhang mit den übergeordneten Grundsätzen zur Konkretisierung von Informations- bzw. Zahlungsbemessungsaufgaben dargestellt werden.

---

[107] Vgl. Achleitner, A./Kleekämper, H. (1997), S. 122; Achleitner, A./Pejic, P. (1996), S. 2039.
[108] Vgl. Achleitner, A./Wollmert, P./van Hulle, K. in: Baetge, J. et al. (1997), Teil A, Kap. III Tz. 10ff; Wollmert, P./Achleitner, A. (1997), S. 214f.
[109] Vgl. IDW (1995), S. 15; Risse, A. (1996), S. 103.
[110] Vgl. Risse, A. (1996), S. 104.
[111] Vgl. Lorchheim, U. (1997), S. 131.

In weiterer Präzisierung des Grundsatzes der Zuverlässigkeit (reliability) erfordert der **Grundsatz getreuer Rechenschaftslegung (faithful representation)**, daß allen Sachverhalten, deren Wiedergabe in ausdrücklichen Hinweisen vorgegeben bzw. mit gutem Grund erwartet wird, im jeweiligen Jahresabschluß entsprochen wird (IAS F.33). Insbesondere müssen die gewählten Bilanzierungs- und Bewertungsmethoden (accounting policies) mit den betreffenden Standardbestimmungen und -interpretationen übereinstimmen (IAS 1.20). Sollten ausnahmsweise keine Standardbestimmungen und -interpretationen für jahresabschlußrelevante Sachverhalte existieren, müssen die anzuwendenden Bilanzierungs- und Bewertungsmethoden (accounting policies) über folgende Informationsquellen unter der grundsätzlichen Maxime von bestmöglichen Informationsausweisen ermittelt werden (IAS 1.22):

(1) andere Standardregelungen und -interpretationen, die gleichartige oder verwandte Sachverhalte behandeln,

(2) allgemeine Ansatz- und Bewertungsbestimmungen für Bilanz- und Erfolgspositionen im Framework und

(3) anerkannte Rechnungslegungspraktiken, die mit anderen Standardregelungen und -interpretationen sowie allgemeinen Ansatz- und Bewertungsbestimmungen im Framework übereinstimmen.

Trotzdem bleiben unkorrekte Darstellungen in einzelnen Fällen nicht ausgeschlossen, was weniger die bewußte Einflußnahme als vielmehr die unvermeidlichen Ermessensspielräume verursachen. Obschon jahresabschlußrelevante Sachverhalte unter Umständen aufgrund dieser Unsicherheiten außer Betracht gelassen werden müssen (IAS F.34), bleiben zuverlässige (reliable) Informationen in Jahresabschlüssen durch vernünftige Schätzungen von Kosten bzw. Werten gewahrt (IAS F.86), wobei allerdings genaue Voraussetzungen für vernünftige Schätzungen unbestimmt bleiben.[112]

Als zweites Subprinzip des Grundsatzes der Zuverlässigkeit (reliability) verbietet der **Grundsatz der Neutralität (neutrality)**, daß ökonomische Entscheidungen von Jahresabschlußadressaten durch verzerrte Informationen infolge bewußter Manipulationen oder Voreingenommenheiten beeinflußt werden (IAS F.36). Wenn jene Bestimmung nach ihrem Wortlaut auch jede Berücksichtigung von bilanzpolitischen Erwägungen untersagt, bleiben unterschiedliche Wahlrechtsausübungen angesichts ihrer Zulässigkeit laut ausdrücklicher Regelungen unbenommen. Ebenso dürfen subjektive Ermessensspielräume mangels eindeutiger Ansatz-, Bewertungs- oder Darstellungsmethoden für bilanzpolitische Zwecke genutzt werden, wenn offengelegte Informationen keiner ausschließlichen Determinierung durch bilanzpolitische Erwägungen unterliegen. Letztlich erfordert der Grundsatz der Neutralität (neutrality), daß sämtliche Informationen im Hinblick auf Ansatz, Bewertung und Darstellung unter sachlichen Gesichtspunkten gerechtfertigt sind.[113]

---

[112] Vgl. Fuchs, M. (1997), S. 66.
[113] Vgl. Fuchs, M. (1997), S. 85f; Lorchheim, U. (1997), S. 129.

Schließlich verlangt der **Grundsatz der Vollständigkeit (completeness)** als drittes Subprinzip des Grundsatzes der Zuverlässigkeit (reliability), daß offenlegungspflichtige Informationen in Grenzen des Grundsatzes der Relevanz (relevance) unter Berücksichtigung des Grundsatzes der Wirtschaftlichkeit vollständig ausgewiesen werden (IAS F.38). Obwohl im Gegensatz zu HGB-Abschlüssen der Anwendungsbereich des Grundsatzes der Vollständigkeit (completeness) in IAS-Abschlüssen auf Darstellungsfragen beschränkt ist, bleibt die vollständige Erfassung von Informationen über die allgemeinen Bestimmungen zur Bilanzierungsfähigkeit gewährleistet.[114]

In inhaltlicher Nähe zu dem Grundsatz der Vollständigkeit (completeness) steht der **Grundsatz der Bilanzidentität**, der ungeachtet fehlender Kodifizierung als allgemeines Grundprinzip anerkannt ist.[115] Allerdings begründen Neubewertungen (revaluations) von Vermögenswerten (assets)[116] ebenso Grundsatzdurchbrechungen wie Buchwertanpassungen bei Umwandlungsvorgängen, wenngleich diese Sachverhalte im Unterschied zu anderen Fällen unkodifiziert bleiben. Explizite Kodifizierung erfahren folgende Grundsatzdurchbrechungen:[117]

(1) Berichtigung schwerwiegender Fehler (fundamental errors, IAS 8.34), etwa Bilanzberichtigung nach § 36 DMBG, und

(2) Veränderung von Bilanzierungs- und Bewertungsmethoden (changes in accounting policies, IAS 8.49), etwa Körperschaftsteuerkorrekturen bei Differenzen zwischen Gewinnverwendungsvorschlägen und -beschlüssen.

In den letzteren Fällen muß der Jahresabschluß der Vorperiode entgegen dem Grundsatz der Bilanzidentität nach der bevorzugten Methode (benchmark treatment) retrospektiv korrigiert werden, indem die Gewinnrücklagen der Eröffnungsbilanz bei entsprechender Veränderung von betroffenen Vergleichszahlen erfolgsneutral angepaßt werden (IAS 8.34 und 49). Dagegen erlaubt die alternative Methode (allowed alternative treatment) trotz unzutreffender Darstellungen von ausgewiesenen Erfolgslagen bzw. -entwicklungen die erfolgswirksame Verrechnung von solchen Anpassungen im aktuellen Rechnungslegungszeitraum (IAS 8.38 und 54), sofern verschiedene Pro-forma-Informationen statt korrigierter Vorjahreszahlen vorbehaltlich praktischer Durchführbarkeit offengelegt werden (IAS 8.40 und 57).

Desweiteren ergänzt das **Stichtagsprinzip**, das in korrespondierenden Regelungen für HGB- und IAS-Abschlüsse in grundsätzlicher Entsprechung kodifiziert wird,[118] den Grundsatz der Vollständigkeit (completeness). Nach dem Stichtagsprinzip müssen

---

[114] Vgl. Achleitner, A./Wollmert, P./van Hulle, K. in: Baetge, J. et al. (1997), Teil A, Kap. III Tz. 65f; Wollmert, P./Achleitner, A. (1997), S. 222.

[115] Vgl. Achleitner, A./Wollmert, P./van Hulle, K. in: Baetge, J. et al. (1997), Teil A, Kap. III Tz. 100; Cairns, D. (1995), S. 1679; IDW (1995), S. 28ff; Wollmert, P. (1995), S. 17; Wollmert, P./Achleitner, A. (1997), S. 248f.

[116] Siehe hierzu Kapitel 3.2.1.2.3.

[117] Vgl. Achleitner, A./Wollmert, P./van Hulle, K. in: Baetge, J. et al. (1997), Teil A, Kap. III Tz. 100ff; Wollmert, P./Achleitner, A. (1997), S. 249.

[118] Vgl. Hayn, S. (1994), S. 720; IDW (1995), S. 34.

IAS-Abschlüsse gemäß den Verhältnissen am Rechnungslegungsstichtag erstellt werden (IAS 10.23ff). Dabei sind werterhellende Tatsachen, die zum Rechnungslegungsstichtag zwar unbekannt, aber begründet waren, einzubeziehen (IAS 10.25), während wertbegründende Tatsachen, die zum Rechnungslegungsstichtag noch unbegründet waren, grundsätzlich unberücksichtigt bleiben.[119] Lediglich wenn ihre Bedeutung für ökonomische Entscheidungen erheblich ist, müssen wertbegründende Tatsachen durch gesonderte Erläuterungen (notes) offengelegt werden (IAS 10.28 i.V.m. 10.33).

Wie aus diesen Darlegungen ersichtlich wird, steht der Grundsatz der Zuverlässigkeit (reliability) im Konflikt mit dem Grundsatz der Relevanz (relevance). So sind Informationen, die alle Gesichtspunkte von jahresabschlußrelevanten Sachverhalten berücksichtigen, möglicherweise zuverlässig, aber entscheidungsirrelevant, weil ihre Entscheidungsrelevanz mit zeitlicher Verzögerung von ihrer Veröffentlichung abgenommen hat (IAS F.43). Infolgedessen fordert der **Grundsatz zeitgerechter Informationsvermittlung (timeliness)**, daß jahresabschlußrelevante Sachverhalte vor der Kenntnis von sämtlichen Umständen, die ihren Ausweis beeinflussen, trotz der Beeinträchtigung von zuverlässigen (reliable) Jahresabschlußinformationen berücksichtigt werden (IAS F.43). Demnach ist die genaue Abwägung zwischen zuverlässiger (reliable) und zeitgerechter (timeliness) Informationsvermittlung unter der primären Maxime von bestmöglichen Informationsausweisen vorzunehmen (IAS F.43), wodurch beachtliche Ermessensspielräume für bilanzpolitische Einflußnahmen begründet werden.[120]

Seine weitere Einschränkung findet der Grundsatz der Zuverlässigkeit (reliability) durch den **Grundsatz der Wirtschaftlichkeit**, nach dem der Nutzen der Informationsbereitstellung erkennbar die Kosten der Informationsbeschaffung überschreiten muß (IAS F.44). Folglich dürfen Informationen, sofern einschlägige Standards keine abweichenden Bestimmungen enthalten,[121] im Jahresabschluß unterbleiben, sollte ihre Bereitstellung nach dem Vergleich zwischen den Vorteilen für Jahresabschlußadressaten und den Kosten von Jahresabschlußerstellern unter wirtschaftlichen Gesichtspunkten unvertretbar erscheinen (IAS F.38 i.V.m. IAS F.44). Da qualitative Kosten-Nutzen-Analysen im grundsätzlichen Regelfall unmöglich sind, bleibt der Inhalt des Grundsatzes der Wirtschaftlichkeit insofern beschränkt, als die Voraussetzungen für

---

[119] Exemplarisch kann die Unterscheidung an der Forderungsabschreibung erläutert werden. Sofern der Schuldner im Geschäftsjahr den Insolvenzantrag ohne Kenntnis des Rechnungslegungssubjektes gestellt hat, muß die Forderungsabschreibung erfolgen, falls dieser Sachverhalt nach dem Rechnungslegungsstichtag als werterhellende Tatsache bekannt wird. Sollte der Schuldner, dessen Insolvenz im abgelaufenen Geschäftsjahr bekannt wurde, seine Zahlungsfähigkeit vor der Jahresabschlußerstellung zurück erlangen, muß dieser Sachverhalt als wertbegründende Tatsache unberücksichtigt bleiben.

[120] Vgl. Lorchheim, U. (1997), S. 132.

[121] Vgl. Achleitner, A./Wollmert, P./van Hulle, K. in: Baetge, J. et al. (1997), Teil A, Kap. III Tz. 68; Wollmert, P./Achleitner, A. (1997), S. 222.

zuverlässige (reliable) Jahresabschlußinformationen unter der Berücksichtigung von wirtschaftlichen Jahresabschlußerstellungen konkretisiert werden müssen.[122] Daher ist erklärbar, daß der Grundsatz der Wirtschaftlichkeit nach den Bestimmungen des Framework nicht den Status des Grundmerkmals (qualitative characteristics) erhält.

Schließlich erfordert der **Grundsatz der Vergleichbarkeit (comparability)** als vierter Rahmengrundsatz, daß über Zeit- und Branchenvergleiche von Jahresabschlüssen auf unternehmensindividuelle Vermögens-, Finanz- und Ertragslagen bzw. -entwicklungen geschlossen werden kann (IAS F.39). Zu diesem Zweck sind die stetige Bilanzierung, Bewertung und Darstellung von vergleichbaren Sachverhalten erforderlich, so daß der **Grundsatz der Stetigkeit (consistency)** mit folgenden Ausprägungen[123] als konkretisierendes Subprinzip des Grundsatzes der Vergleichbarkeit (comparability) betrachtet werden muß:[124]

(1) Grundsatz der Bilanzierungs- und Bewertungsstetigkeit und
(2) Grundsatz der Darstellungsstetigkeit.

Der Grundsatz der **Bilanzierungs- und Bewertungsstetigkeit** verlangt, daß sämtliche Bilanzierungs- und Bewertungsmethoden (accounting policies) in IAS-Abschlüssen von aufeinanderfolgenden Rechnungslegungsperioden beibehalten werden.[125] Obgleich unterschiedliche Methoden für ähnliche Vermögens- und Schuldpositionen bei wörtlicher Interpretation von einschlägigen Bestimmungen nicht ausgeschlossen werden, sind solche Methodenunterschiede nach teleologischer Auslegung unzulässig, weil ansonsten Jahresabschlußvergleiche und -informationswerte beeinträchtigt würden. In grundsätzlicher Entsprechung zu HGB-Abschlüssen wird der Grundsatz der Bilanzierungs- und Bewertungsstetigkeit in IAS-Abschlüssen als zeitliche und sachliche Stetigkeit verstanden, womit art- und funktionsgleiche Sachverhalte nach einheitlichen Methoden auszuweisen sind.[126] Dennoch führt die konkrete Methodenbestimmung zu erheblichen Ermessensspielräumen für bilanzpolitische Maßnahmen. Um tendentielle Wirkungen von solchen Maßnahmen erkennen zu können,[127] müssen die angewandten Bilanzierungs- und Bewertungsmethoden (accounting policies) in den zugehörigen Erläuterungen (notes) offengelegt werden (IAS 1.97).

Darüber hinaus schrieben die Regelungen im ursprünglichen Standardentwurf zum IAS 1 den Hinweis auf unveränderte Bilanzierungs- und Bewertungsmethoden (accounting policies) vor (IAS E53.117). Da diese Hinweispflicht im endgültigen Standard entfallen ist, scheiden Argumentationen aus, nach denen partielle Änderun-

---

[122] Vgl. Fuchs, M. (1997), S. 95; Lorchheim, U. (1997), S. 132; Pellens, B. (1999), S. 416.
[123] Vgl. Cairns, D. (1995), S. 1681; Fuchs, M. (1997), S. 88ff; Risse, A. (1996), S. 102; Wagenhofer, A. (1996), S. 130.
[124] Vgl. Achleitner, A./Kleekämper, H. (1997), S. 123; Achleitner, A./Pejic, P. (1996), S. 2039.
[125] Vgl. Cairns, D. (1995), S. 1681; Fuchs, M. (1997), S. 88f; IDW (1995), S. 45; Risse, A. (1996), S. 106f; Wagenhofer, A. (1996), S. 130.
[126] Vgl. Fuchs, M. (1997), S. 89ff.
[127] Vgl. Fuchs, M. (1997), S. 90ff.

gen der angewandten Methoden in Anbetracht des erforderlichen Hinweises auf ihre Kontinuität zulässig sind. Jedoch existieren zwei Ausnahmefälle, in denen der Grundsatz der Bilanzierungs- und Bewertungsstetigkeit durchbrochen werden darf (IAS 8.42):

(1) geänderte Satzungen von Unternehmungen oder Regelungen zur IAS-Rechnungslegung und

(2) verbesserte Aussagefähigkeit von IAS-Abschlüssen.

Um vergleichbare Informationen in materieller Hinsicht sicherzustellen, müssen die Verstöße gegen den Grundsatz der Bilanzierungs- und Bewertungsstetigkeit in den Erläuterungen (notes) angegeben und begründet werden, wobei die konkreten Offenlegungspflichten in Abhängigkeit von den gewählten Anpassungsmaßnahmen unterschiedlich sind.[128] Bleiben spezielle Übergangsregelungen in neuen Standards außer acht, müssen die geänderten Methoden retrospektiv angewendet werden, falls die prospektive Anwendung mangels zuverlässiger Bestimmbarkeit von einzelnen Anpassungsbeträgen für die vorangegangenen Rechnungslegungsperioden nicht unausweichlich ist (IAS 8.49ff und 8.54ff). Infolge der grundsätzlichen Erforderlichkeit der retrospektiven Anpassung werden die bilanziellen Konsequenzen der geänderten Methoden regelmäßig augenfällig,[129] auch wenn Methodenänderungen gegenüber Schätzungsänderungen, bei denen die prospektive Anpassung verbindlich vorgeschrieben ist (IAS 8.26), in Zweifelsfällen subsidiär sind (IAS 8.25).

Neben der Bilanzierungs- und Bewertungsstetigkeit impliziert der Grundsatz der Stetigkeit (consistency) ebenfalls die **Darstellungsstetigkeit**,[130] die wegen rudimentärer Form- und Inhaltsvorschriften von besonderer Bedeutung ist. Demnach müssen die gewählten Darstellungsformen und -inhalte in den aufeinanderfolgenden Jahresabschlüssen beibehalten werden (IAS F.39 und 1.27), womit sowohl Inhalte und Gliederungen von Jahresabschlußbestandteilen als auch Inhalte und Bezeichnungen von Jahresabschlußpositionen umfaßt werden. Folglich sind Ergänzungen, Kürzungen, Umgliederungen, Trennungen oder Zusammenfassungen von Jahresabschlußpositionen unzulässig.[131] Jedoch darf die Darstellungsstetigkeit in genereller Entsprechung zur Bilanzierungs- und Bewertungsstetigkeit bei geänderten Satzungen von Unternehmungen bzw. geänderten Regelungen zur IAS-Rechnungslegung oder bei verbesserter Aussagefähigkeit von Jahresabschlüssen durchbrochen werden, sofern einschlägige Ursachen und bilanzielle Konsequenzen offengelegt werden (IAS 1.27).

---

[128] Vgl. Cairns, D. (1995), S. 1735; Förschle, G./Kroner, M./Mandler, U. (1996), S. 112; Fuchs, M. (1997), S. 104ff.

[129] Vgl. Fuchs, M. (1997), S. 108f.

[130] Vgl. Achleitner, A./Wollmert, P./van Hulle, K. in: Baetge, J. et al. (1997), Teil A, Kap. III Tz. 134ff; Wagenhofer, A. (1996), S. 289; Wollmert, P./Achleitner, A. (1997), S. 253f.

[131] Vgl. Achleitner, A./Wollmert, P./van Hulle, K. in: Baetge, J. et al. (1997), Teil A, Kap. III Tz. 135f; Wollmert, P./Achleitner, A. (1997), S. 253.

Infolgedessen müssen Jahresabschlüsse auch Positionen ohne Betrag ausweisen, wenn quantitative Angaben zu diesen Positionen in früheren Rechnungslegungsperioden gemacht wurden.[132] Jedoch umfassen die offenlegungspflichtigen Vorjahresinformationen (comparative information) nicht nur quantitative Angaben, sondern auch qualitative Informationen, falls ihre Kenntnis zum fehlerfreien Jahresabschlußverständnis notwendig ist (IAS F.42 und 1.38). Dabei müssen die offengelegten Vorjahresinformationen - sollten schwerwiegende Fehler (fundamental errors) oder geänderte Bilanzierungs- und Bewertungsmethoden (accounting policies) keine retrospektive Anpassung erfahren (IAS 8.34 und 49) - mit den entsprechenden Angaben im vorangegangenen Jahresabschluß übereinstimmen.[133]
Abschließend ist festzustellen, daß der Grundsatz der Vergleichbarkeit (comparability) in Form der Grundsätze der Bilanzierungs-, Bewertungs- und Darstellungsstetigkeit für HGB- und IAS-Abschlüsse weitgehend kongruent sind.[134]

2.4.2.3 Systemgrundsätze

Gegenüber den vorgenannten Rahmengrundsätzen, die allgemeine Prinzipien für jede Informationsvermittlung umfassen, differieren die nachfolgenden Systemgrundsätze, indem ausschließlich Bezug auf Jahresabschlüsse als spezielles Informationsinstrument zur Übermittlung von unternehmensindividuellen Vermögens-, Finanz- und Ertragslagen bzw. -entwicklungen und zur Bemessung von ertragsabhängigen Zahlungen genommen wird:
(1) Grundsatz der Unternehmungsfortführung (going concern),
(2) Grundsatz nomineller Kapitalerhaltung und
(3) Grundsatz der Einzelabbildung.

Nach dem **Grundsatz der Unternehmungsfortführung (going concern)** müssen IAS-Abschlüsse in Entsprechung zu HGB-Abschlüssen unterstellen,[135] daß betriebliche Tätigkeiten in wesentlichen Geschäftsbereichen auf absehbare Zeiten (foreseeable future) fortgesetzt werden (IAS F.23). In diesem Zusammenhang werden absehbare Zeiten (foreseeable future) als minimale Zeiträume von zwölf Monaten nach jeweiligen Rechnungslegungsstichtagen definiert (IAS 1.24).
Ungeachtet ihrer Unterstellung im Framework muß die Prämisse der Unternehmensfortführung (going concern) auf der Grundlage der Verhältnisse am Rechnungs-

---

[132] Vgl. Achleitner, A./Wollmert, P./van Hulle, K. in: Baetge, J. et al. (1997), Teil A, Kap. III Tz. 136; Wollmert, P./Achleitner, A. (1997), S. 253.
[133] Vgl. Achleitner, A./Wollmert, P./van Hulle, K. in: Baetge, J. et al. (1997), Teil A, Kap. III Tz. 140; Cairns, D. (1995), S. 1682; Wollmert, P./Achleitner, A. (1997), S. 254.
[134] Vgl. Risse, A. (1996), S. 107.
[135] Vgl. Achleitner, A./Wollmert, P./van Hulle, K. in: Baetge, J. et al. (1997), Teil A, Kap. III Tz. 85; Gidlewitz, H. (1996), S. 194; IDW (1995), S. 32; Risse, A. (1996), S. 99; Wagenhofer, A. (1996), S. 117; Wollmert, P./Achleitner, A. (1997), S. 247.

legungsstichtag auf ihre Berechtigung überprüft werden (IAS 1.23). Sollte die uneingeschränkte Unternehmensfortführung (going concern) aufgrund der beständigen Erwirtschaftung von Gewinnen, des direkten Zugangs zu Finanzquellen und der mangelnden Beabsichtigung von Liquidationen bzw. Stillegungen gesichert erscheinen, können solche Überprüfungen in aller Kürze ohne weitere Differenzierungen erfolgen. Dagegen bedingen andere Fälle, bevor die Prämisse der Unternehmungsfortführung (going concern) bestätigt wird, genauere Untersuchungen, die in ihrer Breite und Tiefe durch konkrete Umstände im Einzelfall bestimmt werden.[136]

Falls solche Untersuchungen zu negativen Ergebnissen führen, ist die uneingeschränkte Verwendung von Regelungen zur IAS-Rechnungslegung unzulässig (IAS F.23). Obschon ausdrückliche Bilanzierungs- und Bewertungsregelungen im IAS 35 angesichts ausschließlicher Bezugnahme auf Darstellungsprobleme fehlen,[137] müssen Vermögens- und Schuldpositionen bei verworfener Fortführungsprämisse in IAS-Abschlüssen nach herrschender Auffassung zu Veräußerungspreisen bilanziert werden, weil die allgemeinen Bilanzierungs- und Bewertungsgrundsätze in anderen Zusammenhängen durch die konsequente Orientierung am Absatzmarkt gekennzeichnet sind.[138]

Desweiteren muß der **Grundsatz nomineller Kapitalerhaltung** zu den Systemgrundsätzen gezählt werden. In genereller Entsprechung zu HGB-Abschlüssen sind IAS-Abschlüsse am nominellen Kapitalerhaltungskonzept ausgerichtet,[139] auch wenn mangels internationaler Einigkeit über Behandlungen von Preissteigerungen in Jahresabschlüssen kein besonderes Kapitalerhaltungskonzept in Regelungen zur IAS-Rechnungslegung vorgeschrieben wird (IAS F.110). Doch bestehen verschiedene Ausnahmen zum nominellen Kapitalerhaltungskonzept, wofür bilanzielle Neubewertungen (revaluations) als besonderes Beispiel angeführt seien.[140] Anders als Vermögensgegenstände in HGB-Abschlüssen, bei denen die bilanzielle Bewertung auf die fortgeführten Anschaffungs- oder Herstellungskosten begrenzt ist, können Vermögenswerte (assets) in IAS-Abschlüssen unter bestimmten Voraussetzungen zu ihren Wiederbeschaffungskosten planmäßig ausgewiesen werden.[141] Allerdings ist die planmäßige Bewertung zu den aktuellen Wiederbeschaffungskosten an umfangreiche Informationspflichten gebunden (IAS 16.64 und 25.49), so daß die generelle Determinierung von IAS-Abschlüssen durch das nominelle Kapitalerhaltungskonzept unterstellt werden kann.

---

[136] Vgl. Achleitner, A./Kleekämper, H. (1997), S. 121.
[137] Nähere Erläuterungen zum IAS 35 enthält folgender Literaturbeitrag: Pejic, P./Meiisel, P. (1998), S. 2229ff.
[138] Vgl. Achleitner, A./Wollmert, P./van Hulle, K. in: Baetge, J. et al. (1997), Teil A, Kap. III Tz. 84; Wollmert, P./Achleitner, A. (1997), S. 246f; a.A.: Risse, A. (1996), S. 118.
[139] Vgl. Cairns, D. (1995), S. 1737f; Goebel, A./Fuchs, M. (1994), S. 875; IDW (1995), S. 17; Kleekämper, H. (1994), S. 48; Pellens, B. (1999), S. 422f; Wagenhofer, A. (1996), S. 128.
[140] Vgl. Cairns, D. (1995), S. 1738; IDW (1995), S. 17; Wagenhofer, A. (1996), S. 128.
[141] Siehe hierzu Kapitel 3.2.1.2.3.

In grundsätzlicher Entsprechung zum Grundsatz nomineller Kapitalerhaltung muß der **Grundsatz der Einzelabbildung** mangels expliziter Kodifizierung aus einzelnen Framework- und Standardbestimmungen abgeleitet werden,[142] wobei insbesondere das Verbot der Verrechnung von Vermögens- und Schuld- bzw. Ertrags- und Aufwandspositionen anzuführen ist. Da allerdings abweichende Standardbestimmungen vom allgemeinen Verrechnungsverbot unberührt bleiben (IAS 1.33f), müssen folgende Jahresabschlußpositionen saldiert werden:[143]

(1) unwesentliche Vermögens- und Schuld- bzw. Ertrags- und Aufwandspositionen, bei denen dem wirtschaftlichen Gehalt durch den saldierten Ausweis bestmöglich entsprochen wird (IAS 1.35), und

(2) finanzielle Vermögens- und Schuldpositionen, deren gegenseitige Aufrechnung zulässig und deren gleichzeitige Ablösung beabsichtigt ist (IAS 32.33).

Desweiteren lassen singularische Formulierungen in vielen Regelungen erkennen, daß der Grundsatz der Einzelabbildung - vorbehaltlich abweichender Erfordernisse aufgrund besonderer Einzelbestimmungen oder primärer Informationsaufgaben - als allgemeines Grundprinzip anerkannt ist.[144] Um solche Forderungen zu akzentuieren, wird die separate Bilanzierung und Bewertung für verschiedene Vermögens- und Schuldpositionen in einzelnen Bestimmungen vorgeschrieben. Die wesentlichen Bestimmungen faßt die nachfolgende Tabelle 2.14 zusammen.

Gegenstand der Einzelabbildung	Standardregelung
Bewertung von Vorräten (inventories)	IAS 2.19 und 2.26
Gewinnrealisierung bei langfristigen Fertigungsaufträgen (construction contracts)	IAS 11.8f
Bilanzierung von Sachanlagen (tangible assets) im Zugangszeitpunkt	IAS 16.11
Bilanzierung von Vermögens- und Schuldpositionen beim Unternehmenserwerb	IAS 22.27
außerplanmäßige Abschreibungen von Finanzanlagen (investments)	IAS 25.23
außerplanmäßige Abschreibungen von Vermögenswerten (assets)	IAS 36.57

Tab. 2.14: Überblick über wesentliche Bestimmungen zur Einzelabbildung in IAS-Abschlüssen

---

[142] Vgl. Achleitner, A./Wollmert, P./van Hulle, K. in: Baetge, J. et al. (1997), Teil A, Kap. III Tz. 104; Cairns, D. (1995), S. 1679; IDW (1995), S. 36; Wagenhofer, A. (1996), S. 131; Wollmert, P./Achleitner, A. (1997), S. 249; a.A.: Gidlewitz, H. (1996), S. 194.

[143] Vgl. Achleitner, A./Kleekämper, H. (1997), S. 123; Achleitner, A./Pejic, P. (1996), S. 2039; Achleitner, A./Wollmert, P./van Hulle, K. in: Baetge, J. et al. (1997), Teil A, Kap. III Tz. 130; Wollmert, P./Achleitner, A. (1997), S. 253.

[144] Vgl. Achleitner, A./Wollmert, P./van Hulle, K. in: Baetge, J. et al. (1997), Teil A, Kap. III Tz. 104f; Wollmert, P./Achleitner, A. (1997), S. 249f.

Demgegenüber zeigt die Tabelle 2.15 die Abweichungen vom Grundsatz der Einzelabbildung, die von expliziten Regelungen zugelassen werden.

Gegenstand der Abweichung vom Grundsatz der Einzelbewertung	Standardregelung
Anwendung von Vereinfachungsverfahren zur Vorratsbewertung	IAS 2.21 und 2.23
Portfoliobewertung kurzfristiger Finanzinvestitionen (current investments)	IAS 25.19
Portfoliobewertung marktfähiger Kapitalanteilspapiere (marketable equity securities), die im Finanzanlagevermögen gehalten werden	IAS 25.23(c)

Tab. 2.15: Übersicht über wesentliche Abweichungen zur Einzelabbildung in IAS-Abschlüssen

Entgegen den Vereinfachungsverfahren zur Vorratsbewertung, deren Vornahme in HGB- wie IAS-Abschlüssen erlaubt ist, müssen die Portfoliobewertungen von Finanzinvestitionen, mittels derer Wertveränderungen von verschiedenen Vermögenspositionen einander ausgleichen, in HGB-Abschlüssen unterbleiben, weil solche Verrechnungen unter Betrachtung von einzelnen Vermögenspositionen in offensichtlichem Widerspruch zum Realisations- und Imparitätsprinzip stehen.[145]

2.4.2.4 Grundsätze zur Konkretisierung von Informationsaufgaben

Wie an mehreren Stellen bereits erwähnt, sollen IAS-Abschlüsse nach ihrer Intention in erster Linie als ökonomische Entscheidungsgrundlage für Jahresabschlußadressaten dienen (IAS F.12ff). Somit sind folgende Grundsätze zur Konkretisierung von Informationsaufgaben im Grundsatzkanon von besonderer Bedeutung:
(1) Grundsatz des "true-and-fair-view",
(2) Grundsatz wirtschaftlicher Betrachtungsweise (substance over form) und
(3) Grundsatz periodengerechter Gewinnermittlung (accrual).

Nach dem **Grundsatz des "true-and-fair-view"** müssen unternehmensindividuelle Vermögens-, Finanz- und Ertragslagen bzw. -entwicklungen entsprechend den Verhältnissen des Rechnungslegungsstichtages von rechnungslegenden Unternehmungen in Jahresabschlüssen wiedergegeben werden (IAS 1.10). In grundlegendem Unterschied zur angelsächsischen Rechnungslegungstradition wurde diesem Grundsatz im ursprünglichen IAS 1 kein übergeordneter Stellenwert beigemessen, womit von einschlägigen Rechnungslegungsbestimmungen zur zutreffenderen Darstellung von ökonomischen Sachverhalten nicht abgewichen werden durfte.[146] Hätte der Grundsatz

---
[145] Vgl. Achleitner, A./Wollmert, P./van Hulle, K. in: Baetge, J. et al. (1997), Teil A, Kap. III Tz. 105; IDW (1995), S. 36; Wollmert, P./Achleitner, A. (1997), S. 250.
[146] Vgl. Achleitner, A./Pejic, P. (1996), S. 2038; Achleitner, A./Wollmert, P./van Hulle, K. in: Baetge, J. et al. (1997), Teil A, Kap. III Tz. 2; Cairns, D. (1995), S. 1678; Fuchs, M. (1997), S. 96f; Goebel, A./Fuchs, M. (1994), S. 875f; Hayn, S. (1994), S. 719f; Pellens, B. (1997), S. 410; Risse, A. (1996), S. 109; Wollmert, P. (1995), S. 9f; Wollmert, P./Achleitner, A. (1997), S. 213.

des "true-and-fair-view" den Status des übergeordneten Grundprinzips (overriding principle) erhalten, wären selektive Regelungsanwendungen eröffnet worden; schließlich fehlten sowohl geschlossene Bilanzierungs- und Bewertungskonzeptionen, die sachgerechte Interpretationen von übergeordneten Generalklauseln und unbestimmten Rechtsbegriffen ermöglichen könnten, als auch rechtliche Durchsetzungsmöglichkeiten, die mißbräuchliche Ausübungen von übergeordneten Generalklauseln und unbestimmten Rechtsbegriffen sanktionieren könnten.[147] Im übrigen unterstellen ausdrückliche Regelungen im Framework, daß ökonomische Sachverhalte bei sachgerechter Verwendung von sämtlichen Einzelbestimmungen zutreffend dargestellt werden (IAS F.46). Dennoch erfordern folgende Sachverhalte die ausnahmsweise Abweichung von einzelnen Bestimmungen, seit im neugefaßten IAS 1 der Grundsatz des "true-and-fair-view" als übergeordnetes Grundprinzip (overriding principle) charakterisiert wird (IAS 1.10ff):

(1) Sachverhalte, die keine angemessene Darstellung bei wirtschaftlicher Betrachtungsweise (substance over form) fänden, oder

(2) Sachverhalte, die in offensichtlichem Widerspruch zum ökonomischen Sachverhalt abgebildet würden.

Daß trotzdem der Grundsatz des "true-and-fair-view" keine Generalnorm für IAS-Abschlüsse begründet, läßt die vorsichtige Ausdrucksweise der betreffenden Bestimmungen ebenso erkennen wie die primäre Zielsetzung des neugefaßten IAS 1, allgemeinen Grundprinzipien im Framework besonderen Standardstatus zu verleihen.[148] Vielmehr soll die Charakterisierung des Grundsatzes als übergeordnetes Grundprinzip (overriding principle) sicherstellen, daß in speziellen Ausnahmefällen, in denen keine getreue Darstellung von ökonomischen Sachverhalten bei sachgerechter Verwendung von sämtlichen Einzelbestimmungen garantiert wird, im Gegensatz zu früheren Auffassungen im Schrifttum[149] noch zusätzliche Informationen in IAS-Abschlüssen aufzunehmen sind (IAS 1.15). Dennoch ist der Grundsatz des "true-and-fair-view" in IAS-Abschlüssen im Vergleich zu HGB-Abschlüssen wegen der Betonung der Informationsfunktion bedeutsamer. So dokumentieren umfassende Offenlegungs- und Erläuterungspflichten neben begrenzten Bilanzierungs- und Bewertungswahlrechten doch aufrechte Bemühungen, in IAS-Abschlüssen über aktuelle Vermögens-, Finanz- und Ertragslagen bzw. -entwicklungen zu berichten.[150]

---

[147] Vgl. Achleitner, A./Wollmert, P./van Hulle, K. in: Baetge, J. et al. (1997), Teil A, Kap. III Tz. 5; Wollmert, P./Achleitner, A. (1997), S. 213.
[148] Vgl. Barckow, A./Gräfer, H. (1997), S. 1191.
[149] Vgl. Achleitner, A./Wollmert, P./van Hulle, K. in: Baetge, J. et al. (1997), Teil A, Kap. III Tz. 3; Goebel, A./Fuchs, M. (1994), S. 876; Pellens, B. (1997), S. 410; Wollmert, P./Achleitner, A. (1997), S. 213; a.A.: Achleitner, A./Kleekämper, H. (1997), S. 121; Achleitner, A./Pejic, P. (1996), S. 2038.
[150] Vgl. Piltz, K. (1990), S. 290; Risse, A. (1996), S. 35f.

Da unternehmensindividuelle Vermögens-, Finanz- und Ertragslagen bzw. -entwicklungen unter ausschließlicher Bezugnahme auf rechtliche Gesichtspunkte oder sonstige Formalaspekte keine zuverlässige Darstellung erfahren, verlangt der **Grundsatz wirtschaftlicher Betrachtungsweise (substance over form)**, daß sämtliche Jahresabschlußinformationen nicht nur den rechtlichen Gestaltungen, sondern auch den wirtschaftlichen Intentionen von zugrundeliegenden Sachverhalten entsprechen (IAS F.35). Sollten jahresabschlußrelevante Sachverhalte in der rechtlichen Gestaltung und der wirtschaftlichen Intention differieren, muß die bilanzielle Erfassung durch die wirtschaftliche Intention determiniert werden.[151] Das klassische Beispiel in diesem Zusammenhang ist die unzulässige Erfolgsrealisierung aus sämtlichen Verkaufsgeschäften, bei denen formale Eigentumsrechte zum Erwerber wechseln, aber wirtschaftliche Nutzungsmöglichkeiten beim Veräußerer verbleiben (IAS F.35). Wie dieses Beispiel zeigt, bestimmt der Grundsatz wirtschaftlicher Betrachtungsweise (substance over form) einerseits die Zuordnung einzelner Bilanzpositionen, wie Leasinggeschäfte oder Auftragsforschungen, andererseits die Beurteilung spezieller Sachverhaltsgestaltungen, wie Sale-and-lease-back-Geschäfte oder Gesellschafterdarlehn.[152]

Schließlich muß der **Grundsatz periodengerechter Gewinnermittlung (accrual)**, der in korrespondierenden Regelungen für HGB- und IAS-Abschlüsse in grundsätzlicher Entsprechung kodifiziert ist,[153] den Grundprinzipien zur Konkretisierung von Informationsaufgaben zugerechnet werden. Dabei fungiert dieser Grundsatz, nach dem die angefallenen Einnahmen und Ausgaben ungeachtet des tatsächlichen Entstehungszeitpunktes mit der wirtschaftlicher Verursachung erfolgswirksam auszuweisen sind (IAS F.22 und 1.25f), als allgemeines Abgrenzungskonzept, das durch folgende Grundprinzipien ausgefüllt wird:[154]

(1) Realisationsprinzip (realisation),
(2) Grundsatz sachlicher Aufwandsabgrenzung (matching) und
(3) Grundsatz zeitlicher Aufwandsabgrenzung (deferral).

Durch das **Realisationsprinzip (realisation)** werden prinzipielle Ertragsrealisierungszeitpunkte auf der Grundlage von allgemeinen Bilanzierungskriterien determiniert.[155] Demnach sind Erträge realisiert, wenn ökonomische Nutzenzuwächse (economic be-

---

[151] Vgl. Coenenberg, A. (1997), S. 47; Fuchs, M. (1997), S. 84; Goebel, A./Fuchs, M. (1994), S. 877; IDW (1995), S. 22; KPMG (1996), S. 28; Lorchheim, U. (1997), S. 128; Risse, A. (1996), S. 101; Wagenhofer, A. (1996), S. 131.
[152] Vgl. IDW (1995), S. 22; Lorchheim, U. (1997), S. 129; Risse, A. (1996), S. 37.
[153] Vgl. Achleitner, A./Kleekämper, H. in: Baetge, J. et al. (1997), IAS 1 Tz. 111; Gidlewitz, H. (1996), S. 193f; Goebel, A./Fuchs, M. (1994), S. 876; IDW (1995), S. 38; Risse, A. (1996), S. 99; Wagenhofer, A. (1996), S. 117.
[154] Vgl. Achleitner, A./Wollmert, P./van Hulle, K. in: Baetge, J. et al. (1997), Teil A, Kap. III Tz. 75; Kleekämper, H. (1998), S. 359; Wollmert, P./Achleitner, A. (1997), S. 245f.
[155] Vgl. Achleitner, A./Wollmert, P./van Hulle, K. in: Baetge, J. et al. (1997), Teil A, Kap. III Tz. 76; Kleekämper, H. (1998), S. 359; Risse, A. (1996), S. 171; Wagenhofer, A. (1996), S. 144; Wollmert, P./Achleitner, A. (1997), S. 246.

nefit) mit hinreichender Sicherheit eingetreten und mit hinreichender Zuverlässigkeit bewertbar sind (IAS F.92). Da subjektive Erwartungen über zukünftige Nutzenzuwächse (economic benefit) keine hinreichende Konkretisierung von realisierten Erträgen ermöglichen, werden weitere Bestimmungen zur konkreten Ertragsrealisation für spezielle Geschäftsvorfälle in verschiedenen Standards kodifiziert, wofür als Beispiele die Ertragserfassung aus Fertigungsaufträgen (construction contracts) nach Fertigstellungsgraden (percentage-of-completion-method, IAS 11.22ff) und die Ertragserfassung aus Fremdwährungsumrechnungen zum Stichtagskurs (IAS 21.11) angeführt seien.[156] Darüber hinaus werden allgemeine Kriterien zur Ertragserfassung aus gewöhnlichen Geschäftätigkeiten im IAS 18 kodifiziert.[157] Beispielsweise müssen Umsatzerlöse aus Verkaufsgeschäften (sales) erfaßt werden, wenn folgende Voraussetzungen erfüllt sind (IAS 18.14):

(1) vollständige Übertragung von wesentlichen Chancen und Risiken, die im Eigentum an verkauften Waren und Erzeugnissen begründet sind,

(2) vollständiger Verlust von maßgeblichen Einfluß- (managerial involvement) bzw. Kontrollmöglichkeiten über verkaufte Waren und Erzeugnisse,

(3) zuverlässige Bewertbarkeit und wahrscheinlicher Zufluß von erzielten Umsatzerlösen und

(4) zuverlässige Bewertbarkeit von sämtlichen Transaktionskosten.

Trotz der beschriebenen Konkretisierung durch Einzelbestimmungen verbleiben erhebliche Ermessensspielräume aufgrund der allgemeinen Determinierung von Ertragsrealisierungszeitpunkten durch ökonomische Nutzenzuwächse (economic benefit),[158] die mit hinreichender Sicherheit eingetreten und mit hinreichender Zuverlässigkeit bewertbar sind (IAS F.92). Folglich müssen Erträge in IAS-Abschlüssen ausgewiesen werden, sobald ihre Realisierung nach aller Voraussicht gesichert ist; ihre tatsächliche Realisierung, die das Realisationsprinzip als Ausfluß des Vorsichtsprinzips in HGB-Abschlüssen verlangt, ist entbehrlich. Infolge der unterschiedlichen Definition von Ertragsrealisierungszeitpunkten können die ausgewiesenen Erträge in HGB- und IAS-Abschlüssen stark differieren, was am Beispiel von Fertigungsaufträgen (construction contracts, IAS 11.22ff) und Fremdwährungsumrechnungen (IAS 21.11) besonders deutlich wird.[159]

---

[156] Vgl. Cairns, D. (1995), S. 1698; Fuchs, M. (1997), S. 71f; IDW (1995), S. 41f; Pellens, B. (1999), S. 421; Wagenhofer, A. (1996), S. 144.

[157] Vgl. Förschle, G./Kroner, M./Mandler, U. (1996), S. 136; Fuchs, M. (1997), S. 72; IDW (1995), S. 41; Ordelheide, D./Böckem, H. in: Baetge, J. et al. (1997), IAS 18 Tz. 1f; Pellens, B. (1999), S. 421; Risse, A. (1996), S. 171; Wagenhofer, A. (1996), S. 143ff.

[158] Vgl. Fuchs, M. (1997), S. 72f; Risse, A. (1996), S. 172.

[159] Vgl. Achleitner, A./Kleekämper, H. in: Baetge, J. et al. (1997), IAS 1 Tz. 50f; Coenenberg, A. (1997), S. 49; Fuchs, M. (1997), S. 73; Gidlewitz, H. (1996), S. 197f; Glaum, M./Mandler, U. (1996), S. 138f; Goebel, A./Fuchs, M. (1994), S. 877; IDW (1995), S. 43; Risse, A. (1996), S. 113f; Schruff, W. (1993), S. 407f.

Ergänzt wird das Realisationsprinzips (realisation) durch den **Grundsatz sachlicher Aufwandsabgrenzung (matching)**, nach dem sämtliche Vermögensminderungen, die unmittelbare Verursachung in realisierten Erträgen erfahren, aufwandswirksam auszuweisen sind (IAS F.95 und 1.26). Umgekehrt müssen Vermögensminderungen, die im betrachteten Rechnungslegungszeitraum keine auszuweisenden Erträge alimentiert haben, bilanziert werden, sofern quantifizierbare Nutzenzuwächse (economic benefit) in späteren Rechnungslegungsperioden mit hinreichender Sicherheit eintreten (IAS F.90 und 95). Infolge dieses Zusammenhangs zwischen Erfolgs- und Bilanzausweisen müssen allgemeine Bilanzierungskriterien für Vermögens- bzw. Schuldpositionen zur sachlichen Aufwandsabgrenzung (matching) herangezogen werden (IAS F.95), wie spezielle Bilanzierungsverbote für originäre Geschäftswerte (IAS 38.36) oder eigene Forschungskosten (IAS 38.42) exemplarisch verdeutlichen. Dabei sind Vermögens- und Schuldpositionen weit zu interpretieren. So zeigt die passive Abgrenzung von Zuschüssen öffentlicher Körperschaften (government grands) oder von Veräußerungserlösen klassischer Sale-and-Lease-back-Geschäfte, daß in einigen Vorschriften zur sachlichen Aufwandsabgrenzung (matching) der bilanzielle Ausweis trotz fraglicher Erfüllung von allgemeinen Bilanzierungskriterien erlaubt wird.[160]

Sollten unmittelbare Kausalzusammenhänge zwischen Vermögensmehrungen und -minderungen oder einschlägige Einzelbestimmungen zur IAS-Rechnungslegung keine eindeutige Abgrenzung ermöglichen, müssen Aufwandsausweise in Entsprechung zum **Grundsatz zeitlicher Aufwandsabgrenzung (deferral)** erfolgen. Laut diesem Grundsatz sind tatsächliche Vermögensminderungen, deren eindeutige Zurechnung zu realisierten Erträgen unmöglich ist, gemäß ihrer Nutzenabnahme über betreffende Rechnungslegungszeiträume nach rationalen Umlagekriterien aufwandswirksam aufzuteilen (IAS F.96). Dabei läßt die konkrete Aufwandserfassung noch erhebliche Ermessensspielräume, die von verschiedenen Einzelbestimmungen begrenzt werden. Letztlich beschränken einschlägige Regelungen zur IAS-Rechnungslegung konkrete Aufwandsausweise auf Vermögensminderungen, die allgemeinen Bilanzierungskriterien nicht gerecht werden. Trotzdem bleiben die ausgewiesenen Aufwendungen der bilanzpolitischen Einflußnahme ausgesetzt, weil alle Bilanzierungsentscheidungen subjektive Ermessensspielräume belassen.[161]

2.4.2.5 Grundsätze zur Konkretisierung von Zahlungsbemessungsaufgaben

Wenn auch die Grundsätze zur Konkretisierung von Informationsaufgaben infolge der Primärzielsetzung von IAS-Abschlüssen bestimmend sind, enthalten einzelne Rech-

---

[160] Vgl. Achleitner, A./Wollmert, P./van Hulle, K. in: Baetge, J. et al. (1997), Teil A, Kap. III Tz. 56; Cairns, D. (1995), S. 1699; Wagenhofer, A. (1996), S. 151.
[161] Vgl. Fuchs, M. (1997), S. 74f.

nungslegungsvorschriften andererseits verschiedene Vorsichtsüberlegungen, die als Grundlage zur Herleitung der Grundsätze zur Konkretisierung von Zahlungsbemessungsaufgaben dienen. So wird der **Grundsatz der Vorsicht (prudence)** als Grundmerkmal (qualitative characteristics) von Jahresabschlüssen kodifiziert (IAS F.37), wobei sein Anwendungsbereich auf bilanzielle Bewertungsfragen beschränkt ist.[162] Trotz dieser Beschränkung bleibt die vorsichtige Bilanzierung über allgemeine Bilanzierungskriterien und einzelfallbezogene Bilanzierungsvorschriften gewährleistet,[163] woraus imparitätische Kriterien für erfolgswirksame Gewinn- und Verlustausweise resultieren.[164] Infolgedessen können folgende Grundsätze zur Konkretisierung von Zahlungsbemessungsaufgaben unterschieden werden:

(1) Imparitätsprinzip und
(2) Grundsatz der (Bewertungs-) Vorsicht (prudence).

In grundsätzlicher Entsprechung zu HGB-Abschlüssen ist die Gewinn- und Verlusterfassung durch das **Imparitätsprinzip** in IAS-Abschlüssen an unterschiedliche Kriterien gebunden, indem sämtliche Verluste, die hinsichtlich ihres Eintritts hinreichend wahrscheinlich und hinsichtlich ihrer Höhe zuverlässig bestimmbar sind, ungeachtet ihrer Erfolgswirksamkeit nach sachlichen und zeitlichen Abgrenzungskriterien (matching bzw. deferral) aufwandswirksam sind.[165] Besonders deutlich wird die unterschiedliche Behandlung von Gewinnen und Verlusten in IAS-Abschlüssen am Beispiel von Eventualerfolgen, bei denen das endgültige Ergebnis von ungewissen Ereignissen in den nachfolgenden Rechnungslegungsperioden abhängt. Anders als Eventualgewinne, die erfolgsunwirksam bleiben (IAS 10.16), sind Eventualverluste, die zuverlässig bewertbar sind, erfolgswirksam, auch wenn die zugrundeliegenden Wertänderungen von Vermögens- bzw. Schuldpositionen durch Ereignisse in den nachfolgenden Rechnungslegungsperioden bestätigt werden müssen (IAS 10.8). Desweiteren führen Erfolgsausweise aus langfristigen Fertigungsaufträgen (construction contracts) zu unterschiedlichen Gewinn- und Verlustausweisen.[166] Falls ihre Höhe mit hinreichender Sicherheit ermittelbar ist, müssen Gewinne aus langfristigen Fertigungsaufträgen (construction contracts) entsprechend deren Leistungsfortschritt erfaßt werden (IAS 11.22), während erwartete Verluste bei hinreichender Wahrscheinlichkeit auszuweisen sind

---

[162] Vgl. Achleitner, A./Wollmert, P./van Hulle, K. in: Baetge, J. et al. (1997), Teil A, Kap. III Tz. 95; Wagenhofer, A. (1996), S. 119; Wollmert, P./Achleitner, A. (1997), S. 248; a.A.: IDW (1995), S. 39; Lorchheim, U. (1997), S. 129f.
[163] Vgl. Achleitner, A./Wollmert, P./van Hulle, K. in: Baetge, J. et al. (1997), Teil A, Kap. III Tz. 96; Kleekämper, H. (1998), S. 359; Risse, A. (1996), S. 114; Wollmert, P./Achleitner, A. (1997), S. 248.
[164] Vgl. Cairns, D. (1995), S. 1697f; Wagenhofer, A. (1996), S. 152; a.A.: Achleitner, A./Kleekämper, H. in: Baetge, J. et al. (1997), IAS 1 Tz. 111; Glaum, M./Mandler, U. (1996), S. 138; IDW (1995), S. 38.
[165] Vgl. Cairns, D. (1995), S. 1697f; Wagenhofer, A. (1996), S. 152; a.A.: Achleitner, A./Kleekämper, H. in: Baetge, J. et al. (1997), IAS 1 Tz. 111; Glaum, M./Mandler, U. (1996), S. 138; IDW (1995), S. 38.
[166] Vgl. Cairns, D. (1995), S. 1697; Wagenhofer, A. (1996), S. 152.

(IAS 11.36). Als weitere Beispiele für erfolgswirksame Ausweise von unrealisierten Verlusten können die Bilanzierungsverbote für originäre Geschäftswerte (goodwill, IAS 38.36) und eigene Forschungskosten (research costs, IAS 38.42) sowie die Abschreibungsgebote für kurz- und langfristige Finanzinvestitionen (investments, IAS 25.19 und 23) angeführt werden.[167] Doch erfahren inhaltliche Ausprägungen vom Imparitätsprinzip in IAS-Abschlüssen im Vergleich zu HGB-Abschlüssen sehr weitreichende Einschränkungen.[168] So ist die Verlustantizipation in IAS-Abschlüssen an den Verhältnissen am Rechnungslegungsstichtag auszurichten, womit sämtliche Verluste, die in nachfolgenden Rechnungslegungsperioden möglich sind, bei überwiegenden Gegenargumenten nicht aufwandswirksam werden.[169] Darüber hinaus führt die grundsätzliche Unzulässigkeit von Rückstellungen, denen betriebswirtschaftliche Innenverpflichtungen zugrunde liegen,[170] ebenso zu Unterschieden zwischen HGB- und IAS-Abschlüssen wie die erforderliche Bilanzierung von Ausgaben, denen zukünftige Gewinnerwartungen gegenüberstehen.[171]

Entsprechend dem Imparitätsprinzip wird der **Grundsatz der (Bewertungs-) Vorsicht (prudence)** in IAS-Abschlüssen im Vergleich zu HGB-Abschlüssen im Anwendungsbereich stark eingeschränkt.[172] In weiterer Konkretisierung des Grundsatzes der Zuverlässigkeit (reliability) verlangt der Grundsatz der (Bewertungs-) Vorsicht (prudence), daß bilanzielle Positionen in den Fällen unvermeidlicher Unsicherheit von zugrundeliegenden Sachverhalten unter der Vornahme vorsichtiger Schätzungen zum realistischen Wert angesetzt werden. Folglich dürfen keine stillen Reserven unter Berufung auf Vorsichtsüberlegungen gebildet werden, womit subjektive Ermessensspielräume nicht auf einzelne Werte, aber auf begrenzte Wertspannen bei unvermeidlichen Schätzungen reduziert werden (IAS F.37).

Damit bleibt fraglich, in welchem Ausmaß die bilanziellen Werte den tatsächlichen Werten bei negativster Entwicklung widersprechen dürfen.[173] Um diese Ermessensspielräume für einzelne Sachverhalte zu begrenzen, existieren spezielle Vorschriften

---

[167] Vgl. Achleitner, A./Wollmert, P./van Hulle, K. in: Baetge, J. et al. (1997), Teil A, Kap. III Tz. 96; Cairns, D. (1995), S. 1698; Wollmert, P./Achleitner, A. (1997), S. 248.
[168] Vgl. Achleitner, A./Kleekämper, H. in: Baetge, J. et al. (1997), IAS 1 Tz. 50; Wagenhofer, A. (1996), S. 153.
[169] Vgl. Achleitner, A./Kleekämper, H. in: Baetge, J. et al. (1997), IAS 1 Tz. 50; Glaum, M./Mandler, U. (1996), S. 145f; Kleekämper, H. (1994), S. 53; Risse, A. (1996), S. 114 u. 143.
[170] Vgl. Achleitner, A./Wollmert, P./van Hulle, K. in: Baetge, J. et al. (1997), Teil A, Kap. III Tz. 24; Förschle, G./Kroner, M./Mandler, U. (1996), S. 117; Glaum, M./Mandler, U. (1996), S. 136f; Goebel, A./Fuchs, M. (1994), S. 879; IDW (1995), S. 27; Pellens, B. (1999), S. 419; Wagenhofer, A. (1996), S. 142; Wollmert, P./Achleitner, A. (1997), S. 216.
[171] Vgl. Achleitner, A./Kleekämper, H. in: Baetge, J. et al. (1997), IAS 1 Tz. 50; Risse, A. (1996), S. 114; Strobl, E. (1994), S. 422.
[172] Vgl. Achleitner, A./Kleekämper, H. in: Baetge, J. et al. (1997), IAS 1 Tz. 60; Cairns, D. (1995), S. 1697; Gidlewitz, H. (1996), S. 197; Kleekämper, H. (1998), S. 359; Risse, A. (1996), S. 104; Wagenhofer, A. (1996), S. 10.
[173] Vgl. Cairns, D. (1995), S. 1697; Fuchs, M. (1997), S. 86f; Lorchheim, U. (1997), S. 129f; Wollmert, P./Achleitner, A. (1997), S. 248.

für verschiedene Bewertungsunsicherheiten, die allgemeinen Vorsichtsüberlegungen als lex speciales vorgehen.[174] Beispielsweise wird der generelle Wertmaßstab für ungewisse Verpflichtungen präzisiert,[175] indem folgende Größen zur bilanziellen Bewertung heranzuziehen sind (IAS 37.39f):

(1) statistischer Erwartungswert (expected value) bei vielen Verpflichtungen von gleicher Art und

(2) wahrscheinlichster Ausgangswert (individual most likely outcome) für einzelne Verpflichtungen, wobei höhere bzw. niedrigere Belastungen, die angesichts wesentlicher Wahrscheinlichkeiten beachtet werden müssen, über entsprechende Zu- bzw. Abschläge anzurechnen sind.

Da große Differenzen zwischen solchen Werten möglich sind, ist an dieser Stelle als grundsätzliche Frage zu klären, ob explizite Wahlrechte und implizite Ermessensspielräume in ihrer Nutzung durch allgemeine Vorsichtsüberlegungen eingeschränkt werden. Generell sind solche Einschränkungen auszuschließen, weil die umfassende Berücksichtigung von Vorsichtsüberlegungen im Rahmen der konkreten Kodifizierung von Wahlrechten und Ermessensspielräumen unterstellt werden kann. Daß diese Prämisse für explizite Wahlrechte zutreffend ist, zeigt die Differenzierung zwischen bevorzugten (benchmark treatment) und alternativen Bilanzierungs- und Bewertungsmethoden (allowed alternative treatment) mit spezifischen Informationspflichten in den Erläuterungen (notes).[176] Überdies entstammen weitere Informationspflichten in den Erläuterungen (notes) aus allgemeinen Vorsichtsüberlegungen, wobei offenlegungspflichtige Informationen nicht nur einzelfallbezogene Bilanzierungs- und Bewertungsrisiken, sondern auch branchenbezogene Geschäftsrisiken umfassen.[177]

Wie in diesem Kapitel deutlich wird, sind IAS-Abschlüsse zwar durch die prinzipielle Unterordnung der Vorsichtsüberlegungen unter das Informationsziel gekennzeichnet,[178] aber angesichts der besonderen Betonung der Vorsichtsüberlegungen in den Einzelregelungen nicht unvorsichtig.[179] Gleichwohl verbleiben beachtliche Unterschiede zwischen IAS- und HGB-Abschlüssen, die ungeachtet der gezielten Nutzung von bilanzrechtlichen Wahlrechten und Ermessensspielräumen für den größtmöglichen

---

[174] Vgl. Achleitner, A./Wollmert, P./van Hulle, K. in: Baetge, J. et al. (1997), Teil A, Kap. III Tz. 97; Lorchheim, U. (1997), S. 130; Wollmert, P./Achleitner, A. (1997), S. 248.

[175] Vgl. Ernsting, I./von Keitz, I. (1998), S. 2480.

[176] Vgl. Fuchs, M. (1997), S. 87.

[177] Vgl. Achleitner, A./Wollmert, P./van Hulle, K. in: Baetge, J. et al. (1997), Teil A, Kap. III Tz. 98; Wollmert, P./Achleitner, A. (1997), S. 248.

[178] Vgl. Achleitner, A./Kleekämper, H. (1997), S. 121f; Achleitner, A./Wollmert, P./van Hulle, K. in: Baetge, J. et al. (1997), Teil A, Kap. III Tz. 77 u. 94; Coenenberg, A. (1997), S. 49; Fuchs, M. (1997), S. 99; Goebel, A./Fuchs, M. (1994), S. 876; Kleekämper, H. (1994), S. 51ff; ders. (1998), S. 359; Risse, A. (1996), S. 105f; Wagenhofer, A. (1996), S. 10; Wollmert, P./Achleitner, A. (1997), S. 248.

[179] Vgl. Achleitner, A./Wollmert, P./van Hulle, K. in: Baetge, J. et al. (1997), Teil A, Kap. III Tz. 94ff; Risse, A. (1996), S. 106; Wollmert, P./Achleitner, A. (1997), S. 248.

Ausgleich zwischen beiden Rechnungslegungskonzeptionen unüberwindlich sind.[180] Infolge der unterschiedlichen Gewichtung der Grundsätze zur Konkretisierung von Informations- und Zahlungsbemessungsaufgaben wird die exakte Übereinstimmung der Periodenerfolge in HGB- und IAS-Abschlüssen selten sein, wenngleich periodische Erfolgsdifferenzen - angesichts übereinstimmender Gesamterfolge mit Einstellung von unternehmerischen Tätigkeiten - im Zeitablauf kompensiert werden.[181]

---

[180] Vgl. GEFIU (1995), S. 1139f; Risse, A. (1996), S. 106.
[181] Vgl. Kleekämper, H. (1994), S. 43; Risse, A. (1996), S. 41.

3 Bilanzierungs- und Bewertungsgrundlagen

Infolge differierender Rechnungslegungskonzeptionen, die im vorangegangenen Kapitel 2 ausführlich erläutert werden, basieren HGB- und IAS-Abschlüsse auf unterschiedlichen Bilanzierungs- und Bewertungsgrundlagen, deren Kenntnis zur Analyse von Jahresabschlüssen für Zwecke von Kreditwürdigkeitsprüfungen unerläßlich ist.

3.1 HGB-Abschlüsse

In allgemeinen Bestimmungen zur HGB-Rechnungslegung wird die Umschreibung der Bilanz als stichtagsbezogene Gegenüberstellung von Vermögens- und Kapitalpositionen konkretisiert (§ 242 I HGB), indem folgende Bilanzpositionen unterschieden werden (§ 247 I HGB):

(1) Vermögensgegenstände,
(2) Schulden,
(3) Eigenkapital und
(4) Rechnungsabgrenzungsposten.

Mangels expliziter Definition im Handelsgesetzbuch sind die abstrakten Bilanzierungskriterien für **Vermögensgegenstände** aus einschlägigen Quellen im Schrifttum herzuleiten.[1] Sofern verschiedene Gedanken zusammengefaßt werden, bezeichnen Vermögensgegenstände ökonomische Vorteile, die aufgrund separater Verwertbarkeit, bilanzieller Greifbarkeit und selbständiger Bewertbarkeit objektivierbar sind.[2] Obschon sämtliche Vermögensgegenstände wegen des Grundsatzes der Vollständigkeit (§ 246 I HGB) im generellen Regelfall aktiviert werden müssen,[3] ist die konkrete Bilanzierungsfähigkeit als weitere Bilanzierungsvoraussetzung heranzuziehen, weil die abstrakte Bilanzierungsfähigkeit in speziellen Regelungen erläutert oder eingeschränkt wird.[4] Die expliziten Aktivierungsgebote, -verbote und -wahlrechte weist die nachfolgende Tabelle 3.01 aus.

Aktivierungsverbote
Gründungs- und Eigenkapitalbeschaffungskosten (§ 248 I HGB)
immaterielle Vermögensgegenstände, die selbst erstellt worden sind und langfristig genutzt werden sollen (§ 248 II HGB)

Aktivierungsgebote
aktivische Rechnungsabgrenzungsposten: zeitraumbezogene Ausgaben, die am Rechnungslegungsstichtag zwar schon erfolgt, aber noch aufwandsunwirksam sind (§ 250 I 1 HGB)

---

[1] Vgl. Baetge, J. (1996), S. 145ff; Federmann, R. (1994), S. 179f.
[2] Vgl. Baetge, J. (1996), S. 147ff; Kußmaul, H. (1995), Rz. 384ff; Moxter, A. (1993), S. 8ff.
[3] Vgl. Baetge, J. (1996), S. 205.
[4] Vgl. Baetge, J. (1996), S. 146f.

> **Aktivierungswahlrechte**
> Rechnungsabgrenzungsposten
>   aufwandswirksame Zölle und Verbrauchsteuern für Vorräte, die am Rechnungslegungsstichtag ausgewiesen werden (§ 250 I 2 Nr. 1 HGB)
>   aufwandswirksame Umsatzsteuern auf Anzahlungen, die am Rechnungslegungsstichtag als Einzelposten ausgewiesen oder von Vorräten abgesetzt werden (§ 250 I 2 Nr. 2 HGB)
>   Disagio von Verbindlichkeiten (§ 250 III HGB)
>   Ingangsetzungs- und Erweiterungsaufwendungen (§ 269 HGB)
>   latente Steuern (§ 274 II HGB)
>   derivative Geschäfts- oder Firmenwerte (§ 255 IV HGB)

Tab. 3.01: Explizite Aktivierungsverbote, -gebote und -wahlrechte in HGB-Abschlüssen

Darüber hinaus müssen die bilanzierten Vermögenspositionen am betreffenden Rechnungslegungsstichtag dem betrieblichen Vermögen des jeweiligen Rechnungslegungssubjekts unter wirtschaftlichen Gesichtspunkten zuzurechnen sein. Insofern ist die zeitliche, persönliche und sachliche Zurechnung als letzte Voraussetzung für den bilanziellen Ansatz von aktivierungsfähigen Vermögenspositionen zu überprüfen.[5]

Nach dem Ansatz von aktivierungsfähigen Vermögenspositionen muß die Bewertung im nächsten Schritt geklärt werden, wobei zwischen Zugangs- und Folgebewertung unterschieden werden sollte.[6] Mit ihrem Zugang müssen Vermögenspositionen, die von fremden Dritten erworben wurden, zu ihren Anschaffungskosten ausgewiesen werden. Laut allgemeiner Definition bestehen die Anschaffungskosten aus sämtlichen Einzelkosten, die zur Erlangung und Inbetriebnahme bzw. Einlagerung von Vermögenspositionen getätigt wurden (§ 255 I HGB). Demnach ist ihre Ermittlung in Entsprechung zur Tabelle 3.02 möglich.

> **Anschaffungspreis:** vertragliches Hauptentgelt abzüglich anrechenbarer Umsatzsteuer
> **+ Anschaffungsnebenkosten:** Ausgaben zur Erlangung und Inbetriebnahme bzw. Einlagerung von Vermögensgegenständen ohne Anschaffungspreis
> **− Anschaffungspreisminderungen:** Nachlässe und Erstattungen, die auf Anschaffungspreis und Anschaffungsnebenkosten gewährt werden, sowie Investitionszulagen und -zuschüsse von Dritten
> **= ursprüngliche Anschaffungskosten**
> **± nachträgliche Anschaffungskosten bzw. Anschaffungspreisminderungen:** Veränderungen von ursprünglichen Anschaffungskosten sowie Ausgaben zur späteren Erweiterung bzw. Verbesserung nach erstmaliger Inbetriebnahme bzw. Einlagerung von Vermögensgegenständen
> **= Anschaffungskosten**

Tab. 3.02: Bestandteile von Anschaffungskosten in HGB-Abschlüssen[7]

---

[5] Vgl. Baetge, J. (1996), S. 155ff; Federmann, R. (1994), S. 190ff.
[6] Vgl. Adler, H./Düring, W./Schmaltz, K. (1995), § 253 HGB Rz. 14; Leffson, U. (1987), S. 255f.
[7] Vgl. Adler, H./Düring, W./Schmaltz, K. (1995), § 255 HGB Rz. 17ff. m.w.E.; Baetge, J. (1996), S. 211ff. m.w.E.; Federmann, R. (1994), S. 276ff m.w.E.

Sind aktivierungsfähige Vermögenspositionen nicht fremd erworben, sondern selbst erstellt worden, muß ihre Zugangsbewertung zu ihren Herstellungskosten erfolgen.[8] Um den Wertmaßstab der Herstellungskosten zu konkretisieren, wird die allgemeine Definition als Ausgaben, die infolge der Nutzung von Gütern und Diensten für die Herstellung, Erweiterung oder Verbesserung von Vermögensgegenständen entstanden sind (§ 255 II 1 HGB), durch die explizite Kodifizierung von Herstellungskostenbestandteilen ergänzt. Die genauen Berücksichtigungspflichten, -wahlrechte und -verbote können der anschließenden Tabelle 3.03 entnommen werden.

Materialeinzelkosten (§ 255 II 2 HGB) + Fertigungseinzelkosten (§ 255 II 2 HGB) + Sondereinzelkosten der Fertigung (§ 255 II 2 HGB)	Pflicht
= **Untergrenze der Herstellungskosten**	
+ anteilige Materialgemeinkosten (§ 255 II 3 und 5 HGB) + anteilige Fertigungsgemeinkosten (§ 255 II 3 und 5 HGB) + anteiliger Werteverzehr von bilanziellem Anlagevermögen (§ 255 II 3 und 5 HGB) + Fremdkapitalzinsen, die aus Herstellungsfinanzierungen resultieren und auf Herstellungszeiträume entfallen (§ 255 III 2 HGB) + allgemeine Verwaltungskosten (§ 255 II 4 und 5 HGB) + freiwillige Sozialaufwendungen (§ 255 II 4 und 5 HGB)	Wahlrecht
= **Obergrenze der Herstellungskosten**	
außerplanmäßige Abschreibungen auf bilanzielles Anlagevermögen Fremdkapitalzinsen (Grundsatz, § 255 III 1 HGB) Vertriebskosten (§ 255 II 6 HGB) eigene Forschungs-, Entwicklungs- und Versuchskosten ohne unmittelbaren Fertigungsbezug Ertrag- und Substanzsteuern, die nicht im Fertigungsbereich begründet sind kalkulatorische Kosten	Verbot

Tab. 3.03: Bestandteile von Herstellungskosten in HGB-Abschlüssen[9]

Während die Zugangsbewertung an den Erlangungsweg von Vermögenspositionen anknüpft, differiert die Folgebewertung nach der Zuordnung zum Anlage- oder Umlaufvermögen. Welche unterschiedlichen Formen von Abschreibungen bzw. Wertmaßstäbe zur Folgebewertung von Vermögenspositionen existieren, faßt die Tabelle 3.04 zusammen.

---

[8] Vgl. Adler, H./Düring, W./Schmaltz, K. (1995), § 253 HGB Rz. 40; Baetge, J. (1996), S. 219f; Federmann, R. (1994), S. 281f.

[9] Vgl. Adler, H./Düring, W./Schmaltz, K. (1995), § 255 HGB Rz. 130; Baetge, J. (1996), S. 220ff; Federmann, R. (1994), S. 287f.

	Abschreibung	Wertmaßstab	Anwendungsbereich
Anlagevermögen	planmäßige Abschreibungen	fortgeführte Anschaffungs- oder Herstellungskosten	Pflicht für abnutzbare Vermögensgegenstände (§ 253 II 1 und 2 HGB)
	außerplanmäßige Abschreibungen	beizulegender Wert	Pflicht bei dauernden Wertminderungen (§ 253 II 3 HGB) Wahlrecht bei vorübergehenden Wertminderungen (§ 253 II 3 HGB) mit Beschränkung auf Finanzanlagen für Kapitalgesellschaften (§ 279 I 2 HGB)
Umlaufvermögen	außerplanmäßige Abschreibungen	Börsen- oder Marktwert bzw. beizulegender Wert	Pflicht (§ 253 III 1 und 2 HGB)
	Abschreibungen zur Vorwegnahme zukünftiger Wertschwankungen	Schwankungsreservewert bzw. Zukunftswert	Wahlrecht (§ 253 III 3 HGB)
Anlage- und Umlaufvermögen	Abschreibungen nach kaufmännischer Vernunft	Wert nach kaufmännischer Vernunft	Wahlrecht (§ 253 IV HGB) bei Verbot für Kapitalgesellschaften (§ 279 I 1 HGB)
	steuerrechtliche Abschreibungen	steuerlicher Wert	Wahlrecht (§ 254 HGB) mit Einschränkungen für Kapitalgesellschaften (§ 279 II HGB)

Tab. 3.04: Formen von Abschreibungen und Wertmaßstäbe zur Folgebewertung von Vermögenspositionen in HGB-Abschlüssen[10]

Fallen ursprüngliche Gründe für nichtplanmäßige Abschreibungen in späteren Rechnungslegungsperioden fort, können die niedrigeren Wertansätze beibehalten oder die höheren Stichtagswerte angesetzt werden (§ 253 V HGB), wobei die historischen bzw. fortgeführten Anschaffungs- oder Herstellungskosten als bilanzielle Wertobergrenze dienen.[11] Dieses allgemeine Beibehaltungs- bzw. Zuschreibungswahlrecht heben besondere Rechnungslegungsvorschriften für Kapitalgesellschaften auf, so daß diese Gesellschaften, wenn ursprüngliche Gründe für nichtplanmäßige Abschreibungen fortfallen, vorbehaltlich steuerrechtlicher Sonderregelungen zuschreiben müssen (§ 280 HGB).

Ebenso wie aktivierungsfähige Vermögenspositionen sind passivierungsfähige **Schuldpositionen** hinsichtlich ihres Ansatzes an verschiedene Bilanzierungskriterien gebunden. Nach den abstrakten Bilanzierungskriterien müssen objektivierbare Verpflichtungen, die zukünftige Bruttovermögensminderungen aufgrund rechtlicher Ver-

---

[10] Vgl. Adler, H./Düring, W./Schmaltz, K. (1995), § 253 HGB Rz. 15 u. 25.
[11] Vgl. Baetge, J. (1996), S. 278; Federmann, R. (1994), S. 347.

ursachung oder faktischen Zwanges mit hinreichender Sicherheit erwarten lassen, als bilanzielle Schuldpositionen ausgewiesen werden.[12] Dabei sind Verbindlichkeiten, bei denen Verpflichtungsentstehung und -umfang sicher sind, und Rückstellungen, bei denen Verpflichtungsentstehung und/oder -umfang ungewiß sind, auseinanderzuhalten. In grundsätzlicher Unterscheidung zu Verbindlichkeiten, die mangels abweichender Regelungen abstrakt wie konkret bilanzierungsfähig sind, müssen zusätzliche Regelungen zur konkreten Bilanzierungsfähigkeit von Rückstellungen berücksichtigt werden. Zudem wird die passivische Erfassung von Sachverhalten, die den abstrakten Bilanzierungskriterien von Schuldpositionen nicht genügen, in einigen Regelungen zur HGB-Rechnungslegung verlangt bzw. erlaubt. Die relevanten Vorschriften faßt die nachfolgende Tabelle 3.05 zusammen.

Regelungsgegenstand	gesetzliche Grundlage
Passivierungsgebote	
Schuldrückstellungen	
Rückstellungen für ungewisse Verbindlichkeiten	§ 249 I 1 HGB
Rückstellungen für drohende Verluste aus schwebenden Geschäften	§ 249 I 1 HGB
Rückstellungen für Gewährleistungen ohne rechtliche Verpflichtungen	§ 249 I 2 Nr. 2 HGB
spezielle Aufwandsrückstellungen	
Rückstellungen für unterlassene Instandhaltungen, die im folgenden Geschäftsjahr im ersten Quartal nachgeholt werden	§ 249 I 2 Nr. 1 HGB
Rückstellungen für unterlassene Abraumbeseitigungen, die im folgenden Geschäftsjahr nachgeholt werden	§ 249 I 2 Nr. 1 HGB
passivische Rechnungsabgrenzungsposten: zeitraumbezogene Einnahmen, die am Rechnungslegungsstichtag zwar schon erfolgt, aber noch ertragsunwirksam sind	§ 250 II HGB
Passivierungswahlrechte	
spezielle Aufwandsrückstellungen	
Rückstellungen für unterlassene Instandhaltungen, die im folgenden Geschäftsjahr im zweiten bis vierten Quartal nachgeholt werden	§ 249 I 3 HGB
allgemeine Aufwandsrückstellungen	
Rückstellungen für Aufwendungen aus abgelaufenen Geschäftsjahren, die bezüglich ihrer Eigenart genau umschrieben, bezüglich ihrer Ausgabenwirksamkeit hinreichend wahrscheinlich, bezüglich ihres Umfangs und/oder Leistungszeitpunkts aber ungewiß sind	§ 249 II HGB
Rückstellungen für Pensionszusagen, die am 01.01.1987 gegeben waren	Art. 28 I 1 EGHGB
mittelbare Verpflichtungen aus Pensionszusagen und ähnliche Verpflichtungen	Art. 28 I 2 EGHGB
Sonderposten mit Rücklageanteil, die steuerfreie Rücklagen und steuerbedingte Abschreibungen ausweisen können	§§ 247 III u. 273 bzw. 254 u. 281 HGB

---

[12] Vgl. Baetge, J. (1996), S. 161ff; Federmann, R. (1994), S. 183.

Passivierungsverbote weitere Rückstellungen für Zwecke, die im Handelsgesetzbuch nicht genannt werden	§ 249 III 1 HGB

Tab. 3.05: Explizite Passivierungsgebote, -wahlrechte und -verbote in HGB-Abschlüssen[13]

Da die wirtschaftliche Zugehörigkeit zum Betriebsvermögen des jeweiligen Rechnungslegungssubjektes im Regelfall durch die abstrakten Bilanzierungskriterien impliziert wird, ist die zeitliche, persönliche und sachliche Zurechnung als letzte Ansatzvoraussetzung für passivierungsfähige Schuldpositionen grundsätzlich unproblematisch.

Sofern ökonomische Sachverhalte als bilanzielle Schuldpositionen ausgewiesen werden, ist ihr Wertansatz im folgenden Schritt festzulegen, was in Entsprechung zu Vermögenspositionen unter der Differenzierung zwischen Zugangs- und Folgebewertung erfolgen sollte. Für die bilanzielle Zugangsbewertung können die anzuwendenden Wertmaßstäbe aus der nachfolgenden Tabelle 3.06 entnommen werden.

Wertmaßstab	Anwendungsbereich	gesetzliche Grundlage
Rückzahlungsbetrag	Verbindlichkeiten	§ 253 I 2 HGB
Barwert der Bruttovermögensminderung	Rentenverpflichtungen, für die keine weiteren Gegenleistungen in späteren Rechnungslegungsperioden zu erwarten sind	§ 253 I 2 HGB
Wert nach kaufmännischer Vernunft	Rückstellungen	§ 253 I 2 HGB

Tab. 3.06: Wertmaßstäbe zur Zugangsbewertung von Schulden in HGB-Abschlüssen

Dabei entsprechen die anzusetzenden Rückzahlungsbeträge für bilanzielle Verbindlichkeiten (§ 253 I 2 HGB), die mangels konkreter Regelungen in Analogie zur Bewertung von Vermögensgegenständen als tatsächliche Erfüllungsbeträge interpretiert werden, den nominalen Geldwerten von sämtlichen Leistungen, die nach aktuellen Verhältnissen am Rechnungslegungsstichtag bei normaler Geschäftsabwicklung zur Verpflichtungserfüllung erforderlich sind.[14] Von diesem Wertmaßstab bleiben laufende Rentenverpflichtungen, denen keine weiteren Gegenleistungen in späteren Rechnungslegungsperioden gegenüberstehen, als besondere Bilanzposition ausgenommen,

---
[13] Vgl. Baetge, J. (1996), S. 349ff u. 499 m.w.E.
[14] Vgl. Adler, H./Düring, W./Schmaltz, K. (1995), § 253 HGB Rz. 72f; Baetge, J. (1996), S. 329f; Federmann, R. (1994), S. 301; BFH vom 12.12.1990, I R 153/86, BStBl. 1991 II, S. 479-484 (hier: S. 481).

indem die diskontierten Werte von erwarteten Bruttovermögensminderungen statt der tatsächlichen Rückzahlungsbeträge anzusetzen sind (§ 253 I 2 HGB).

Entgegen der Bewertung von Verbindlichkeiten, die zu ihren Rückzahlungsbeträgen bzw. Barwerten von Bruttovermögensminderungen erfolgen muß, ist die Bewertung von Rückstellungen zu ihren Werten nach kaufmännischer Vernunft vorzunehmen, wobei ihre Diskontierung, sofern zugrundeliegende Verpflichtungen keine Zinsanteile enthalten, unzulässig ist (§ 253 I 2 HGB). Folglich gleichen die anzusetzenden Werte nach kaufmännischer Vernunft den nominalen Geldwerten von allen Leistungen, die zur vollständigen Deckung von ungewissen Verpflichtungen bzw. drohenden Verlusten unter verständiger Würdigung von sämtlichen Gegebenheiten mit großer Wahrscheinlichkeit aufzuwenden sind.[15] Darf dieser Wertmaßstab für passivierungspflichtige Rückstellungen weder über- noch unterschritten werden, kann die Bewertung von wahlweisen Rückstellungen zu Beträgen zwischen Null und den Werten nach kaufmännischer Vernunft erfolgen.[16]

Ist die Zugangsbewertung über einzelne Regelungen determiniert, muß die Folgebewertung von bilanziellen Schuldpositionen mangels spezieller Regelungen auf der Grundlage von allgemeinen Grundsätzen geklärt werden. Demnach bleibt der Wertansatz von Schuldpositionen infolge des Nebeneinanders von Realisations- und Imparitätsprinzip unverändert, sofern die erwarteten Belastungen nach Maßgabe der aktuellen Verhältnisse am Rechnungslegungsstichtag gedeckt sind. Im anderen Fall müssen Schuldpositionen aufgewertet werden,[17] wobei frühere Aufwertungen, sollten ihre Gründe in späteren Rechnungslegungsperioden fortfallen, zurückgenommen werden können.[18]

Werden bilanzielle Vermögens- und Schuldpositionen gegeneinander saldiert, verbleiben bilanzielle **Eigenkapitalpositionen** als Residualgröße, die unterschiedlichste Kapitalbestandteile aus Kapitalzuführungen oder Gewinneinbehalte umfaßt.[19] In grundlegendem Gegensatz zu Personenunternehmen, deren Eigenkapitalpositionen auf freiwilliger Basis im Regelfall in feste und variable Kapitalkonten unterteilt werden,[20] müssen Kapitalgesellschaften unter Berücksichtigung von Entstehungsursachen und Verwendungsmöglichkeiten zwischen verschiedenen Eigenkapitalbestandteilen unterscheiden (§§ 266 III, 268 I und 272 HGB):

(1) gezeichnetes Kapital: Kapital, mit dem Gesellschafter für Gesellschaftsschulden persönlich haften,

---

[15] Vgl. Federmann, R. (1994), S. 299; BFH vom 12.12.1990, I R 153/86, BStBl. 1991 II, S. 479-484 (hier: S. 483).
[16] Vgl. Adler, H./Düring, W./Schmaltz, K. (1995), § 253 HGB Rz. 179.
[17] Vgl. Adler, H./Düring, W./Schmaltz, K. (1995), § 253 HGB Rz. 75; Baetge, J. (1996), S. 330.
[18] Vgl. Baetge, J. (1996), S. 331.
[19] Vgl. Baetge, J. (1996), S. 391.
[20] Vgl. Baetge, J. (1996), S. 397; Federmann, R. (1994), S. 257.

(2) Kapitalrücklagen: Kapital, das durch Gesellschafter in Ergänzung zum gezeichneten Kapital nach Abzug von ausstehenden Einlagen als Eigenkapital zugeführt wurde,
(3) Gewinnrücklagen: Kapital, das über Gewinneinbehalte gebildet wurde, und
(4) Ergebnispositionen: Sammelbegriff für Gewinn- bzw. Verlustvortrag, Jahresüberschuß bzw. -fehlbetrag und Bilanzgewinn bzw. -verlust.[21]

Ungeachtet verschiedener Bilanzierungsmöglichkeiten für Ergebnisverwendungen (§§ 266 III und 268 I 1 HGB) müssen sämtliche Verluste in HGB-Abschlüssen von Kapitalgesellschaften als Abzugsposten vom Eigenkapital erfaßt werden, solange keine Überschüsse von Passiv- über Aktivpositionen bestehen. Um negative Eigenkapitalausweise zu vermeiden,[22] sind Überschüsse von Passiv- über Aktivpositionen als Fehlbetrag, der nicht durch Eigenkapital gedeckt ist, aktivisch auszuweisen (§ 268 III HGB).

3.2 IAS-Abschlüsse

In grundsätzlicher Entsprechung zu HGB-Abschlüssen informieren IAS-Abschlüsse in Bilanzen über folgende Größen (IAS F.47):
(1) Vermögenswerte (assets),
(2) Schulden (liabilities) und
(3) Eigenkapital (equity),

wobei Rechnungsabgrenzungsposten angesichts ihrer Erfassung über Bilanzierungsvoraussetzungen von Vermögens- bzw. Schuldpositionen ohne gesonderten Bilanzausweis bleiben.

3.2.1 Vermögenswerte (assets)

Wenngleich einschlägige Regelungen zur IAS-Rechnungslegung keine geschlossene Bilanzierungskonzeption für Vermögenspositionen enthalten,[23] sollen die nachfolgenden Darlegungen zur Bilanzierung von Vermögenspositionen in IAS-Abschlüssen der anerkannten Systematik für HGB-Abschlüsse folgen:
(1) bilanzieller Ansatz und
(2) bilanzielle Bewertung.

---

[21] Vgl. Baetge, J. (1996), S. 421ff.
[22] Vgl. Baetge, J. (1996), S. 438f; Federmann, R. (1994), S. 254.
[23] Vgl. Achleitner, A./Wollmert, P./van Hulle, K. in: Baetge, J. et al. (1997), Teil A, Kap. III Tz. 62; Wollmert, P./Achleitner, A. (1997), S. 221.

3.2.1.1 Bilanzieller Ansatz

Den bilanziellen Ansatz von Vermögenspositionen determinieren allgemeine Bestimmungen im Framework und besondere Einzelbestimmungen in Standards,[24] womit in IAS- wie HGB-Abschlüssen zwischen der abstrakten Bilanzierungsfähigkeit und der konkreten Bilanzierungsfähigkeit von Vermögenspositionen differenziert werden kann.

3.2.1.1.1 Abstrakte Bilanzierungsfähigkeit

Durch die allgemeinen Regelungen im Framework wird die abstrakte Bilanzierungsfähigkeit von Vermögenspositionen kodifiziert, indem drei Bilanzierungskriterien in Entsprechung zur nachfolgenden Abbildung 3.01 festgeschrieben werden (IAS F.49a i.V.m. F.83).

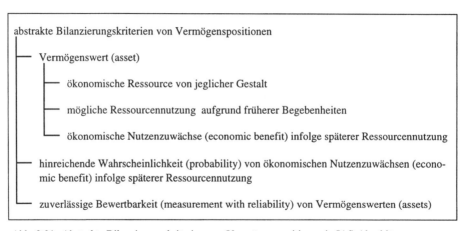

Abb. 3.01: Abstrakte Bilanzierungskriterien von Vermögenspositionen in IAS-Abschlüssen

In prinzipieller Anlehnung an anglo-amerikanische Rechnungslegungstraditionen umfassen aktivierungsfähige **Vermögenswerte (assets)** als ökonomische Ressourcen von jeglicher Gestalt einerseits tatsächliche Vermögenszugänge, andererseits ausbleibende Vermögensabgänge (IAS F.53). Obgleich ökonomische Ressourcen im grundsätzlichen Regelfall von materieller Natur sind, bleibt die physische Erscheinungsform für die abstrakte Bilanzierungsfähigkeit unbeachtlich (IAS F.56). Sollten ökonomische Ressourcen allerdings immaterieller Natur sein, wird ihre Identifizierbarkeit aufgrund

---

[24] Vgl. Achleitner, A./Wollmert, P./van Hulle, K. in: Baetge, J. et al. (1997), Teil A, Kap. III Tz. 15; Cairns, D. (1995), S. 1685f; Fuchs, M. (1997), S. 65f; Goebel, A./Fuchs, M. (1994), S. 879; Risse, A. (1996), S. 110; Schruff, W. (1993), S. 414; Wagenhofer, A. (1996), S. 132; Wollmert, P./Achleitner, A. (1997), S. 215.

ihrer Konkretisierung als Recht bzw. Nutzungsmöglichkeit von speziellen Regelungen im IAS 38 als zusätzliche Bilanzierungsvoraussetzung verlangt (IAS 38.10ff). Damit kann die Identifizierbarkeit als allgemeines Bilanzierungskriterium in IAS-Abschlüssen mit der Einzelverwertbarkeit als allgemeines Bilanzierungskriterium in HGB-Abschlüssen gleichgesetzt werden.[25]

Desweiteren setzt der bilanzielle Ansatz von Vermögenspositionen nach den abstrakten Bilanzierungskriterien im Framework voraus, daß ihre Nutzung infolge früherer Begebenheiten in abgelaufenen Rechnungslegungsperioden möglich (IAS F.58) und für ökonomische Nutzenzuwächse (ecomonic benefit) in späteren Rechnungslegungsperioden ursächlich ist (IAS F.53). Dabei können zukünftige Nutzenzuwächse (ecomonic benefit) in unterschiedlichen Formen erfolgen, wie folgende Beispiele in einschlägigen IAS zeigen (IAS F.55):

(1) Einsatz zu Produktionszwecken,
(2) Tausch gegen Vermögenswerte (assets),
(3) Begleichung von Verpflichtungen und
(4) Ausschüttung an Eigentümer.

Indem zukünftige Nutzenzuwächse (ecomonic benefit) statt realer Erscheinungsformen als maßgebliches Kriterium dienen, basiert die abstrakte Bilanzierungsfähigkeit von Vermögenswerten (assets) in IAS-Abschlüssen auf dem dynamischen Bilanzrechtsgedanken.[26]

Um begrenzte Objektivierungen von bilanziellen Vermögensausweisen angesichts dynamischer Bilanzierungskriterien sicherzustellen, müssen ökonomische Nutzenzuwächse (ecomonic benefit) infolge der späteren Nutzung von Vermögenswerten (assets) nach den aktuellen Verhältnissen zur Abschlußerstellung mit hinreichender Wahrscheinlichkeit erwartet werden können (IAS F.83 und 85). Allerdings bleiben die begrifflichen Voraussetzungen für die hinreichende Wahrscheinlichkeit offen, weil außer vagen Umschreibungen zum potentiellen Wahrscheinlichkeitsspektrum, das von wahrscheinlich (probable) bis sehr unwahrscheinlich (remote) reichen soll (IAS 10.6), keine weiteren Kriterien für **wahrscheinliche Nutzenzuwächse (ecomonic benefit)** genannt werden.[27] Grundsätzlich sind wahrscheinliche Nutzenzuwächse (ecomonic benefit) gegeben, sofern die Argumente für ihre Existenz gegenüber den Argumenten gegen ihre Existenz überwiegen.[28] Trotz dieser Konkretisierung liegt die definitive

---

[25] Vgl. Baetge, J./von Keitz, I. in: Baetge, Jörg et al. (1997), IAS E50 Tz. 129; Fuchs, M. (1997), S. 137; von Keitz, I. (1997), S. 199; Wagenhofer, A. (1996), S. 125.
[26] Vgl. Achleitner, A./Wollmert, P./van Hulle, K. in: Baetge, J. et al. (1997), Teil A, Kap. III Tz. 18; Fuchs, M. (1997), S. 64; Gidlewitz, H. (1996), S. 188; Goebel, A./Fuchs, M. (1994), S. 878f; Langer, K. (1999), S. 183; Risse, A. (1996), S. 109; Schruff, W. (1993), S. 414f; Wollmert, P./Achleitner, A. (1997), S. 215.
[27] Vgl. Achleitner, A./Wollmert, P./van Hulle, K. in: Baetge, J. et al. (1997), Teil A, Kap. III Tz. 44; Cairns, D. (1995), S. 1694; Coenenberg, A. (1997), S. 73; Fuchs, M. (1997), S. 67; Wagenhofer, A. (1996), S. 132; Wollmert, P./Achleitner, A. (1997), S. 218.
[28] Vgl. Coenenberg, A. (1997), S. 73; KPMG (1996), S. 32; Wagenhofer, A. (1996), S. 132.

Entscheidung über die hinreichende Wahrscheinlichkeit von ökonomischen Nutzenzuwächsen (ecomonic benefit) im subjektiven Ermessen, womit erhebliche Bilanzierungsspielräume angesichts der zwangsläufigen Unsicherheit von zukünftigen Sachverhalten und der unmöglichen Berücksichtigung von sämtlichen Einflußfaktoren verbleiben.[29]

Schließlich wird die **zuverlässige Bewertbarkeit (measured with reliability)** von Vermögenswerten (assets) als letzte Bilanzierungsvoraussetzung durch die allgemeinen Regelungen im Framework festgeschrieben (IAS F.83), wobei sämtliche Messungen oder Schätzungen, deren Zuverlässigkeit zum Beispiel durch Rückgriffe auf Erfahrungswerte gewährleistet ist, nach ausdrücklicher Klarstellung im Framework nicht bilanzierungshemmend wirken (IAS F.86). Da weitere Kriterien für zuverlässige Messungen oder Schätzungen unbestimmt bleiben, ist die konkrete Prüfung im Hinblick auf die zuverlässige Bewertbarkeit (measurement with reliability) mit Ermessensspielräumen verbunden,[30] auch wenn Vermögenspositionen von ungewisser Werthaltigkeit - etwa potentielle Ansprüche aus angestrengten Schadensersatzklagen oder vermeintliche Werte von unternehmerischem Know-how - in jedem Fall bilanzierungsunfähig werden.[31]

Insgesamt sind die begrifflichen Voraussetzungen von Vermögenswerten (assets) nach Regelungen zur IAS-Rechnungslegung im Vergleich zu Vermögensgegenständen nach Regelungen zur HGB-Rechnungslegung weiter.[32] So werden sämtliche Vermögenspositionen, die in HGB-Abschlüssen als Bilanzierungshilfen und Rechnungsabgrenzungsposten ausgewiesen werden, in IAS-Abschlüssen als Vermögenswerte (assets) erfaßt.[33] Ferner existieren verschiedene Vermögenspositionen, die nicht als Vermögensgegenstand in HGB-Abschlüssen, aber als Vermögenswert (asset) in IAS-Abschlüssen anzusehen sind.[34] Jedoch werden die genannten Unterschiede bei der zusammenfassenden Betrachtung über die abstrakten Bilanzierungskriterien teilweise

---

[29] Vgl. Achleitner, A./Wollmert, P./van Hulle, K. in: Baetge, J. et al. (1997), Teil A, Kap. III Tz. 44; Fuchs, M. (1997), S. 67; Risse, A. (1996), S. 114; Wollmert, P./Achleitner, A. (1997), S. 218.

[30] Vgl. Fuchs, M. (1997), S. 66ff.

[31] Vgl. Achleitner, A./Wollmert, P./van Hulle, K. in: Baetge, J. et al. (1997), Teil A, Kap. III Tz. 45; Wagenhofer, A. (1996), S. 124; Wollmert, P./Achleitner, A. (1997), S. 218.

[32] Vgl. Achleitner, A./Wollmert, P./van Hulle, K. in: Baetge, J. et al. (1997), Teil A, Kap. III Tz. 21; Baukmann, D./Mandler, U. (1997), S. 75f; Born, K. (1999), S. 536; Coenenberg, A. (1997), S. 73; Gidlewitz, H. (1996), S. 189; Goebel, A./Fuchs, M. (1994), S. 879; dies. (1995), S. 1524; IDW (1995), S. 26; KPMG (1996), S. 31; Wagenhofer, A. (1996), S. 125; Wollmert, P./Achleitner, A. (1997), S. 215.

[33] Vgl. Achleitner, A./Wollmert, P./van Hulle, K. in: Baetge, J. et al. (1997), Teil A, Kap. III Tz. 21; Baukmann, D./Mandler, U. (1997), S. 79f; Gidlewitz, H. (1996), S. 189; Goebel, A./Fuchs, M. (1995), S. 1524; Risse, A. (1996), S. 110f; Wollmert, P./Achleitner, A. (1997), S. 215f; a.A.: IDW (1995), S. 26f; Wagenhofer, A. (1996), S. 125f.

[34] Als klassische Beispiele für Vermögenspositionen, die nicht als Vermögensgegenstand in HGB-Abschlüssen, aber als Vermögenswert (asset) in IAS-Abschlüssen anzusehen sind, können eigene Entwicklungskosten, Kundenkarteien und andere Formen von unternehmerischem Know-how angeführt werden.

aufgehoben, indem bilanzielle Ausweise in IAS-Abschlüssen an zusätzliche Objektivierungskriterien (recognition criteria) gebunden werden.[35] Trotz solcher Einschränkungen durch Objektivierungskriterien (recognition criteria) führen die abstrakten Bilanzierungskriterien von Vermögenswerten (assets) in IAS-Abschlüssen zu erheblichen Ermessensspielräumen,[36] die insbesondere den Vermögens- und Informationsinteressen der Fremdkapitalgeber entgegenlaufen.[37]

3.2.1.1.2 Konkrete Bilanzierungsfähigkeit

Wenn auch Vermögenswerte (assets), die allen Objektivierungskriterien (recognition criteria) genügen, im Grundsatz bilanziert werden müssen (IAS F.82), ist die konkrete Bilanzierungsfähigkeit als separater Gesichtspunkt abzuklären, weil die abstrakte Bilanzierungsfähigkeit durch spezielle Standardbestimmungen erläutert oder eingeschränkt wird.[38] Im einzelnen zeigt die Tabelle 3.07 die Aktivierungsgebote, -wahlrechte und -verbote, denen besondere Relevanz für konzernunabhängige Unternehmungen zukommt.

Aktivierungsgebote

latente Steuerforderungen (deferred tax assets, Grundsatz, IAS 12.24 und 34)

öffentliche Zuwendungen (government grands) zur Kompensation von zukünftigen Aufwendungen, die nach Maßgabe der Verhältnisse am Rechnungslegungsstichtag bilanzierungsunfähig sind (IAS 20.12)

derivative Geschäfts- oder Firmenwerte (goodwill, IAS 22.40)

Entwicklungskosten (development costs) für separierbare Produkte bzw. Verfahren, die zuverlässig bestimmt und eindeutig zugerechnet werden können, bei nachgewiesener Realisierbarkeit, beabsichtigter Nutzung und offensichtlichem Nutzen von solchen Produkten bzw. Verfahren (IAS 38.45)

Aktivierungswahlrechte

derivative Geschäfts- oder Firmenwerte (goodwill), deren Erfassung, bevor die Regelungen des IAS 22 neugefaßt wurden, durch erfolgsneutrale Kürzungen gegen Eigenkapitalpositionen erfolgte (Nachaktivierungswahlrecht, IAS 22.79)

---

[35] Vgl. Achleitner, A./Wollmert, P./van Hulle, K. in: Baetge, J. et al. (1997), Teil A, Kap. III Tz. 21; Wollmert, P./Achleitner, A. (1997), S. 216.
[36] Vgl. Fuchs, M. (1997), S. 67ff; Goebel, A./Fuchs, M. (1994), S. 879; Risse, A. (1996), S. 110.
[37] Siehe hierzu Kapitel 2.2.1.
[38] Vgl. Achleitner, A./Wollmert, P./van Hulle, K. in: Baetge, J. et al. (1997), Teil A, Kap. III Tz. 48; Goebel, A./Fuchs, M. (1994), S. 879; Risse, A. (1996), S. 110; Wagenhofer, A. (1996), S. 132; Wollmert, P./Achleitner, A. (1997), S. 219; a.A.: Schruff, W. (1993), S. 414.

Aktivierungsverbote
Eventualgewinne (IAS 10.16)
latente Steuerforderungen (deferred tax assets) aus erfolgsneutralen Unterschieden zwischen handels- und steuerbilanziellen Zugangswerten von Vermögens- oder Schuldpositionen (IAS 12.24)
originäre Geschäfts- oder Firmenwerte (goodwill, IAS 38.36)
eigene Forschungskosten (research costs, IAS 38.42)
selbsterstellte Markenzeichen, Werbekampagnen, Kundenkarteien etc. (IAS 38.51)

Tab. 3.07: Überblick über Aktivierungsgebote, -wahlrechte und -verbote in IAS-Abschlüssen mit besonderer Relevanz für konzernunabhängige Unternehmungen

3.2.1.1.3 Zurechnung zum Betriebsvermögen

Wie in HGB-Abschlüssen muß die persönliche, zeitliche und sachliche Zurechnung als letzte Voraussetzung für den bilanziellen Ansatz von aktivierungsfähigen Vermögenspositionen auch in IAS-Abschlüssen gegeben sein. Sofern die notwendigen Voraussetzungen der persönlichen und zeitlichen Zurechnung angesichts der praktischen Unmöglichkeit der eindeutigen Trennung zusammengefaßt werden, scheiden bilanzielle Vermögensausweise aus, wenn das jeweilige Rechnungslegungssubjekt am betreffenden Rechnungslegungsstichtag nicht die tatsächliche Verfügungsmacht über aktivierungsfähige Vermögenspositionen besitzt (IAS F.49), also die wesentlichen Chancen und Risiken aus ihrer Nutzung nicht trägt. Umgekehrt müssen die bilanzierten Vermögenspositionen im wirtschaftlichen Eigentum des jeweiligen Rechnungslegungssubjektes am betreffenden Rechnungslegungsstichtag stehen.[39] So sind Leasinggegenstände vom Leasingnehmer bilanziell auszuweisen (IAS 17.12), wenn folgende Indizien den tatsächlichen Übergang des wirtschaftlichen Eigentums mit hinreichender Sicherheit vermuten lassen (IAS 17.8f):

(1) verbindlicher Eigentumsübergang zum Leasingnehmer am Vertragsende,
(2) Kauf- oder Mietoption des Leasingnehmers zum Vertragsende, deren spätere Ausübung in Anbetracht der festgelegten Konditionen zum Vertragsbeginn nach aller Voraussicht anzunehmen ist,
(3) annähernde Übereinstimmung der Vertragslaufzeit mit der Nutzungsdauer des Leasinggegenstandes unter wirtschaftlichen Gesichtspunkten,
(4) Deckung des beizulegenden Wertes (fair value) des Leasinggegenstandes durch den Barwert der vereinbarten Mindestleasingzahlungen (minimum lease payments) zum Vertragsbeginn,

---
[39] Vgl. Achleitner, A./Wollmert, P./van Hulle, K. in: Baetge, J. et al. (1997), Teil A, Kap. III Tz. 19; Baukmann, D./Mandler, U. (1997), S. 76; Gidlewitz, H. (1996), S. 188f; Glaum, M./Mandler, U. (1996), S. 134ff; Goebel, A./Fuchs, M. (1994), S. 879; KPMG (1996), S. 31; Schruff, W. (1993), S. 416; Wollmert, P./Achleitner, A. (1997), S. 215.

(5) spezieller Leasinggegenstand, der für andere Personen ohne wesentliche Veränderungen unbrauchbar ist,
(6) Verpflichtung des Leasingnehmers zur Übernahme der Verluste im Fall der Vertragsauflösung vor Vertragsablauf oder
(7) Verpflichtung des Leasingnehmers zur Übernahme der Erfolgsrisiken aus Restwertschwankungen.

Wie die vorstehenden Indizien für geleaste Vermögenswerte (assets) erkennen lassen, führen unterschiedliche Voraussetzungen des wirtschaftlichen Eigentums in IAS- und HGB-Abschlüssen zu erheblichen Abweichungen der bilanziellen Vermögenszurechnung.[40] Insbesondere werden diese Unterschiede am bilanziellen Ansatz von unternehmerischem Know-how deutlich. Denn sobald unternehmerisches Know-how vor der Weitergabe an fremde Dritte geschützt werden kann, ist der bilanzielle Ansatz in IAS-Abschlüssen vorbehaltlich der sachlichen Zurechnung zum Betriebsvermögen erforderlich (IAS F.57). Während die sachliche Zurechnung für Einzelkaufleute und Personenhandelsgesellschaften angesichts der erforderlichen Differenzierung zwischen Privat- und Betriebsvermögen unter Umständen problematisch ist, kann die weitere Überprüfung im Hinblick auf die sachliche Zurechnung bei Kapitalgesellschaften entfallen, weil mangels Privatsphäre ausschließlich Betriebsvermögen begründet wird.[41]

3.2.1.2 Bilanzielle Bewertung

Falls der Ansatz von aktivierungsfähigen Vermögenspositionen erforderlich ist, muß die Bewertung im nächsten Schritt festgelegt werden. Zu diesem Zweck handeln allgemeine Regelungen im Framework über grundlegende Wertmaßstäbe, die spezielle Regelungen in Standards für einzelne Bilanzpositionen ergänzen.[42]

3.2.1.2.1 Grundlegende Wertmaßstäbe

In den allgemeinen Regelungen im Framework werden folgende Wertmaßstäbe für Vermögenswerte (assets) ohne die genaue Abgrenzung von Anwendungsbereichen aufgeführt (IAS F. 100):
(1) **historische Kosten (historical cost)**: Nominalwert aller Zahlungsmittel und Zahlungsmitteläquivalente, die zum Vermögenserwerb aufgewendet wurden, bzw. beizulegender Werte (fair values) von Leistungen, die zum Vermögenserwerb hingegeben wurden,

---

[40] Vgl. Glaum, M./Mandler, U. (1996), S. 134ff; Schruff, W. (1993), S. 416.
[41] Vgl. Baetge, J. (1996), S. 206; Federmann, R. (1994), S. 208.
[42] Vgl. Achleitner, A./Wollmert, P./van Hulle, K. in: Baetge, J. et al. (1997), Teil A, Kap. III Tz. 111ff; Coenenberg, A. (1997), S. 124; Fuchs, M. (1997), S. 111f; Goebel, A./Fuchs, M. (1994), S. 879; Hayn, S. (1994), S. 721; KPMG (1996), S. 35f; Wagenhofer, A. (1996), S. 127; Wollmert, P./Achleitner, A. (1997), S. 251.

(2) **aktuelle Wiederbeschaffungskosten (current cost)**: Nominalwert aller Zahlungsmittel und Zahlungsmitteläquivalente, die zur Wiederbeschaffung von vergleichbaren Vermögenswerten (assets) am Rechnungslegungsstichtag aufzuwenden wären,

(3) **realisierbare Beträge (realisable values)**: Nominalwert aller Zahlungsmittel und Zahlungsmitteläquivalente, die durch Vermögensveräußerung im gewöhnlichen Geschäftsverkehr am Rechnungslegungsstichtag erzielt werden können, und

(4) **Barwert (present value)**: Barwert zukünftiger Einzahlungsüberschüsse (net cash inflows), die durch verbleibende Vermögensnutzungen im gewöhnlichen Geschäftsverkehr erwartet werden können.

Indem die historischen Kosten (historical cost) als grundlegender Wertmaßstab für aktivierungsfähige Vermögenswerte (assets) ausgewiesen werden (IAS F.101), kann das Anschaffungskostenprinzip als Grundprinzip zur IAS-Rechnungslegung charakterisiert werden.[43] Jedoch sind die historischen Kosten (historical cost) zu anderen Wertmaßstäben konkurrierend oder komplementär (IAS F.101), weil spezielle Einzelregelungen unter bestimmten Voraussetzungen einerseits außerplanmäßige Abschreibungen auf niedrigere Werte verlangen, andererseits wahlweise Ausweise zu abweichenden Werten ermöglichen. Dabei können die Bewertungsbestimmungen des Framework grundsätzlich vernachlässigt werden, weil konkrete Wertmaßstäbe für einzelne Vermögenskategorien über verschiedene Standardbestimmungen vorgegeben werden.[44] Die Vermögenskategorien, die eigenständigen Bewertungsbestimmungen unterliegen, können der Abbildung 3.02 entnommen werden.

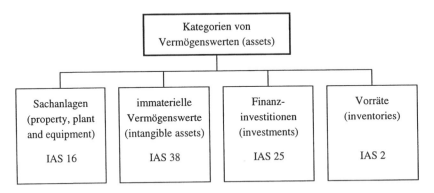

Abb. 3.02: Kategorien von Vermögenswerten (assets) nach Regelungen zur IAS-Rechnungslegung

---

[43] Vgl. Cairns, D. (1995), S. 1701; Glaum, M./Mandler, U. (1996), S. 139f; KPMG (1996), S. 35f; Schruff, W. (1993), S. 417; Wagenhofer, A. (1996), S. 127.

[44] Vgl. Fuchs, M. (1997), S. 112; Goebel, A./Fuchs, M. (1994), S. 879; Hayn, S. (1994), S. 721; KPMG (1996), S. 35f; Wagenhofer, A. (1996), S. 159f.

Da einzelne Wertmaßstäbe nach Framework- und Standardbestimmungen nicht übereinstimmen, kann keine geschlossene Bewertungskonzeption für Vermögenspositionen in IAS-Abschlüssen abgeleitet werden.[45] Deshalb knüpfen die Erörterungen zur Zugangs- und Folgebewertung von Vermögenswerten (assets) an die Standardbestimmungen an, auch wenn einige Detailunterschiede zwischen verschiedenen Standardbestimmungen bestehen.

3.2.1.2.2 Zugangsbewertung

Generell sind die historischen Kosten (historical cost) als Wertmaßstab für die bilanzielle Zugangsbewertung von Vermögenswerten (assets) maßgeblich, wobei folgende Größen in Abhängigkeit vom Erlangungsweg unterschieden werden (IAS 2.6f, 16.14, 25.19ff bzw. 38.22):

(1) historische Anschaffungskosten und
(2) historische Herstellungskosten.

Bei ihrem Erwerb von fremden Dritten müssen aktivierungsfähige Vermögenswerte (assets) zu ihren **Anschaffungskosten** bilanziert werden.[46] Dabei gleichen die Anschaffungskosten den Ausgaben, die angesichts unmittelbarer Tätigung zur Erlangung, Verbringung und Inbetriebnahme bzw. Einlagerung als direkte Kosten von Vermögenswerten (assets) anzusehen sind (IAS 2.7f, 16.15f, 25.15 bzw. 38.23f). Demnach kann ihre Ermittlung in Entsprechung zur Tabelle 3.08 erfolgen.

Anschaffungspreis (IAS 2.8 bzw. 16.15)
= vertragliches Hauptentgelt einschließlich Einfuhrzölle und Verbrauchsteuern
- erstattungsfähige Einfuhrzölle und Verbrauchsteuern
+ **Anschaffungsnebenkosten (IAS 2.8 i.V.m. 2.15, 16.15f bzw. 25.15)**
= Ausgaben zur Erlangung, Verbringung und Inbetriebnahme bzw. Einlagerung ohne Anschaffungspreis
+ potentielle Wahlbestandteile von ursprünglichen Anschaffungskosten, wie anschaffungsbezogene Fremdkapitalkosten (borrowing costs) von Vermögenswerten (assets), deren endgültige Betriebs- oder Verkaufsbereitschaft über längere Zeiträume durch verschiedene Maßnahmen hergestellt werden muß (IAS 23.11f)
- **Anschaffungspreisminderungen (IAS 2.8 bzw. 16.15 i.V.m. 16.20)**
= Nachlässe und Erstattungen auf Anschaffungspreis und Anschaffungsnebenkosten
+ bestimmte Investitionszulagen und -zuschüsse (government grands) von öffentlichen Körperschaften, für die kein passivischer Rechnungsabgrenzungsposten gebildet wurde (IAS 20.24)
= **ursprüngliche Anschaffungskosten**

---

[45] Vgl. Achleitner, A./Wollmert, P./van Hulle, K. in: Baetge, J. et al. (1997), Teil A, Kap. III Tz. 111f; Cairns, D. (1995), S. 1700f; Fuchs, M. (1997), S. 112; Goebel, A./Fuchs, M. (1994), S. 879; Hayn, S. (1994), S. 721; KPMG (1996), S. 36; Wollmert, P./Achleitner, A. (1997), S. 251.
[46] Vgl. Cairns, D. (1995), S. 1701; KPMG (1996), S. 37.

> ± **nachträgliche Anschaffungskosten (subsequent expenditures, IAS 16.23)**
>   = Erhöhungen bzw. Minderungen von ursprünglichen Anschaffungskosten nach erstmaliger Inbetriebnahme bzw. Einlagerung
>   + Kosten zur Erweiterung bzw. Verbesserung von Vermögenswerten (assets) nach erstmaliger Inbetriebnahme bzw. Einlagerung, sofern ursprüngliche Nutzenpotentiale nach aller Voraussicht erhöht werden
>   + potentielle Wahlbestandteile von nachträglichen Anschaffungskosten (IAS 2.9): Fremdwährungsdifferenzen aus Vorratsbeschaffungen auf Ziel infolge erheblicher Währungsabwertungen im Zeitraum zwischen Anschaffung und Bezahlung, für die keine Sicherungsmöglichkeiten über Hedgegeschäfte bestanden (IAS 21.21)
> = **Anschaffungskosten**

Tab. 3.08: Bestandteile von Anschaffungskosten in IAS-Abschlüssen

Indem direkte Gemeinkosten als explizite Bestandteile angeführt werden (IAS 2.13 bzw. 16.17), umfassen bilanzielle Anschaffungskosten auch solche Gemeinkosten, die über Mengen- und Zeitschlüsselungen ermittelt werden.[47] Gleichwohl werden die ursprünglichen Anschaffungskosten durch einschlägige Standardbestimmungen exakt abgegrenzt, während die nachträglichen Anschaffungskosten angesichts ihrer Bindung an die wahrscheinliche Erhöhung von ursprünglichen Nutzenpotentialen (IAS 16.23) zu erheblichen Ermessensspielräumen führen.[48]

Sollten aktivierungsfähige Vermögenswerte (assets) durch die Hingabe von nichtmonetären Sach-, Wert- bzw. Dienstleistungen erworben werden, stimmen die historischen Anschaffungskosten mit den beizulegenden Werten (fair values) von hingegebenen Leistungen zum betreffenden Erwerbszeitpunkt überein (IAS 2.7f, 16.21 bzw. 25.16). Dabei entsprechen die beizulegenden Werte (fair values) den nominalen Geldwerten, zu denen jeweilige Leistungen zwischen sachverständigen Vertragspartnern unter tatsächlichen Marktbedingungen gehandelt bzw. zur eventuellen Schuldentilgung genutzt werden könnten (arm´s length transaction, IAS 16.6, 18.7 bzw. 32.5). Insofern werden die anzusetzenden Werte im grundsätzlichen Regelfall den aktuellen Markt- oder Verkehrswerten gleichzusetzen sein.[49] Sollten aktuelle Markt- bzw. Verkehrswerte nicht existieren, müssen die aktuellen Wiederbeschaffungskosten (current cost) zugrundegelegt werden, womit ungeachtet restriktiver Definition der bilanzielle Wertmaßstab des beizulegenden Wertes (fair values) in weitem Sinne auszulegen ist.[50] Folglich sind Tauschvorgänge in IAS-Abschlüssen generell erfolgswirksam.[51] Ihre er-

---

[47] Vgl. Ballwieser, W. in: Baetge, Jörg et al. (1997), IAS 16 Tz. 16; a.A.: Fuchs, M. (1997), S. 113.
[48] Vgl. Fuchs, M. (1997), S. 113 u. 150f.
[49] Vgl. Achleitner, A./Wollmert, P./van Hulle, K. in: Baetge, J. et al. (1997), Teil A, Kap. III Tz. 122; Fuchs, M. (1997), S. 122; Wollmert, P./Achleitner, A. (1997), S. 252.
[50] Vgl. Achleitner, A./Wollmert, P./van Hulle, K. in: Baetge, J. et al. (1997), Teil A, Kap. III Tz. 122; Schmidt, M. (1998), S. 812; Wollmert, P./Achleitner, A. (1997), S. 252.
[51] Vgl. Ballwieser, W. in: Baetge, Jörg et al. (1997), IAS 16 Tz. 22; Förschle, G./Kroner, M./Mandler, U. (1996), S. 129; Fuchs, M. (1997), S. 114; Wagenhofer, A. (1996), S. 153f.

folgsneutrale Erfassung, die in HGB-Abschlüssen als Alternativmethode zulässig ist, beschränken einschlägige IAS auf solche Fälle, in denen Sachanlagen von gleicher Art und gleichem Wert getauscht werden (IAS 16.22). Sofern solche Spezialprobleme - wie getauschte Vermögenswerte (assets), öffentliche Zuwendungen (government grands) oder anschaffungsbezogene Fremdkapitalkosten (borrowing costs) - außer Betracht bleiben, stimmen die auszuweisenden Anschaffungskosten in den beiden Abschlüssen überein.[52]

Dagegen differieren die beiden Abschlüsse im Hinblick auf die historischen **Herstellungskosten**, die für Vermögenswerte (assets), die nicht fremd erworben, sondern selbst erstellt wurden, als Wertmaß dienen. Nach einschlägigen IAS gleichen die historischen Herstellungskosten den angefallenen Kosten für sämtliche Herstellungs- (cost of conversion) und Begleitmaßnahmen, durch die selbsterstellte Vermögenswerte (assets) in ihren Zustand und ihren Standort am endgültigen Zugangszeitpunkt überführt wurden (other costs, IAS 2.7, 16.15 bzw. 38.53). Im einzelnen gibt die Tabelle 3.09 die Pflicht- und Wahlbestandteile wieder, wobei bezüglich der Erfassung der nachträglichen Ausgaben (subsequent expenditures) und öffentlichen Zuschüsse (government grands) auf die Darstellung der historischen Anschaffungskosten verwiesen wird.

Kostenkomponenten	
Materialeinzelkosten (IAS 2.10 bzw. 38.54) + anteilige Materialgemeinkosten (IAS 2.10 bzw. 38.54) + Fertigungseinzelkosten (IAS 2.10 bzw. 38.54) + anteilige Fertigungsgemeinkosten (IAS 2.10 bzw. 38.54) + anteiliger Werteverzehr von eingesetztem Anlagevermögen (IAS 2.10 bzw. 38.54) + anteilige Entwicklungs-, Konstruktions- und Versuchskosten (IAS 2.13 bzw. 38.54) + Sondereinzelkosten der Fertigung (IAS 2.13 bzw. 38.54) + anteilige Sondergemeinkosten der Fertigung (IAS 2.13 bzw. 38.54) + fertigungsbezogene Verwaltungskosten (IAS 2.13, 16.17 bzw. 38.54) + fertigungsbezogene Sozialaufwendungen (IAS 2.13, 16.17 bzw. 38.54)	Pflicht
= **Untergrenze der Herstellungskosten**	
+ herstellungsbezogene Fremdkapitalkosten von Vermögenswerten (assets), deren endgültige Betriebs- oder Verkaufsbereitschaft durch verschiedene Maßnahmen über geraume Zeiträume hergestellt werden muß (IAS 2.15, 16.18 bzw. 38.54)	Wahlrecht
= **Obergrenze der Herstellungskosten**	

---

[52] Vgl. Baukmann, D./Mandler, U. (1997), S. 81; Coenenberg, A. (1997), S. 84; IDW (1995), S. 46ff; Jacobs, O. in: Baetge, J. et al. (1997), IAS 2 Tz. 15ff m.w.E.; Wagenhofer, A. (1996), S. 153 u. 157.

überhöhte Kosten (unnötiger Arbeitsaufwand durch Fehlarbeiten, außerplanmäßige Abschreibungen auf Fertigungsanlagen etc., IAS 2.11 und 2.14, 16.18 bzw. 38.55) allgemeine Verwaltungs- und Sozialaufwendungen (IAS 2.13f, 16.17 bzw. 38.55) Fremdkapitalkosten (Grundsatz, IAS 2.15, 16.18 bzw. 38.54) Vertriebskosten (IAS 2.14, 16.18 bzw. 38.55) Anlauf- und Vorproduktionskosten (IAS 2.13, 16.17 bzw. 38.55) eigene Forschungs-, Entwicklungs- und Versuchskosten ohne unmittelbaren Fertigungsbezug (IAS 2.13 bzw. 16.17) Ertrag- und Substanzsteuern, die nicht im Fertigungsbereich begründet sind (IAS 2.13 bzw. 16.17) kalkulatorische Kosten (IAS 2.10 bzw. 16.18)	Verbot

Tab. 3.09: Bestandteile von Herstellungskosten in IAS-Abschlüssen[53]

Wie die Tabelle 3.09 zeigt, umfassen die Pflichtbestandteile der Herstellungskosten nicht nur Einzel-, sondern auch Gemeinkosten. Hierbei sind variable Gemeinkosten nach der tatsächlichen Istbeschäftigung und fixe Gemeinkosten nach der durchschnittlichen Normalbeschäftigung bzw. höheren Istbeschäftigung umzurechnen (IAS 2.10f, 16.18 bzw. 38.54). Indem angemessene Teile von Gemeinkosten einbezogen werden müssen, sind bilanzielle Bewertungsspielräume für selbsterstellte Vermögenswerte (assets) in IAS- gegenüber HGB-Abschlüssen erheblich eingeschränkt.[54] Zudem können die auszuweisenden Werte für selbsterstellte Vermögenswerte (assets) in den beiden Jahresabschlüssen noch weitere Unterschiede zeigen, weil allgemeine Verwaltungs- und Sozialaufwendungen ohne unmittelbaren Fertigungsbezug in IAS-Abschlüssen nicht bilanziert werden dürfen.[55] Letztlich sind die Herstellungskosten in IAS- gegenüber HGB-Abschlüssen in der Untergrenze ceteris paribus höher und in der Obergrenze ceteris paribus niedriger. Doch auch IAS-Abschlüsse eröffnen im Rahmen der Ermittlung der Herstellungskosten noch Ermessensspielräume, wofür die Zurechnung von Fertigungsgemeinkosten, die unter grundsätzlicher Übernahme von Schlüsselungen aus unternehmensindividuellen Kostenrechnungssystemen vorzunehmen sind, und die Differenzierung zwischen Herstellungs- und Erhaltungsaufwendungen, die in genereller Übereinstimmung zur Differenzierung zwischen Anschaffungs- und Erhaltungsaufwendungen in HGB-Abschlüssen erfolgen muß, ursächlich sind.[56]

---

[53] Vgl. IDW (1995), S. 53ff; Jacobs, O. in: Baetge, J. et al. (1997), IAS 2 Tz. 34f.
[54] Vgl. Baukmann, D./Mandler, U. (1997), S. 82; Förschle, G./Kroner, M./Mandler, U. (1996), S. 101f; Glaum, M./Mandler, U. (1996), S. 141; IDW (1995), S. 55; Jacobs, O: in: Baetge, J. et al. (1997), IAS 2 Tz. 26; Risse, A. (1996), S. 124; Schruff, W. (1993), S. 417; Wagenhofer, A. (1996), S. 155.
[55] Vgl. Baukmann, D./Mandler, U. (1997), S. 82; Born, K. (1999), S. 536; Glaum, M./Mandler, U. (1996), S. 141; Goebel, A./Fuchs, M. (1995), S. 1524; IDW (1995), S. 55; Jacobs, O. in: Baetge, J. et al. (1997), IAS 2 Tz. 27ff m.w.E.; Risse, A. (1996), S. 124; Wagenhofer, A. (1996), S. 155.
[56] Vgl. Fuchs, M. (1997), S. 116f.

3.2.1.2.3 Folgebewertung

In grundsätzlicher Entsprechung der Zugangsbewertung wird die Folgebewertung über einzelfallbezogene Standardbestimmungen determiniert,[57] wobei zwischen Bestimmungen für Anlage- und Umlaufvermögen unterschieden werden kann. Welche grundlegenden Formen von Wertberichtigungen bzw. Wertmaßstäbe zur Folgebewertung von Anlagevermögen festgeschrieben werden, gibt die Tabelle 3.10 wieder.

Formen von Wertberichtigungen	Wertmaßstäbe zur Folgebewertung	Regelungen für (1) materielles Anlagevermögen (2) Finanzanlagevermögen (3) immaterielles Anlagevermögen
planmäßige Abschreibung	fortgeführte Anschaffungs- oder Herstellungskosten	(1) IAS 16.28 (2) -.- (3) IAS 38.63
Neubewertung (revaluation)	Neubewertungsbetrag (revalued amount)	(1) IAS 16.29 (2) IAS 25.23 (3) IAS 38.64
außerplanmäßige Abschreibung	erlösbarer Betrag (recoverable amount) bzw. Marktwert (market value)	(1) IAS 16.53 (2) IAS 25.23 (3) IAS 38.97

Tab. 3.10: Formen von Wertberichtigungen und Wertmaßstäbe zur Folgebewertung von Anlagevermögen in IAS-Abschlüssen

Analog werden die grundlegenden Formen von Wertberichtigungen und Wertmaßstäbe zur Folgebewertung von Umlaufvermögen in der folgenden Tabelle 3.11 aufgeführt.

Formen von Wertberichtigungen	Wertmaßstäbe zur Folgebewertung	Regelungen für (1) Vorräte (2) kurzfristige Finanzinvestitionen (investments)
außerplanmäßige Abschreibung	realisierbarer Nettoveräußerungserlös (net realisable value)	(1) IAS 2.6 (2) -.-
Marktbewertung bzw. außerplanmäßige Abschreibung	Marktwert (market value)	(1) -.- (2) IAS 25.19

Tab. 3.11: Formen von Wertberichtigungen und Wertmaßstäbe zur Folgebewertung von Umlaufvermögen in IAS-Abschlüssen

---

[57] Vgl. IDW (1995), S. 61.

Wie aus den Tabellen 3.10 und 3.11 erkennbar wird, erfahren nichtplanmäßige Abschreibungen in IAS-Abschlüssen im Vergleich zu HGB-Abschlüssen doch erhebliche Einschränkungen. Insbesondere sind keine Abschreibungen zur Vorwegnahme zukünftiger Wertschwankungen, zur Berücksichtigung steuerlicher Werte oder aus Gründen kaufmännischer Vernunft in IAS-Abschlüssen zulässig.[58] Daher können die Ausführungen zur bilanziellen Folgebewertung von Vermögenswerten (assets) auf folgende Formen von Wertberichtigungen beschränkt bleiben:

    (1)   planmäßige Abschreibungen von Anlagevermögen,
    (2)   Neubewertungen (revaluations) von Anlagevermögen und
    (3)   außerplanmäßige Abschreibungen von Anlage- und Umlaufvermögen.

Um periodengerechte Gewinnausweise sicherzustellen, müssen die abnutzbaren Vermögenswerte (assets) bei ihrem Ausweis im Anlagevermögen nach der bevorzugten Methode (benchmark treatment) über ihre Nutzungsdauer planmäßig abgeschrieben werden, womit die bilanzielle Folgebewertung zu den **fortgeführten Anschaffungs- oder Herstellungskosten** erfolgt (IAS 16.28 bzw. 38.63). Dabei werden **planmäßige Abschreibungen**, die in Anspruch genommene Nutzenpotentiale im Rechnungslegungszeitraum wiedergeben sollen (IAS 16.41 bzw. 38.88), durch drei Faktoren determiniert:

    (1)   Abschreibungssumme,
    (2)   Abschreibungsdauer und
    (3)   Abschreibungsmethode.

In einschlägigen IAS wird die zugrundezulegende Abschreibungssumme als Saldo zwischen den historischen Anschaffungs- bzw. Herstellungskosten und dem wesentlichen Restwert definiert (IAS 16.6 bzw. 38.7 i.V.m. IAS 16.46 bzw. 38.91). Da zudem der Restwert nach dem Abgangszeitpunkt bzw. der Abschreibungsdauer festzulegen ist,[59] werden erhebliche Ermessensspielräume begründet.[60]

Denn die diesbezüglichen Bestimmungen definieren die zugrundezulegende Abschreibungsdauer als die erwartete Nutzungsdauer, die ungeachtet der wirtschaftlichen Nutzungsdauer über den voraussichtlichen Nutzungszeitraum unmittelbar oder über die voraussichtlichen Leistungseinheiten mittelbar festzulegen sind (IAS 16.6 bzw. 38.7). Infolge dieser Definition können vergleichbare Vermögenswerte (assets) über unterschiedliche Zeiträume abgeschrieben werden,[61] wobei verschiedene Begrenzungen für immaterielle Vermögenswerte (intangible assets) bestehen.[62] Letztlich muß die zugrundezulegende Abschreibungsdauer über betriebsindividuelle Schätzungen ermittelt wer-

---

[58]   Vgl. Coenenberg, A. (1997), S. 128.
[59]   Vgl. Coenenberg, A. (1997), S. 128.
[60]   Vgl. Fuchs, M. (1997), S. 155f.
[61]   Vgl. Fuchs, M. (1997), S. 155; KPMG (1996), S. 59.
[62]   Vgl. Baukmann, D./Mandler, U. (1997), S. 91; Wagenhofer, A. (1996), S. 12.

den. In diesem Zusammenhang sind folgende Faktoren zu berücksichtigen (IAS 16.43f bzw. 38.80f):

(1) geplante Nutzung unter Beachtung von tatsächlichen Kapazitäten oder Ausbringungsmengen,
(2) physischer Verschleiß in Abhängigkeit von individuellen Betriebsfaktoren, geplanten Reparatur- und Instandhaltungsmaßnahmen sowie gewöhnlichen Wartungs- und Pflegearbeiten,
(3) technische Überholung aufgrund veränderter Produktions- oder Absatzgegebenheiten,
(4) eventuelle Nutzungsbeschränkungen durch gesetzliche Bestimmungen, vertragliche Vereinbarungen oder andere Begebenheiten und
(5) unternehmensindividuelle Erfahrungswerte mit vergleichbaren Vermögenswerten (assets).

Schließlich werden die auszuweisenden Abschreibungen durch die angewandte Abschreibungsmethode bestimmt. Entsprechend ihrer Intention, in Anspruch genommene Nutzenpotentiale über Aufwendungen widerzuspiegeln (IAS 16.41 bzw. 38.88), erlauben einschlägige IAS grundsätzlich jede Methode, die erwarteten Entwicklungen von ökonomischen Nutzenabnahmen entspricht. Explizit werden drei Methoden genannt (IAS 16.47 bzw. 38.88f):

(1) lineare Abschreibungen (straight-line-method): gleichbleibende Periodenabschreibung, die als Quotient aus Abschreibungssumme und -dauer ermittelt wird,
(2) degressive Abschreibungen (diminishing-balance-method): fallende Periodenabschreibung, deren Relation oder Saldo zur Periodenabschreibung im vorangegangenen Rechnungslegungszeitraum über alle Perioden konstant bleibt, und
(3) Leistungsabschreibungen (sum-of-the-units-method bzw. unit-of-production-method): schwankende Periodenabschreibung, die durch Multiplikation von nachgewiesenen Periodenleistungen und jeweiligem Quotient aus Abschreibungssumme und voraussichtlicher Gesamtleistung ermittelt wird.

Um bilanzpolitische Spielräume aufgrund alternativer Methoden einzuschränken,[63] sind lineare Abschreibungen für immaterielle Vermögenswerte (intangible assets) obligatorisch, sofern keine zuverlässige Beurteilung von erwarteten Nutzenverläufen möglich ist (IAS 38.88). Zudem wird das unternehmensindividuelle Abschreibungsverhalten in seiner Tendenz offensichtlich,[64] weil die angewandten Abschreibungssätze und -methoden für jede Klasse von abnutzbaren Vermögenswerten (assets) in ihren Einzelheiten offenzulegen sind (IAS 16.60 bzw. 38.107).

---

[63] Vgl. Ballwieser, W. in: Baetge, J. et al. (1997), IAS 16 Tz. 46f; Fuchs, M. (1997), S. 157ff.
[64] Vgl. Fuchs, M. (1997), S. 164.

Obgleich die verpflichtende Angabe der angewandten Abschreibungssätze und -methoden auf die mangelnde Bindungswirkung der gewählten Parameter schließen läßt,[65] setzt der Grundsatz der Bilanzierungs- und Bewertungsstetigkeit voraus, daß sämtliche Abschreibungsparameter für einzelne Vermögenswerte (assets) beibehalten werden. Ausdrücklich wird der geplante Wechsel der gewählten Methode untersagt (IAS 4.12, 16.47 bzw. 38.89), womit insbesondere Übergänge von degressiven zu linearen Abschreibungen, die in HGB-Abschlüssen zur Steuerminimierung erfolgen, in IAS-Abschlüssen ausscheiden.[66] Andererseits sind alle Abschreibungsparameter hinsichtlich potentieller Veränderungen von ökonomischen Nutzenpotentialen regelmäßig nachzuprüfen und gegebenenfalls anzupassen (IAS 16.52 bzw. 38.94). Infolge dieser Überprüfungen werden planmäßige Abschreibungen in IAS- gegenüber HGB-Abschlüssen im Regelfall über längere Zeiträume in niedrigeren Beträgen verrechnet,[67] weil positive Veränderungen von erwarteten Nutzenpotentialen in zukünftigen Rechnungslegungsperioden über geringere Abschreibungen berücksichtigt werden.

Statt der fortgeführten bzw. historischen Anschaffungs- oder Herstellungskosten dürfen die **Neubewertungsbeträge (revalued amounts)** für die bilanzielle Folgebewertung von Anlagevermögen herangezogen werden (IAS 16.29, 25.23 bzw. 38.64). In diesem Fall entsprechen die auszuweisenden Buchwerte von Vermögenswerten (assets) den beizulegenden Werten (fair values), die mit letztmaliger Neubewertung (revaluation) ermittelt wurden, nach Abzug der planmäßigen Abschreibungen, die nach letztmaliger Neubewertung (revaluation) angefallen sind (IAS 16.29, 25.27 bzw. 38.64). Dennoch zeigen die ausgewiesenen Neubewertungsbeträge (revalued amounts) gegenüber den beizulegenden Werten (fair values) keine wesentlichen Abweichungen, weil regelmäßige **Neubewertungen (revaluations)** vorzunehmen sind (IAS 16.29ff, 25.23 und 27 bzw. 38.64).

Sollten solche Neubewertungen (revaluations) zu Buchwerterhöhungen von Vermögenswerten (assets) führen, müssen die korrespondierenden Gegenbuchungen gegen die ausschüttungsbeschränkten Neubewertungsrücklagen (revaluation surplus) erfolgsneutral erfolgen, sofern unausgeglichene Erfolgswirkungen aus früheren Abwertungen keine erfolgswirksame Verrechnung erfordern (IAS 16.37, 25.32 bzw. 38.76). Im umgekehrten Fall sind neubewertungsbedingte Buchwertminderungen aufwandswirksam auszuweisen, soweit die erfolgsneutrale Verbuchung gegen die bestehenden Neubewertungsrücklagen (revaluation surplus) unmöglich ist (IAS 16.38, 25.32 bzw. 38.77). Die beschriebenen Buchungen veranschaulicht das nachfolgende Schema 3.03.

---

[65] Vgl. Fuchs, M. (1997), S. 144.
[66] Vgl. Baukmann, D./Mandler, U. (1997), S. 89f; Glaum, M./Mandler, U. (1996), S. 141f; Goebel, A./Fuchs, M. (1994), S. 879; Risse, A. (1996), S. 163; a.A.: Ballwieser, W. in: Baetge, J. et al. (1997), IAS 16 Tz. 48; Fuchs, M. (1997), S. 162.
[67] Vgl. Coenenberg, A. (1997), S. 128; Hayn, S. (1994), S. 751; Risse, A. (1996), S. 164.

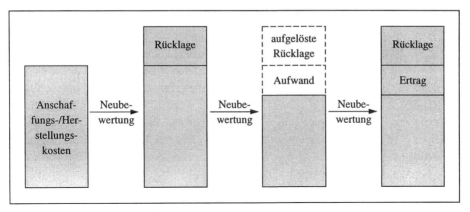

Abb. 3.03: Verbuchung von Neubewertungen (revaluations) in IAS-Abschlüssen[68]

Ungeachtet ihrer Neubewertung (revaluation) im betrachteten Rechnungslegungszeitraum müssen die Buchwerte von abnutzbaren Vermögenswerten (assets) um planmäßige Abschreibungen gemindert werden, wobei die alten und neuen Buchwerte in Abhängigkeit vom Neubewertungszeitpunkt für die korrekte Abschreibungsermittlung zugrundezulegen sind.[69] Entsprechend bestehen weitere Anpassungserfordernisse im Zusammenhang mit kumulierten Abschreibungen, für die zwei Verfahren zulässig sind (IAS 16.33):

(1) proportionale Anpassung von kumulierten Abschreibungen zu jeweiligen Veränderungen von bilanziellen Bruttowerten und

(2) Anpassung von bilanziellen Nettowerten - als Saldo von bilanziellen Bruttowerten über kumulierte Abschreibungen - auf ermittelte Neubewertungsbeträge (revalued amounts).[70]

Um willkürliche Neubewertungen (revaluations) und bilanzielle Ausweise zu unterschiedlichen Wertansätzen zu vermeiden, müssen sämtliche Vermögenswerte (assets) mit ähnlichen Eigenschaften (similar nature) und Verwendungsmöglichkeiten (similar use) zum selben Zeitpunkt neubewertet werden (IAS 16.34ff, 25.23 und 27 bzw. 38.70f). Darüber hinaus führen Neubewertungen (revaluations) zu umfangreichen Erläuterungspflichten, unter denen folgende Angaben von besonderem Interesse sind (IAS 16.64, 25.49 bzw. 38.113):

(1) verfahrenstechnische Grundlagen und Zeitpunkte von Neubewertungen (revaluations),

---

[68] Vgl. Steiner, M. in: Baetge, J. et al. (1997), IAS 25 Tz. 59.
[69] Vgl. Fuchs, M. (1997), S. 165.
[70] Nähere Erläuterungen zur Behandlung von kumulierten Abschreibungen bei Neubewertungen (revaluations) enthält folgender Literaturbeitrag: Ballwieser, W. in: Baetge, J. et al. (1997), IAS 16 Tz. 33f.

(2) Hinweis auf gutachterliche Bestätigung bzw. Nichtbestätigung von Neubewertungsbeträgen (revalued amounts) und

(3) fortgeführte bzw. historische Anschaffungs- oder Herstellungskosten für einzelne Unterpositionen von neubewerteten Vermögenswerten (assets).

Obgleich die bilanziellen Konsequenzen von Neubewertungen (revaluations) durch die vorgenannten Erläuterungen (notes) offenkundig werden, bleibt die bilanzpolitische Nutzung von Ermessensspielräumen bei der konkreten Bestimmung von Neubewertungsbeträgen (revalued amounts) für Externe verborgen. Einzig kann die begrenzte Objektivierung durch unabhängige Wertgutachten über die anzusetzenden Neubewertungsbeträge (revalued amounts) sichergestellt werden.[71]

In engem Zusammenhang zu Neubewertungen (revaluations) von Anlagevermögen stehen **Marktbewertungen** von kurzfristigen Finanzinvestitionen (investments), bei denen die **aktuellen Marktwerte (market values)** statt der niedrigeren Werte aus Marktwerten (market values) und Anschaffungskosten als Wertmaßstab dienen (IAS 25.19). Sofern die aktuellen Marktwerte (market values) zugrundegelegt werden, gleichen die anzusetzenden Buchwerte den nominalen Geldwerten, die separate Veräußerungen bzw. Erwerbungen auf aktiven Märkten erbringen bzw. kosten würden (IAS 25.4 bzw. 32.5). Dabei können die bilanziellen Wertschwankungen von kurzfristigen Finanzinvestitionen (investments) unter stetiger Anwendung der gewählten Methode immer erfolgswirksam oder über entsprechende Veränderungen der ausschüttungsbeschränkten Neubewertungsrücklagen (revaluation surplus) teilweise erfolgsneutral gegengebucht werden (IAS 25.31f).

Ungeachtet des Wertmaßstabes der planmäßigen Folgebewertung müssen außerplanmäßige Wertminderungen von bilanzierten Vermögenswerten (assets) unter der Kürzung der auszuweisenden Periodenerfolge bzw. bestehenden Neubewertungsrücklagen (revaluation surplus) berücksichtigt werden, wobei unterschiedliche Bestimmungen für verschiedene Vermögenskategorien existieren. Beim langfristigen Anlagevermögen sind sämtliche Wertminderungen, in deren Folge die planmäßigen Buchwerte die erlösbaren Beträge (recoverable amounts) von bilanzierten Vermögenswerten (assets) unterschreiten, in Unabhängigkeit von ihrer Dauerhaftigkeit über **außerplanmäßige Abschreibungen** auszuweisen (IAS 16.53 bzw. 38.97). Obgleich die angeführten Beispiele für mögliche Abschreibungsursachen im IAS 36 auch die wahlweise Berücksichtigung von kurzfristigen Wertminderungen zulässig erscheinen lassen, ist das strenge Niederstwertprinzip als generelles Bewertungsprinzip für das langfristige Anlagevermögen unbestreitbar,[72] weil außerplanmäßige Abschreibungen für langfristige Finanzinvestitionen (investments) auf dauerhafte Wertminderungen explizit beschränkt werden (IAS 25.23f). Ebenso unterliegt das kurzfristige Vorratsvermögen

---

[71] Vgl. Fuchs, M. (1997), S. 153 u. 189.
[72] Vgl. Ballwieser, W. in: Baetge, J. et al. (1997), IAS 16 Tz. 53; Risse, A. (1996), S. 160; Wagenhofer, A. (1996), S. 161f; a.A.: Coenenberg, A. (1997), S. 124.

hinsichtlich seiner Bewertung dem strengen Niederstwertprinzip,[73] sofern besondere Bestimmungen für Roh-, Hilfs- und Betriebsstoffe außer Betracht bleiben (IAS 2.29). Grundsätzlich müssen Vorräte (inventories) abgeschrieben werden, sofern die planmäßigen Buchwerte die realisierbaren Nettoveräußerungserlöse (net realisable values) übersteigen (IAS 2.6). Zusammenfassend sind erhebliche Detailunterschiede zwischen HGB- und IAS-Abschlüssen im Hinblick auf außerplanmäßige Abschreibungserfordernisse festzustellen,[74] zumal die bilanziellen Wertansätze von Vermögenswerten (assets) in IAS-Abschlüssen durch die steuerlichen Werte nicht beeinflußt werden.[75] Daher können die nachfolgenden Darlegungen zur außerplanmäßigen Folgebewertung auf drei Wertmaßstäbe beschränkt bleiben:

(1) erlösbare Beträge (recoverable amounts),
(2) realisierbare Nettoveräußerungserlöse (net realisable values) und
(3) aktuelle Marktwerte (market values).

Seit ihre Definition für alle Vermögenswerte (assets) neugefaßt wurde, werden die **erlösbaren Beträge (recoverable amounts)** als höhere Werte aus folgenden Größen umschrieben (IAS 36.5):

(1) Gebrauchswert (value in use): Gegenwartswert von erwarteten Einzahlungsüberschüssen aus beabsichtigten Vermögensnutzungen in späteren Rechnungslegungsperioden einschließlich späteren Veräußerungserlösen zum geplanten Abgangszeitpunkt und

(2) Nettoveräußerungserlös (net selling price): Nominalwert von potentiellen Veräußerungserlösen unter tatsächlichen Marktbedingungen am betreffenden Rechnungslegungsstichtag abzüglich sämtlicher Beseitigungskosten.

Daß höhere Beträge aus Gebrauchswerten (values in use) und Nettoveräußerungserlösen (net selling prices) maßgeblich sind, hat seine Berechtigung, weil wertgeminderte Vermögenswerte (assets) unter rationalen Überlegungen bei höheren Nettoveräußerungserlösen (net selling prices) veräußert bzw. bei höheren Gebrauchswerten (values in use) weitergenutzt werden. Obgleich weitere Einzelheiten zu ihrer Bestimmung vorgegeben werden,[76] führt die genaue Festlegung der erlösbaren Beträge (recoverable amounts) aufgrund zwangsläufiger Ungewißheit von zukünftigen Sachverhalten zu bilanzpolitischen Gestaltungspotentialen. Infolgedessen können außerplanmäßige Abschreibungen aus bilanzpolitischen Erwägungen in begrenztem Umfang unterlassen bzw. gemindert werden, um negative Vermögens-, Finanz- und Ertragslagen bzw. -entwicklungen geheimzuhalten.

---

[73] Vgl. Baukmann, D./Mandler, U. (1997), S. 97; Coenenberg, A. (1997), S. 169; Glaum, M./Mandler, U. (1996), S. 143; Hayn, S. (1994), S. 752; Jacobs, O. in: Baetge, J. et al. (1997), IAS 2 Tz. 53f; Wagenhofer, A. (1996), S. 170; Wollmert, P. (1995), S. 46 u. 51.
[74] a.A.: Goebel, A./Fuchs, M. (1994), S. 879.
[75] Vgl. Born, K. (1999), S. 544; Glaum, M./Mandler, U. (1996), S. 140; Goebel, A./Fuchs, M. (1994), S. 879.
[76] Vgl. Schmidt, M. (1998), S. 812ff m.w.E.

Den erlösbaren Beträgen (recoverable amounts) als Vergleichswerte für Anlagevermögen entsprechen die **realisierbaren Nettoveräußerungserlöse (net realisable values)** als Vergleichswerte für Vorratsvermögen,[77] die nach den bestehenden Preis- und Kostenverhältnissen zum Rechnungslegungsstichtag (IAS 2.27) gemäß der nachfolgenden Tabelle 3.12 ermittelt werden müssen (IAS 2.4).

geschätzte Verkaufserlöse, die unter normalen Geschäftsbedingungen zum betrachteten Rechnungslegungsstichtag erzielt werden können
- geschätzte Anschaffungs- bzw. Herstellungskosten, die unter normalen Bedingungen zur endgültigen Fertigstellung noch erforderlich sind
- geschätzte Vertriebskosten
= realisierbare Nettoveräußerungserlöse (net realisable values)

Tab. 3.12: Ermittlung von realisierbaren Nettoveräußerungserlösen (net realisable values) zur bilanziellen Vorratsbewertung in IAS-Abschlüssen

Trotz ihrer Orientierung an Absatzmärkten[78] eröffnet die konkrete Entscheidung über die realisierbaren Nettoveräußerungserlöse (net realisable values) für Vorräte (inventories) noch erhebliche Ermessensspielräume, weil sämtliche Wertkomponenten geschätzt werden müssen.[79]

Schließlich fungieren die **aktuellen Marktwerte (market values)** als bilanzielle Vergleichswerte für außerplanmäßige Abschreibungen, wenn die niedrigeren Werte aus Marktwerten (market values) und Anschaffungskosten für die planmäßige Bewertung von kurzfristigen Finanzinvestitionen (investments) oder marktfähigen Kapitalanteilspapieren (marketable equity securities) herangezogen werden (IAS 25.19 und 25.23). Können außerplanmäßige Abschreibungserfordernisse für kurzfristige Finanzinvestitionen (investments) über Einzel-, Gruppenportfolio- oder Gesamtportfoliobetrachtungen bestimmt werden (IAS 25.19), sind Gesamtportfoliobetrachtungen bei entsprechender Bewertung von marktfähigen Kapitalanteilspapieren (marketable equity securities) obligatorisch. Beim negativen Saldo zwischen dem Marktwert (market value) und den Anschaffungskosten muß das Gesamtportfolio von marktfähigen Kapitalanteilspapieren (marketable equity securities) abgeschrieben werden (IAS 25.23), gleichgültig ob diese Wertminderungen kurz- oder langfristig sind. Damit steht seine Bewertung dem gemilderten Niederstwertprinzip für langfristige Finanzinvestitionen (investments) entgegen. Denn sofern langfristige Finanzinvestitionen (investments) zu

---

[77] Vgl. Wagenhofer, A. (1996), S. 158.
[78] Vgl. Baukmann, D./Mandler, U. (1997), S. 83f; Born, K. (1999), S. 545; Förschle, G./Kroner, M./Mandler, U. (1996), S. 101; Fuchs, M. (1997), S. 200; Glaum, M./Mandler, U. (1996), S. 143; Hayn, S. (1994), S. 752; IDW (1995), S. 157f; Jacobs, O. in: Baetge, J. et al. (1997), IAS 2 Tz. 55; Risse, A. (1996), S. 126; Wagenhofer, A. (1996), S. 158.
[79] Vgl. Fuchs, M. (1997), S. 199f.

ihren Anschaffungskosten oder Neubewertungsbeträgen (revalued amounts) bewertet werden, kann die bilanzielle Berücksichtigung von vorübergehenden Wertminderungen unterbleiben, während dauerhafte Wertminderungen unter dem erfolgswirksamen Ausweis von außerplanmäßigen Abschreibungen bzw. der erfolgsneutralen Kürzung von ausschüttungsbeschränkten Neubewertungsrücklagen (revaluation surplus) erfaßt werden müssen (IAS 25.23ff).

Sollten dauerhafte **Wertaufholungen** von Anlagevermögen bzw. gegenwärtige Wertaufholungen von Umlaufvermögen aufgrund späteren Fortfalls von Abschreibungsgründen oder anderweitiger Ursachen erwartet werden, müssen die bilanziellen Werte auf die niedrigeren Werte aus den revidierten Vergleichswerten und den fortgeführten bzw. historischen Anschaffungs- oder Herstellungskosten respektive Neubewertungsbeträgen (revalued amounts) generell erhöht werden (IAS 36.95ff). Vom generellen Wertaufholungsgebot sind langfristige Finanzinvestitionen (investments) ausgenommen,[80] indem wahl- statt pflichtweise Wertaufholungen bei dauerhaften Werterhöhungen nach außerplanmäßigen Abschreibungen in vorangegangenen Rechnungslegungsperioden ermöglicht werden (IAS 25.26).

Während sämtliche Zuschreibungen im Umlaufvermögen gegen Verbrauchsaufwendungen bzw. Veräußerungsverluste erfolgswirksam aufzurechnen sind (IAS 2.31 bzw. 25.43), differieren die Gegenbuchungen von Zuschreibungen im Anlagevermögen in Abhängigkeit von den Basiswerten. Sofern die historischen bzw. fortgeführten Anschaffungs- oder Herstellungskosten als Basiswerte zugrunde liegen, sind Zuschreibungen im Anlagevermögen ausnahmslos erfolgswirksam. Dagegen begrenzt die bilanzielle Bewertung zu Neubewertungsbeträgen (revalued amounts) den erfolgswirksamen Ausweis auf Zuschreibungen, die erfolgswirksame Abschreibungen aus früheren Rechnungslegungsperioden rückgängig machen. Soweit erfolgsneutrale Abschreibungen aus früheren Rechnungslegungsperioden rückgängig gemacht werden, muß die Gegenbuchung über die Neubewertungsrücklagen (revaluation surplus) erfolgsneutral erfolgen (IAS 36.104).

Infolge ihrer Determinierung durch übereinstimmende Wertmaßstäbe führen sämtliche Zuschreibungen zu ähnlichen Ermessensspielräumen wie außerplanmäßige Abschreibungen.[81] Indes sind bilanzpolitische Ermessensausübungen in begrenztem Umfang erkennbar, weil die erfolgten Zuschreibungen in den einschlägigen Erläuterungen (notes) offenzulegen sind (IAS 2.34, 16.60 bzw. 38.107).

---

[80] Vgl. Baukmann, D./Mandler, U. (1997), S. 88f; Coenenberg, A. (1997), S. 125; Steiner, M. in: Baetge, J. et al. (1997), IAS 25 Tz. 49; Wagenhofer, A. (1996), S. 12; a.A.: GEFIU (1995), S. 1185.
[81] Vgl. Fuchs, M. (1997), S. 126.

3.2.2 Schulden (liabilities)

Entsprechend der Erörterung von Vermögenspositionen sollen folgende Gesichtspunkte in der Darstellung von Schuldpositionen unterschieden werden, auch wenn einschlägige Regelungen zur IAS-Rechnungslegung keine geschlossene Bilanzierungskonzeption für Schuldpositionen enthalten:[82]

(1) bilanzieller Ansatz und
(2) bilanzielle Bewertung.

3.2.2.1 Bilanzieller Ansatz

Hinsichtlich ihres Ansatzes werden Schuldpositionen wie Vermögenspositionen normiert, indem allgemeine Regelungen im Framework durch einzelfallbezogene Regelungen in Standards ergänzt werden.[83] Insofern ist es sinnvoll, in IAS-Abschlüssen zwischen der abstrakten Bilanzierungsfähigkeit und der konkreten Bilanzierungsfähigkeit von Schuldpositionen zu differenzieren.

In den allgemeinen Regelungen im Framework werden die abstrakten Bilanzierungskriterien von Schuldpositionen festgeschrieben. Im einzelnen können die relevanten Kriterien aus der nachfolgenden Abbildung 3.04 entnommen werden (IAS F.49b i.V.m. F.83).

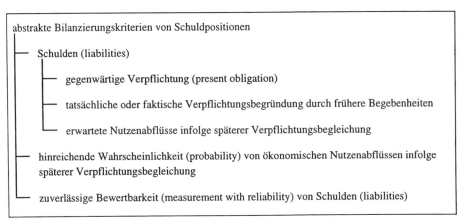

Abb. 3.04: Abstrakte Bilanzierungskriterien von Schuldpositionen in IAS-Abschlüssen

---

[82] Vgl. Achleitner, A./Wollmert, P./van Hulle, K. in: Baetge, J. et al. (1997), Teil A, Kap. III Tz. 62; Wollmert, P./Achleitner, A. (1997), S. 221.

[83] Vgl. Achleitner, A./Wollmert, P./van Hulle, K. in: Baetge, J. et al. (1997), Teil A, Kap. III Tz. 15; Cairns, D. (1995), S. 1687; Fuchs, M. (1997), S. 65f; Goebel, A./Fuchs, M. (1994), S. 879; Hayn, S. (1994), S. 754; Risse, A. (1996), S. 110; Schruff, W. (1993), S. 414; Wagenhofer, A. (1996), S. 124; Wollmert, P./Achleitner, A. (1997), S. 215.

Gegenwärtige Verpflichtungen (present obligations) bestehen, sofern ökonomische Leistungen an fremde Dritte aufgrund durchsetzbarer Rechtsansprüche oder faktischer Zwänge nicht verweigert werden können (IAS F.60). Dabei lassen die Regelungen des Framework offen, ob neben Dritt- auch Eigenverpflichtungen erfaßt werden müssen. Weil ausschließlich Drittverpflichtungen als Beispiele für gegenwärtige Verpflichtungen (present obligations) im Framework angeführt werden, sollen Eigenverpflichtungen nach herrschender Meinung im Schrifttum keine bilanzierungsfähigen **Schulden (liabilities)** begründen.[84] Als weiteres Argument für diese Interpretation spricht die ähnliche Definition von gegenwärtigen Verpflichtungen (present obligations) im derzeitigen IAS 37.[85] Jedoch existierten andere Standardbestimmungen, nach denen Aufwandsrückstellungen auszuweisen sind.[86] So verlangten die Regelungen im IAS 16 vor der Überarbeitung im Jahr 1998, daß beträchtliche Abbruch-, Beseitigungs- oder Wiederherstellungsaufwendungen, die am Nutzungsende von Sachanlagen erwartet werden, über erhöhte Abschreibungen von Vermögenswerten (assets) infolge verringerter Restwerte oder über ratierliche Erhöhungen von Schuldpositionen (liabilities) mit unumstrittenem Rückstellungscharakter aufwandswirksam berücksichtigt werden (IAS 16.49 a.F.). Gleichwohl gehen die überwiegenden Teile im Schrifttum vom Bilanzierungsverbot für Aufwandsrückstellungen aus, weil die abstrakten Bilanzierungskriterien von Schulden (liabilities) durch Eigenverpflichtungen nicht erfüllt werden.[87]

Darüber hinaus erfordern die abstrakten Bilanzierungskriterien von Schulden (liabilities), daß die zugrundeliegenden Verpflichtungen durch frühere Begebenheiten in abgelaufenen Rechnungslegungsperioden begründet wurden (IAS F. 49b und 63). Folglich müssen unwiderrufliche Verpflichtungen (irrevocable agreements) am Rech-

---

[84] Vgl. Achleitner, A./Wollmert, P./van Hulle, K. in: Baetge, J. et al. (1997), Teil A, Kap. III Tz. 24; Baukmann, D./Mandler, U. (1997), S. 105; Bellavite-Hövermann, Y./Prahl, R. (1997), S. 21; Coenenberg, A. (1997), S. 254; Fuchs, M. (1997), S. 210; IDW (1995), S. 26; KPMG (1996), S. 104; Niehus, R. (1995), S. 939; Pellens, B. (1999), S. 419; Risse, A. (1996), S. 112; Wagenhofer, A. (1996), S. 142; Wollmert, P./Achleitner, A. (1997), S. 216.

[85] Vgl. Achleitner, A./Wollmert, P./van Hulle, K. in: Baetge, J. et al. (1997), Teil A, Kap. III Tz. 24; Wollmert, P./Achleitner, A. (1997), S. 216.

[86] Vgl. Hayn, S./Pilhofer, J. (1998), S. 1730; Moxter, A. (1999), S. 519f; Risse, A. (1996), S. 162.

[87] Vgl. Achleitner, A./Wollmert, P./van Hulle, K. in: Baetge, J. et al. (1997), Teil A, Kap. III Tz. 24; Baukmann, D./Mandler, U. (1997), S. 105; Bellavite-Hövermann, Y./Prahl, R. (1997), S. 21; Born, K. (1999), S. 550f; Coenenberg, A. (1997), S. 254; Ernsting, I./von Keitz, I. (1998), S. 2478; Förschle, G./Kroner, M./Heddäus, B. (1999), S. 47; Förschle, G./Kroner, M./Mandler, U. (1996), S. 96; Fuchs, M. (1997), S. 210; Gidlewitz, H. (1996), S. 190; Glaum, M./Mandler, U. (1996), S. 136f; IDW (1995), S. 27; KPMG (1996), S. 104; Niehus, R. (1995), S. 939; Reinhart, A. (1998), S. 2515; Risse, A. (1996), S. 112; Wagenhofer, A. (1996), S. 142; Wollmert, P./Achleitner, A. (1997), S. 216; zweifelnd: Goebel, A. (1994), S. 2459; Goebel, A./Fuchs, M. (1994), S. 879; Hayn, S./Pilhofer, J. (1998), S. 1730; Moxter, A. (1999), S. 519f; Schruff, W. (1993), S. 414; Wollmert, P. (1995), S. 61.

nungslegungsstichtag (IAS F.61) im weitesten Sinne vorliegen.[88] So reicht es aus, wenn die spätere Verpflichtungsbegleichung infolge früherer Begebenheiten für die rechnungslegende Unternehmung keinen größeren Entscheidungsspielraum beläßt.[89] In jedem Fall müssen die passivierten Verpflichtungen bei der späteren Begleichung zu ökonomischen Nutzenabflüssen führen. Dabei können spätere Nutzenabflüsse in unterschiedlichen Formen erfolgen, wie folgende Beispiele in einschlägigen Bestimmungen zeigen (IAS F.62):

(1) Übertragung von Vermögenspositionen,
(2) Erbringung von Dienstleistungen,
(3) Umwandlung von Verpflichtungen und
(4) Untergang von Verpflichtungen.

Daß der genaue Umfang von Nutzenabflüssen geschätzt werden muß, steht dem bilanziellen Ansatz von Schuldpositionen nicht entgegen. Insofern umfassen bilanzierungsfähige Schulden (liabilities) nicht nur Verpflichtungen, die infolge der sicheren Kenntnis ihrer Existenz und Höhe als Verbindlichkeiten zu erfassen sind, sondern auch Verpflichtungen, die aufgrund der verbleibenden Ungewißheit ihrer Existenz und/oder Höhe als Rückstellungen (provisions) zu charakterisieren sind (IAS F.64).

Doch müssen ökonomische Nutzenabflüsse infolge der späteren Begleichung von Schulden (liabilities) - wie ökonomische Nutzenzuflüsse infolge der späteren Nutzung von Vermögenswerten (assets) - mit hinreichender Wahrscheinlichkeit (probability) nach den aktuellen Verhältnissen zur Abschlußerstellung erwartet werden (IAS F.83). Obgleich genaue Kriterien für hinreichende Wahrscheinlichkeiten (probability) nicht genannt werden,[90] führen die Bilanzierungskriterien in IAS- gegenüber HGB-Abschlüssen zu höheren Anforderungen an die Wahrscheinlichkeit (probability) von Nutzenabflüssen aus Schuldpositionen.[91] Trotzdem bleiben erhebliche Ermessensspielräume bestehen, weil in jedem Einzelfall die konkrete Bestimmung der **hinreichenden Wahrscheinlichkeit (probability) von ökonomischen Nutzenabflüssen** über subjektive Entscheidungsprozesse erfolgen muß.[92]

Schließlich muß die **zuverlässige Bewertbarkeit (measurement with reliability)** von Schulden (liabilities) als Voraussetzung für die abstrakte Bilanzierungsfähigkeit gege-

---

[88] Vgl. Achleitner, A./Wollmert, P./van Hulle, K. in: Baetge, J. et al. (1997), Teil A, Kap. III Tz. 25; Wollmert, P./Achleitner, A. (1997), S. 216.
[89] Vgl. Cairns, D. (1995), S. 1687; Fuchs, M. (1997), S. 206f.
[90] Siehe hierzu Kapitel 3.2.1.1.1.
[91] Vgl. Achleitner, A./Wollmert, P./van Hulle, K. in: Baetge, J. et al. (1997), Teil A, Kap. III Tz. 44; Baukmann, D./Mandler, U. (1997), S. 108; Born, K. (1999), S. 551; Gidlewitz, H. (1996), S. 190; Glaum, M./Mandler, U. (1996), S. 146; IDW (1995), S. 211; Wollmert, P./Achleitner, A. (1997), S. 218.
[92] Vgl. Achleitner, A./Wollmert, P./van Hulle, K. in: Baetge, J. et al. (1997), Teil A, Kap. III Tz. 44; Fuchs, M. (1997), S. 69; Goebel, A./Fuchs, M. (1994), S. 879; Risse, A. (1996), S. 114; Wollmert, P./Achleitner, A. (1997), S. 218.

ben sein (IAS F.83), wobei aber Schätzungen, deren Zuverlässigkeit durch begründete Anhaltspunkte gewährleistet ist, durch dieses Kriterium nicht ausgeschlossen werden (IAS F.86). Gleichwohl sind die konkreten Voraussetzungen der zuverlässigen Bewertbarkeit (measurement with reliability) in IAS-Abschlüssen gegenüber dem korrespondierenden Kriterium der selbständigen Bewertbarkeit in HGB-Abschlüssen enger. Insbesondere dürfen Schuldpositionen von ungewisser Werthaltigkeit, für die potentielle Verpflichtungen aus laufenden Rechtsstreitigkeiten exemplarisch angeführt seien, in IAS-Abschlüssen nicht ausgewiesen werden.[93]

Zusammenfassend sind die materiellen Abweichungen zwischen IAS- und HGB-Abschlüssen bezüglich der abstrakten Bilanzierungskriterien von Schulden (liabilities) erheblich. So subsumieren Regelungen zur IAS-Rechnungslegung nicht alle Formen von ungewissen Verpflichtungen, aber passive Rechnungsabgrenzungsposten unter Schulden (liabilities).[94] Zudem muß berücksichtigt werden, daß bilanzielle Schuldausweise in IAS-Abschlüssen an verschiedene Objektivierungskriterien (recognition criteria) gebunden sind. Insgesamt begründen die Kriterien für passivierungsfähige Schuldpositionen in IAS-Abschlüssen im Vergleich zu HGB-Abschlüssen einerseits strengere Voraussetzungen für den Ansatz,[95] andererseits größere Ermessensspielräume für die Bilanzpolitik,[96] womit offensichtlich den Vermögens- und Informationsinteressen der Fremdkapitalgeber widersprochen wird.[97]

In grundlegender Ergänzung zu den abstrakten Bilanzierungskriterien werden die **konkreten Bilanzierungskriterien** für einzelne Schuldpositionen in speziellen Standardbestimmungen kodifiziert.[98] Jedoch existieren keine besonderen Regelungen zur Sicherstellung von vorsichtigen Bilanzausweisen; vielmehr bleiben die konkreten Bilanzierungskriterien für Schuldpositionen auf weitere Konkretisierungen im Hinblick auf die abstrakten Bilanzierungskriterien beschränkt, wenn Verpflichtungen aus Finanzierungsleasingverträgen und Pensionszusagen außer Betracht bleiben.[99] Die konkreten Passivierungsgebote, -wahlrechte und -verbote mit besonderer Bedeutung für konzernunabhängige Unternehmungen weist die nachfolgende Tabelle 3.13 aus.

---

[93] Vgl. Achleitner, A./Wollmert, P./van Hulle, K. in: Baetge, J. et al. (1997), Teil A, Kap. III Tz. 45; IDW (1995), S. 211; KPMG (1996), S. 32; Wagenhofer, A. (1996), S. 133f; Wollmert, P./Achleitner, A. (1997), S. 218.
[94] Vgl. Achleitner, A./Wollmert, P./van Hulle, K. in: Baetge, J. et al. (1997), Teil A, Kap. III Tz. 28; Gidlewitz, H. (1996), S. 189ff; Wollmert, P./Achleitner, A. (1997), S. 216.
[95] Vgl. IDW (1995), S. 27; Wollmert, P./Achleitner, A. (1997), S. 218.
[96] Vgl. Fuchs, M. (1997), S. 67; Goebel, A./Fuchs, M. (1994), S. 879; Risse, A. (1996), S. 110.
[97] Siehe hierzu Kapitel 2.2.1.
[98] Vgl. Achleitner, A./Wollmert, P./van Hulle, K. in: Baetge, J. et al. (1997), Teil A, Kap. III Tz. 15; Cairns, D. (1995), S. 1687; Fuchs, M. (1997), S. 65f; Goebel, A./Fuchs, M. (1994), S. 879; Hayn, S. (1994), S. 754; Risse, A. (1996), S. 110; Schruff, W. (1993), S. 414; Wagenhofer, A. (1996), S. 124; Wollmert, P./Achleitner, A. (1997), S. 215.
[99] Vgl. Achleitner, A./Wollmert, P./van Hulle, K. in: Baetge, J. et al. (1997), Teil A, Kap. III Tz. 53; Cairns, D. (1995), S. 1687; Wollmert, P./Achleitner, A. (1997), S. 220.

Passivierungsgebote latente Steuerverbindlichkeiten (deferred tax liabilities, IAS 12.15) Verpflichtungen aus Finanzierungsleasingverträgen (finance lease, IAS 17.12) passivische Abgrenzungsposten für Veräußerungsgewinne aus Sale-and-lease-back-Transaktionen mit anschließendem Finanzierungsleasing (finance lease, IAS 17.50) fondsgebundene Pensionsverpflichtungen aus leistungsorientierten Versorgungszusagen (defined benefit plans), soweit tatsächliche Fondsdotierungen nach erbrachten Leistungen, die zum Empfang von Pensionen berechtigen, zu gering sind (IAS 19.44) fondsungebundene Pensionsverpflichtungen (IAS 19.49ff) allgemeine Rückstellungen (IAS 37.14) Drohverlustrückstellungen (IAS 37.66) Restrukturierungsrückstellungen (IAS 37.72)
Passivierungswahlrechte Dividendenausschüttungen, die nach dem Rechnungslegungsstichtag, aber vor der Jahresabschlußgenehmigung vorgeschlagen oder angekündigt werden (IAS 10.31) Veränderungen von Pensionsrückstellungen infolge der erstmaligen Anwendung von den neugefaßten Bestimmungen im IAS 19 (IAS 19.155)
Passivierungsverbote fondsgebundene Pensionsverpflichtungen (Grundsatz, IAS 19.44)

Tab. 3.13: Überblick über Passivierungsgebote, -wahlrechte und -verbote in IAS-Abschlüssen mit besonderer Relevanz für konzernunabhängige Unternehmen

Schließlich verlangt der bilanzielle Ansatz von Schuldpositionen die wirtschaftliche **Zurechnung zum Betriebsvermögen** des jeweiligen Rechnungslegungssubjektes am Rechnungslegungsstichtag. Da die wirtschaftliche Zurechnung zum Betriebsvermögen durch die abstrakten Bilanzierungskriterien von Schuldpositionen grundsätzlich inbegriffen ist, können weitere Ausführungen zu dieser Voraussetzung unterbleiben.

3.2.2.2 Bilanzielle Bewertung

Nach dem Ansatz von bilanziellen Schuldpositionen muß die Bewertung im nächsten Schritt geklärt werden. Da spezielle Standardbestimmungen zur Bewertung von Schuldpositionen im Unterschied zur Bewertung von Vermögenspositionen keine umfassende Determinierung sicherstellen,[100] sind folgende Wertmaßstäbe im Framework von größerer Bedeutung (IAS F.100):

---

[100] Vgl. IDW (1995), S. 217.

(1) **historische Kosten (historical cost)**: Nominalwert aller Zahlungsmittel und Zahlungsmitteläquivalente, die zur früheren Verpflichtungsbegründung kraft tatsächlicher Existenz von schuldrechtlichen Ansprüchen zugeflossen bzw. zur späteren Verpflichtungsbegleichung ungeachtet tatsächlicher Existenz von schuldrechtlichen Ansprüchen aufzuwenden sind,

(2) **Wiederbeschaffungskosten (current cost)**: Nominalwert aller Zahlungsmittel und Zahlungsmitteläquivalente, die zur sofortigen Verpflichtungsbegleichung am betreffenden Rechnungslegungsstichtag aufzuwenden wären,

(3) **Rückzahlungsbetrag (settlement value)**: Nominalwert aller Zahlungsmittel und Zahlungsmitteläquivalente, die zur regulären Verpflichtungsbegleichung zum festgelegten Leistungszeitpunkt nach aller Voraussicht aufzuwenden sind, und

(4) **Barwert (present value)**: Barwert zukünftiger Auszahlungsüberschüsse (net cash outflows), die zur regulären Verpflichtungsbegleichung nach aller Voraussicht erforderlich sind.

Wie aus der Aufzählung deutlich wird, enthalten die allgemeinen Regelungen im Framework keine geschlossene Konzeption für die bilanzielle Bewertung von Schuldpositionen,[101] zumal grundlegende Wertmaßstäbe zur Zugangs- und Folgebewertung durch Standardbestimmungen für einzelne Schuldpositionen präzisiert werden.

Für die bilanzielle **Zugangsbewertung** von Schuldpositionen werden die relevanten Wertmaßstäbe nach Framework- und Standardbestimmungen in der nachfolgenden Tabelle 3.14 zusammengefaßt.

Wertmaßstab	Anwendungsbereich
Rückzahlungsbetrag	Verbindlichkeiten
Schätzwert	Rückstellungen (provisions)

Tab. 3.14: Wertmaßstäbe zur Zugangsbewertung von Schuldpositionen in IAS-Abschlüssen

Obgleich ihre Zugangsbewertung - mit Ausnahme von Verbindlichkeiten aus Finanzierungsleasingverträgen und Fremdwährungsgeschäften - keine explizite Normierung erfährt,[102] müssen Verbindlichkeiten nach herrschender Meinung im Schrifttum zu ihren Rückzahlungsbeträgen ausgewiesen werden.[103] Dabei bleibt es offen, ob die aus-

---

[101] Vgl. Achleitner, A./Wollmert, P./van Hulle, K. in: Baetge, J. et al. (1997), Teil A, Kap. III Tz. 111; Goebel, A./Fuchs, M. (1994), S. 879; Hayn, S. (1994), S. 721; KPMG (1996), S. 35f; Wollmert, P./Achleitner, A. (1997), S. 251.
[102] Vgl. Born, K. (1999), S. 551; IDW (1995), S. 217; KMPG (1996), S. 105; Wagenhofer, A. (1996), S. 173.
[103] Vgl. Coenenberg, A. (1997), S. 235; Hayn, S. (1994), S. 721.

zuweisenden Rückzahlungsbeträge nach Maßgabe der historischen Kosten (historical cost), Wiederbeschaffungskosten (current cost) oder Barwerte (present values) festzustellen sind.[104] Um solche Ermessensspielräume auszuschließen bzw. einzugrenzen, wurden Regelungen zur Bewertung von Verbindlichkeiten im IAS 39 kodifiziert. Daß gleichwohl die Bezugnahme auf den IAS 39 unterbleibt,[105] hat seinen Grund im vorläufigen Charakter und langen Übergangszeitraum für diesen Standard. So wird der IAS 39, dessen Anwendung für Geschäftsjahre mit Beginn ab 01.01.2001 verpflichtend ist, in offiziellen Verlautbarungen seitens des International Accounting Standard Committee (IASC) als vorläufiger Standard bezeichnet, so daß weitere Änderungen vor der endgültigen Verabschiedung als anerkannter Standard zu erwarten sind.[106]

Demgegenüber ist die bilanzielle Zugangsbewertung von Rückstellungen (provisions) durch die gegenwärtigen Regelungen zur IAS-Rechnungslegung endgültig bestimmt.[107] Bleiben spezielle Regelungen zu Einzelsachverhalten, wie latente Steuerverbindlichkeiten (deferred tax liabilities) und fondsungebundene Pensionsverpflichtungen, außer Betracht, entspricht der maßgebliche Wertmaßstab für bilanzielle Rückstellungen (provisions) dem diskontierten Wert von sämtlichen Ausgaben,[108] die nach "bestmöglicher Schätzung (best estimate)" zur Begleichung bzw. Übertragung von zugrundeliegenden Verpflichtungen aufzuwenden sind (IAS 37.36). Dabei basieren "bestmögliche Schätzungen (best estimates)" auf rationalen Urteilen unter der obligatorischen Berücksichtigung von früheren Erfahrungen, potentiellen Ungewißheiten und werterhellenden Tatsachen sowie unter der eventuellen Hinzuziehung von unabhängigen Expertenmeinungen (IAS 37.37f). In weiterer Konkretisierung dieses Wertmaßstabes enthalten anschließende Regelungen verschiedene Beispielfälle,[109] nach denen folgende Buchwerte für unsichere Verpflichtungen maßgeblich sind (IAS 37.39f):

(1) statistischer Erwartungswert (expected value) bei großer Zahl von gleichartigen Verpflichtungen und

(2) wahrscheinlichster Ausgangswert (individual most likely outcome) von einzelnen Verpflichtungen, wobei höhere bzw. niedrigere Belastungen, die angesichts wesentlicher Wahrscheinlichkeiten beachtet werden müssen, über entsprechende Zu- bzw. Abschläge anzurechnen sind.

Darüber hinaus existieren spezielle Bestimmungen, wie besondere Risiken und Unsicherheiten in bilanzielle Wertansätze von Rückstellungen (provisions) einzubeziehen sind. Um vorsichtige Bilanzausweise zu gewährleisten, müssen bilanzielle Rückstel-

---

[104] Vgl. Coenenberg, A. (1997), S. 235.
[105] Nähere Erläuterungen zum IAS 39 enthält folgender Literaturbeitrag: Gebhardt, G./Naumann, T. (1999), S. 1461ff.
[106] Vgl. Hacker, B. (1999), S. 859.
[107] Vgl. Wagenhofer, A. (1996), S. 174; a.A.: IDW (1995), S. 210.
[108] Vgl. Hayn, S./Pilhofer, J. (1998), S. 1766; a.A.: Moxter, A. (1999), S. 524.
[109] Vgl. Ernsting, I./von Keitz, I. (1998), S. 2480.

lungsbewertungen unter der vollständiger Berücksichtigung von wertrelevanten Faktoren erfolgen, womit verminderte Ausweise von Verpflichtungen bzw. überhöhte Ausweise von Periodenerfolgen ausgeschlossen sein sollen (IAS 37.42ff). Insgesamt bestehen große Unterschiede im Hinblick auf die Zugangsbewertung von Rückstellungen (provisions) in IAS- und HGB-Abschlüssen,[110] wobei grundsätzlich Bilanzausweise in IAS-Abschlüssen zu niedrigeren Werten erfolgen.[111] Zudem führen allgemeine Bewertungsbestimmungen für Rückstellungen (provisions) zu erheblichen Ermessensspielräumen, die sowohl Zeit- wie Branchenvergleiche von Jahresabschlüssen beeinträchtigen.[112]

Entgegen der Zugangsbewertung wird die **Folgebewertung** von Schuldpositionen durch Regelungen zur IAS-Rechnungslegung im Grundsatz nicht normiert, so daß allgemeine Bewertungsprinzipien aus einzelfallbezogenen Bestimmungen abgeleitet werden müssen. In diesem Zusammenhang sind zwei Sachverhalte von besonderer Bedeutung:

(1) Berücksichtigung von werterhellenden Informationen (IAS 10.25) und
(2) Buchwertkorrektur von Fremdwährungspositionen (IAS 21.11ff).

Gegenüber den Bestimmungen zur Berücksichtigung von werterhellenden Informationen (IAS 10.25), aus denen die prinzipielle Zulässigkeit der bilanziellen Wertanpassung gefolgert werden kann, lassen die Bestimmungen zur Buchwertkorrektur von Fremdwährungspositionen noch weitere Schlußfolgerungen zu. Laut diesen Bestimmungen sind monetäre Fremdwährungspositionen zum Kassakurs am Rechnungslegungsstichtag umzurechnen (IAS 21.11), wobei sämtliche Umrechnungsdifferenzen grundsätzlich sofortige Erfolgswirkungen besitzen (IAS 21.15). Hieraus kann die generelle Erforderlichkeit von Korrekturen der ausgewiesenen Buchwerte bei Veränderungen der maßgeblichen Rückzahlungsbeträge bzw. Schätzwerte geschlossen werden.

Obgleich die erfolgswirksame Buchwertkorrektur von Fremdwährungspositionen nach den expliziten Bestimmungen im IAS 39 zulässig bleibt (IAS 39.94), ist es fraglich, ob die fortgeführten Anschaffungskosten als Wertmaßstab der bilanziellen Folgebewertung von Schuldpositionen (IAS 39.93) auch die erfolgswirksame Berücksichtigung von Veränderungen der ausgewiesenen Rückzahlungsbeträge bzw. Schätzwerte vorsieht. Doch läßt der IAS 39, wie in diesem Abschnitt schon erwähnt, angesichts seiner Bezeichnung als vorläufiger Standard noch diverse Korrekturen erwarten, womit weitere Darlegungen zur Folgebewertung von Schuldpositionen an dieser Stelle unterbleiben können.

---

[110] Vgl. Wagenhofer, A. (1996), S. 175.
[111] Vgl. IDW (1995), S. 212; Wollmert, P. (1995), S. 61.
[112] Vgl. Ernsting, I./von Keitz, I. (1998), S. 2481; Moxter, A. (1999), S. 523.

3.2.3 Eigenkapital (equity)

Werden bilanzielle Vermögens- und Schuldpositionen saldiert, verbleiben bilanzielle Eigenkapitalpositionen als residuale Größe (IAS F.49c). Wenngleich diese Definition rechtsformunabhängige Gültigkeit besitzt (IAS F.68), kann die Gliederung des Eigenkapitalausweises nach der Rechtsform des Rechnungslegungssubjektes differenziert werden, weil in Abhängigkeit der Rechtsform die Informationsinteressen von Jahresabschlußadressaten variieren (IAS F.65). So sollten sämtliche Eigenkapitalbestandteile, die gesetzlichen oder sonstigen Verwendungsbeschränkungen unterliegen, getrennten Ausweis erfahren, wobei insbesondere Eigenkapitalpositionen, die tatsächliche Haftungsmassen bestimmen, große Bedeutung besitzen (IAS F.65f). Darüber hinaus muß die Gliederung des Eigenkapitals erkennen lassen, inwieweit Eigenkapitalpositionen aus Kapitalzuführungen, Gewinnthesaurierungen oder Neubewertungen (revaluations) resultieren. Somit sind folgende Eigenkapitalpositionen getrennt offenzulegen:[113]

(1) gezeichnetes Kapital (share capital),
(2) Kapitalrücklagen (capital reserves),
(3) einbehaltene Gewinne (retained earnings),
(4) Jahresüberschuß (net income) und
(5) Neubewertungsrücklagen (revaluation surplus).

Da weitere Rücklagen aufgrund gesellschaftsrechtlicher, steuerrechtlicher oder anderer Regelungen durch nationale Gesetzgeber gebildet werden dürfen (IAS F.66), zeigen bilanzielle Eigenkapitalpositionen in HGB- und IAS-Abschlüssen weitgehende Übereinstimmung, sofern Neubewertungsrücklagen (revaluation surplus) als Besonderheit von IAS-Abschlüssen außer Betracht bleiben.[114]

---

[113] Vgl. Baukmann, D./Mandler, U. (1997), S. 106f; IDW (1995), S. 183.
[114] Vgl. IDW (1995), S. 183.

4 Bilanzrechtlicher Übergang von HGB- zu IAS-Abschlüssen für deutsche Einzelunternehmungen

Ungeachtet aller Bilanzierungs- und Bewertungsunterschiede werden die Bestimmungen des Kapitalaufnahmeerleichterungsgesetzes (KapAEG), mittels derer deutsche Konzernabschlüsse für internationale Rechnungslegungsstandards geöffnet wurden (§ 292a HGB), nach der Meinung des Schrifttums auch handelsrechtliche Einzelabschlüsse beeinflussen, wobei folgende Möglichkeiten denkbar sind:[1]

(1) mittelbare Wirkungen auf Einzelabschlüsse bei beschränkter Öffnung von Konzernrechnungslegungsvorschriften und

(2) unmittelbare Wirkungen auf Einzelabschlüsse bei allgemeiner Angleichung von Rechnungslegungsvorschriften.

Daß unterschiedliche Rechnungslegungsvorschriften für Konzern- und Einzelabschlüsse auf längere Sicht aufrechtzuerhalten sind, darf bezweifelt werden, weil bilanzielle Praktiken von großen Unternehmungen grundsätzlich erheblichen Einfluß auf kommende Bilanzrechtsentwicklungen besitzen.[2] Dementsprechend wurde der persönliche Anwendungsbereich der vorgenannten Öffnungsklausel bereits vergrößert,[3] so daß weitere Angleichungen von deutschen Rechnungslegungsvorschriften erwartet werden. In diesem Zusammenhang sind Regelungen zur IAS-Rechnungslegung von besonderer Bedeutung, wenngleich folgende Schwierigkeiten gegen ihre Übertragung auf handelsrechtliche Jahresabschlüsse von deutschen Einzelunternehmungen sprechen:

(1) unmittelbare Zahlungsbemessungsfunktion von HGB-Abschlüssen,

(2) Maßgeblichkeit von Handels- für Steuerbilanzen und

(3) erweiterte Rechnungslegungspflichten in IAS-Abschlüssen.

4.1 Unmittelbare Zahlungsbemessungsfunktion von HGB-Abschlüssen

Ihre vornehmliche Begründung findet die beschränkte Öffnung von deutschen Rechnungslegungsvorschriften in den unterschiedlichen Funktionen von handelsrechtlichen Einzel- und Konzernabschlüssen. Denn anders als Einzelabschlüsse, denen neben der Dokumentations- und Informationsfunktion auch die Zahlungsbemessungsfunktion zu-

---

[1] Vgl. Busse von Colbe, W. (1995), S. 389; ders. (1998), S. 383; Euler, R. (1998), S. 16; Hauser, H./Meurer, I. (1998), S. 278f; Herzig, N./Dautzenberg, N. (1998), S. 32ff; Oestreicher, A./ Spengel, C. (1999), S. 593; dies. (1999a), S. 1514; Weber-Grellet, H. (1997), S. 391; a.A.: BR-Drucks. 967/96 vom 20.12.1996, S. 12f; BT-Drucks. 13/7141 vom 06.03.1997, S. 8.

[2] Vgl. Busse von Colbe, W. (1995), S. 389; ders. (1998), S. 383; Euler, R. (1998), S. 23; Groh, M. (1998), S. 191; Herzig, N./Dautzenberg, N. (1998), S. 32ff; Pellens, B. (1999), S. 523; Wagner, F. (1998), S. 2076f; Weber-Grellet, H. (1997), S. 391.

[3] Vgl. Bundesministerium der Justiz: Schreiben vom 14.05.1999 III A 3 - 3507/20 - 321069/99.

kommt, bleiben Konzernabschlüsse auf die Dokumentations- und Informationsfunktion begrenzt. Folglich sind IAS-Abschlüsse für Konzerne angesichts der Primärausrichtung von Rechnungslegungsgrundlagen und -instrumenten an der Informationsfunktion ohne Schwierigkeiten möglich, während IAS-Abschlüsse für Einzelunternehmungen mangels Eignung zur Bemessung von erfolgsabhängigen Zahlungen ohne Veränderungen von Rechnungslegungsgrundlagen außer Betracht stehen.[4]
Jedoch übernehmen IAS-Abschlüsse, wie die vorangegangenen Darstellungen der konzeptionellen Grundlagen erklären,[5] in weiterer Ergänzung zu primären Informationsaufgaben auch faktische Zahlungsbemessungsaufgaben,[6] weil ökonomische Entscheidungen von Jahresabschlußadressaten einerseits die genaue Kenntnis von unternehmensindividuellen Vermögens-, Finanz- und Ertragslagen bzw. -entwicklungen, andererseits den konkreten Hinweis auf ausschüttungsfähige Gewinne in vergangenen und zukünftigen Rechnungslegungsperioden erfordern.[7] So zeigen neuere Untersuchungen zum Ausschüttungsverhalten von US-amerikanischen Unternehmungen, daß die ausgewiesenen Bilanzgewinne, obwohl US-amerikanische Aktionäre auf ihre Ausschüttung keinen rechtlichen Anspruch besitzen, die tatsächlichen Ausschüttungen determinieren.[8] Wie in US-GAAP-Abschlüssen dürften die ausgewiesenen Gewinne in IAS-Abschlüssen ebenfalls die tatsächlichen Ausschüttungen beeinflussen, so daß die primäre Informationsfunktion durch die **faktische Zahlungsbemessungsfunktion** ergänzt wird.[9]
Trotz der faktischen Zahlungsbemessungsfunktion erfolgen bilanzielle Gewinnausweise in IAS-Abschlüssen im Vergleich zu HGB-Abschlüssen aufgrund der unterschiedlichen Betonung von Wirtschaftlichkeits-, Objektivierungs- und Vorsichtsgesichtspunkten in der grundsätzlichen Tendenz zu früheren Zeitpunkten, wie Marktbewertungen von Finanzinvestitionen (investments) oder Erfolgsausweise bei Fertigungsaufträgen (construction contracts) beispielhaft zeigen.[10] Da alle Gewinne, deren bilanzieller Ausweis in IAS- gegenüber HGB-Abschlüssen zu früheren Zeit-

---

[4] Vgl. BT-Drucks. 13/9909 vom 12.02.1998, S. 10f; Herzig, N./Dautzenberg, N. (1998), S. 32ff; Moxter, A. (1999), S. 525; Pellens, B. (1999), S. 522; Schruff, W. (1993), S. 410ff.
[5] Siehe hierzu Kapitel 2.2.2.
[6] Vgl. Demming, C. (1997), S. 45; Goebel, A./Fuchs, M. (1994), S. 875; Oestreicher, A./Spengel, C. (1999), S. 595; Richter, M. (1998), S. 161.
[7] Vgl. Goebel, A. (1994), S. 2458; Goebel, A./Fuchs, M. (1994), S. 875.
[8] Vgl. Busse von Colbe, W. (1995), S. 389; ders. (1998), S. 383; Heintges, S. (1997), S. 51; Lutz, G. (1999), S. 149; Oestreicher, A./Spengel, C. (1999), S. 595.
[9] Vgl. Busse von Colbe, W. (1995), S. 389; ders. (1998), S. 383; Groh, M. (1998), S. 191f; Lutz, G. (1999), S. 148f; Oestreicher, A./Spengel, C. (1999), S. 595; Pellens, B. (1999), S. 521.
[10] Vgl. Achleitner, A./Kleekämper, H. in: Baetge, J. et al. (1997), IAS 1 Tz. 50f; Coenenberg, A. (1997), S. 49; Gidlewitz, H. (1996), S. 197f; Glaum, M./Mandler, U. (1996), S. 138f; IDW (1995), S. 43; Lutz, G. (1999), S. 148; Oestreicher, A./Spengel, C. (1999), S. 595; Robisch, M./Treisch, C. (1997), S. 156; Risse, A. (1996), S. 113f; Schruff, W. (1993), S. 407f; Weber-Grellet, H. (1997), S. 388.

punkten erfolgt, weder die ausschüttungsfähigen Beträge noch die ertragsteuerlichen Bemessungsgrundlagen nach einhelliger Meinung erhöhen dürfen,[11] wird die immanente Unsicherheit von solchen Gewinnen infolge des **bilanziellen Ansatzes von nicht-werthaltigen Vermögenspositionen** bzw. der **unvollständigen Passivierung von wirtschaftlichen Lasten** offenkundig.[12] Jedoch können die dargelegten Beeinträchtigungen nach Auffassung von Befürwortern des bilanzrechtlichen Übergangs von HGB- zu IAS-Abschlüssen toleriert werden, weil gegenwärtige bzw. potentielle Anteilseigner aufgrund kurzfristiger Haltedauern von Beteiligungen keine stillen Reserven akzeptieren, aber stille Lasten angesichts jederzeitiger Veräußerbarkeit von Beteiligungen billigen.[13] Bleiben die vernachlässigten Gesellschafterinteressen bei langfristigen Beteiligungsabsichten und die potentiellen Markineffizienzen durch fehlerhafte Informationen als anlegerbezogene Gegenargumente unbeachtet,[14] ist die vorgenannte Rechtfertigung für den bilanziellen Ansatz von nicht-werthaltigen Vermögenspositionen bzw. die unvollständige Passivierung von wirtschaftlichen Lasten angesichts des mangelhaften Schutzes von berechtigten Fremdkapitalgeberinteressen problematisch.[15]

Diesen mangelhaften Schutz wird jeder Fremdkapitalgeber durch höhere Zinsen oder vertragliche Zusatzregelungen kompensieren wollen.[16] Beispielsweise diktiert der klassische Kreditvertrag im anglo-amerikanischen Rechtsraum die verpflichtende Erstellung von sogenannten Gläubigerbilanzen, über die potentielle Gewinnausschüttungen von Schuldnerunternehmungen in ihrer Höhe beschränkt werden.[17] Während die Begründung von verpflichtenden Gläubigerbilanzen grundsätzlich die Machtstellung und Transaktionshöhe von bedeutenden Großgläubigern voraussetzt,[18] vermögen andere Regelungen nicht nur Groß-, sondern auch Kleingläubiger in ihren Interessen abzusichern, wofür vertragliche Mindesteigenkapitalquoten als klassisches Beispiel angeführt seien.[19] Gleichwohl werden die vertraglichen Zusatzregelungen in ihrer Effizienz gegenüber den gesetzlichen Verwendungsbeschränkungen für unsichere Gewinne zurückbleiben.[20] Insbesondere wäre es denkbar, daß unsichere Eigenkapitalpositionen in IAS-Abschlüssen über **Ausschüttungssperren im Rahmen von**

---

[11] Vgl. Busse von Colbe, W. (1998), S. 384f; Robisch, M./Treisch, C. (1997), S. 169; Siegel, T. (1998), S. 597.
[12] Vgl. Euler, R. (1997), S. 185; ders. (1998), S. 23; Hauser, H./Meurer, I. (1998), S. 278.
[13] Vgl. Biener, H. (1993), S. 351.
[14] Vgl. Euler, R. (1997), S. 185f; ders. (1998), S. 23.
[15] Vgl. Biener, H. (1993), S. 352; Siegel, T. (1998), S. 594.
[16] Vgl. Richter, M. (1998), S. 162.
[17] Vgl. Alberth, M. (1997), S. 744ff m.w.E.; ders. (1998), S. 804ff m.w.E.; Schildbach, Thomas (1998), S. 78ff; Siegel, T. (1998), S. 594.
[18] Vgl. Alberth, M. (1997), S. 748ff; Siegel, T. (1998), S. 594.
[19] Vgl. Alberth, M. (1997), S. 749f; Richter, M. (1998), S. 162.
[20] Vgl. Alberth, M. (1997), S. 748ff m.w.E.

Gewinnverwendungsrechnungen bezüglich ihrer Verwendungsmöglichkeiten beschränkt würden.[21]
Daß solche Beschränkungen zulässig sind, stellen Regelungen im Framework klar, indem gesonderte Eigenkapitalrücklagen aufgrund gesellschafts- oder steuerrechtlicher Regelungen ausgewiesen werden dürfen (IAS F.66). Folglich könnten sämtliche Eigenkapitalpositionen, deren spätere Realisierung angesichts des bilanziellen Ansatzes von nicht-werthaltigen Vermögenspositionen bzw. der unvollständigen Passivierung von wirtschaftlichen Lasten unsicher ist, als ausschüttungsbeschränkte Rücklagen deklariert werden. Entsprechend müssen neubewertungsbedingte Eigenkapitalveränderungen in IAS-Abschlüssen im Grundsatz über ausschüttungsbeschränkte Neubewertungsrücklagen (revaluation surplus) erfaßt werden, womit weder Wortlaut noch Systematik von Regelungen zur IAS-Rechnungslegung gegen ausschüttungsbeschränkte Rücklagen für unsichere Eigenkapitalpositionen sprechen.
Scheiden sowohl Wortlaut wie Systematik als Gegenargumente aus, könnten zusätzliche Ausschüttungssperren nach Sinn und Zweck von Regelungen zur IAS-Rechnungslegung unangemessen sein. Sofern aber Ausschüttungssperren über Gewinnverwendungs- statt Gewinnermittlungsrechnungen greifen, werden Erfolgsausweise in IAS-Abschlüssen nicht tangiert, so daß sämtliche Aussagen zu unternehmensindividuellen Vermögens-, Finanz- und Ertragslagen bzw. -entwicklungen unbeeinträchtigt bleiben. Vielmehr würde der Informationsgehalt von Jahresabschlüssen aus externer Sicht durch den Ausweis von Ausschüttungssperren für unsichere Eigenkapitalpositionen erhöht, weil weitere Anhaltspunkte zur individuellen Unternehmensbeurteilung gegeben werden.[22]
Nachdem die rechtlichen Argumente gegen gesetzliche Verwendungsbeschränkungen für unsichere Eigenkapitalpositionen ausgeräumt sind, muß der genaue Umfang von ausschüttungsbeschränkten Gewinnen im nächsten Schritt geklärt werden. Da im betriebswirtschaftlichen Sinne die zuverlässige Abbildung des ökonomischen Vermögens bzw. Gewinns über bilanzielle Rechenwerke generell unmöglich ist, müßten ausschüttungsbeschränkte Eigenkapitalpositionen unter dem vermittelnden Ausgleich zwischen den unterschiedlichen Interessen von sämtlichen Jahresabschlußadressaten bestimmt werden. Danach wären ausschüttungsfähige Gewinne auf die maximale Abschlagszahlung auf den erwirtschafteten Totalgewinn bei gesicherter Unternehmensfortführung einzuschränken.[23] Ob solche Begrenzungen möglich sind, darf bezweifelt werden.[24] So

---

[21] Vgl. Alberth, M. (1998), S. 821; Busse von Colbe, W. (1995), S. 386; ders. (1998), S. 385; IDW (1995), S. 183f; Risse, A. (1996), S. 149; Schruff, W. (1993), S. 407 u. 410; Siegel, T. (1998), S. 594f; Wagenhofer, A. (1996), S. 97f; a.A.: Robisch, M./Treisch, C. (1997), S. 169.
[22] Vgl. Busse von Colbe, W. (1998), S. 385; Siegel, T. (1998), S. 595.
[23] Vgl. Euler, R. (1998), S. 19f.
[24] Vgl. Schruff, W. (1993), S. 410.

eröffnen subjektive Ermessensspielräume durch die abstrakten Bilanzierungskriterien letztlich weitreichende Möglichkeiten für den bilanziellen Ansatz von nicht-werthaltigen Vermögenspositionen bzw. der unvollständigen Passivierung von wirtschaftlichen Lasten,[25] womit keine vollständige Erfassung von unsicheren Eigenkapitalpositionen als ausschüttungsbeschränkte Rücklagen möglich ist. Falls aber die Gewinnausweise in IAS-Abschlüssen nach vorangegangenem Abzug von ausschüttungsgesperrten Eigenkapitalpositionen unmittelbar die Ausschüttungen an Gesellschafter determinieren, würde die extensive Ausübung von subjektiven Ermessensspielräumen zu überzogenen Ausschüttungsforderungen führen, so daß die unmittelbare Zahlungsbemessungsfunktion von IAS-Abschlüssen auf die konkrete Ermessensausübung disziplinierend wirken würde.

Zusammenfassend ist festzuhalten, daß auch IAS-Abschlüsse zur unmittelbaren Zahlungsbemessung bei Verwendung von Ausschüttungssperren für unsichere Eigenkapitalpositionen im Rahmen von Gewinnverwendungsrechnungen geeignet wären. Darüber hinaus könnten derartige Ausschüttungssperren zu verbesserten Informationen über unternehmensindividuelle Vermögens-, Finanz- und Ertragslagen bzw. -entwicklungen führen, indem bilanzielle Ausweise von unsicheren Gewinnen effektiv begrenzt bzw. über ausschüttungsbeschränkte Rücklagen separat offengelegt würden.

4.2 Maßgeblichkeit von Handels- für Steuerbilanzen

Können ausschüttungsfähige Gewinne über Ausschüttungssperren in IAS-Abschlüssen ermittelt werden, steht die prinzipielle Maßgeblichkeit von Handels- für Steuerbilanzen dem allgemeinen Übergang von HGB- zu IAS-Abschlüssen entgegen. Um dieses Problem zu lösen, wären folgende Regelungen möglich:[26]

    (1) fortwährende Maßgeblichkeit von Handels- für Steuerbilanzen angesichts separater Ausweise von ausschüttungsfähigen Gewinnen in Handelsbilanzen und

    (2) separate Erstellung von Steuerbilanzen in weiterer Ergänzung zu Handelsbilanzen.

Nach dem gegenwärtigen Rechtsstand in Deutschland müssen die steuerpflichtigen Gewinne von Gewerbetreibenden, die regelmäßig HGB-Abschlüsse erstellen, über den periodischen Vergleich von Betriebsvermögen, die nach handelsrechtlichen Grundsätzen ordnungsmäßiger Buchführung auszuweisen sind, ermittelt werden, sofern keine abweichenden Bestimmungen in einschlägigen Steuergesetzen existieren (§ 5 I

---

[25] Siehe hierzu Kapitel 3.2.1.1. u. Kapitel 3.2.2.1.
[26] Vgl. Busse von Colbe, W. (1995), S. 389f; ders. (1998), S. 383; Herzig, N./Dautzenberg, N. (1998), S. 34; Wagner, F. (1998), S. 2076.

EStG). Dieses sogenannte Maßgeblichkeitsprinzip können folgende Gesichtspunkte rechtfertigen:[27]

(1) vereinfachte Gewinnermittlung für steuerliche Zwecke: prinzipielle Vermeidung von zweimaliger Rechnungslegung für übereinstimmende Zeiträume,

(2) objektive Gewinnermittlung für steuerliche Zwecke: handelsrechtlicher Gewinn als sicherer Maßstab für Erfolge von Unternehmungen nach steuerrechtlichen Überlegungen und

(3) einheitliche Rechtsordnung zur Gewährleistung von vereinfachten Rechtsanwendungen.

Weil sämtliche Argumente nach herrschender Auffassung fortgelten, sollte der allgemeine Übergang von HGB- zu IAS-Abschlüssen das steuerrechtliche Maßgeblichkeitsprinzip nicht aufheben, wenn die ertragsteuerlichen Konsequenzen weder der Eigentumsgarantie (Art. 14 GG) noch der Gleichheitsmaxime (Art. 3 GG) nach dem deutschen Verfassungsrecht entgegenstehen. In grundlegender Ergänzung zur verfassungsrechtlichen **Eigentumsgarantie (Art. 14 GG)**, nach der steuerliche Belastungen als eigentumschonendste Form der staatlichen Finanzbedarfsdeckung bei unvermindertem Fortbestand der zugrundeliegenden Erwerbsquellen, steuerlicher Verschonung der erwerbs- und existenzsichernden Einkommensbestandteile und gleichrangiger Privat- und Gemeinnützigkeit der erzielten Eigentumszuwächse unproblematisch sind,[28] verlangt die verfassungsrechtliche **Gleichheitsmaxime (Art. 3 GG)** bzw. die abgeleitete Gerechtigkeitsforderung, daß steuerliche Belastungen auf alle Steuerpflichtige nach ihrer Leistungsfähigkeit verteilt werden.[29]

Da nach einhelliger Auffassung die verfassungsrechtliche Gleichheitsmaxime als allgemeines Persönlichkeitsrecht formuliert ist,[30] werden natürliche Personen durch die abgeleitete Forderung nach der steuerlichen Belastungsgerechtigkeit ohne jeden Zwei-

---

[27] Vgl. Bippus, B. (1998), S. 649; Döllerer, G. (1971), S. 1334f; Hauser, H./Meurer, I. (1998), S. 269f u. 280; Oestreicher, A./ Spengel, C. (1999), S. 593; a.A.: Robisch, M./Treisch, C. (1997), S. 164ff; Weber-Grellet, H. (1994), S. 289f.

[28] Vgl. BVerfG vom 22.06.1995 - 2 BvL 37/91, BVerfGE 93, S. 121-165 (hier: S. 137f); Kirchhof, P. in: Kirchhof, P./Söhn, H. (1995), § 2 EStG Rz. A153ff m.w.E.; Schön, W. (1995), S. 372ff m.w.E.

[29] Vgl. BVerfG vom 17.01.1957 - 1 BvL 4/54, BVerfGE 6, S. 55-84 (hier: S. 67), BVerfG vom 14.04.1959 - 1 BvL 23, 34/57, BVerfGE 9, S. 237-250 (hier: S. 243); BVerfG vom 23.11.1976 - 1 BvR 150/75, BVerfGE 43, S. 108-125 (hier: S. 120); BVerfG vom 03.11.1982 - 1 BvR 620/78, 1335/78, 1104/79 u. 363/80, BVerfGE 61, S. 319-357 (hier: S. 343f); BVerfG vom 29.05.1990 - 1 BvL 20, 26, 184 u. 4/86, BVerfGE 82, S. 60-105 (hier: S. 86); BVerfG vom 26.01.1994 - 1 BvL 12/86, BVerfGE 89, S. 346-359 (hier: S. 352); Crezelius, G. (1994), § 4 Rz. 4; Hauser, H./Meurer, I. (1998), S. 272; Kirchhof, P. in: Kirchhof, P./Söhn, H. (1995), § 2 EStG Rz. A166ff m.w.E.; Schön, W. (1995), S. 369ff m.w.E.; Tipke, K./Lang, J. (1996), § 4 Rz. 81ff m.w.E.

[30] Vgl. Düring, G. in: Maunz, T./Düring, G. (1999), Art. 3 GG Rz. 285; Gubelt, M. in: von Münch, I. (1992), Art. 3 GG, Rz. 5; Heun, W. in: Dreier, H. (1996), Art. 3 GG Rz. 36; Rüfner, W. in: Dolzer, R./Vogel, K. (1999), Art. 3 GG Rz. 131; Schmidt-Bleibtreu, B./Klein, F. (1999), Art. 3 GG Rz. 12.

fel erfaßt. Zudem gehören juristische Personen trotz der verfassungsrechtlichen Beschränkung der allgemeinen Gleichheitsmaxime auf inländische Personen (Art. 19 III GG) zu den persönlichen Zuordnungssubjekten der steuerlichen Belastungsgerechtigkeit, weil vergleichbare Ertragsteuerbelastungen für unternehmerische Tätigkeiten von natürlichen und juristischen Personen zur weitgehenden Sicherstellung von steuerlichen Gleichbehandlungen erforderlich sind.[31]

Neben den persönlichen Zuordnungssubjekten müssen die sachlichen Maßgrößen konkretisiert werden, soll das verfassungsrechtliche Gebot der steuerlichen Belastungsgerechtigkeit nicht unbestimmt bleiben. In sachlicher Hinsicht gebietet die steuerliche Belastungsgerechtigkeit, daß ertragsteuerliche Bemessungsgrundlagen nach der **subjektiven Leistungsfähigkeit von steuerpflichtigen Personen** festgelegt werden. So sind einkommensteuerliche Bemessungsgrundlagen für natürliche Personen auf disponible Einkommen zu begrenzen, indem sowohl die Beschränkung auf Nettoeinkünfte, als auch die Freistellung von Existenzminima bzw. Unterhaltsverpflichtungen sichergestellt werden.[32] Entsprechend der vorstehenden Überlegung impliziert die verfassungsrechtliche Forderung nach der steuerlichen Belastungsgerechtigkeit, daß ertragsteuerliche Belastungen von unternehmerischen Tätigkeiten nach disponiblen Einkommen, denen entnahme- bzw. ausschüttungsfähige Gewinne gleichzusetzen sind, bemessen werden.[33] Sollten nun Einzelabschlüsse nach IAS entnahme- bzw. ausschüttungsfähige Gewinne unter Verwendung von Ausschüttungssperren ermitteln, steht die prinzipielle Maßgeblichkeit von Handels- für Steuerbilanzen bei der **gesicherten Besteuerung von vollen Unternehmensgewinnen** dem allgemeinen Übergang von HGB- zu IAS-Abschlüssen aufgrund der übereinstimmenden Zwecke in beiden Rechnungslegungen nicht entgegen.[34]

Damit volle Unternehmensgewinne besteuert werden, müssen Bilanzierungs- und Bewertungswahlrechte sowie Ermessensspielräume in vertretbarem Rahmen bleiben.[35] Welcher genaue Umfang in diesem Zusammenhang vertretbar ist, kann offen bleiben, weil Bilanzierungs- und Bewertungswahlrechte wie Ermessensspielräume durch den

---

[31] Vgl. Höhn, E. (1993), § 22 Rz. 2; Schipporeit, E. (1980), S. 196f; Tipke, K. (1993), S. 733ff; Tipke, K./Lang, J. (1996), § 4 Rz. 90.

[32] Vgl. Crezelius, G. (1994), § 4 Rz. 3; Kirchhof, P. in: Kirchhof, P./Söhn, H. (1995), § 2 EStG Rz. A275ff m.w.E; Schön, W. (1995), S. 369ff m.w.E.; Tipke, K./Lang, J. (1996), § 4 Rz. 92ff m.w.E.

[33] Vgl. Bippus, B. (1998), S. 649; Döllerer, G. (1971), S. 1334; Euler, R. (1998), S. 15; Groh, M. (1998), S. 184; Hauser, H./Meurer, I. (1998), S. 269f; Oestreicher, A./Spengel, C. (1999), S. 593; Schön, W. (1995), S. 377; Tipke, K./Lang, J. (1996), § 9 Rz. 308; a.A.: Robisch, M./Treisch, C. (1997), S. 165f; Weber-Grellet, H. (1994), S. 289.

[34] Vgl. Busse von Colbe, W. (1995), S. 386; Jacobs, O./Spengel, C./Wünsche, A. (1999), S. 62; Oestreicher, A./Spengel, C. (1999), S. 593.

[35] Vgl. BFH vom 03.02.1969, Gr. S. 2/68, BStBl. 1969, II, S. 291-294 (hier: S. 293); Euler, R. (1998), S. 19; Hauser, H./Meurer, I. (1998), S. 279; Robisch, M./Treisch, C. (1997), S. 165; Schön, W. (1995), S. 376f; Tipke, K./Lang, J. (1996), § 9 Rz. 327ff; Weber-Grellet, H. (1994), S. 289; a.A.: Crezelius, G. (1994), § 8 Rz. 4.

allgemeinen Übergang von HGB- zu IAS-Abschlüssen reduziert würden.[36] Ebenso würde der allgemeine Übergang von HGB- zu IAS-Abschlüssen die imparitätische Erfassung von Gewinnen und Verlusten begrenzen, wenngleich die grundsätzliche Kritik an unterschiedlichen Kriterien für die erfolgswirksame Gewinn- und Verlustberücksichtigung bei steuerlichen Gewinnermittlungen relevant bleibt.[37]

Größere Schwierigkeiten bereiten **steuerrechtliche Bilanzierungs- und Bewertungswahlrechte**, mittels derer den außerfiskalischen Interessen über Verhaltensbeeinflussungen statt der verfassungsrechtlichen Forderung nach Steuergerechtigkeit entsprochen werden soll. Da steuerrechtliche Bilanzierungs- und Bewertungswahlrechte per umgekehrtem Maßgeblichkeitsprinzip an parallele Handels- und Steuerbilanzausweise gebunden sind, wird die weitgehende Reinvestition von subventionsbegründenden Ertragskürzungen bzw. Aufwandsmehrungen ungeachtet der individuellen Präferenzen bzw. Rentabilitätsüberlegungen von rechnungslegenden Unternehmungen sichergestellt.[38] Indem potentielle Ausschüttungen um subventionsbegründende Ertragskürzungen bzw. Aufwandsmehrungen gemindert werden, ist die Umkehrung des Maßgeblichkeitsprinzips umstritten, weil ökonomische Vorteile von zugrundeliegenden Steuersubventionen auf tatsächliche Steuerminderungen beschränkt bleiben.[39] Um potentielle Ausschüttungen auf tatsächliche Steuerminderungen zu begrenzen, würden verpflichtende Bilanzausweise von latenten Steuerverbindlichkeiten genügen. In diesem Fall müßten sämtliche Differenzen zwischen handels- und steuerbilanziellen Wertansätzen, deren spätere Auflösung nach handelsbilanziellen Ergebnissen zu überhöhten Steuerbelastungen führt, als passivische Steuerlatenzen erfaßt werden. Dadurch würden handelsbilanzielle Gewinnausweise auf Beträge ohne steuerliche Beeinflussungen beschränkt, womit alle Ausschüttungen von Betriebsvermögensmehrungen infolge tatsächlicher Steuerminderungen ausgeschlossen wären.[40] Sollen gleichwohl Ausschüttungssperren auf subventionsbegründende Ertragskürzungen bzw. Aufwandserhöhungen erweitert bleiben, müßten parallele Handels- und Steuerbilanzausweise gewährleistet werden. Da die steuerlichen Werte in IAS-Abschlüsse angesichts der offensichtlichen Beeinträchtigung von Informationsaufgaben nicht übernommen werden dürfen,[41] wären steuerbedingte Korrekturen von Handelsbilanzwerten in Analogie

---

[36] Vgl. Jacobs, O./Spengel, C./Wünsche, A. (1999), S. 62; Oestreicher, A./Spengel, C. (1999), S. 594; a.A.: Wagenhofer, A. (1996), S. 363ff.

[37] Vgl. Fülbier, R./Gassen, J. (1999), S. 1513; Oestreicher, A./Spengel, C. (1999), S. 594.

[38] Vgl. Busse von Colbe, W. (1998), S. 383; Crezelius, G. (1994), § 8 Rz. 6; Euler, R. (1998), S. 19; Krawitz, N. (1998), S. 205f; Robisch, M./Treisch, C. (1997), S. 167; Siepe, G. (1997), S. 626; Weber-Grellet, H. (1994), S. 289.

[39] Vgl. Crezelius, G. (1994), § 8 Rz. 6; Krawitz, N. (1998), S. 206; Oestreicher, A./Spengel, C. (1999), S. 599; Robisch, M./Treisch, C. (1997), S. 166f; Weber-Grellet, H. (1994), S. 289.

[40] Vgl. Oestreicher, A./Spengel, C. (1999), S. 599.

[41] Vgl. Born, K. (1999), S. 544; Glaum, M./ Mandler, U. (1996), S. 140; Goebel, A./Fuchs, M. (1994), S. 879; Oestreicher, A./Spengel, C. (1999), S. 599.

zu Verwendungsbeschränkungen von unsicheren Eigenkapitalpositionen ohne Beeinträchtigung von Bilanz- und Erfolgsausweisen im Rahmen von Gewinnverwendungsrechnungen erforderlich. Sofern sämtliche Korrekturen zur Ermittlung von ausschüttungsfähigen Gewinnen und ertragsteuerlichen Bemessungsgrundlagen über Gewinnverwendungsrechnungen erfolgen, müßten korrespondierende Eigenkapitalmehrungen in ihrem Auflösungszeitpunkt nachversteuert werden. Insbesondere wären einschlägige Regelungen zur IAS-Rechnungslegung, nach denen die erfolgsneutrale Auflösung der realisierten Neubewertungsrücklagen (revaluation surplus) vorgesehen ist, für steuerliche Zwecke rückgängig zu machen. Sollte die ertragsteuerliche Belastung der vollen Unternehmensgewinne durch die **erfolgswirksame Auflösung der ausschüttungsgesperrten Eigenkapitalpositionen** sichergestellt werden, würde die fortwährende Maßgeblichkeit von Handels- für Steuerbilanzen dem allgemeinen Übergang von HGB- zu IAS-Abschlüssen nicht entgegenstehen, so daß separate Steuerbilanzen unter materiellen Gesichtspunkten unnötig sind.[42]

Dennoch sollen separate Steuerbilanzen aus formellen Gründen nach dem allgemeinen Übergang von HGB- zu IAS-Abschlüssen angesichts **fehlender Gesetzmäßigkeit von steuerlichen Eingriffen** infolge der steuerrechtlichen Verweise auf Regelungen zur IAS-Rechnungslegung unerläßlich sein. Nach überwiegender Auffassung im Schrifttum müßte die fortwährende Maßgeblichkeit von Handels- für Steuerbilanzen durch dynamische Verweise auf Regelungen zur IAS-Rechnungslegung sichergestellt werden.[43] Derartigen Verweisen stünden die offensichtlichen Interessendivergenzen zwischen dem International Accounting Standards Committee (IASC) und dem Steuergesetzgeber ebenso entgegen wie die fortwährenden Veränderungsmöglichkeiten von zugrundeliegenden Regelungen.[44] Mögen die vermeintlichen Interessendivergenzen angesichts der stetigen Annäherung zwischen dem deutschem Bilanzsteuerrecht und den internationalen Rechnungslegungsgepflogenheiten widerlegt sein,[45] bleiben die fortwährenden Veränderungsmöglichkeiten von Regelungen zur IAS-Rechnungslegung mangels Bestätigung durch den legitimierten Gesetzgeber problematisch. Indes

---

[42] Vgl. Bippus, B. (1998), S. 650; Oestreicher, A./Spengel, C. (1999), S. 593; dies. (1999a), S. 1514; a.A.: Biener, H. (1993), S. 355; Euler, R. (1998), S. 23; Fülbier, R./Gassen, J. (1999), S. 1512f; Robisch, M./Treisch, C. (1997), S. 164; Schruff, W. (1993), S. 410; Siepe, G. (1997), S. 638; Wagner, F. (1998), S. 2077.

[43] Vgl. Fülbier, R./Gassen, J. (1999), S. 1513; Heintzen, M. (1999), S. 1052; Hommelhoff, P. (1996), S. 785; Pellens, B. (1999), S. 527.

[44] Vgl. Fülbier, R./Gassen, J. (1999), S. 1513.

[45] Insbesondere können der bilanzielle Ansatz von Disagien und Geschäfts- bzw. Firmenwerten sowie die eingeschränkte Passivierung von Rückstellungen für Patentverletzungen, Jubiläumszuwendungen und Umweltschutzmaßnahmen als Beispiele für die stetige Rechnungslegungsannäherung angeführt werden.
Vgl. Euler, R. (1998), S. 23; Lutz, G. (1999), S. 148; Oestreicher, A./Spengel, C. (1999a), S. 1514f; a.A.: Fülbier, R./Gassen, J. (1999), S. 1513.

werden dynamische Verweise von steuerrechtlichen Bestimmungen auf Regelungen zur IAS-Rechnungslegung hinsichtlich verfassungsrechtlicher Gesetzmäßigkeitserfordernisse an steuerliche Eingriffe im Vergleich zum gegenwärtigen Einkommensteuerrecht mit unmerklichen Veränderungen verbunden sein, weil vergleichbare Schwierigkeiten durch dessen Anknüpfung an handelsrechtliche Grundsätze ordnungsmäßiger Buchführung und dessen Interpretation unter besonderer Berücksichtigung europäischer Bilanzrichtlinien begründet werden.[46] Doch obwohl handelsrechtliche Grundsätze ordnungsmäßiger Buchführung unter Beachtung bilanzieller Zwecke und Ziele bei Wahrung innerer Einheit und Folgerichtigkeit ausgelegt werden müssen,[47] wird die verfassungsrechtliche Forderung nach der gesetzlichen Normierung und inhaltlichen Bestimmtheit von steuerlichen Eingriffen durch das steuerrechtliche Maßgeblichkeitsprinzip nicht verletzt, weil die steuerlichen Zielsetzungen des legitimierten Gesetzgebers durch die gesetzliche Korrektur der unerwünschten Steuerwirkungen durchsetzbar sind.[48] Ebenso könnten die unerwünschten Steuerwirkungen von IAS-Abschlüssen über abweichende Bestimmungen in Steuergesetzen bzw. handelsrechtliche Ausschüttungssperren für Eigenkapitalbestandteile korrigiert werden.[49] Wenngleich solche Korrekturen zu fortwährendem Anpassungsbedarf führen würden,[50] stehen die verfassungsrechtlichen Voraussetzungen zur Normierung und Bestimmtheit von steuerlichen Eingriffen den steuerrechtlichen Verweisen auf Regelungen zur IAS-Rechnungslegung nicht entgegen.[51]

Im übrigen verwundert die selbstverständliche Forderung der klaren Trennung von informationsorientierter Handelsbilanz und zahlungsorientierter Steuerbilanz, weil die Öffnung von deutschen Rechnungslegungsvorschriften für internationale Rechnungslegungsstandards laut offizieller Begründung letztlich die Kapitalbeschaffung von börsennotierten Kapitalgesellschaften auf internationalen Märkten erleichtern sollte.[52] Wenn diese Erleichterungen für börsennotierte Konzerngesellschaften in Anbetracht der Unmöglichkeit der Einheitsbilanz als Handels- und Steuerbilanz mit höheren Belastungen für andere Unternehmungen verbunden wären,[53] würde die gesetzliche

---

[46] Vgl. Heintzen, M. (1999), S. 1052f; Oestreicher, A./Spengel, C. (1999), S. 594.
[47] Vgl. BFH vom 12.05.1966 - IV 472/60, BStBl. 1966 III, S. 371-374 (hier: S. 372); BFH vom 31.05.1967 - I 208/63, BStBl. 1967 III, S. 607-609 (hier: S. 609); BFH vom 03.02.1969, Gr. S. 2/68, BStBl. 1969, II, S. 291-294 (hier: S. 292); Crezelius, G. (1994), § 8 Rz. 8; Döllerer, G. (1959), S. 1217ff; Euler, R. (1998), S. 17; ders. (1997), S. 174f; Kempermann, M. in: Kirchhof, P./Söhn, H. (1995), § 5 EStG Rz. B44ff; Leffson, U. (1987), S. 29ff; Tipke, K./Lang, J. (1996), § 9 Rz. 311.
[48] Vgl. Heintzen, M. (1999), S. 1052f; Weber-Grellet, H. (1994), S. 288f; ders. (1997), S. 389.
[49] Vgl. Oestreicher, A./Spengel, C. (1999), S. 594ff; Siepe, G. (1997), S. 637.
[50] Vgl. Hommelhoff, P. (1997), S. 124; Siepe, G. (1997), S. 637.
[51] a.A.: Euler, R. (1997), S. 187; Hauser, H./Meurer, I. (1998), S. 279; Hommelhoff, P. (1996), S. 790ff; Oestreicher, A./Spengel, C. (1999), S. 594; Pellens, B. (1999), S. 527f.
[52] Vgl. BR-Drucks. 967/96 vom 20.12.1996, S. 1; BT-Drucks. 13/7141 vom 06.03.1997, S. 1; BT-Drucks. 13/9909 vom 12.02.1998, S. 1.
[53] Vgl. Robisch, M./Treisch, C. (1997), S. 168f.

Regelung den tatsächlichen Verhältnissen des praktischen Wirtschaftslebens nicht gerecht.

4.3 Erweiterte Rechnungslegungspflichten in IAS-Abschlüssen

Wie im letzten Argument angedeutet, sollte der allgemeine Übergang von HGB- zu IAS-Abschlüssen grundsätzlich die gesetzlichen Rechnungslegungspflichten von Einzelunternehmungen nicht erweitern. Jedoch führen folgende Regelungen für IAS-Abschlüsse gegenüber korrespondierenden Regelungen für HGB-Abschlüsse zu erweiterten Rechnungslegungspflichten:[54]

    (1) Kapitalflußrechnung (cash flow statement) und Eigenkapitalspiegel (statement showing changes in equity) als zusätzliches Instrument zur Rechnungslegung und

    (2) umfangreiche Erläuterungspflichten zu Bilanz- und Erfolgspositionen.

Entgegen der **Kapitalflußrechnung (cash flow statement)**, deren verpflichtende Erstellung durch den nationalen Gesetzgeber ohne konzeptionelle Probleme ausgeschlossen werden kann, ist der **Eigenkapitalspiegel (statement showing changes in equity)** notwendig, sollen Handelsbilanzen weiterhin Zahlungsbemessungsaufgaben übernehmen. Indem erfolgsunwirksame Eigenkapitalveränderungen, deren Ursachen weder Veränderungen gezeichneten Kapitals noch Ausschüttungen erwirtschafteter Gewinne sind, über einzelne Rechnungslegungszeiträume zusammengefaßt werden,[55] bleibt der Eigenkapitalspiegel (statement showing changes in equity) als rechtliches Instrument für die Ermittlung von ausschüttungsfähigen Gewinnen bzw. ertragsteuerlichen Bemessungsgrundlagen unerläßlich. Daher werden die Erläuterungen zur Analyse von IAS-Abschlüssen zwar Informationen aus der Kapitalflußrechnung (cash flow statement) vernachlässigen, aber Informationen aus dem Eigenkapitalspiegel (statement showing changes in equity) berücksichtigen.

Gegenüber der konkreten Bestimmung der verzichtbaren Rechnungslegungsinstrumente ist die genaue Abgrenzung der **verzichtbaren Erläuterungspflichten** schwieriger. Welcher immense Umfang an zusätzlichen Erläuterungspflichten durch einige IAS begründet wird, mögen folgende Pflichtangaben zur Bilanzierung und Bewertung von latenten Steuern (deferred tax assets bzw. liabilities) beispielhaft zeigen (IAS 12.79ff):

    (1) wesentliche Komponenten von ausgewiesenen Steueraufwendungen und -erträgen,

---

[54] Vgl. Schruff, W. (1993), S. 420f.
[55] Vgl. Achleitner, A./Kleekämper, H. (1997), S. 119f; Achleitner, A./Pejic, P. (1996), S. 2042; Wollmert, P./Achleitner, A. in: Baetge, J. et al. (1997), Teil A, Kap. II Tz. 27; dies. (1997), S. 212f.

(2) Gesamtbetrag tatsächlicher und latenter Steuern (deferred tax assets bzw. liabilities), deren erfolgsneutrale Verrechnung im bilanziellen Eigenkapital erfolgt,

(3) Gesamtbetrag latenter Steuern (deferred tax assets bzw. liabilities), denen außerordentliche Positionen im laufenden Rechnungslegungszeitraum zugrunde liegen,

(4) Relation zwischen Gesamtsteueraufwand bzw. -ertrag und Handelsbilanzergebnis,[56]

(5) Betrag an temporären Differenzen (temporary differences), steuerlichen Verlustvorträgen und ungenutzten Steuergutschriften (tax credit), für die mangels vollständiger Erfüllung von Bilanzierungsvoraussetzungen keine latenten Steuern (deferred tax assets bzw. liabilities) aktiviert wurden,

(6) getrennte Angabe von latenten Steuerforderungen und -verbindlichkeiten (deferred tax assets bzw. liabilities) sowie latenten Steuererträgen und -aufwendungen für jede Art von temporären Differenzen (temporary differences), steuerlichen Verlustvorträgen und ungenutzten Steuergutschriften (tax credit) und

(7) Erläuterung latenter Steuerforderungen (deferred tax assets), soweit weder latente Steuerverbindlichkeiten (deferred tax liabilities) im gleichen Umfang erfaßt noch steuerliche Gewinne im gleichen Steuerrechtskreis im betrachteten und vorangegangenen Rechnungslegungszeitraum ausgewiesen werden.

Wie aus dem vorstehenden Katalog trotz der mangelnden Vollständigkeit deutlich wird, führen zusätzliche Erläuterungen (notes) für latente Steuern (deferred tax assets bzw. liabilities) zu umfangreichen Vorbereitungs- und Dokumentationsmaßnahmen,[57] deren praktische Umsetzung doch viele Unternehmungen überfordern würde. Neben der einzelfallbezogenen Beurteilung von notwendigen Vorbereitungs- und Dokumentationsmaßnahmen wäre die sorgfältige Abwägung zwischen Geheimhaltungsinteressen von rechnungslegenden Unternehmungen und Informationsbedürfnissen von potentiellen Jahresabschlußnutzern für die genaue Bestimmung von verzichtbaren Erläuterungspflichten erforderlich.[58] Wenngleich diese Fragestellung letztlich anderen Arbeiten vorbehalten bleibt, werden die nachfolgenden Darlegungen zur jahresabschlußanalytischen Untersuchung von IAS-Abschlüssen auch das erforderliche Mindestmaß an zusätzlichen Erläuterungen (notes) andeuten.

---

[56] Vgl. Coenenberg, A./Hille, K. in: Baetge, J. et al. (1997), IAS 12 Tz. 116 m.w.E.
[57] Vgl. Coenenberg, A./Hille, K. in: Baetge, J. et al. (1997), IAS 12 Tz. 120.
[58] Vgl. Schruff, W. (1993), S. 420.

5 Analyse von Einzelabschlüssen nach Regelungen zur IAS-Rechnungslegung für Zwecke von Kreditwürdigkeitsprüfungen

Nachdem die bilanzrechtlichen Schwierigkeiten des allgemeinen Übergangs von HGB- zu IAS-Abschlüssen ausgeräumt sind, ist die genauere Betrachtung der analytischen Untersuchung von Einzelabschlüssen nach Regelungen zur IAS-Rechnungslegung für Zwecke von Kreditwürdigkeitsprüfungen gerechtfertigt. Mittels dieser Untersuchung sollen entscheidungsrelevante Informationen über tatsächliche Entwicklungen von kreditnehmenden bzw. -suchenden Unternehmungen gewonnen werden,[1] wobei zwei Untersuchungsbestandteile auseinanderzuhalten sind:[2]
- (1) finanzwirtschaftliche Jahresabschlußanalyse und
- (2) erfolgswirtschaftliche Jahresabschlußanalyse.

Gleichwohl soll die finanzwirtschaftliche Jahresabschlußanalyse im Vordergrund der nachfolgenden Ausführungen stehen, weil kreditgewährende Finanzinstitute in erster Linie an finanzwirtschaftlichen Informationen über kreditnehmende bzw. -suchende Unternehmungen interessiert sind.[3]

5.1 Finanzwirtschaftliche Jahresabschlußanalyse

Laut ihrer Zielsetzung soll die finanzwirtschaftliche Jahresabschlußanalyse primär die zukunftsbezogene Liquiditätsbeurteilung von unterschiedlichen Unternehmungen ermöglichen.[4] Welche gleichberechtigten Teilbereiche der finanzwirtschaftlichen Jahresabschlußanalyse unterschieden werden, gibt die nachfolgende Abbildung 5.01 wieder.

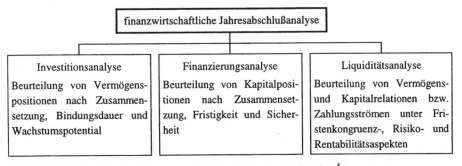

Abb. 5.01: Teilbereiche der finanzwirtschaftlichen Jahresabschlußanalyse[5]

---

[1] Vgl. Baetge, J. (1998), S. 1; Bieg, H. (1993), S. 378; Gräfer, H. (1994), S. 18f; Küting, K./Weber, C. (1999), S. 3; Schneider, D. (1989), S. 633f; Wöhe, G. (1997), S. 804.
[2] Vgl. Baetge, J. (1998), S. 2; Bieg, H. (1993), S. 379; Coenenberg, A. (1997), S. 563f; Gräfer, H. (1994), S. 18; Küting, K./Weber, C. (1999), S. 13; Wöhe, G. (1997), S. 810.
[3] Vgl. Baetge, J. (1998), S. 8; Coenenberg, A. (1997), S. 563; Küting, K./Weber, C. (1999), S. 11; Wöhe, G. (1997), S. 801.
[4] Vgl. Küting, K./Strickmann, M. (1997), S. 13; Küting, K./Weber, C. (1999), S. 76ff m.w.E.
[5] Vgl. Baetge, J. (1998), S. 195; Bieg, H. (1993), S. 379; Coenenberg, A. (1997), S. 587ff; Küting, K./Weber, C. (1999), S. 81; Wöhe, G. (1997), S. 817ff.

Da finanzwirtschaftliche Investitions-, Finanzierungs- und Liquiditätsanalysen auf Zeit- und Branchenvergleichen von Jahresabschlüssen basieren, müssen vergleichbare Sachverhalte durch unterschiedliche Jahresabschlüsse in vergleichbarer Weise abgebildet werden. Jedoch ist die vergleichbare Abbildung von vergleichbaren Sachverhalten nicht sichergestellt, wenn gezielte Manipulationen von einzelnen Jahresabschlußdaten infolge der **bilanzpolitischen Gestaltungspotentiale** durch explizite Ansatz- und Bewertungswahlrechte oder implizite Ermessens- und Gestaltungsspielräume ermöglicht werden. So können die bilanzpolitischen Gestaltungspotentiale genutzt werden, um gewinnabhängige Zahlungen zu minimieren, kontinuierliche Gewinnausschüttungen zu gewährleisten oder gute Kreditwürdigkeitsbeurteilungen zu erhalten.[6] Infolge dieser Bandbreite an möglichen Zielsetzungen ist die einheitliche Nutzung der bilanzpolitischen Gestaltungspotentiale bei vergleichbaren Sachverhalten durch unterschiedliche Unternehmungen unwahrscheinlich, wie die folgende Graphik 5.02 in starker Vereinfachung zeigt.

gute Vermögens-, Finanz- und Ertragslage bzw. -entwicklung	durchschnittliche Vermögens-, Finanz- und Ertragslage bzw. -entwicklung	schlechte Vermögens-, Finanz- und Ertragslage bzw. -entwicklung
vornehmliche Bedeutung folgender Zielsetzung		
Minimierung gewinnabhängiger Zahlungen	Gewährleistung kontinuierlicher Gewinnausschüttungen	Sicherstellung guter Kreditwürdigkeitsbeurteilungen
konservative Bilanzierungs- und Bewertungsmethoden		progressive Bilanzierungs- und Bewertungsmethoden
	bilanzpolitischer Gewinn	
	bilanzpolitisches Eigenkapital	

Abb. 5.02: Überblick über unterschiedliche Implikationen von bilanzpolitischen Zielsetzungen

Grundsätzlich ist anzunehmen, daß bilanzpolitische Maßnahmen durch alle Zielsetzungen mit gleicher Intensität determiniert werden. Falls allerdings Kreditwürdigkeitsbeurteilungen angesichts guter Vermögens-, Finanz- und Ertragslagen bzw. -entwicklungen an Bedeutung verlieren, werden niedrigere Ausweise von bilanzpolitischen Gewinnen durch konservative Bilanzierungs- und Bewertungsmethoden intendiert, um gewinnabhängige Zahlungen im betreffenden Geschäftsjahr zu minimieren und kontinuierliche Gewinnausschüttungen in späteren Rechnungslegungsperioden zu gewährleisten. Demgegenüber werden schlechte Vermögens-, Finanz- und Ertragslagen bzw. -entwicklungen - trotz unweigerlicher Erhöhung von gewinnabhängigen Zahlungen -

---

[6] Vgl. Wöhe, G. (1997), S. 803f.

Finanzwirtschaftliche Jahresabschlußanalyse

zu höheren Ausweisen von bilanzpolitischen Gewinnen durch progressive Bilanzierungs- und Bewertungsmethoden führen, um kontinuierliche Gewinnausschüttungen zu ermöglichen und schlechte Kreditwürdigkeitsbeurteilungen zu vermeiden. Diesen bilanzpolitischen Beeinflussungen soll die jahresabschlußanalytische Aufbereitung der originären Jahresabschlußdaten in sogenannten **Strukturbilanzen** entgegenwirken, wobei Umgliederungs- und Umbewertungsmaßnahmen in Übereinstimmung zur Abbildung 5.03 unterschieden werden.

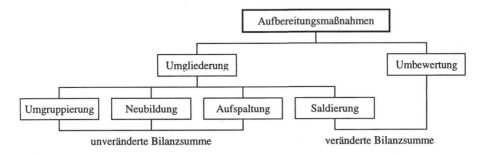

Abb. 5.03: Überblick über jahresabschlußanalytische Aufbereitungsmaßnahmen[7]

Durch derartige Umgliederungs- und Umbewertungsmaßnahmen stellen Strukturbilanzen für Zwecke von Kreditwürdigkeitsprüfungen sicher, daß vorsichtige Vermögensausweise unter vergleichbarer Abbildung von vergleichbaren Sachverhalten erfolgen. Dabei sollten Strukturbilanzen für IAS-Abschlüsse - unter Anlehnung an anerkannte Schemata für HGB-Abschlüsse[8] - in Entsprechung zur Tabelle 5.01 gegliedert werden.

Aktiva	Strukturbilanz	Passiva
I. Anlagevermögen	I. Eigenkapital	
1. Sachanlagevermögen	II. Fremdkapital	
2. Finanzanlagevermögen	1. langfristiges Fremdkapital	
3. immaterielles Anlagevermögen	a) langfristige Darlehn	
II. Umlaufvermögen	b) Pensionsrückstellungen	
1. Vorräte	2. mittelfristiges Fremdkapital	
2. Forderungen	3. kurzfristiges Fremdkapital	
3. kurzfristige Finanzinvestitionen		
4. flüssige Mittel		
5. sonstiges Umlaufvermögen		

Tab. 5.01: Strukturbilanzschema für IAS-Abschlüsse

---

[7] Vgl. Küting, K./Weber, C. (1999), S. 55f.
[8] Vgl. Jacobs, O. (1994), S. 88; Küting, K./Weber, C. (1999), S. 73f; Rehkugler/Poddig (1993), S. 37f.

Gemäß dieser Strukturbilanzgliederung werden IAS-Abschlüsse von Einzelunternehmungen hinsichtlich ihrer Aufbereitungserfordernisse für Zwecke von Kreditwürdigkeitsprüfungen in folgenden Schritten untersucht:
(1) Sachanlagevermögen,
(2) Finanzanlagevermögen,
(3) immaterielle Vermögenswerte (intangible assets),
(4) Umlaufvermögen (current assets) und
(5) Fremdkapital.

5.2 Sachanlagevermögen

Im bilanziellen Sachanlagevermögen sind körperliche Vermögenswerte (assets) auszuweisen, sofern ihre Nutzung nach aller Voraussicht über mehrere Geschäftsjahre erfolgen wird (IAS 16.6). Um detaillierte Einblicke in unternehmensspezifische Vermögensstrukturen zuzulassen, wird die "angemessene (appropriate) Untergliederung" des ausgewiesenen Sachanlagevermögens verlangt (IAS 1.72), ohne daß konkrete Abgrenzungen für einzelne Bilanzpositionen vorgegeben werden.

Mit ihrem Zugang müssen Sachanlagen zu ihren Anschaffungs- oder Herstellungskosten erfaßt werden (IAS 16.14ff), wobei sowohl Buchwertminderungen um öffentliche Zuschüsse (government grands) als auch Buchwerterhöhungen um anschaffungs- bzw. herstellungsbezogene Fremdkapitalkosten (borrowing costs) möglich sind (IAS 20.24ff bzw. 23.7ff). Vorbehaltlich außerplanmäßiger Abschreibungen soll die Folgebewertung zu fortgeführten Anschaffungs- oder Herstellungskosten erfolgen (IAS 16.28); alternativ ist die Bewertung zu Neubewertungsbeträgen (revalued amounts) zulässig (IAS 16.29). Ungeachtet ihrer Bewertung müssen Sachanlagen mit ihren Buchwerten ausgebucht werden, sobald ihre Verwendung in späteren Rechnungslegungsperioden keinen wirtschaftlichen Nutzen mehr erwarten läßt (IAS 16.55).[9]

Unter jahresabschlußanalytischen Gesichtspunkten sind die Bewertung zu Neubewertungsbeträgen (revalued amounts), die Erfassung von Zuschüssen (government grands), die Berücksichtigung von Fremdkapitalkosten (borrowing costs) und die Zurechnung zum Betriebsvermögen von besonderer Bedeutung. Da jahresabschlußanalytische Aufbereitungsmaßnahmen zur bilanziellen Vermögenszurechnung nicht existieren, bleiben die nachfolgenden Erörterungen auf drei Sachverhalte beschränkt:
(1) neubewertete Vermögenswerte (assets),
(2) öffentliche Zuschüsse (government grands) und
(3) Fremdkapitalkosten (borrowing costs).

---

[9] Siehe hierzu Kapitel 3.2.1.2.

5.2.1 Neubewertete Vermögenswerte (assets)

In grundlegendem Unterschied zu Sachanlagen in HGB-Abschlüssen, bei denen die bilanzielle Bewertung auf die historischen bzw. fortgeführten Anschaffungs- oder Herstellungskosten begrenzt ist, können Sachanlagen in IAS-Abschlüssen zu ihren Neubewertungsbeträgen (revalued amounts) bewertet werden,[10] auch wenn die auszuweisenden Buchwerte gegenüber den historischen bzw. fortgeführten Anschaffungs- oder Herstellungskosten größer sind.[11] Sollten die Buchwerte von Sachanlagen durch Neubewertungen (revaluations) erhöht werden, sind die Gegenbuchungen unter Mehrung von Neubewertungsrücklagen (revaluation surplus) erfolgsneutral vorzunehmen, falls unausgeglichene Erfolgswirkungen von früheren Buchwertminderungen keine erfolgswirksamen Verrechnungen erfordern (IAS 16.37). Umgekehrt müssen neubewertungsbedingte Buchwertminderungen von Sachanlagen als Aufwand ausgewiesen werden, soweit ihre Verrechnung gegen zugehörige Neubewertungsrücklagen (revaluation surplus) ausscheidet (IAS 16.38).

Generell müssen bestehende Neubewertungsrücklagen (revaluation surplus) mit ihrer Realisation durch den Abgang bzw. die Nutzung von neubewerteten Vermögenswerten (assets) über erfolgsneutrale Umbuchungen in ausschüttungsfähige Gewinnrücklagen aufgelöst werden. Erfolgt die Realisation im Wege des Abgangs von Vermögenswerten (assets), sind die Neubewertungsrücklagen (revaluation surplus) den Gewinnrücklagen vollständig zuzuführen (IAS 16.39). Dagegen sind die Neubewertungsrücklagen (revaluations surplus), die im Wege der Nutzung von Vermögenswerten (assets) realisiert werden, um die Differenz zwischen den Abschreibungen nach Maßgabe der beizulegenden Werte (fair values) zum letzten Neubewertungsstichtag und den Abschreibungen nach Maßgabe der historischen Anschaffungs- oder Herstellungskosten herabzusetzen.

Um willkürliche Wertansätze von einzelnen Sachanlagen auszuschließen, müssen gleichzeitige Neubewertungen (revaluations) für Gruppen von Vermögenswerten (assets) mit ähnlichen Eigenschaften (similar nature) und Verwendungsmöglichkeiten (similar use) vorgenommen werden (IAS 16.34ff), wobei regelmäßige Wiederholungen erforderlich sind (IAS 16.29). Ferner führen Neubewertungen (revaluations) von Sachanlagen zu umfangreichen Informationspflichten, nach denen folgende Erläuterungen (notes) offenzulegen sind (IAS 16.64):

(1) verfahrenstechnische Grundlagen und Zeitpunkte von Neubewertungen (revaluations),

---

[10] Siehe hierzu Kapitel 3.2.1.2.3.
[11] Vgl. Ballwieser, W. in: Baetge, J. et al. (1997), IAS 16 Tz. 75; Bruns, C. (1998), S. 145f; Glaum, M./Mandler, U. (1996), S. 139; IDW (1995), S. 91f; Reinhart, A. (1998), S. 157; Risse, A. (1996), S. 160; Wagenhofer, A. (1996), S. 160.

(2) gutachterliche Bestätigung oder Nichtbestätigung von Neubewertungsbeträgen (revalued amounts),
(3) Charakteristika von Indizes, die zur Bestimmung von Neubewertungsbeträgen (revalued amounts) verwendet wurden,
(4) historische bzw. fortgeführte Anschaffungs- oder Herstellungskosten von neubewerteten Vermögenswerten (assets) und
(5) betragsmäßige Entwicklung von korrespondierenden Neubewertungsrücklagen (revaluation surplus).

Obgleich betragsmäßige Konsequenzen von Neubewertungen (revaluations) durch diese Erläuterungen (notes) sichtbar werden, bleibt die bilanzpolitische Nutzung von Ermessensspielräumen bei der konkreten Bestimmung von Neubewertungsbeträgen (revalued amounts) unerkannt. Da die beizulegenden Werte (fair values) von Vermögenswerten (assets) der intersubjektiven Nachprüfung unzugänglich sind, können die ausgewiesenen Buchwerte von neubewerteten Vermögenswerten (assets) ohne große Schwierigkeiten manipuliert werden. Dabei nehmen die bilanzpolitischen Manipulationsmöglichkeiten mit abnehmender Liquidität der jeweiligen Beschaffungs- oder Absatzmärkte zu. Letztlich können stille Reserven durch Neubewertungen (revaluations) von Vermögenswerten (assets) entsprechend bilanzpolitischer Zielsetzungen offengelegt und als unrealisierte Gewinne ausgewiesen werden.[12]

In begrenztem Umfang entfallen diese Bewertungsspielräume, wenn die zugrundegelegten Neubewertungsbeträge (revalued amounts) durch unabhängige Expertisen von hauptamtlichen Gutachtern bestätigt werden.[13] Ohne genaue Einzelheiten von gutachterlichen Bestätigungen aufzeigen zu müssen, bleibt die Realisierung von Neubewertungsbeträgen (revalued amounts) in späteren Rechnungslegungsperioden aus der Sicht von Fremdkapitalgebern mit großen Unsicherheiten verbunden. Insbesondere werden insolvente Unternehmungen grundsätzlich ihre Sachanlagen mit beträchtlichen Marktpreisabschlägen veräußern müssen. Um solche Unsicherheiten für jahresabschlußanalytische Untersuchungen auszuschließen, sollte das neubewertete Sachanlagevermögen um die zugehörigen Neubewertungsrücklagen (revaluation surplus) gekürzt werden, womit die strukturbilanzielle Bewertung von Sachanlagen auf die fortgeführten Anschaffungs- oder Herstellungskosten begrenzt wird.

Durch diese Aufbereitung bleibt das Bewertungswahlrecht zwischen den Anschaffungs- oder Herstellungskosten und den Neubewertungsbeträgen (revalued amounts) ohne jahresabschlußanalytische Konsequenzen, weil einheitliche Wertmaßstäbe für Sachanlagen in Strukturbilanzen ungeachtet unterschiedlicher Wahlrechtsausübung gewährleistet sind.[14] Außerdem stellt die Kürzung des Sachanlagevermögens um die zu-

---

[12] Vgl. Fuchs, M. (1997), S. 123 u. 153; Glaum, M./Mandler, U. (1996), S. 139; Schildbach, T. (1998a), S. 587f; Siegel, T. (1998), S. 598; Wagenhofer, A. (1996), S. 240f.
[13] Vgl. Fuchs, M. (1997), S. 153; Siegel, T. (1998), S. 599; Wagenhofer, A. (1996), S. 240f; a.A.: Schildbach, T. (1998a), S. 588.
[14] Vgl. Wagenhofer, A. (1996), S. 245.

gehörigen Neubewertungsrücklagen (revaluation surplus) sicher, daß die neubewertungsbedingten Verstöße gegen den Grundsatz der Totalgewinnermittlung aufgehoben werden. Bewirkt werden diese Verstöße durch die abschreibungs- bzw. abgangsbedingten Buchwertminderungen von neubewerteten Vermögenswerten (assets), die in voller Höhe trotz der erfolgsneutralen Umbuchungen von korrespondierenden Neubewertungsrücklagen (revaluation surplus) aufwandswirksam sind.[15] Folglich führen sämtliche Wertdifferenzen zwischen den realisierten Neubewertungsbeträgen (revalued amounts) und den realisierten Anschaffungs- oder Herstellungskosten zu überhöhten Aufwendungen, die mit der Bewertung zu den Anschaffungs- oder Herstellungskosten fortfallen.

Letztlich können drei Argumente aus der Sicht von kreditgewährenden Finanzinstituten für die **Kürzung von bilanziellen Sachanlagen um neubewertungsbedingte Buchwertveränderungen** angeführt werden:

(1) vorsichtige Strukturbilanzausweise durch die Vermeidung von zwangsläufigen Ungewißheiten bei der Bestimmung von zugrundezulegenden Neubewertungsbeträgen (revalued amounts),

(2) einheitliche Bewertung des strukturbilanziellen Sachanlagevermögens trotz unterschiedlicher Nutzung des bilanziellen Bewertungswahlrechts und

(3) Vermeidung von überhöhten Aufwandsausweisen in der Höhe von positiven Salden zwischen den Neubewertungsbeträgen (revalued amounts) und den Anschaffungs- oder Herstellungskosten.

Formal ist die vorgenannte Aufbereitungsempfehlung für neubewertete Sachanlagen auf folgende Weise wiederzugeben:

Symbole: AHK_{SAV} : historische bzw. fortgeführte Anschaffungs- oder Herstellungskosten von Sachanlagen in GE

ΔX : Veränderung von Bilanzposition X im Rechnungslegungszeitraum in GE

ΔX^{St} : Veränderung von Strukturbilanzposition X im Zuge von Aufbereitungsmaßnahmen in GE

NB_{SAV} : Neubewertungsbetrag (revalued amount) für Sachanlagen in GE

NBR : bilanzielle Neubewertungsrücklagen (revaluation surplus) in GE

NBR^{St} : strukturbilanzielle Neubewertungsrücklagen (revaluation surplus) in GE

SAV : bilanzielles Sachanlagevermögen in GE

SAV^{St} : strukturbilanzielles Sachanlagevermögen in GE

---

[15] Vgl. Cairns, D. (1995), S. 1740; Fuchs, M. (1997), S. 166; Pellens, B. (1997), S. 432; Reinhart, A. (1998), S. 158f m.w.E.

Aktiva: $\Delta \text{SAV}^{St} = \text{SAV} - \text{NB}_{SAV} + \text{AHK}_{SAV}$ (1.01)

Passiva: $\Delta \text{NBR}^{St} = \text{NBR} - \text{NB}_{SAV} + \text{AHK}_{SAV}$ (1.02)

Beispiel: Gegeben ist folgende Datensituation zur Errichtung von zwei Fabrikationshallen im Geschäftsjahr 1997:

gesamte Anschaffungs- und Herstellungskosten:	600.000 DM
lineare Abschreibungen über 20 Jahre:	30.000 DM/Jahr
Zunahme von aktuellen Tageswerten zwischen 31.12.1997 und 31.12.1999 laut unabhängiger Wertgutachten:	80.000 DM

Abhängig vom Bewertungsverfahren sind die Bilanzveränderungen der Tabelle 5.02 zum 31.12.1999 auszuweisen.

Bewertung zu fortgeführten Anschaffungs- / Herstellungskosten - konservative Bilanzierung	Aktiva Veränderungsbilanz in DM Passiva
	Δ SAV - 30.000 | Δ EK - 30.000
	Erläuterungen (notes): keine Angaben
Bewertung zu Neubewertungsbeträgen (revalued amounts) - progressive Bilanzierung	Aktiva Veränderungsbilanz in DM Passiva
	Δ SAV + 50.000 | Δ EK - 30.000
	| Δ NBR + 80.000
	Erläuterungen (notes): Buchwert von neubewerteten Sachanlagen: + 50.000 DM historische bzw. fortgeführte Anschaffungs- oder Herstellungskosten von neubewerteten Sachanlagen: - 30.000 DM

Tab. 5.02: Beispiel zur Neubewertung (revaluation) von Sachanlagen

Da bilanzielle Neubewertungen mit erheblichen Eigenkapitalmehrungen verbunden sind, werden Unternehmungen die Fabrikationshallen zum Neubewertungsbetrag (revalued amount) ausweisen, solange ihr Hauptaugenmerk auf positiven Kreditwürdigkeitsbeurteilungen liegt. Sollten allerdings Kreditwürdigkeitsbeurteilungen angesichts guter Vermögens-, Finanz- und Ertragslagen bzw. -entwicklungen an Bedeutung als bilanzpolitische Zielsetzung verlieren, wird die bilanzielle Bewertung zu den fortgeführten Anschaffungs- oder Herstellungskosten bevorzugt, um potentiellen Forderungen nach höheren Gewinnausschüttungen infolge offengelegter Reserven vorzubeugen. Unabhängig vom gewählten Bewertungsverfahren führen die erarbeiteten Empfehlungen für die jahresabschlußanalytische Aufbereitung zu übereinstimmenden Vermögensausweisen, wie die Strukturbilanz der Tabelle 5.03 zeigt.

Sachanlagevermögen

Bewertung zu fortgeführten Anschaffungs- / Herstellungskosten	Aktiva　　Strukturbilanz in DM　　Passiva ΔSAV^{St}　－30.000　$\vert$　ΔEK^{St}　－30.000
Bewertung zu Neubewertungsbeträgen (revalued amounts)	(1.01) $\Delta \text{SAV}^{St} = \text{SAV} - \text{NB}_{SAV} + \text{AHK}_{SAV}$ 　　　$\Delta \text{SAV}^{St} = 50.000 - 50.000 + (-30.000)$ 　　　　　　　$= -30.000$ DM (1.02) $\Delta \text{NBR}^{St} = \text{NBR} - \text{NB}_{SAV} + \text{AHK}_{SAV}$ 　　　$\Delta \text{NBR}^{St} = 80.000 - 50.000 + (-30.000)$ 　　　　　　　$= 0$ DM Aktiva　　Strukturbilanz in DM　　Passiva ΔSAV^{St}　－30.000　$\vert$　ΔEK^{St}　－30.000

Tab. 5.03: Beispiel zur Neubewertung (revaluation) von Sachanlagen in Strukturbilanzen

Durch die zusätzliche Angabe der fortgeführten Anschaffungs- oder Herstellungskosten von neubewerteten Sachanlagen können die neubewertungsbedingten Buchwerterhöhungen der beiden Fabrikationshallen im vorliegenden Beispielfall eliminiert werden, womit vorsichtige Strukturbilanzausweise bei einheitlicher Bewertung sichergestellt werden. Danach beeinträchtigt die Neubewertung (revaluation) der Fabrikationshalle weder die Beurteilung der Vermögens- und Kapitalverhältnisse noch die Vergleichbarkeit des Jahresabschlusses.

5.2.2 Öffentliche Zuschüsse (government grands)

Entsprechend wahlweiser Neubewertungen (revaluations) ist die bilanzielle Erfassung von öffentlichen Zuschüssen (government grands) aufgrund der bilanzpolitischen Gestaltungspotentiale für jahresabschlußanalytische Zwecke aufzubereiten. Nach einschlägigen IAS müssen öffentliche Zuschüsse (government grands) erfaßt werden, sobald die zugehörigen Anspruchsvoraussetzungen "mit hinreichender Sicherheit (resonable assurance)" erfüllt und die tatsächlichen Zuschußgewährungen "mit hinreichender Sicherheit (resonable assurance)" abzusehen sind (IAS 20.7). Dabei werden ertrags- und vermögensbezogene Zuschüsse auf unterschiedliche Weise berücksichtigt, obgleich ihre erfolgswirksame Verteilung über jene Geschäftsjahre, in denen betriebliche Aufwendungen kompensiert werden, als genereller Grundgedanke anerkannt ist (IAS 20.12).

Ertragsbezogene Zuschüsse sind öffentliche Zuwendungen, die bestimmte Aufwendungen, konkrete Verluste oder wirtschaftliche Schwierigkeiten ausgleichen sollen.[16] Grundsätzlich müssen solche Zuwendungen unter der Erhöhung von sonstigen Erträgen bzw. der Kürzung von zugrundeliegenden Aufwendungen mit ihrer Gewährung erfolgswirksam erfaßt werden (IAS 20.20 i.V.m. 20.29). Sollten ertragsbezogene Zuschüsse allerdings Aufwendungen in zukünftigen Rechnungslegungsperioden kompensieren, sind passivische Abgrenzungsposten (deferred income) auszuweisen.[17]

Demgegenüber können vermögensbezogene Zuschüsse, die öffentliche Zuwendungen zur Erlangung von langfristigen Vermögenswerten (assets) umfassen (IAS 20.3),[18] auf folgende Weise berücksichtigt werden (IAS 20.24ff):

(1) Buchwertminderung von begünstigten Vermögenswerten (assets), die über korrespondierende Abschreibungsminderungen in nachfolgenden Rechnungslegungsperioden erfolgswirksam wird, oder

(2) Bilanzierung von passivischen Abgrenzungsposten (deferred income), die über planmäßige Abschreibungszeiträume von begünstigten Vermögenswerten (assets) aufwandswirksam aufzuheben ist.

Entgegen der sonstigen Differenzierung von expliziten Wahlrechten in bevorzugte (benchmark treatments) und alternative Methoden (allowed alternative treatments) stehen die beiden Bilanzierungsmethoden als gleichwertige Verfahren nebeneinander.[19] Doch müssen folgende Erläuterungen (notes) zur bilanziellen Erfassung von öffentlichen Zuschüssen (government grands) gegeben werden, um unterschiedliche Wahlrechtsausübungen in ihren Konsequenzen offenzulegen (IAS 20.39):

(1) angewandte Bilanzierungs- und Bewertungsmethoden (accounting policies),

(2) wesentliche Charakteristika von öffentlichen Zuschüssen (government grands), die bilanziell erfaßt bzw. unmittelbar beansprucht wurden, und

(3) Erfolgsunsicherheiten von öffentlichen Zuschüssen (government grands), die bilanziell erfaßt bzw. unmittelbar beansprucht wurden.

Mittels dieser Informationen kann die unterschiedliche Erfassung von vermögensbezogenen Zuschüssen durch die jahresabschlußanalytische Aufbereitung eliminiert wer-

---

[16] Klassische Beispiele für ertragsbezogene Zuschüsse sind staatliche Exportbeihilfen, mittels derer internationale Aktivitäten gefördert werden sollen.
Vgl. Förschle, G./Kroner, M./Mandler, U. (1996), S. 140; Pfitzer, N./Wirth, M. in: Baetge, J. et al. (1997), IAS 20 Tz. 14.

[17] Vgl. Achleitner, A./Behr, G. (1998), S. 169; Demming, C. (1997), S. 201; Förschle, G./Kroner, M./Mandler, U. (1996), S. 140; KPMG (1996), S. 42; Pfitzer, N./Wirth, M. in: Baetge, J. et al. (1997), IAS 20 Tz. 62.

[18] Klassische Beispiele für vermögensbezogene Zuschüsse sind öffentliche Zulagen für langfristige Investitionen in strukturschwachen Gebieten.

[19] Vgl. Achleitner, A./Behr, G. (1998), S. 168; Pfitzer, N./Wirth, M. in: Baetge, J. et al. (1997), IAS 20 Tz. 54.

den, wobei die Buchwertminderung von Sachanlagen ebenso in Betracht kommt wie die Passivierung von Abgrenzungsposten (deferred income). Indem vermögensbezogene Zuschüsse als Zuwendungen zur Erlangung von langfristigen Vermögenswerten (assets) definiert sind (IAS 20.3), erscheint die Buchwertminderung von Sachanlagen gegenüber der Passivierung von Abgrenzungsposten (deferred income) sinnvoller, weil derartige Zuwendungen zur Minderung der entscheidungsrelevanten Anschaffungs- bzw. Herstellungskosten von begünstigten Vermögenswerten (assets) führen.[20] Da aber diese Minderung den späteren Verkauf in gleicher Weise beeinflußt, sollten kreditgewährende Finanzinstitute unterstellen, daß vermögensbezogene Zuschüsse nicht nur die entscheidungsrelevanten Anschaffungskosten, sondern auch die zukünftigen Liquidationserlöse von begünstigten Vermögenswerten (assets) senken. Insofern gibt die bilanzielle bzw. strukturbilanzielle Erfassung von vermögensbezogenen Zuschüssen über passivische Abgrenzungsposten (deferred income) bei umfangreichen Zuschußgewährungen keine besseren Informationen über unternehmensindividuelle Vermögens-, Finanz- und Ertragslagen bzw. -entwicklungen.[21] Im übrigen wäre die Zuordnung von passivischen Abgrenzungsposten (deferred income) für vermögensbezogene Zuschüsse nach der Aufbereitung mit unlösbaren Problemen verbunden, weil ihre Klassifizierung als Fremdkapital mangels zukünftiger Mittelabflüsse ebenso ausscheidet wie ihre Klassifizierung als Eigenkapital infolge fehlender Gewinnrealisierungen.[22]

In diesem Sinn kann die jahresabschlußanalytische **Kürzung von bilanziellen Sachanlagen um die passivischen Abgrenzungsposten (deferred income) für vermögensbezogene Zuschüsse** durch zwei Argumente gerechtfertigt werden:

(1) zutreffende Vermögensausweise angesichts der Minderung der entscheidungsrelevanten Anschaffungskosten und der zukünftigen Liquidationserlöse bei der Förderung mit vermögensbezogenen Zuschüssen und

(2) einheitliche Bewertung des strukturbilanziellen Sachanlagevermögens trotz unterschiedlicher Nutzung des bilanziellen Ausweiswahlrechts.

Sofern diesen Argumenten gefolgt wird, ist die jahresabschlußanalytische Aufbereitung für vermögensbezogene Zuschüsse über folgende Formalismen darzustellen:

Symbole: RAP_{Zu}: passivische (Rechnungs-) Abgrenzungsposten (deferred income) für vermögensbezogene Zuschüsse in GE

RAP_{Zu}^{St}: strukturbilanzielle (Rechnungs-) Abgrenzungsposten (deferred income) für vermögensbezogene Zuschüsse in GE

---

[20] Vgl. Adler, H./Düring, W./Schmaltz, K. (1995), § 255 HGB Rz. 56; Coenenberg, A. (1997), S. 86.
[21] a.A.: Coenenberg, A. (1997), S. 86.
[22] Vgl. Achleitner, A./Behr, G. (1998), S. 168.

Aktiva: $\Delta \text{SAV}^{St} = \text{SAV} - \text{RAP}_{Zu}$ (1.03)

Passiva: $\Delta \text{RAP}_{Zu}^{St} = \text{RAP}_{Zu} - \text{RAP}_{Zu} = 0$ (1.04)

Beispiel: Im Geschäftsjahr 1996 wurden öffentliche Zuschüsse (government grands) zum Erwerb von Sachanlagen in Anspruch genommen. Im einzelnen sind folgende Daten zugrundezulegen:

bilanzielle Anschaffungskosten: 20.000 DM
lineare Abschreibungen über 5 Jahre: 4.000 DM/Jahr
öffentliche Zuschüsse (government grands): 10% der bilanziellen Anschaffungskosten

Da vermögensbezogene Zuschüsse unter der Minderung von Anschaffungskosten oder der Passivierung von Abgrenzungsposten (deferred income) erfaßt werden können, sind die Bilanzveränderungen der Tabelle 5.04 zum 31.12.1999 möglich.

	Aktiva Veränderungsbilanz in DM Passiva
Minderung zugrundeliegender Anschaffungskosten - progressive Bilanzierung	Δ SAV - 3.600 | Δ EK - 3.600 Erläuterungen (notes): Veränderung von planmäßigen Abschreibungen durch öffentliche Zuschüsse (government grands): - 400 DM
Bilanzierung passivischer Abgrenzungsposten (deferred income) - konservative Bilanzierung	Δ SAV - 4.000 | Δ EK - 3.600 | Δ RAP - 400 Erläuterungen (notes): passivische Abgrenzungsposten (deferred income) für öffentliche Zuschüsse (government grands): - 400 DM

Tab. 5.04: Beispiel zur Bilanzierung öffentlicher Zuschüsse (government grands)

Obgleich beide Bilanzierungsalternativen keine wesentlichen Unterschiede aufweisen, werden Unternehmungen mit zunehmender Verbesserung von Vermögens-, Finanz- und Ertragslagen bzw. -entwicklungen auch größere Bereitschaft zur Passivierung von Abgrenzungsposten (deferred income) zeigen, wenngleich nachteilige Veränderungen im Hinblick auf ihre Kapitalstruktur begründet werden. Ungeachtet der gewählten Bewertungsalternative können kreditgewährende Finanzinstitute nach den erarbeiteten Empfehlungen für die jahresabschlußanalytische Aufbereitung zu übereinstimmenden Strukturbilanzausweisen gelangen, wie die nachfolgende Tabelle 5.05 dokumentiert.

Sachanlagevermögen 121

Minderung zugrundeliegender Anschaffungskosten	Aktiva Strukturbilanz in DM Passiva Δ SAVSt - 3.600 Δ EKSt - 3.600
Bilanzierung passivischer Abgrenzungsposten (deferred income)	(1.03) Δ SAVSt = SAV - RAP$_{ZU}$ Δ SAVSt = -4.000 - (-400) = -3.600 DM (1.04) Δ RAP$_{Zu}^{St}$ = RAP$_{Zu}$ - RAP$_{Zu}$ Δ RAP$_{Zu}^{St}$ = -400 - (-400) = 0 DM Aktiva Strukturbilanz in DM Passiva Δ SAVSt - 3.600 Δ EKSt - 3.600

Tab. 5.05: Beispiel zur Berücksichtigung öffentlicher Zuschüsse (government grands) in Strukturbilanzen

Indem die passivischen Abgrenzungsposten (deferred income) für vermögensbezogene Zuschüsse gegen das ausgewiesene Sachanlagevermögen gekürzt werden, sind einheitliche Strukturbilanzausweise unter Beachtung von wirtschaftlichen Begebenheiten gewährleistet. Insofern wird die finanzwirtschaftliche Jahresabschlußanalyse durch unterschiedliche Ausweismöglichkeiten für die vermögensbezogenen Zuschüsse im vorliegenden Beispielfall nicht beeinträchtigt.

5.2.3 Fremdkapitalkosten (borrowing costs)

Neben öffentlichen Zuschüssen (government grands) können Fremdkapitalkosten (borrowing costs), die sämtliche Kosten von Fremdkapitalaufnahmen einschließlich Zinsen umfassen (IAS 23.4f), im Rahmen von bilanziellen Vermögensausweisen berücksichtigt werden. Denn obwohl Fremdkapitalkosten (borrowing costs) sofortige Aufwandswirkungen entfalten sollen (IAS 23.7), dürfen die Buchwerte von Vermögenswerten (assets) um Fremdkapitalkosten (borrowing costs) erhöht werden, falls folgende Voraussetzungen erfüllt sind (IAS 23.11):

(1) "qualifizierte Vermögenswerte (qualifying assets)", deren endgültige Betriebs- bzw. Verkaufsbereitschaft über längere Zeiträume durch verschiedene Maßnahmen hergestellt werden muß,[23] und

(2) unmittelbare Zurechnung von Fremdkapitalkosten (borrowing costs) zur Erlangung, Konstruktion oder Herstellung von "qualifizierten Vermögenswerten (qualifying assets)".

---

[23] Beispielsweise werden "qualifizierte Vermögenswerte (qualifying assets)" in IAS-Abschlüssen durch langfristige Fertigungsaufträge (construction contracts) oder Neubauten begründet (IAS 23.6).

Entsprechend ihren Bilanzierungsvoraussetzungen dürfen Fremdkapitalkosten (borrowing costs) in bilanziellen Vermögensausweisen berücksichtigt werden, sobald tatsächliche Fremdkapitalkosten durch die angefallenen Ausgaben für die erforderlichen Arbeiten zur Erlangung, Konstruktion oder Herstellung von "qualifizierten Vermögenswerten (qualifying assets)" entstanden sind (IAS 23.20). Sollten spezifische Fremdkapitalaufnahmen für solche Ausgaben erfolgen, können die tatsächlichen Fremdkapitalkosten (borrowing costs) abzüglich aller Erträge aus der zwischenzeitlichen Kapitalanlage von ungenutzten Mitteln bilanziert werden (IAS 23.15). Für den anderen Fall sind die bilanzierungsfähigen Fremdkapitalkosten (borrowing costs) zu bestimmen, indem alle Ausgaben zur Erlangung, Konstruktion oder Herstellung von "qualifizierten Vermögenswerten (qualifying assets)" zum gewogenen Durchschnittszins von allgemeinen Fremdkapitalaufnahmen verzinst werden (IAS 23.17).

Ungeachtet spezifischer oder allgemeiner Fremdfinanzierungen muß die bilanzielle Berücksichtigung von Fremdkapitalkosten (borrowing costs) im Fall von längeren Unterbrechungen bei den erforderlichen Arbeiten zur Erlangung, Konstruktion oder Herstellung von "qualifizierten Vermögenswerten (qualifying assets)" ausgesetzt werden, falls administrative Vorbereitungen, technische Schwierigkeiten oder andere Ausnahmetatbestände keine entsprechenden Unterbrechungen rechtfertigen (IAS 23.23f). Endgültig scheidet die bilanzielle Berücksichtigung von Fremdkapitalkosten (borrowing costs) aus, wenn "qualifizierte Vermögenswerte (qualifying assets)" zur beabsichtigten Nutzung in wesentlichen Teilen vorbereitet sind (IAS 23.25).

Sollten anschaffungs- bzw. herstellungsbezogene Fremdkapitalkosten (borrowing costs) bilanzielle Berücksichtigung erfahren, sind folgende Erläuterungen (notes) zwingend (IAS 23.29):

(1) angewandte Bilanzierungs- und Bewertungsmethoden (accounting policies)
(2) Betrag an Fremdkapitalkosten (borrowing costs), deren erstmalige Bilanzierung im betrachteten Rechnungslegungszeitraum erfolgt, und
(3) angewandter Finanzierungskostensatz zur Berechnung von aktivierungsfähigen Fremdkapitalkosten (borrowing costs).

Durch diese Erläuterungen (notes) werden sämtliche Fremdkapitalkosten (borrowing costs), deren erstmalige Bilanzierung im betrachteten Rechnungslegungszeitraum erfolgt, hinsichtlich ihrer Konsequenzen für bilanzielle Vermögensausweise ersichtlich, während ihre Kompensationswirkungen infolge höherer Abschreibungen, späterer Neubewertungen (revaluations) und ähnlicher Effekte in nachfolgenden Rechnungslegungsperioden verborgen bleiben.[24] Dennoch sollte die erstmalige Bilanzierung von Fremdkapitalkosten (borrowing costs) zur weitgehenden Sicherstellung von einheitlichen Strukturbilanzausweisen durch die jahresabschlußanalytische Kürzung von

---

[24] a.A.: Fuchs, M. (1997), S. 119.

Sachanlagen aufgehoben werden.[25] Daß kreditgewährende Finanzinstitute nicht die Vermögensmehrung um aufwandswirksame Fremdkapitalkosten (borrowing costs), sondern die Vermögensminderung um bilanzierte Fremdkapitalkosten (borrowing costs) präferieren sollten, findet seine Begründung in den Ermessensspielräumen bei der Zurechnung von anschaffungs- bzw. herstellungsbezogenen Fremdkapitalkosten (borrowing costs).[26] Beispielsweise bleibt offen, auf welche Weise die gewogenen Durchschnittszinsen für allgemeine Fremdkapitalaufnahmen auszurechnen,[27] mit welchem Zeitraum die erforderlichen Arbeiten zur Erlangung, Konstruktion oder Herstellung von "qualifizierten Vermögenswerten (qualifying assets)" für längere Zeit unterbrochen oder zu welchem Zeitpunkt die beabsichtigten Nutzungen von "qualifizierten Vermögenswerten (qualifying assets)" in wesentlichen Teilen möglich sind. Darüber hinaus ist unstrittig, daß anschaffungs- bzw. herstellungsbezogene Fremdkapitalkosten (borrowing costs) die tatsächlichen Werte von "qualifizierten Vermögenswerten (qualifying assets)" nicht erhöhen.

Demzufolge sprechen zwei Gründe aus der Sicht von kreditgewährenden Finanzinstituten für die **Kürzung von bilanziellen Sachanlagen um sämtliche Fremdkapitalkosten, deren erstmalige Bilanzierung im betrachteten Rechnungslegungszeitraum erfolgt**:

(1) vorsichtige Strukturbilanzausweise angesichts der unveränderten Werthaltigkeit von qualifizierten Vermögenswerten (qualifying assets) ungeachtet der anschaffungs- bzw. herstellungsbezogenen Fremdfinanzierung und

(2) weitgehende Einheitlichkeit des strukturbilanziellen Vermögensausweises trotz unterschiedlicher Nutzung des bilanziellen Ausweiswahlrechts.

Diese jahresabschlußanalytische Aufbereitungsempfehlung können folgende Formalismen beschreiben:

Symbole: EK :   bilanzielles Eigenkapital in GE
EK^{St} :   strukturbilanzielles Eigenkapital in GE
FKK: Fremdkapitalkosten (borrowing costs), deren erstmalige Bilanzierung im betrachteten Rechnungslegungszeitraum erfolgt, in GE

Aktiva: $\Delta SAV^{St} = SAV - FKK$ (1.05)

Passiva: $\Delta EK^{St} = EK - FKK$ (1.06)

---

[25] Vgl. Bruns, C. (1998), S. 171.
[26] Vgl. Bruns, C. (1998), S. 171; Fuchs, M. (1997), S. 119.
[27] Vgl. Fuchs, M. (1997), S. S. 119f; Schönbrunn N. in: Baetge, J. et al. (1997), IAS 23 Tz. 20.

Beispiel: Auf betriebseigenen Grundstücken wurden zwei Bürogebäude im betrachteten Geschäftsjahr 1999 errichtet. Im einzelnen sind folgende Daten gegeben:

bilanzielle Herstellungskosten bei gleichmäßiger Verteilung zwischen Baubeginn am 01.01.1999 und Bauende am 31.12.1999:	2.000.000 DM
Finanzierung aus allgemeinen Fremdmitteln zu folgenden Konditionen:	
Gesamtbetrag an allgemeinen Fremdmitteln:	8.000.000 DM
Zinsen für allgemeine Fremdmittel:	480.000 DM/Jahr

Bevor die auszuweisenden Bilanzveränderungen entsprechend der nachfolgenden Tabelle 5.06 gezeigt werden können, müssen die aktivierungsfähigen Fremdkapitalkosten (borrowing costs) in folgenden Schritten bestimmt werden:

Ermittlung des Finanzierungskostensatzes

Finanzierungskostensatz
= Zinsen für allgemeines Fremdkapital : allgemeines Fremdkapital
= 480.000 : 8.000.000 = 0,06 DM/(DM · Jahr)

Bestimmung der aktivierungsfähigen Fremdkapitalkosten (borrowing costs)

aktivierungsfähige Fremdkapitalkosten
= durchschnittliche Ausgaben · Finanzierungskostensatz
= (2.000.000 : 2) · 0,06 = 60.000 DM/Jahr

aufwandswirksame Erfassung von Fremdkapitalkosten (borrowing costs) - konservative Bilanzierung	Aktiva	Veränderungsbilanz in DM		Passiva
	Δ SAV	+ 2.000.000	Δ EK	- 60.000
	Δ Bank	- 60.000	Δ FK	+ 2.000.000
	Erläuterungen (notes): keine Angaben			
bilanzielle Erfassung von Fremdkapitalkosten (borrowing costs) - progressive Bilanzierung	Aktiva	Veränderungsbilanz in DM		Passiva
	Δ SAV	+ 2.060.000	Δ EK	± 0
	Δ Bank	- 60.000	Δ FK	+ 2.000.000
	Erläuterungen (notes): Fremdkapitalkosten (borrowing costs), deren erstmalige Bilanzierung im betrachteten Rechnungslegungszeitraum erfolgt: + 60.000 DM			

Tab. 5.06: Beispiel zur Bilanzierung von Fremdkapitalkosten (borrowing costs)

Um negative Eigenkapitalveränderungen zu vermeiden, werden die Bürogebäude von Unternehmungen, die schlechte Vermögens-, Finanz- und Ertragslagen bzw. -entwicklungen zeigen, unter Berücksichtigung der Fremdkapitalkosten (borrowing costs) bilanziert. Mit der zunehmenden Verbesserung von unternehmensindividuellen Vermögens-, Finanz- und Ertragslagen bzw. -entwicklungen gewinnt die aufwandswirksame Erfassung von anschaffungs- bzw. herstellungsbezogenen Fremdkapitalkosten (borrowing costs) an Bedeutung, weil gewinnabhängige Zahlungen gemindert und zukünftige Ausschüttungspotentiale geschaffen werden. Doch führen beide Bilanzierungsverfahren zum selben Strukturbilanzausweis, sollten Fremdkapitalgeber die obige Empfehlung der jahresabschlußanalytischen Aufbereitung von Fremdkapitalkosten (borrowing costs) befolgen. Im einzelnen werden die Veränderungen in der Tabelle 5.07 ausgewiesen.

aufwandswirksame Erfassung von Fremdkapitalkosten (borrowing costs)	Aktiva Strukturbilanz in DM Passiva Δ SAVSt + 2.000.000 Δ EKSt - 60.000 Δ BankSt - 60.000 Δ FKSt + 2.000.000
bilanzielle Erfassung von Fremdkapitalkosten (borrowing costs)	(1.05) Δ SAVSt = SAV − FKK Δ SAVSt = 2.060.000 − 60.000 = 2.000.000 DM (1.06) Δ EKSt = EK − FKK Δ EKSt = 0 − 60.000 = − 60.000 DM Aktiva Strukturbilanz in DM Passiva Δ SAVSt + 2.000.000 Δ EKSt - 60.000 Δ BankSt - 60.000 Δ FKSt + 2.000.000

Tab. 5.07: Beispiel zur Berücksichtigung von Fremdkapitalkosten (borrowing costs) in Strukturbilanzen

Durch die jahresabschlußanalytische Kürzung des ausgewiesenen Sachanlagevermögens um anschaffungs- bzw. herstellungsbezogene Fremdkapitalkosten, deren erstmalige Bilanzierung im betrachteten Rechnungslegungszeitraum erfolgt, ist der vorsichtige Strukturbilanzausweis der beiden Bürogebäude sichergestellt. Allerdings können die korrespondierenden Kompensationswirkungen infolge höherer Abschreibungen, späterer Neubewertungen (revaluations) und ähnlicher Effekte in den nachfolgenden Rechnungslegungsperioden nicht eliminiert werden, womit unzutreffende und uneinheitliche Vermögensausweise im Zuge der Bilanzierung von Fremdkapitalkosten ungeachtet jahresabschlußanalytischer Aufbereitungsmaßnahmen nicht auszuschließen sind.

5.3 Finanzanlagevermögen

Neben materiellen Vermögenswerten (assets), deren geplante Nutzungsdauer mehrere Geschäftsjahre beträgt, sind sämtliche Finanzinvestitionen (investments), deren spezielle "Eigenart (nature)" jederzeitige Realisierungen ausschließt[28] und/oder deren beabsichtigte Haltedauer mehrere Geschäftsjahre umfaßt, im bilanziellen bzw. strukturbilanziellen Anlagevermögen auszuweisen. Infolge ihrer Definition als Vermögenswerte (assets), die zur Erwirtschaftung von laufenden Einnahmen, zur Wertsteigerung von eingesetzten Vermögen oder zur Erzielung von anderen Nutzeneffekten gehalten werden (IAS 25.4), schließen Finanzinvestitionen (investments) außer konventionellen Finanzanlagen auch nicht-finanzielle Vermögenspositionen ein. Klassische Beispiele für nicht-finanzielle Finanzinvestitionen (investments) sind Finanzanlagen in Immobilien (investment properties), die als Sach- oder Finanzanlagen bilanziert werden dürfen (IAS 25.28).

Bei ihrer Erfassung im Anlagevermögen können Finanzinvestitionen (investments) zu unterschiedlichen Werten ausgewiesen werden,[29] wobei keine Differenzierung zwischen bevorzugten (benchmark treatment) und alternativen (allowed alternativ treatment) Wertansätzen erfolgt.[30] Im einzelnen sind folgende Werte zulässig (IAS 25.23):

(1) historische Anschaffungskosten vorbehaltlich außerplanmäßiger Abschreibungen,

(2) Neubewertungsbeträge (revalued amounts) vorbehaltlich außerplanmäßiger Abschreibungen und

(3) niedrigere Werte aus Marktwerten (market values) und Anschaffungskosten für Gesamtportfolios von marktfähigen Kapitalanteilspapieren (marketable equity securities).

Um verläßlichere Wertansätze durch geringere Wahlmöglichkeiten und konsequentere Marktorientierungen sicherzustellen, wurden die Bilanzierungs- und Bewertungsregelungen für das Finanzanlagevermögen im IAS 39 neugefaßt.[31] Danach müssen finanzielle Vermögenswerte (financial assets), die in definitorischer Unterscheidung zu Finanzinvestitionen (investments) einerseits Derivate erfassen, andererseits nicht-finanzielle Gegenstände ausschließen,[32] mit wenigen Ausnahmen zu ihren Marktwerten (market values) bzw. beizulegenden Werten (fair values) bilanziert werden

---

[28] Beispielsweise umfassen Finanzinvestitionen (investments), deren spezielle "Eigenart (nature)" jederzeitige Realisierungen ausschließt, sogenannte Handelsinvestitionen, die vornehmlich zur Sicherung, Abwicklung oder Weiterentwicklung von Geschäften und Handelsbeziehungen getätigt werden (IAS 25.11).

[29] Siehe hierzu Kapitel 3.2.1.2.

[30] Vgl. Fuchs, M. (1997), S. 187; Wagenhofer, A. (1996), S. 244.

[31] Vgl. Hacker, B. (1999), S. 858; Steiner, M. in: Baetge, J. et al. (1997), IAS 25 Tz. 84f; Wagenhofer, A. (1996), S. 166.

[32] Vgl. Steiner, M. in: Baetge, J. et al. (1997), IAS 25 Tz. 6; Wagenhofer, A. (1996), S. 218.

Finanzanlagevermögen 127

(IAS 39.66ff). Da indes diese Regelungen angesichts ihrer Bezeichnung als vorläufiger Standard und angesichts langer Übergangsfristen vor ihrem Inkrafttreten noch verschiedene Änderungen erwarten lassen,[33] werden die gegenwärtigen Bilanzierungs- und Bewertungsregelungen in den nachfolgenden Darlegungen zugrundegelegt. En detail werden folgende Bilanzierungsfragen unter dem Blickwinkel von Fremdkapitalgebern hinsichtlich ihrer Aufbereitungserfordernisse für die Erstellung von Strukturbilanzen untersucht:

(1) neubewertete Finanzinvestitionen (investments),
(2) außerplanmäßige Wertänderungen,
(3) Finanzanlagen in Immobilien (investment properties) und
(4) latente Steuerforderungen (deferred tax assets).

5.3.1 Neubewertete Finanzinvestitionen (investments)

Nach einschlägigen IAS können langfristige Finanzinvestitionen (investments) mit ihren Neubewertungsbeträgen (revalued amounts) erfaßt werden,[34] sofern gleichzeitige Neubewertungen (revaluations) für sämtliche Finanzinvestitionen (investments) von einzelnen "Hauptgruppen (entire category)" in regelmäßigen Abständen vorgenommen werden (IAS 25.23). Falls die Buchwerte von Finanzanlagen durch Neubewertungen (revaluations) verändert werden, müssen die Gegenbuchungen analog den Gegenbuchungen bei Neubewertungen (revaluations) von Sachanlagen erfolgen. Demgegenüber können die realisierten Neubewertungsrücklagen (revaluation surplus) für Finanzanlagen über die erfolgsneutrale Umgliederung im Eigenkapital oder die ergebniswirksame Gegenbuchung auf Ertragskonten aufgelöst werden (IAS 25.33). Dabei bleiben die ergebniswirksamen Beträge aus den aufgelösten Neubewertungsrücklagen (revaluation surplus) verborgen, weil die zusätzlichen Pflichtangaben im IAS 25 und 32 auf die methodischen Grundlagen ohne Betragsangaben beschränkt werden. Sofern spezielle Angabepflichten von Konzernunternehmungen und Kapitalanlagegesellschaften außer Betracht bleiben, müssen folgende Erläuterungen (notes) zur Bilanzierung und Bewertung von Finanzanlagen gegeben werden (IAS 25.49):

(1) angewandte Bilanzierungs- und Bewertungsmethoden (accounting policies),
(2) erfolgswirksame Beträge aus Zinsen, Dividenden, Mieten und anderen Nutzungsentgelten sowie Veräußerungserlösen und bilanziellen Wertänderungen,
(3) aktuelle Marktwerte (market values) von marktfähigen Finanzinvestitionen (investments), die zu anderen Werten bilanziert werden,

---

[33] Vgl. Hacker, B. (1999), S. 859.
[34] Siehe hierzu Kapitel 3.2.1.2.3.

(4) erhebliche Einschränkungen von späteren Veräußerungen sowie effektiven Zuflüssen aus Erträgen und Verkaufserlösen und
(5) grundlegende Gesichtspunkte von wahlweisen Neubewertungen (revaluations): Neubewertungsgrundlagen, -zeitpunkt und -turnus, gutachterliche Bestätigung bzw. Nichtbestätigung von Neubewertungsbeträgen (revalued amounts), betragsmäßige Entwicklung von korrespondierenden Neubewertungsrücklagen (revaluation surplus).

Darüber hinaus sind weitere Angaben zu geschäftlichen Beziehungen mit nahestehenden Unternehmungen und Personen (related parties, IAS 24) sowie bewertungsrelevante Sachverhalte für finanzielle Vermögenswerte (financial assets, IAS 32) offenzulegen,[35] womit Einzelunternehmungen folgende Zusatzinformationen zu Finanzinvestitionen (investments) geben müssen:

(1) Gesellschaftskredite an Gesellschafter mit beherrschender Stellung oder Personen mit maßgeblichem Einfluß,
(2) charakteristische Merkmale von finanziellen Vermögenswerten (financial assets) einschließlich wesentlicher Vereinbarungen, die tatsächliche Beträge, zeitliche Strukturen und eventuelle Unsicherheiten zukünftiger Zahlungen determinieren,
(3) Umfänge und Ursachen von eingegangenen Zinsänderungs- und Ausfallrisiken,
(4) beizulegende Werte (fair values) von finanziellen Vermögenswerten (financial assets) bzw. wesentliche Bestimmungsfaktoren von beizulegenden Werten (fair values), deren verläßliche Feststellung aus praktischen Gründen unmöglich ist,
(5) Differenzen zwischen beizulegenden (fair values) und bilanziellen Werten infolge vorübergehender Wertminderungen und
(6) zukünftige Transaktionen und unrealisierte Erfolgswirkungen aufgrund antizipativer Hedgegeschäfte.

Indem die aktuellen Marktwerte (market values) von marktfähigen Finanzinvestitionen (investments) bei der bilanziellen Bewertung zu anderen Werten anzugeben sind, können strukturbilanzielle Marktbewertungen durch jahresabschlußanalytische Aufbereitungsmaßnahmen sichergestellt werden. Jedoch müssen solche Aufbereitungsmaßnahmen angesichts der Bedenken gegen bilanzielle Marktbewertungen kritisch betrachtet werden.

Beispielsweise wird im Schrifttum gegen Marktbewertungen eingewandt, daß im Hinblick auf Entstehung und Liquiditätswirkung ungewisse Erfolge unter Mißachtung von Realisations- bzw. Vorsichtsüberlegungen ausgewiesen werden.[36] Zweifelsohne nehmen die aktuellen Marktwerte (market values) nicht nur unrealisierte Verluste, sondern

---

[35] Vgl. IDW (1995), S. 131.
[36] Vgl. Biener, H. (1993), S. 354f.

Finanzanlagevermögen

auch unrealisierte Gewinne vorweg.[37] Jedoch können diese Gewinne aus marktfähigen Finanzinvestitionen (investments) ungeachtet der zugrundegelegten Bewertungsmethode durch den gleichzeitigen Ver- und Rückkauf zu jedem Rechnungslegungsstichtag ohne große Schwierigkeiten realisiert werden. Wie faktische Marktbewertungswahlrechte zeigen, muß die Erfolgsrealisierung für Finanzinvestitionen (investments) in Unabhängigkeit von den Zahlungsströmen erfolgen, sollen zutreffende Darstellungen über unternehmensindividuelle Vermögens-, Finanz- und Ertragslagen bzw. -entwicklungen gegeben werden. Gelten die Erfolge aus Realgeschäften mit dem vollständigen Übergang von Preisgefahren als realisiert, sind die Erfolge aus Finanzinvestitionen (investments) mit der materiellen Bestätigung von Wertverhältnissen gesichert,[38] wenn sowohl intersubjektive Überprüfungen gewährleistet, als auch subjektive Manipulationen ausgeschlossen bleiben. Folglich können die Erfolge aus Finanzinvestitionen (investments) aus der Sicht von Fremdkapitalgebern erfaßt werden, sobald ihre Bestätigung über Marktpreise auf funktionierenden Finanzmärkten gegeben ist. Denn funktionierende Finanzmärkte kommen dem vollkommenen Markt in seiner Effizienz nahe, womit bedeutende Manipulationen von Marktpreisen unter diesen Voraussetzungen ausgeschlossen sind.

Gleichzeitig sollen die Marktwerte (market values) nach herrschender Auffassung ebenfalls den Anforderungen an vorsichtige Erfolgsmaßstäbe genügen, weil sämtliche Informationen auf funktionierenden Märkten über aktuelle Marktpreise und andere Parameter berücksichtigt werden. Dennoch bleiben spätere Wertminderungen aufgrund zerschlagungsbedingter Kursänderungen oder averser Marktentwicklungen möglich.[39] Sollten auch solche Wertänderungen ausgeschlossen werden, müßten mögliche Wertminderungen zwischen dem betrachteten Rechnungslegungsstichtag und den geplanten Abgangszeitpunkten über szenarioanalytische Worst-Case-Betrachtungen ermittelt werden. Allerdings sind szenarioanalytische Worst-Case-Betrachtungen als jahresabschlußanalytische Aufbereitungsmaßnahme weder praktikabel noch sinnvoll, weil willkürliche Werte, die unter extremen Umweltzuständen mit minimalen Wahrscheinlichkeiten eintreten, strukturbilanzielle Wertansätze bestimmen würden. Dagegen müssen Strukturbilanzen ungeachtet der willkürbehafteten Abgrenzung von Teilperioden auf den aktuellen Verhältnissen am Rechnungslegungsstichtag basieren. Daß gleichwohl die Objektivität der Informationen in Strukturbilanzen gewährleistet bleibt, stellt das Stichtagsprinzip sicher, indem der Rechnungslegungsstichtag dem Belieben von Rechnungslegungssubjekten entzogen wird.[40]

Gegenüber den Marktwerten (market values) von marktfähigen Finanzinvestitionen (investments), die unter Rückgriff auf Finanzmarktdaten überprüfbar sind, führen die Neubewertungsbeträge (revalued amounts) von nicht-marktfähigen Finanzinvestitio-

---

[37] Vgl. Herzig, N./Mauritz, P. (1998), S. 336; Siegel, T. (1998), S. 597.
[38] Vgl. Herzig, N./Mauritz, P. (1998), S. 341ff.
[39] Vgl. Herzig, N./Mauritz, P. (1998), S. 345f; Schildbach, T. (1998a), S. 587.
[40] Vgl. Herzig, N./Mauritz, P. (1998), S. 343f.

nen (investments) zu erheblichen Ermessensspielräumen.[41] So können die Neubewertungsbeträge (revalued amounts) von nicht-marktfähigen Finanzinvestitionen (investments) an den Marktwerten (market values) von ähnlichen Finanzanlagen oder den Beträgen von erwarteten Zahlungsströmen orientiert sein, wobei Wertkorrekturen für besondere Risiken und Verfügungsbeschränkungen vorzunehmen sind (IAS 25.24). Bleiben diese Ermessensspielräume außer Betracht, steht strukturbilanziellen Marktbewertungen entgegen, daß nicht-marktfähige Finanzinvestitionen (investments) bei der Bewertung zu den Anschaffungskosten mit unveränderten Werten übernommen werden müssen. Somit kann die Vermischung von unterschiedlichen Wertansätzen doch erhebliche Verzerrungen des Vermögens- und Erfolgsausweises begründen.[42] Andererseits würden ähnliche Verzerrungen im Fall der Bewertung von Finanzanlagen zu ihren Anschaffungskosten oder niedrigeren Werten aus Marktwerten (market values) und Anschaffungskosten bewirkt, indem gleiche Vermögenspositionen in Strukturbilanzen wegen unterschiedlicher Kauftermine und Abschreibungserfordernisse zu verschiedenen Werten erfaßt werden.[43]

Insgesamt sind strukturbilanzielle Marktbewertungen gegenüber anderen Bewertungsverfahren mit zutreffenderen Vermögens-, Finanz- und Erfolgsdarstellungen verbunden, weil beachtliche Wertänderungen ohne gleichzeitige Veränderungen von wirtschaftlichen Gegebenheiten mangels stiller Reserven ausscheiden. So gehen nicht nur die Vorteile der vergrößerten Haftungsmasse durch stille Reserven, sondern auch die Nachteile der unerkannten Wiederauflösung von stillen Reserven verloren.[44] Zudem bleiben unbestimmte Kriterien zur Abgrenzung zwischen lang- und kurzfristigen Finanzinvestitionen (investments), deren bilanzpolitische Nutzung durch verpflichtende Erläuterungen (notes) nicht erkennbar ist,[45] in Strukturbilanzen ohne wertmäßige Konsequenzen, weil kurzfristige Finanzinvestitionen (investments) in jedem Fall zu ihren Marktwerten (market values) auszuweisen sind.[46]

Abschließend kann die jahresabschlußanalytische **Umbewertung von langfristigen Finanzinvestitionen (investments) unter Rückgriff auf die angegebenen Marktwerte (market values)** durch drei Argumente gerechtfertigt werden:
(1) zutreffende Vermögensausweise in Anbetracht der Realisierbarkeit der Marktwerte (market values) zum Rechnungslegungsstichtag,
(2) einheitliche Strukturbilanzausweise des marktfähigen Finanzanlagevermögens trotz unterschiedlicher Nutzung des bilanziellen Bewertungswahlrechts und

---

[41] Vgl. Schildbach, T. (1998a), S. 587f; Steiner, M. in: Baetge, J. et al. (1997), IAS 25 Tz. 41.
[42] Vgl. Herzig, N./Mauritz, P. (1998), S. 349.
[43] Vgl. Schildbach, T. (1998a), S. 587; Siegel, T. (1998), S. 598; Steiner, M. in: Baetge, J. et al. (1997), IAS 25 Tz. 32.
[44] Vgl. Herzig, N./Mauritz, P. (1998), S. 341; Schildbach, T. (1998a), S. 587; Siegel, T. (1998), S. 595.
[45] Vgl. Steiner, M. in: Baetge, J. et al. (1997), IAS 25 Tz. 9.
[46] Siehe hierzu Kapitel 5.5.4.

(3) weitgehende Einheitlichkeit der strukturbilanziellen Bewertung von lang- und kurzfristigen Finanzinvestitionen (investments).

Dabei kann diese Aufbereitungsempfehlung für Zwecke von Kreditwürdigkeitsprüfungen mit folgenden Formalismen beschrieben werden:

Symbole: AK_{FAV} : Buchwert von marktfähigen Finanzinvestitionen (investments), die zu anderen Werten als aktuellen Marktwerten (market values) im grundsätzlichen Regelfall zu historischen Anschaffungskosten bilanziert werden, in GE

FAV : bilanzielles Finanzanlagevermögen in GE

FAV^{St} : strukturbilanzielles Finanzanlagevermögen in GE

MW_{FAV} : aktuelle Marktwerte (market values) von marktfähigen Finanzinvestitionen (investments), die zu anderen Werten bilanziert werden, in GE

Aktiva: $\Delta FAV^{St} = FAV - AK_{FAV} + MW_{FAV}$ (2.01)

Passiva: $\Delta NBR^{St} = NBR - AK_{FAV} + MW_{FAV}$ (2.02)

Beispiel: Zum 31.12.1999 entspricht der Bestand der Finanzinvestitionen (investments) im Anlagevermögen den Daten der Tabelle 5.08.

Finanzinvestition (investment)	Anschaffungskosten in DM	aktueller Marktwert (market value) in DM	Neubewertungsbetrag (revalued amount) in DM
A	30.000	-,-	40.000
B	45.000	47.000	47.000
C	55.000	51.000	51.000
D	70.000	67.000	67.000
Σ	200.000	165.000	205.000
Anmerkungen: Finanzinvestition A: - neubewertungsbedingte Buchwerterhöhungen um 7.000 DM auf 37.000 DM in vorangegangenen Rechnungslegungszeiträumen Finanzinvestition B: - aufwandswirksame Buchwertminderungen um 7.000 DM auf 38.000 DM in vorangegangenen Rechnungslegungszeiträumen			

Tab. 5.08: Beispielhafte Datensituation zur Bewertung von Finanzanlagen

Sofern sämtliche Wertminderungen erwartungsgemäß dauernde Wertminderungen und marktfähige Finanzinvestitionen ausnahmslos marktgängige Kapitalanteilspapiere sind, können die langfristigen Finanzinvestitionen (investments) mit folgenden Buchwerten angesetzt werden:

(1) Anschaffungskosten (einschließlich Abschreibungserfordernisse)   193.000 DM
        gesamte Anschaffungskosten   200.000 DM
        abzüglich Wertminderungen C   4.000 DM
                  Wertminderungen D   3.000 DM

(2) Neubewertungsbeträge (revalued amounts)   205.000 DM

(3) niedrigere Werte auf Portfoliobasis i.V.m. Anschaffungskosten   195.000 DM
        Wert marktfähiger Kapitalanteilspapiere   165.000 DM
        zuzüglich Anschaffungskosten A   30.000 DM
und

(4) niedrigere Werte auf Portfoliobasis i.V.m. Neubewertungsbeträgen (revalued amounts)   205.000 DM
        Wert marktfähiger Kapitalanteilspapiere   165.000 DM
        zuzüglich Neubewertungsbetrag A   40.000 DM

Werden die historischen Anschaffungskosten von 200.000 DM als die bilanziellen Ausgangswerte zugrundegelegt, können die möglichen Bilanzveränderungen zum betrachteten Rechnungslegungsstichtag aus der folgenden Tabelle 5.09 entnommen werden.

	Aktiva Veränderungsbilanz in DM Passiva
(1) Anschaffungskosten - konservative Bilanzierung	Δ FAV - 7.000 | Δ EK - 7.000 Erläuterungen (notes): Differenz zwischen Markt- und Buchwerten von marktfähigen Finanzinvestitionen (investments): + 2.000 DM
(2) Neubewertungsbeträge (revalued amounts) - progressive Bilanzierung	Δ FAV + 5.000 | Δ NBR + 5.000 Erläuterungen (notes): keine Zusatzangaben

(3) niedrigere Werte auf Portfoliobasis i.V.m. Anschaffungskosten	Aktiva Veränderungsbilanz in DM Passiva Δ FAV - 5.000 | Δ EK - 5.000 Erläuterungen (notes): keine Zusatzangaben
(4) niedrigere Werte auf Portfoliobasis i.V.m. Neubewertungsbeträgen (revalued amounts)	Aktiva Veränderungsbilanz in DM Passiva Δ FAV + 5.000 | Δ NBR + 5.000 Erläuterungen (notes): keine Zusatzangaben

Tab. 5.09: Beispiel zur Bewertung von Finanzanlagen

Sollen schlechte Vermögens-, Finanz- und Ertragslagen bzw. -entwicklungen durch bilanzpolitische Maßnahmen kompensiert werden, müssen die langfristigen Finanzinvestitionen (investments) angesichts höherer Eigenkapitalausweise mit ihren Neubewertungsbeträgen (revalued amounts) bilanziert werden. Hingegen würden gute Vermögens-, Finanz- und Ertragslagen bzw. -entwicklungen die bilanzielle Bewertung der langfristigen Finanzinvestitionen (investments) zu ihren Anschaffungskosten erfordern, um gewinnabhängige Zahlungen zu minimieren und zukünftige Gewinnausschüttungspotentiale zu generieren. Durch jahresabschlußanalytische Aufbereitungsmaßnahmen können solche Bilanzierungsspielräume im begrenzten Umfang eliminiert werden. Sofern den vorstehenden Empfehlungen zur jahresabschlußanalytischen Aufbereitung von langfristigen Finanzinvestitionen (investments) gefolgt wird, sind die ermittelten Strukturbilanzveränderungen in der nachstehenden Tabelle 5.10 abgebildet.

(1) Anschaffungskosten	(2.01) $\Delta \text{FAV}^{St} = \text{FAV} - \text{AK}_{FAV} + \text{MW}_{FAV}$ $\Delta \text{FAV}^{St} = -7.000 + 2.000$ $= -5.000$ DM (2.02) $\Delta \text{NBR}^{St} = \text{NBR} - \text{AK}_{FAV} + \text{MW}_{FAV}$ $\Delta \text{NBR}^{St} = 0 + 2.000$ $= 2.000$ DM Aktiva Strukturbilanz in DM Passiva ΔFAV^{St} - 5.000 | ΔEK^{St} - 7.000 | ΔNBR^{St} + 2.000
(2) Neubewertungsbeträge (revalued amounts)	Aktiva Strukturbilanz in DM Passiva ΔFAV^{St} + 5.000 | ΔNBR^{St} + 5.000

(3) niedrigere Werte auf Portfoliobasis i.V.m. Anschaffungskosten	Aktiva Strukturbilanz in DM Passiva $\Delta\ FAV^{St}$ − 5.000 | $\Delta\ EK^{St}$ − 5.000
(4) niedrigere Werte auf Portfoliobasis i.V.m. Neubewertungsbeträgen (revalued amounts)	Aktiva Strukturbilanz in DM Passiva $\Delta\ FAV^{St}$ + 5.000 | $\Delta\ NBR^{St}$ + 5.000

Tab. 5.10: Beispiel zur Berücksichtigung von Finanzanlagen in Strukturbilanzen

Sofern die jahresabschlußanalytische Umbewertung unter Rückgriff auf die angegebenen Marktwerte (market values) vorgenommen wird, sind zutreffende Strukturbilanzausweise der marktfähigen Finanzinvestitionen (investments) bei einheitlicher Bewertung sichergestellt. Dennoch verbleiben strukturbilanzielle Bewertungsunterschiede für Finanzanlagen im vorliegenden Beispielfall, weil nicht-marktfähige Finanzinvestitionen (investments) bei der Bewertung zu den Anschaffungskosten mangels entsprechender Erläuterungspflichten mit unveränderten Werten übernommen werden müssen.

5.3.2 Außerplanmäßige Wertänderungen

Da die vollständige Berücksichtigung von außerplanmäßigen Wertänderungen angesichts der beschriebenen Durchbrechungen von strukturbilanziellen Marktbewertungen nicht gewährleistet ist, sind weitere Aufbereitungsmaßnahmen für langfristige Finanzinvestitionen (investments) erforderlich. Gegenüber anderen Vermögenswerten (assets) differieren langfristige Finanzinvestitionen (investments) hinsichtlich ihrer Buchwertermittlung, indem vorübergehende Wertminderungen keine außerplanmäßigen Abschreibungen auslösen dürfen (IAS 25.23).[47] Sollten allerdings die ausgewiesenen Buchwerte gegenüber den beizulegenden Werten (fair values) größer sein, müssen folgende Erläuterungen (notes) zu finanziellen Vermögenswerten (financial assets) gegeben werden (IAS 32.88):
(1) bilanzielle und beizulegende Werte (fair values),
(2) Gründe für unterlassene Abschreibungen und
(3) Hinweise auf spätere Wertaufholungen.[48]

---

[47] Siehe hierzu Kapitel 3.2.1.2.3.
[48] Beispielsweise können folgende Ursachen für unterlassene Abschreibungen von festverzinslichen Wertpapieren angeführt werden: (1) steigende Zinsentwicklung, aufgrund derer die beizulegenden Werte (fair values) die bilanziellen Werte unterschreiten, (2) keine beabsichtigte Veräußerung von Wertpapieren vor ihrer Endfälligkeit und (3) unveränderte Emittentenbonität.

Somit ist die strukturbilanzielle Berücksichtigung von vorübergehenden Wertminderungen möglich, indem die beizulegenden Werte (fair values) von finanziellen Vermögenswerten (financial assets) statt der bilanziellen Werte als relevanter Wertmaßstab zugrundegelegt werden. Daß solche Umbewertungen nicht nur möglich, sondern auch geboten sind, findet seine Hauptursache in erheblichen Ermessensspielräumen, die mangels faßbarer Abgrenzungskriterien für dauernde und vorübergehende Wertminderungen eröffnet werden.[49] Da gleichwohl dauernde Wertminderungen in IAS- gegenüber HGB-Abschlüssen im engeren Sinne verstanden werden,[50] ist die strukturbilanzielle Berücksichtigung von vorübergehenden Wertminderungen für die umfassende Abbildung von wirtschaftlichen Risiken erforderlich.

Als weiteres Argument für die strukturbilanzielle Berücksichtigung von vorübergehenden Wertminderungen kann die weitgehende Sicherstellung von einheitlichen Bilanzausweisen angeführt werden. Denn sollten die aktuellen Marktwerte (market values) bzw. niedrigeren Werte aus Anschaffungskosten und Marktwerten (market values) als relevanter Wertmaßstab verwendet werden, führen sämtliche Wertminderungen ungeachtet ihrer Dauerhaftigkeit zu verminderten Bilanzausweisen. Folglich müssen vorübergehende Wertminderungen, die aufgrund der Bewertung zu den Anschaffungskosten unberücksichtigt bleiben, über jahresabschlußanalytische Aufbereitungen erfaßt werden, um vermeidbare Beeinträchtigungen von Zeit- und Branchenvergleichen im Rahmen von Kreditwürdigkeitsprüfungen durch unterschiedliche Wertmaßstäbe auszuschließen.

Trotz solcher Aufbereitungen bleibt die strukturbilanzielle Bewertung von langfristigen Finanzinvestitionen (investments) aufgrund der wahlweisen Wertaufholung bei dauerhaften Werterhöhungen (IAS 25.26) uneinheitlich. Sicherlich könnten unterschiedliche Wahlrechtsausübungen egalisiert werden, indem die erfolgten Zuschreibungen, die als Einzelposten in der Gewinn- und Verlustrechnung auszuweisen sind (IAS 25.41), durch entsprechende Minderungen der strukturbilanziellen Wertansätze von langfristigen Finanzinvestitionen (investments) rückgängig gemacht werden. Doch würden solche Wertminderungen angesichts grundsätzlicher Marktbewertungen von Finanzanlagen in Strukturbilanzen zu verzerrten Darstellungen von unternehmensindividuellen Vermögens-, Finanz- und Ertragslagen bzw. -entwicklungen führen, so daß unterschiedliche Wahlrechtsausübungen im Fall von Wertaufholungen für Zwecke von Kreditwürdigkeitsprüfungen nicht korrigiert werden sollten.

Damit bleibt die Aufbereitung für jahresabschlußanalytische Zwecke auf die **Buchwertminderung von nicht-marktfähigen Finanzanlagen um vorübergehende Wertminderungen** beschränkt. Bei zusammenfassender Betrachtung können folgende Gründe für diese Maßnahmen angeführt werden:

---

[49] Vgl. Fuchs, M. (1997), S. 187f; Steiner, M. in: Baetge, J. et al. (1997), IAS 25 Tz. 46.
[50] Vgl. Steiner, M. in: Baetge, J. et al. (1997), IAS 25 Tz. 46.

(1) vorsichtige Vermögensausweise von langfristigen Finanzinvestitionen (investments) zur umfassenden Abbildung von wirtschaftlichen Risiken sowie

(2) einheitliche Bewertung in Strukturbilanzen angesichts grundsätzlicher Marktbewertungen von Finanzinvestitionen (investments).

Sofern diesen Argumenten gefolgt wird, kann die jahresabschlußanalytische Aufbereitungsempfehlung für außerplanmäßige Wertänderungen von langfristigen Finanzinvestitionen (investments) über folgende Formalismen wiedergegeben werden:

Symbole: BW_{FAV} : Buchwert von nicht-marktfähigen Finanzanlagen bei vorübergehenden Wertminderungen in GE

FV_{FAV} : beizulegender Wert (fair value) von nicht-marktfähigen Finanzanlagen bei vorübergehenden Wertminderungen in GE

Aktiva: $\Delta FAV^{St} = FAV - BW_{FAV} + FV_{FAV}$ (2.03)

Passiva: $\Delta EK^{St} = EK - BW_{FAV} + FV_{FAV}$ (2.04)

Beispiel: Entsprechend dem Ausgangsbeispiel zur Bewertung von Finanzanlagen wird der Bestand an Finanzinvestitionen (investments) zum 31.12.1999 durch die Tabelle 5.11 wiedergegeben.

Finanzinvestition (investment)	Anschaffungskosten in DM	aktueller Marktwert (market value) in DM	Neubewertungsbetrag (revalued amount) in DM
A	30.000	-,-	40.000
B	45.000	47.000	47.000
C	55.000	-,-	51.000
D	70.000	67.000	67.000
Σ	200.000	114.000	205.000

Anmerkungen:
Finanzinvestition A:
- neubewertungsbedingte Buchwerterhöhungen um 7.000 DM auf 37.000 DM in vorangegangenen Rechnungslegungszeiträumen

Finanzinvestition B:
- aufwandswirksame Buchwertminderungen um 7.000 DM auf 38.000 DM in vorangegangenen Rechnungslegungszeiträumen

Finanzinvestition C: Kapitalanteile an C-GmbH
- erwarteter Fortfall von sämtlichen Wertminderungen im folgenden Geschäftsjahr
- Grund: wahrscheinliche Einstellung von Schadensersatzprozessen gegen C-GmbH

Tab. 5.11: Beispielhafte Datensituation zur Berücksichtigung vorübergehender Wertminderungen von Finanzanlagen

Trotz der übereinstimmenden Datensituation zum ursprünglichen Ausgangsbeispiel muß die bilanzielle Bewertung der langfristigen Finanzinvestitionen (investments) aufgrund der geänderten Anmerkungen zu anderen Werten erfolgen. Im einzelnen sind folgende Wertansätze möglich:

(1) Anschaffungskosten (einschließlich Abschreibungs-
erfordernisse)   197.000 DM
        gesamte Anschaffungskosten   200.000 DM
        abzüglich Wertminderungen D   3.000 DM

(2) Neubewertungsbeträge (revalued amounts)   205.000 DM

(3) niedrigere Werte auf Portfoliobasis i.V.m. An-
schaffungskosten   199.000 DM
        Wert marktfähiger Kapitalanteilspapiere   114.000 DM
        zuzüglich Anschaffungskosten A   30.000 DM
                     Anschaffungskosten C   55.000 DM
und

(4) niedrigere Werte auf Portfoliobasis i.V.m. Neubewertungsbeträgen (revalued amounts)   205.000 DM
        Wert marktfähiger Kapitalanteilspapiere   114.000 DM
        zuzüglich Neubewertungsbetrag A   40.000 DM
                     Neubewertungsbetrag C   51.000 DM

Sofern die historischen Anschaffungskosten von 200.000 DM als die bilanziellen Ausgangswerte gelten, können die auszuweisenden Bilanzveränderungen aus der folgenden Tabelle 5.12 entnommen werden.

(1) Anschaffungskosten - konservative Bilanzierung	Aktiva Veränderungsbilanz in DM Passiva Δ FAV - 3.000 | Δ EK - 3.000 Erläuterungen (notes): Differenz zwischen Markt- und Buchwerten von marktfähigen Finanzinvestitionen (investments): + 2.000 DM vorübergehende Wertminderung von Kapitalanteilen an C-GmbH in Höhe von 4.000 DM angesichts erwarteter Einstellung von Schadensersatzprozessen gegen C-GmbH
(2) Neubewertungsbeträge (revalued amounts) - progressive Bilanzierung	Aktiva Veränderungsbilanz in DM Passiva Δ FAV + 5.000 | Δ NBR + 5.000 Erläuterungen (notes): keine Zusatzangaben

(3) niedrigere Werte auf Portfoliobasis i.V.m. Anschaffungskosten	Aktiva Veränderungsbilanz in DM Passiva Δ FAV − 1.000 | Δ EK − 1.000 Erläuterungen (notes): vorübergehende Wertminderung von Kapitalanteilen an C-GmbH in Höhe von 4.000 DM angesichts erwarteter Einstellung von Schadensersatzprozessen gegen C-GmbH
(4) niedrigere Werte auf Portfoliobasis i.V.m. Neubewertungsbeträgen (revalued amounts)	Aktiva Veränderungsbilanz in DM Passiva Δ FAV + 5.000 | Δ NBR + 5.000 Erläuterungen (notes): keine Zusatzangaben

Tab. 5.12: Beispiel zur Berücksichtigung vorübergehender Wertminderungen von Finanzanlagen

Im vorliegenden Beispielfall werden alle Unternehmungen, die schlechte Vermögens-, Finanz- und Ertragslagen bzw. -entwicklungen aufweisen, die bilanzielle Bewertung der langfristigen Finanzinvestitionen (investments) mit ihren Neubewertungsbeträgen (revalued amounts) präferieren. Demgegenüber werden Unternehmungen mit guten Vermögens-, Finanz- und Ertragslagen bzw. -entwicklungen auf die historischen Anschaffungskosten als bevorzugte Wertmaßstäbe zurückgreifen. Welche strukturbilanziellen Konsequenzen aus jenen Bewertungsalternativen resultieren, gibt die Tabelle 5.13 wieder, falls kreditgewährende Finanzinstitute die vorgenannten Empfehlungen der jahresabschlußanalytischen Behandlung von langfristigen Finanzinvestitionen (investments) beachten.

(1) Anschaffungskosten	(2.01) $\Delta \text{FAV}^{St} = \text{FAV} - \text{AK}_{FAV} + \text{MW}_{FAV}$ (2.03) $\Delta \text{FAV}^{St} = \text{FAV} - \text{BW}_{FAV} + \text{FV}_{LAV}$ $\Delta \text{FAV}^{St} = -3.000 + 2.000 - 4.000$ $= -5.000 \text{ DM}$ (2.02) $\Delta \text{NBR}^{St} = \text{NBR} - \text{AK}_{FAV} + \text{MW}_{FAV}$ $\Delta \text{NBR}^{St} = 0 + 2.000$ $= 2.000 \text{ DM}$ (2.04) $\Delta \text{EK}^{St} = \text{EK} - \text{BW}_{FAV} + \text{FV}_{FAV}$ $\Delta \text{EK}^{St} = -3.000 - 4.000$ $= -7.000 \text{ DM}$ Aktiva Strukturbilanz in DM Passiva Δ FAVSt − 5.000 | Δ EKSt − 7.000 | Δ NBRSt + 2.000

Finanzanlagevermögen 139

(2) Neubewertungsbeträge (revalued amounts)	Aktiva Strukturbilanz in DM Passiva ΔFAV^{St} + 5.000 ΔNBR^{St} + 5.000
(3) niedrigere Werte auf Portfoliobasis i.V.m. Anschaffungskosten	(2.03) $\Delta FAV^{St} = FAV - BW_{FAV} + FV_{LAV}$ $\Delta FAV^{St} = -1.000 - 4.000$ $= -5.000$ DM (2.04) $\Delta EK^{St} = EK - BW_{FAV} + FV_{FAV}$ $\Delta EK^{St} = -1.000 - 4.000$ $= -5.000$ DM Aktiva Strukturbilanz in DM Passiva ΔFAV^{St} - 5.000 ΔEK^{St} - 5.000
(4) niedrigere Werte auf Portfoliobasis i.V.m. Neubewertungsbeträgen (revalued amounts)	Aktiva Strukturbilanz in DM Passiva ΔFAV^{St} + 5.000 ΔNBR^{St} + 5.000

Tab. 5.13: Beispiel zur Berücksichtigung vorübergehender Wertminderungen von Finanzanlagen in Strukturbilanzen

Durch die Berücksichtigung von vorübergehenden Wertminderungen kann die strukturbilanzielle Bewertung der langfristigen Finanzinvestitionen (investments) unter der Sicherstellung von vorsichtigen Vermögensausweisen weiter angeglichen werden. Dennoch verbleiben erhebliche Strukturbilanzunterschiede im vorliegenden Beispielfall, deren Ursachen in wahlweisen Neubewertungen von nicht-marktfähigen Finanzinvestitionen (investments) liegen.

5.3.3 Finanzanlagen in Immobilien (investment properties)

Neben den verschiedenen Bewertungswahlrechten für langfristige Finanzinvestitionen (investments) ist das bilanzielle Ausweiswahlrecht für Finanzanlagen in Immobilien (investment properties) angesichts der eröffneten Gestaltungspotentiale für jahresabschlußanalytische Zwecke aufzubereiten. Dabei umfassen Finanzanlagen in Immobilien (investment properties), die im Handelsgesetzbuch ohne Sonderregelung bleiben,[51] langfristige Finanzinvestitionen (investments) in Grundstücke und Gebäude, die ausschließlich Kapitalanlage- statt Betriebszwecken dienen.[52]

---

[51] Vgl. Steiner, M. in: Baetge, J. et al. (1997), IAS 25 Tz. 2.
[52] Vgl. GEFIU (1995), S. 1185; Steiner, M. in: Baetge, J. et al. (1997), IAS 25 Tz. 11; Wagenhofer, A. (1996), S. 166.

Nach einschlägigen IAS dürfen Finanzanlagen in Immobilien (investment properties) infolge ambivalenter Wesensart als Sach- oder Finanzanlagevermögen bilanziert werden (IAS 25.28). Obschon beide Bilanzierungsmöglichkeiten in grundlegenden Regelungen übereinstimmen, führt die Bilanzierung als Finanzanlagevermögen gegenüber der Bilanzierung als Sachanlagevermögen durch folgende Detailunterschiede zu bilanzpolitischen Gestaltungspotentialen:[53]

(1) Unzulässigkeit von planmäßigen Abschreibungen für abnutzbare Finanzanlagen (investments),

(2) Unzulässigkeit von außerplanmäßigen Abschreibungen bei vorübergehenden Wertminderungen und

(3) Wahlrecht zwischen erfolgswirksamer und -neutraler Umgliederung von realisierten Neubewertungsrücklagen (revaluation surplus).

Darüber hinaus sind beide Bilanzierungsmöglichkeiten entsprechend der Tabelle 5.14 an unterschiedliche Offenlegungspflichten in den Erläuterungen (notes) gebunden.

	Bilanzierung im Sachanlagevermögen	Bilanzierung im Finanzanlagevermögen
Bewertung zu Anschaffungs- oder Herstellungskosten	keine Zusatzangaben	beizulegende Werte (fair values, IAS 25.49)
Bewertung zu Neubewertungsbeträgen (revalued amounts)	historische bzw. fortgeführte Anschaffungskosten (IAS 16.64)	keine Zusatzangaben

Tab. 5.14: Quantitative Erläuterungspflichten für Finanzanlagen in Immobilien (investment properties) in Abhängigkeit vom Bilanzausweis[54]

Um unterschiedliche Bilanzausweise von Finanzanlagen in Immobilien (investment properties) einzuschränken, haben Fremdkapitalgeber mithin zwei Möglichkeiten zur jahresabschlußanalytischen Aufbereitung:

(1) strukturbilanzielle Erfassung von Finanzanlagen in Immobilien (investment properties) im Sachanlagevermögen zu ihren Anschaffungs- oder Herstellungskosten oder

(2) strukturbilanzielle Erfassung von Finanzanlagen in Immobilien (investment properties) im Finanzanlagevermögen zu ihren Neubewertungsbeträgen (revalued amounts).

Obwohl gleiche Vermögenswerte (assets) im Grundsatz gleichen Bilanzierungs- und Bewertungsregelungen unterliegen sollten, steht der mangelnde Bezug von Finanzanlagen in Immobilien (investment properties) zur betrieblichen Tätigkeit der strukturbilanziellen Erfassung im Sachanlagevermögen zu ihren Anschaffungs- oder Herstel-

---

[53] Vgl. Fuchs, M. (1997), S. 190f; Steiner, M. in: Baetge, J. et al. (1997), IAS 25 Tz. 74f.
[54] Vgl. Fuchs, M. (1997), S. 190.

Finanzanlagevermögen 141

lungskosten entgegen.⁵⁵ Zudem wären praktische Bewertungsprobleme unlösbar, weil die Anschaffungs- oder Herstellungskosten der Finanzanlagen in Immobilien (investment properties), die als Finanzanlagevermögen bilanziert werden, nicht abzuschreiben bzw. nicht offenzulegen sind.

Ebenso werden Bewertungsprobleme begründet, wenn Finanzanlagen in Immobilien (investment properties) im strukturbilanziellen Finanzanlagevermögen zu ihren Neubewertungsbeträgen (revalued amounts) erfaßt werden. So müssen sämtliche Finanzanlagen in Immobilien (investment properties), die als Sachanlagevermögen zu ihren Anschaffungs- oder Herstellungskosten bilanziert werden, aufgrund fehlender Kenntnis von ihren Neubewertungsbeträgen (revalued amounts) mit ihren Buchwerten zum Finanzanlagevermögen umgegliedert werden. Obschon also Wertansätze gleicher Vermögenswerte (assets) differieren können, bleibt die Umgliederung von Finanzanlagen in Immobilien (investment properties), die als Sachanlagevermögen bilanziert werden, im Rahmen von Jahresabschlußanalysen gerechtfertigt. Schließlich ist die einheitliche Bewertung von Finanzanlagen zu den aktuellen Marktwerten trotz jahresabschlußanalytischer Aufbereitungsmaßnahmen unmöglich und die temporäre Bewertung von Sachanlagen oberhalb der beizulegenden Werte (fair values) aufgrund strenger Abschreibungserfordernisse ausgeschlossen.

In der abschließenden Gesamtwürdigung von Aufbereitungsmöglichkeiten für Zwecke von Kreditwürdigkeitsprüfungen sprechen folgende Argumente für die strukturbilanzielle **Erfassung von Finanzanlagen in Immobilien (investment properties) im Finanzanlagevermögen** zu ihren Neubewertungsbeträgen (revalued amounts):

(1) einheitliche Strukturbilanzausweise von Finanzanlagen in Immobilien (investment properties) trotz unterschiedlicher Bilanzausweise und

(2) weitestmögliche Einheitlichkeit der strukturbilanziellen Bewertung von Finanzanlagen in Immobilien (investment properties) unter Beachtung der grundlegenden Bewertungsprinzipien für langfristige Finanzinvestitionen (investments).

Diese jahresabschlußanalytische Aufbereitungsempfehlung können folgende Formalismen beschreiben:

Symbole: FiI   Buchwert von Finanzanlagen in Immobilien (investment properties) in GE

FiI_{SAV} : Buchwert von Finanzanlagen in Immobilien (investment properties), die als Sachanlagevermögen bilanziert werden, in GE

Aktiva: $\Delta SAV^{St} = SAV - FiI_{SAV}$ (2.05)

$\Delta FAV^{St} = FAV + FiI_{SAV}$ (2.06)

---

[55] Vgl. Steiner, M. in: Baetge, J. et al. (1997), IAS 25 Tz. 70.

Beispiel: Im Geschäftsjahr 1999 sind folgende Wertänderungen von Finanzanlagen in Immobilien (investment properties) eingetreten:

Zunahme aktueller Marktwerte (market values): 20.000 DM
planmäßige Abschreibungen: 5.000 DM/Jahr

Welche konkreten Bilanzveränderungen zum 31.12.1999 aufgrund dieser Wertänderungen möglich sind, gibt die Tabelle 5.15 wieder.

(1) Bilanzierung als Sachanlagevermögen zu Anschaffungs- oder Herstellungskosten - konservative Bilanzierung	Aktiva Veränderungsbilanz in DM Passiva SAV Δ EK - 5.000 Δ FiI - 5.000 Erläuterungen (notes): keine Zusatzangaben
(2) Bilanzierung als Sachanlagevermögen zu Neubewertungsbeträgen (revalued amounts)	Aktiva Veränderungsbilanz in DM Passiva SAV Δ EK - 5.000 Δ FiI + 15.000 Δ NBR + 20.000 Erläuterungen (notes): fortgeführte Anschaffungs- oder Herstellungskosten von neubewerteten Finanzanlagen in Immobilien (investment properties): - 5.000 DM Buchwert von neubewerteten Finanzanlagen in Immobilien (investment properties): + 15.000 DM
(3) Bilanzierung als Finanzanlagevermögen zu Anschaffungs- oder Herstellungskosten	Aktiva Veränderungsbilanz in DM Passiva FAV Δ EK ± 0 Δ FiI ± 0 Erläuterungen (notes): beizulegender Wert (fair value) von Finanzanlagen in Immobilien (investment properties): + 20.000 DM
(4) Bilanzierung als Finanzanlagevermögen zu Neubewertungsbeträgen (revalued amounts) - progressive Bilanzierung	Aktiva Veränderungsbilanz in DM Passiva FAV Δ NBR + 20.000 Δ FiI + 20.000 Erläuterungen (notes): keine Zusatzangaben

Tab. 5.15: Beispiel zur Bilanzierung von Finanzanlagen in Immobilien (investment properties)

Abweichend zu Unternehmungen, deren Vermögens-, Finanz- und Ertragslagen schlechte Entwicklungen aufweisen, werden Unternehmungen, deren Vermögens-, Finanz- und Ertragslagen gute Entwicklungen zeigen, im Beispielfall die Bewertung der Finanzanlagen in Immobilien (investment properties) zu Anschaffungskosten an Stelle zu Neubewertungsbeträgen (revalued amounts) bevorzugen, wobei bilanzielle Ausweise in Anbetracht geringerer Informationspflichten im Sachanlagevermögen erfolgen werden. In diesem Fall ist die strukturbilanzielle Eliminierung von unterschiedlichen Wertansätzen unmöglich. Im einzelnen weist die nachfolgende Tabelle 5.16 die strukturbilanziellen Veränderungen aus, sofern kreditgewährende Finanzinstitute den erarbeiteten Empfehlungen zur jahresabschlußanalytischen Aufbereitung folgen.

(1) Bilanzierung als Sachanlagevermögen zu Anschaffungs- oder Herstellungskosten	(2.05) $\Delta SAV^{St} = SAV - FiI_{SAV}$ $\Delta SAV^{St} = -5.000 - (-5.000)$ $= 0$ DM (2.06) $\Delta FAV^{St} = FAV + FiI_{SAV}$ $\Delta FAV^{St} = 0 - 5.000$ $= -5.000$ DM Aktiva Strukturbilanz in DM Passiva ΔFAV^{St} -5.000 | ΔEK^{St} -5.000
(2) Bilanzierung als Sachanlagevermögen zu Neubewertungsbeträgen (revalued amounts)	(2.05) $\Delta SAV^{St} = SAV - FiI_{SAV}$ $\Delta SAV^{St} = 15.000 - 15.000$ $= 0$ DM (2.06) $\Delta FAV^{St} = FAV + FiI_{SAV}$ $\Delta FAV^{St} = 0 + 15.000$ $= 15.000$ DM Aktiva Strukturbilanz in DM Passiva ΔFAV^{St} $+15.000$ | ΔEK^{St} -5.000 ΔNBR^{St} $+20.000$
(3) Bilanzierung als Finanzanlagevermögen zu Anschaffungs- oder Herstellungskosten	(2.01) $\Delta FAV^{St} = FAV - AK_{FAV} + MW_{FAV}$ $\Delta FAV^{St} = 0 + 20.000$ $= 20.000$ DM (2.02) $\Delta NBR^{St} = NBR - AK_{FAV} + MW_{FAV}$ $\Delta NBR^{St} = 0 + 20.000$ $= 20.000$ DM

	Aktiva	Strukturbilanz in DM	Passiva	
	Δ FAVSt	+ 20.000	Δ NBRSt	+ 20.000
(4) Bilanzierung als Finanzanlagevermögen zu Neubewertungsbeträgen (revalued amounts)	Aktiva	Strukturbilanz in DM	Passiva	
	Δ FAVSt	+ 20.000	Δ NBRSt	+ 20.000

Tab. 5.16: Beispiel zur Berücksichtigung von Finanzanlagen in Immobilien (investment properties) in Strukturbilanzen

Durch die Umgliederung der Finanzanlagen in Immobilien (investment properties), die im Sachanlagevermögen bilanziert werden, kann die Einheitlichkeit des Vermögensausweises für Jahresabschlußanalysen gewährleistet werden. Jedoch verbleiben beachtliche Bewertungsunterschiede, die angesichts der uneinheitlichen Bewertung von Finanzinvestitionen (investments) in Strukturbilanzen infolge der verschiedenen Bewertungswahlrechte nach Regelungen zur IAS-Rechnungslegung toleriert werden können.

5.3.4 Latente Steuerforderungen (deferred tax assets)

Außer klassischen Finanzanlagen sind latente Steuerforderungen (deferred tax assets) im langfristigen Finanzvermögen auszuweisen (IAS 12.70), wobei ihre Abgrenzung nach temporären Differenzen (temporary-concept) keine periodengerechten Aufwandsausweise, sondern korrekte Vermögensdarstellungen intendiert.[56] So müssen sämtliche Differenzen zwischen handels- und steuerrechtlichen Bilanzansätzen, die im zeitlichen Ablauf mit Auswirkungen auf ertragsteuerliche Bemessungsgrundlagen erlöschen, über latente Steuern (deferred tax assets bzw. liabilities) abgegrenzt werden (IAS 12.10), selbst wenn jene Wertdifferenzen keine Ergebnisunterschiede zwischen Handels- und Steuerbilanz in ihrem Entstehungszeitpunkt verursacht haben.[57] Demnach können folgende Ursachen für latente Steuerforderungen (deferred tax assets) unterschieden werden (IAS 12.24ff und 34ff):

---

[56] Vgl. Bardenz, A. (1998), S. 239; Bellavite-Hövermann, Y./Prahl, R. (1997), S. 98; Coenenberg, A./Hille K. (1997), S. 537ff m.w.E; dies. in: Baetge, J. et al. (1997), IAS 12 Tz. 15ff m.w.E.; Förschle, G./Kroner, M. (1996), S. 1633; Förschle, G./Kroner, M./Mandler, U. (1996), S. 123; Fuchs, M. (1997), S. 212; KPMG (1996), S. 89; Vigelius, C. (1997), S. 72; Wagenhofer, A. (1996), S. 230ff; Wollmert, P. (1995a), S. 86f.

[57] Vgl. Bellavite-Hövermann, Y./Prahl, R. (1997), S. 98; Busse von Colbe, W./Seeberg, T. (1997), S. 104; Coenenberg, A./Hille K. (1997), S. 537; dies. in: Baetge, J. et al. (1997), IAS 12 Tz. 45; Förschle, G./Kroner, M. (1996), S. 1634; Reinhart, A. (1998), S. 250f; Wollmert, P. (1995a), S. 87.

(1) negative Salden zwischen handels- und steuerrechtlichen Bilanzansätzen von gleichen Vermögenswerten (assets),
(2) positive Salden zwischen handels- und steuerrechtlichen Bilanzansätzen von gleichen Schuldpositionen (liabilities) sowie
(3) steuerliche Verlustvorträge und ungenutzte Steuergutschriften (tax credits),

wobei zwei Ausnahmen vom Aktivierungsgebot für latente Steuerforderungen (deferred tax assets) in Einzelabschlüssen bedeutsam sind:

(1) negative Unterschiedsbeträge aus Unternehmensakquisitionen, die als Abgrenzungsposten passiviert werden (IAS 12.24a), und
(2) erfolgsneutrale Erstverbuchungen von Vermögenswerten (assets) und Schulden (liabilities), soweit kein Zusammenhang mit Unternehmensakquisitionen besteht (IAS 12.24b).

Sollten aktivische Differenzbeträge zwischen handels- und steuerrechtlichen Bilanzansätzen, steuerliche Verlustvorträge oder ungenutzte Steuergutschriften (tax credits) gegeben sein, würden verringerte Steueraufwendungen in den nachfolgenden Rechnungslegungsperioden ohne die bilanzielle Erfassung und erfolgswirksame Ausbuchung von latenten Steuerforderungen (deferred tax assets) zu überhöhten Handelsbilanzergebnissen führen.[58] Da jene Steuervorteile mangels steuerpflichtiger Gewinne ausbleiben können,[59] bedingt die bilanzielle Erfassung von latenten Steuerforderungen (deferred tax assets) die wahrscheinliche Nutzung in zukünftigen Rechnungslegungsperioden (IAS 12.24). Ob diese Bilanzierungsvoraussetzung erfüllt ist, muß anhand verschiedener Indizien (IAS 12.28ff) über sorgfältige Einzelfallabwägungen geklärt werden.[60]

Doch führen latente Steuern (deferred tax assets bzw. liabilities) nicht nur im Hinblick auf ihre Erfassung, sondern auch in Bezug auf ihre Bewertung zu erheblichen Gestaltungspotentialen. Um korrekte Vermögensdarstellungen sicherzustellen, muß der anzusetzende Buchwert von latenten Steuern (deferred tax assets bzw. liabilities) nach den erwarteten Steuersätzen zum mutmaßlichen Auflösungszeitpunkt berechnet werden (IAS 12.47), womit einerseits Determinanten der anzuwendenden Steuersätze, andererseits Unwägbarkeiten der steuerlichen Gesetzesänderung berücksichtigt werden müssen. Erfordern unausweichliche Prognosen über zukünftige Steuersätze schon vielfältige Annahmen, wären weitere Annahmen zur Abzinsung von latenten Steuern (deferred tax assets bzw. liabilities) erforderlich, so daß keine nachvollziehbaren Bilanzansätze mehr gewährleistet wären (IAS 12.54). Daher ist die Abzinsung von latenten Steuern

---

[58] Vgl. Coenenberg, A./Hille K. (1997), S. 541; dies. in: Baetge, J. et al. (1997), IAS 12 Tz. 78.
[59] Vgl. Coenenberg, A./Hille K. (1997), S. 541; dies. in: Baetge, J. et al. (1997), IAS 12 Tz. 78; Wollmert, P. (1995a), S. 94.
[60] Vgl. Coenenberg, A./Hille K. (1997), S. 541; dies. in: Baetge, J. et al. (1997), IAS 12 Tz. 79; Reinhart, A. (1998), S. 215.

(deferred tax assets bzw. liabilities) verboten (IAS 12.53), auch wenn die Begründung angesichts weitreichender Annahmen bezüglich zukünftiger Steuersätze fraglich erscheinen muß.[61]
Sind latente Steuern (deferred tax assets) aktiviert worden, müssen ihre Bilanzansätze in jeder Rechnungslegungsperiode überprüft werden, weil ihre Auflösung oder Minderung infolge der einschlägigen Veränderung von steuerlichen Rahmenbedingungen oder infolge der revidierten Einschätzung von zukünftigen Ergebnissituationen erforderlich sein kann (IAS 12.56). Umgekehrt müssen unterlassene Aktivierungen latenter Steuern (deferred tax assets) auf eventuelle Erfordernisse späterer Nachholung überprüft werden (IAS 12.37).
Einschließlich solcher Korrekturen sind latente Steuern (deferred tax assets bzw. liabilities) analog ihren Entstehungsursachen gegenzubuchen. So müssen Steuern, deren Entstehungsursachen über Erfolgspositionen erfaßt werden, erfolgswirksame Gegenbuchungen erfahren, während Steuern, deren Entstehungsursachen im Eigenkapital gegengebucht werden, erfolgsneutrale Ausweise erfordern (IAS 12.57 und 12.60).
Obschon sämtliche Unterschiede zwischen handels- und steuerrechtlichen Bilanzansätzen aufgrund der bilanziellen Abgrenzung von latenten Steuern (deferred tax assets bzw. liabilities) nach temporären Differenzen (temporary-concept) erfaßt werden, basiert der überwiegende Teil von latenten Steuern (deferred tax assets bzw. liabilities) auf der zeitverzögerten Ertrags- und Aufwandsverrechnung in handels- und steuerrechtlichen Rechenwerken.[62] Insofern kann die erfolgswirksame Verrechnung von latenten Steuern (deferred tax assets bzw. liabilities) als generelle Regel gelten, wobei folgende Ausnahmen von besonderer Bedeutung sind:

(1) latente Steuern (deferred tax assets bzw. liabilities), die aus Neubewertungen (revaluations) von Vermögenswerten (assets) resultieren (IAS 12.62a), und
(2) latente Steuern (deferred tax assets bzw. liabilities), die als Folge von Unternehmensaquisitionen entstehen (IAS 12.66ff).

Inwieweit latente Steuern (deferred tax assets bzw. liabilities) erfolgsneutrale Ausweise erfahren, lassen zusätzliche Erläuterungen (notes) erkennen.[63] Unter anderem werden folgende Erläuterungen (notes) zu latenten Steuern (deferred tax assets bzw. liabilities) verlangt (IAS 12.79ff):

(1) wesentliche Komponenten von ausgewiesenen Steueraufwendungen und -erträgen,

---

[61] Vgl. Coenenberg, A./Hille K. (1997), S. 543; dies. in: Baetge, J. et al. (1997), IAS 12 Tz. 108; Reinhart, A. (1998), S. 220.
[62] Vgl. Busse von Colbe, W./Seeberg, T. (1997), S. 104; Coenenberg, A./Hille K. (1997), S. 542; dies. in: Baetge, J. et al. (1997), IAS 12 Tz. 89.
[63] Vgl. Reinhart, A. (1998), S. 219.

(2) Gesamtbetrag tatsächlicher und latenter Steuern (deferred tax assets bzw. liabilities), deren erfolgsneutrale Verrechnung im bilanziellen Eigenkapital erfolgt,

(3) Gesamtbetrag latenter Steuern (deferred tax assets bzw. liabilities), denen außerordentliche Positionen im laufenden Rechnungslegungszeitraum zugrunde liegen,

(4) Relation zwischen Gesamtsteueraufwand bzw. -ertrag und Handelsbilanzergebnis,[64]

(5) Betrag an temporären Differenzen (temporary differences), steuerlichen Verlustvorträgen und ungenutzten Steuergutschriften (tax credits), für die mangels vollständiger Erfüllung von Bilanzierungsvoraussetzungen keine latenten Steuern (deferred tax assets) aktiviert wurden,

(6) getrennte Angabe von latenten Steuerforderungen und -verbindlichkeiten (deferred tax assets bzw. liabilities) sowie latenten Steuererträgen und -aufwendungen für jede Art von temporären Differenzen (temporary differences), steuerlichen Verlustvorträgen und ungenutzten Steuergutschriften (tax credit) und

(7) Erläuterung latenter Steuerforderungen (deferred tax assets), soweit weder latente Steuerverbindlichkeiten (deferred tax liabilities) im gleichen Umfang erfaßt noch steuerliche Gewinne im gleichen Steuerrechtskreis im betrachteten und vorangegangenen Rechnungslegungszeitraum ausgewiesen werden.

Wie die bisherigen Darstellungen in diesem Abschnitt zeigen, ist die bilanzielle Erfassung von latenten Steuerforderungen (deferred tax assets) problematisch, weil die zugrundeliegenden Vorteile zum späteren Realisierungszeitpunkt ausbleiben können.[65] Um solche Unsicherheiten auszuschließen, wird die wahrscheinliche Nutzung von latenten Steuerforderungen (deferred tax assets) durch die konkreten Bilanzierungskriterien als zusätzliche Voraussetzung festgeschrieben (IAS 12.24), womit subjektive Gewinnprognosen über bilanzielle Vermögensausweise entscheiden. Wenngleich solche Gewinnprognosen unter Berücksichtigung von bilanzpolitischen Sachverhaltsgestaltungen erfolgen müssen, können ausgewiesene Periodenerfolge durch die Nutzung von gewährten Individualspielräumen bei der Bilanzierung von latenten Steuerforderungen (deferred tax assets) erhöht oder vermindert werden.[66] Zudem sind die ursprünglichen Ermessensentscheidungen zu jedem Rechnungslegungsstichtag angesichts der erforderlichen Überprüfungen von vorgenommenen und unterlasse-

---

[64] Vgl. Coenenberg, A./Hille, K. in: Baetge, J. et al. (1997), IAS 12 Tz. 116 m.w.E.
[65] Vgl. Coenenberg, A./Hille K. (1997), S. 541; dies. in: Baetge, J. et al. (1997), IAS 12 Tz. 78.
[66] Vgl. Fuchs, M. (1997), S. 218.

nen Steuerabgrenzungen (IAS 12.37 und 56) reversibel, wiewohl negative Publizitätswirkungen allerdings Vermutungen über bilanzpolitische Zielsetzungen zulassen.[67]
Selbst wenn ihre Nutzung aufgrund des erwarteten Umfanges an steuerpflichtigen Gewinnen in den nachfolgenden Rechnungslegungsperioden sicher ist, beziffern latente Steuerforderungen (deferred tax assets) keine Zahlungsansprüche gegen Steuerbehörden. Um entsprechende Zahlungsansprüche zu begründen, müssen weitere Voraussetzungen erfüllt werden, wobei mannigfache Veränderungen von solchen Voraussetzungen möglich sind.[68]
Demnach kann die jahresabschlußanalytische **Kürzung von latenten Steuerforderungen (deferred tax assets) gegen das ausgewiesene Finanzanlagevermögen** durch zwei Argumente gerechtfertigt werden:

(1) vollständige Eliminierung von bilanzpolitischen Einflußnahmen auf ausgewiesene Periodenerfolge und

(2) vorsichtige Strukturbilanzausweise angesichts ungewisser Werthaltigkeit von latenten Steuerforderungen (deferred tax assets).

Formal kann die vorstehende Aufbereitungsempfehlung für latente Steuerforderungen (deferred tax assets) auf folgende Weise beschrieben werden:

Symbole: lStf : Buchwert latenter Steuerforderungen (deferred tax assets) in GE

Aktiva: $\Delta FAV^{St} = FAV - lStf$ (2.07)

Passiva: $\Delta EK^{St} = EK - lStf$ (2.08)

Beispiel: Gegeben ist folgende Datensituation über temporäre Differenzen zwischen handels- und steuerrechtlichen Bilanzansätzen, deren erstmalige Abgrenzung im Jahresabschluß 1999 erfolgen muß:

aktivische Differenzbeträge zwischen handels- und
steuerrechtlichen Bilanzansätzen: 10.000 DM

zukünftiger Ertragsteuersatz für thesaurierte Gewinne
von deutschen Kapitalgesellschaften:[69] 52 %

Demzufolge müssen latente Steuerforderungen (deferred tax assets) zum 31.12.1999 in Entsprechung zur nachfolgenden Tabelle 5.17 aktiviert werden.

---

[67] Vgl. Fuchs, M. (1997), S. 218f.
[68] Vgl. Küting, K./Weber, C. (1999), S. 66; Wagenhofer, A. (1996), S. 236.
[69] Vgl. Herzig, N./Schiffers, J. (1999), S. 970.

Aktiva	Veränderungsbilanz in DM		Passiva
FAV		Δ EK	+ 5.200
Δ lStf	+ 5.200		

Tab. 5.17: Beispiel zur Bilanzierung latenter Steuerforderungen (deferred tax assets)

Nach den vorstehenden Aufbereitungsempfehlungen sollten die latenten Steuerforderungen (deferred tax assets) gegen die bilanziellen Eigenkapitalpositionen gekürzt werden. Folglich bleibt der Strukturbilanzausweis unverändert, wie die Tabelle 5.18 für den Beispielfall zeigt.

$$(2.07) \; \Delta FAV^{St} = FAV - lStf$$
$$\Delta FAV^{St} = 5.200 - 5.200 = 0\,DM$$

$$(2.08) \; \Delta EK^{St} = EK - lStf$$
$$\Delta EK^{St} = 5.200 - 5.200 = 0\,DM$$

Aktiva	Strukturbilanz in DM		Passiva
Δ FAVSt	± 0	Δ EKSt	± 0

Tab. 5.18: Beispiel zur Berücksichtigung latenter Steuerforderungen (deferred tax assets) in Strukturbilanzen

Indem die latenten Steuerforderungen (deferred tax assets) gegen die ausgewiesenen Eigenkapitalpositionen gekürzt werden, sind sowohl bilanzpolitische Einflußnahmen auf jahresabschlußanalytische Zeit- und Branchenvergleiche als auch strukturbilanzielle Ausweise von nicht-werthaltigen Vermögenspositionen ausgeschlossen.

5.4 Immaterielle Vermögenswerte (intangible assets)

Als dritte Vermögensgruppe sind immaterielle Vermögenswerte (intangible assets) im bilanziellen bzw. strukturbilanziellen Anlagevermögen auszuweisen, sofern ihre Nutzung über mehrere Geschäftsjahre beabsichtigt ist. Abgesehen von Forschungs- und Entwicklungskosten, deren Bilanzierung und Bewertung über spezielle Bestimmungen im IAS 9 frühzeitig kodifiziert wurden, unterlagen immaterielle Vermögenswerte (intangible assets) mangels expliziter Regelungen über lange Zeit ausschließlich allgemeinen Bilanzierungs- und Bewertungsbestimmungen im Framework und IAS 4. Erst in Rechnungslegungsperioden, die ab 01.07.1999 beginnen (IAS 38.122), wurden spezielle Bilanzierungs- und Bewertungsbestimmungen für immaterielle Vermögenswerte

(intangible assets) im IAS 38 verpflichtend,[70] wobei allerdings einzelne Sachverhalte aus ihrem Anwendungsbereich ausgeschlossen wurden (IAS 38.1):
(1) Vermögenswerte (assets), deren bilanzielle Behandlung in anderen Standards geregelt wird,
(2) Verfügungsrechte sowie Erschließungs-, Gewinnungs- und Abbaukosten für nicht-regenerative Ressourcen und
(3) Vermögenswerte (assets) aus Versicherungsverträgen.

Da die ursprünglichen Bestimmungen im IAS 9 durch die geltenden Regelungen im IAS 38 aufgehoben wurden (IAS 38.123), können die nachfolgende Darlegungen zur jahresabschlußanalytischen Aufbereitung des immateriellen Anlagevermögens auf folgende Differenzierung beschränkt bleiben:
(1) Geschäfts- oder Firmenwerte (goodwill) und
(2) sonstige immaterielle Vermögenswerte (intangible assets).

5.4.1 Geschäfts- oder Firmenwerte (goodwill)

Bei vollständigen Unternehmungs-, Betriebs- oder Teilbetriebsübernahmen können die Substanzwerte von den Anschaffungskosten aufgrund guter Erfolgsaussichten, schlechter Verhandlungsführungen und anderer Faktoren abweichen,[71] so daß beachtliche Geschäfts- oder Firmenwerte (goodwill) in Einzelabschlüssen von konzernunabhängigen Unternehmungen ausgewiesen werden. In grundlegendem Unterschied zum Bilanzierungswahlrecht in HGB-Abschlüssen müssen derivative Geschäfts- oder Firmenwerte (goodwill) in IAS-Abschlüssen bilanziert werden.[72] Begründet wird das Bilanzierungsgebot, indem derivative Geschäfts- oder Firmenwerte (goodwill) als Zahlungen zur Vorwegnahme von zukünftigen Nutzenvorteilen interpretiert werden (IAS 22.42). Infolge dieser Interpretation als eigenständige Vermögenswerte (assets) müssen derivative Geschäfts- oder Firmenwerte (goodwill) bzw. übernommene Vermögenswerte (assets) und Schulden (liabilities) ungeachtet ihres Verwendungszwecks anhand grundsätzlicher Leitlinien bewertet werden (IAS 22.39f). Demnach ist der auszuweisende Buchwert für derivative Geschäfts- oder Firmenwerte (goodwill) gemäß der nachfolgenden Tabelle 5.19 zu berechnen (IAS 22.41).

---

[70] Vgl. Born, K. (1999), S. 95; Cairns, D. (1995), S. 1707 m.w.E.; Demming, C. (1997), S. 176; Reinhart, A. (1998), S. 134; Risse, A. (1996), S. 128ff m.w.E.
[71] Vgl. Achleitner, A./Behr, G. (1998), S. 239; Küting, K. (1995), S. 67; Küting, K./Hayn, S. (1996), S. 55.
[72] Vgl. Baetge, J./Siefke, M. in Baetge, J. et al. (1997), IAS 22 Tz. 262; Bardenz, A. (1998), S. 195f; Born, K. (1999), S. 561f; Bruns, C. (1998), S. 150; Busse von Colbe, W./Seeberg, T. (1997), S. 27; IDW (1995), S. 76ff; Küting, K. (1995), S. 67f; Küting, K./Hayn, S. (1996), S. 55; Reinhart, A. (1998), S. 139f; Wagenhofer, A. (1996), S. 139.

> ursprüngliche Anschaffungskosten für übernommene Unternehmungen, Betriebe oder Teilbetriebe
> - beizulegende Werte (fair values) von übernommenen Vermögenswerten (assets)
> + beizulegende Werte (fair values) von übernommenen Schulden (liabilities)
> = ursprünglicher Buchwert von Geschäfts- oder Firmenwerten (goodwill)
> ± nachträgliche Korrekturen aufgrund späterer Veränderungen von ursprünglichen Anschaffungskosten für übernommene Unternehmungen, Betriebe oder Teilbetriebe (IAS 22.65ff)
> ± nachträgliche Korrekturen wegen Buchwertveränderungen von übernommenen Vermögens- und Schuldpositionen (IAS 22.71).
> = Buchwert von Geschäfts- oder Firmenwerten (goodwill)

Tab. 5.19: Buchwertermittlung von Geschäfts- oder Firmenwerten (goodwill)

Ab ihrem Erwerbszeitpunkt sind derivative Geschäfts- oder Firmenwerte (goodwill) über planmäßige Abschreibungen entsprechend ihres Nutzenverlaufs zu mindern. Obgleich maximale Abschreibungszeiträume von zwanzig Jahren unterstellt werden (IAS 22.44), können planmäßige Abschreibungen über längere Zeiträume erfolgen, falls folgende Voraussetzungen erfüllt sind (IAS 22.50):

(1) "substantielle Hinweise (persuasive evidence)" für wirtschaftliche Nutzungen von derivativen Geschäfts- oder Firmenwerten (goodwill) über zwanzig Jahre und

(2) jährliche Überprüfung von derivativen Geschäfts- oder Firmenwerten (goodwill) auf außerplanmäßige Wertminderungen.

Zusätzlich zu planmäßigen Abschreibungen sind außerplanmäßige Abschreibungen von derivativen Geschäfts- oder Firmenwerten (goodwill) vorzunehmen, wenn ihre Restbuchwerte durch wirtschaftliche Vorteile in späteren Rechnungslegungsperioden nach aller Voraussicht nicht amortisiert werden (IAS 22.55ff).

Schließlich können derivative Geschäfts- oder Firmenwerte (goodwill) um negative Unterschiedsbeträge (negative goodwill) aus anderen Unternehmungs-, Betriebs- oder Teilbetriebsübernahmen herabzusetzen sein (IAS 22.59ff). Negative Unterschiedsbeträge (negative goodwill) entstehen, wenn die beizulegenden Werte (fair values) von übernommenen Vermögenswerten (assets) abzüglich der beizulegenden Werte (fair values) von übernommenen Schulden (liabilities) gegenüber den bilanziellen Anschaffungskosten von übernommenen Unternehmungen, Betrieben oder Teilbetrieben größer sind.[73] In den Folgeperioden müssen negative Unterschiedsbeträge (negative goodwill) entsprechend der Abbildung 5.04 mittels unterschiedlicher Methoden erfolgswirksam aufgelöst werden.

---

[73] Vgl. Achleitner, A./Behr, G. (1998), S. 239; Baetge, J./Siefke, M. in Baetge, J. et al. (1997), IAS 22 Tz. 119; IDW (1995), S. 78; Küting, K. (1995), S. 73; Küting, K./Hayn, S. (1996), S. 60.

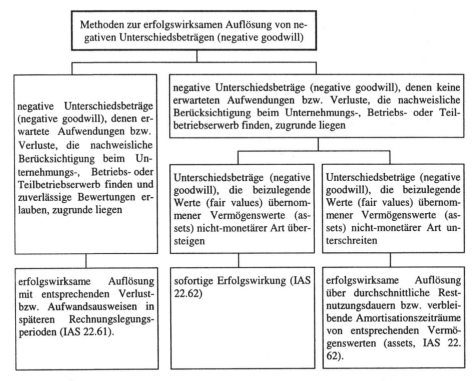

Abb. 5.04: Überblick über unterschiedliche Methoden zur erfolgswirksamen Auflösung von negativen Unterschiedsbeträgen (negative goodwill)

Angesichts ihrer Determinierung durch verschiedene Faktoren werden umfangreiche Zusatzangaben zu derivativen Geschäfts- oder Firmenwerten (goodwill) bzw. negativen Unterschiedsbeträgen (negative goodwill) verlangt. Unter anderem sind folgende Erläuterungen (notes) zur erstmaligen Bilanzierung von vollständigen Unternehmungs-, Betriebs- oder Teilbetriebsübernahmen offenzulegen (IAS 22.86f und 22.93):

(1) Namen und Beschreibungen übernommener Unternehmungen, Betriebe oder Teilbetriebe,

(2) angewandte Bilanzierungs- und Bewertungsmethoden (accounting policies),

(3) übernommene Geschäftsbereiche, auf deren Fortführung verzichtet werden soll,

(4) Höhe und Ursachen von Rückstellungen für Restrukturierungs- und Stillegungsmaßnahmen und

(5) Unsicherheiten von beizulegenden Werten (fair values) bzw. bilanziellen Anschaffungskosten für übernommene Vermögenswerte (assets) und Schulden (liabilities).

Sollten vollständige Unternehmungs-, Betriebs- oder Teilbetriebsübernahmen zum bilanziellen Ansatz von derivativen Geschäfts- oder Firmenwerten (goodwill) oder negativen Unterschiedsbeträgen (negative goodwill) führen, werden weitere Erläuterungen (notes) erforderlich (IAS 22.88ff):

(1) angewandte Bilanzierungs- und Bewertungsmethoden (accounting policies),

(2) nachvollziehbare Begründungen für längere Abschreibungszeiträume von derivativen Geschäfts- oder Firmenwerten (goodwill) als zwanzig Jahre und

(3) betragsmäßige Entwicklung von derivativen Geschäfts- oder Firmenwerten (goodwill) bzw. negativen Unterschiedsbeträgen (negative goodwill) im betrachteten Rechnungslegungszeitraum einschließlich Höhe und Gründe für nachträgliche Veränderungen von beizulegenden Werten (fair values) bzw. ursprünglichen Anschaffungskosten von übernommenen Vermögenswerten (assets) und Schulden (liabilities).

Nachdem verläßlichere Bilanzausweise von Geschäfts- oder Firmenwerten (goodwill) durch die vollständige Eliminierung der erfolgsneutralen Verrechnung als alternative Bilanzierungsmethode (allowed alternativ treatment), durch die grundsätzliche Festschreibung der linearen Abschreibung über fünf Jahre und durch andere Veränderungen im Comparability-and-Improvement-Project erreicht waren,[74] werden neue Gestaltungspotentiale für bilanzpolitische Maßnahmen durch die nochmalige Regelungsänderung mit der erstmaligen Festschreibung von speziellen Bestimmungen für immaterielle Vermögenswerte (intangible assets) begründet. Beispielsweise erlauben "widerlegbare Vermutungen (rebuttable presumptions)" maximaler Abschreibungszeiträume von zwanzig Jahren doch letzten Endes individuelle Entscheidungen über planmäßige Abschreibungszeiträume von derivativen Geschäfts- oder Firmenwerten (goodwill),[75] so daß bilanzpolitische Einflußnahmen auf Erfolgsausweise in späteren Rechnungslegungsperioden möglich werden.[76]

Während diese Einflußnahmen nach den ursprünglichen Regelungen durch den Rückgriff auf die lineare Regelabschreibung über fünf Jahre auszuschließen waren, ist die vollständige Kürzung von derivativen Geschäfts- oder Firmenwerten (goodwill) gegen Eigenkapitalpositionen nach den geltenden Regelungen in jahresabschlußanalytischen Untersuchungen im Rahmen von Kreditwürdigkeitsprüfungen unausweichlich. Daß diese Kürzung berechtigt ist, wird nach allem Anschein im einschlägigen Schrifttum nicht bestritten, weil derivative Geschäfts- oder Firmenwerte (goodwill) mangels Ein-

---

[74] Vgl. Bardenz, A. (1998), S. 315; Küting, K. (1995), S. 69ff; Wagenhofer, A. (1996), S. 259.
[75] Vgl. Baetge, J./Siefke, M. in Baetge, J. et al. (1997), IAS 22 Tz. 110ff m.w.E.; IDW (1995), S. 84; Küting, K. (1995), S. 68; Küting, K./Hayn, S. (1996), S. 55; PricewaterhouseCoopers (1998), IAS 22 Tz. 62.
[76] Vgl. Küting, K. (1995), S. 79; Küting, K./Hayn, S. (1996), S. 60.

zelveräußerbarkeit über vollständige Unternehmungs-, Betriebs- oder Teilbetriebsveräußerungen umzusetzen sind.[77] Derartige Verwertungen sind notwendigen Objektivierungen unzugänglich und großen Unsicherheiten ausgesetzt, womit derivative Geschäfts- oder Firmenwerte (goodwill) gegen Eigenkapitalpositionen aus elementaren Vorsichtsüberlegungen gekürzt werden müssen.[78]

Indem objektive Werte von derivativen Geschäfts- oder Firmenwerten (goodwill) in einigen Fällen durch ihre Kürzung vernachlässigt werden,[79] können Ertragslagen bzw. -entwicklungen in Rechnungslegungsperioden mit Unternehmungs-, Betriebs- oder Teilbetriebsübernahmen negativ beeinflußt werden.[80] Dagegen werden negative Beeinflussungen von Ertragslagen bzw. -entwicklungen in späteren Rechnungslegungsperioden ausgeschlossen, weil die betrieblichen Ergebnisminderungen durch Abschreibungen von Geschäfts- oder Firmenwerten (goodwill) über die jahresabschlußanalytische Kürzung gegen Eigenkapitalpositionen kompensiert werden.[81] Formal kann dieser Zusammenhang auf folgende Weise dargestellt werden:

Symbole: AfA_{GFW}: Abschreibungen von derivativen Geschäfts- oder Firmenwerten (goodwill) im betrachteten Rechnungslegungszeitraum in GE

BE_{GFW}: Betriebsergebnis ohne Abschreibungen von derivativen Geschäfts- oder Firmenwerten (goodwill) im betrachteten Rechnungslegungszeitraum in GE

GFW_{nU}: Buchwert von derivativen Geschäfts- oder Firmenwerten (goodwill) vor Abzug von negativen Unterschiedsbeträgen (negative goodwill) in GE

ZU_{GFW}: Zugänge an derivativen Geschäfts- oder Firmenwerten (goodwill) im betrachteten Rechnungslegungszeitraum in GE

$$\Delta \text{GFW}_{nU} = \text{ZU}_{GFW} - \text{AfA}_{GFW} \qquad (3.01)$$

$$\text{bei } \text{ZU}_{GFW} = 0: \Delta \text{GFW}_{nU} = -\text{AfA}_{GFW}$$

$$\Delta \text{EK} = \text{BE}_{GFW} - \text{AfA}_{GFW} \qquad (3.02)$$

$$\Delta \text{EK}^{St} = \Delta \text{EK} - \Delta \text{GFW}_{nU} \qquad (3.03)$$

$$= \text{BE}_{GFW} - \text{AfA}_{GFW} - (-\text{AfA}_{GFW}) = \text{BE}_{GFW}$$

---

[77] Vgl. Ballwieser, W. (1989), S. 36f; Gräfer, H. (1994), S. 78; Küting, K./Weber, C. (1999), S. 62; Riebell, C. (1988), Tz. 365.
[78] Vgl. Küting, K./Weber, C. (1999), S. 62; Riebell, C. (1988), Rz. 365.
[79] Vgl. Küting, K./Weber, C. (1999), S. 62.
[80] Vgl. Küting, K./Hayn, S. (1996), S. 57.
[81] Vgl. Bruns, C. (1998), S. 152.

Somit sind zwei Gründe für die jahresabschlußanalytische **Kürzung von derivativen Geschäfts- oder Firmenwerten (goodwill) gegen das bilanzielle Eigenkapital** anzuführen:
(1) vorsichtige Vermögensausweise angesichts ungewisser Werthaltigkeit von derivativen Geschäfts- oder Firmenwerten (goodwill) und
(2) einheitliche Erfolgsausweise ungeachtet bilanzpolitischer Einflußnahmen über planmäßige Abschreibungen von derivativen Geschäfts- oder Firmenwerten (goodwill).

Wenn derivative Geschäfts- oder Firmenwerte (goodwill) gegen Eigenkapitalpositionen gekürzt werden, müßten Eigenkapitalpositionen im Umkehrschluß um negative Unterschiedsbeträge (negative goodwill) erhöht werden. Für jahresabschlußanalytische Untersuchungen wäre diese Maßnahme gerechtfertigt, wenn die Kaufpreise aufgrund guter Verhandlungsführungen unterhalb der Substanzwerte von übernommenen Unternehmungen, Betrieben oder Teilbetrieben festgelegt wurden. Sofern aber erwartete Verluste in zukünftigen Rechnungslegungsperioden antizipiert werden, müssen negative Unterschiedsbeträge (negative goodwill) mit Drohverlustrückstellungen gleichgesetzt und als Fremdkapital charakterisiert werden. Können wirtschaftliche Ursachen also unterschiedlicher Natur sein,[82] ist die pauschale Zuordnung von negativen Unterschiedsbeträgen (negative goodwill) zu strukturbilanziellen Eigen- oder Fremdkapitalpositionen nicht sinnvoll. Vielmehr sollte die jahresabschlußanalytische **Kürzung von negativen Unterschiedsbeträgen (negative goodwill)**, die nach ihrer Verrechnung gegen derivative Geschäfts- oder Firmenwerte (goodwill) verbleiben, **gegen das ausgewiesene Sachanlagevermögen** ungeachtet strukturbilanzieller Vermögensausweise unterhalb der beizulegenden Werte (fair values) vorgenommen werden. Dafür können folgende Überlegungen angeführt werden:
(1) vorsichtige Bewertung des strukturbilanziellen Sachanlagevermögens in maximaler Höhe der historischen Anschaffungskosten und
(2) einheitliche Erfolgsausweise ungeachtet bilanzpolitischer Einflußnahmen über spätere Auflösungen von negativen Unterschiedsbeträgen (negative goodwill).

Werden sämtliche Aufbereitungsmaßnahmen für derivative Geschäfts- oder Firmenwerte (goodwill) und negative Unterschiedsbeträge (negative goodwill) zusammengefaßt, können jahresabschlußanalytische Handlungsempfehlungen für Zwecke von Kreditwürdigkeitsprüfungen durch folgende Formalismen beschrieben werden:

Symbole: GFW: Buchwert von derivativen Geschäfts- oder Firmenwerten (goodwill) in GE

---

[82] Vgl. Baetge, J. (1997), S. 248ff; Baetge, J./Siefke, M. in Baetge, J. et al. (1997), IAS 22 Tz. 118 m.w.E.; Bardenz, A. (1998), S. 317; Küting, K. (1995), S. 74f m.w.E.; Küting, K./Hayn, S. (1996), S. 60 m.w.E.; Risse, A. (1996), S. 195f m.w.E.

GFW^{St}: strukturbilanzieller Wert von derivativen Geschäfts- oder Firmenwerten (goodwill) in GE

nU : Buchwert von negativen Unterschiedsbeträgen (negative goodwill) in GE

nU^{St}: strukturbilanzieller Wert von negativen Unterschiedsbeträge (negative goodwill) in GE

Aktiva: $\Delta\ GFW^{St} = GFW - GFW = 0$ (3.04)

$\Delta SAV^{St} = SAV - nU$ (3.05)

Passiva: $\Delta\ EK^{St} = EK - GWF$ (3.06)

$\Delta\ nU^{St} = nU - nU = 0$ (3.07)

Beispiel: Bei vollständiger Finanzierung mit zusätzlichem Fremdkapital wurden zwei Teilbetriebe im betrachteten Geschäftsjahr 1999 erworben. Es sind die Konditionen der Tabelle 5.20 zugrundezulegen.

	Teilbetrieb I	Teilbetrieb II
Anschaffungskosten	750.000 DM	750.000 DM
beizulegender Wert (fair value) des übernommenen Gesamtvermögens	700.000 DM	900.000 DM
davon: Sachanlagevermögen	450.000 DM	550.000 DM
Finanzanlagevermögen	250.000 DM	350.000 DM

Tab. 5.20: Beispielhafte Datensituation zur Bilanzierung von Geschäfts- oder Firmenwerten (goodwill)

Danach sind die auszuweisenden Unterschiedsbeträge für jede Teilbetriebsübernahme über folgende Rechnungen zu ermitteln:

Betrieb I :	Anschaffungskosten	750.000 DM
	./. beizulegender Wert (fair value) des übernommenen Gesamtvermögens	700.000 DM
	= Geschäfts- oder Firmenwert (goodwill)	50.000 DM
Betrieb II:	Anschaffungskosten	750.000 DM
	./. beizulegender Wert (fair value) des übernommenen Gesamtvermögens	900.000 DM
	= negativer Unterschiedsbetrag (negative goodwill)	- 150.000 DM

Trotz unterschiedlicher Vorzeichen müssen die beiden Unterschiedsbeträge für bilanzielle Zwecke zusammengefaßt werden. Bleiben alle Abschreibungserfordernisse unberücksichtigt, zeigt die Tabelle 5.21 die Bilanzveränderungen zum 31.12.1999.

Immaterielle Vermögenswerte 157

Aktiva	Veränderungsbilanz in DM	Passiva	
Δ SAV	+ 1.000.000	Δ FK	+ 1.500.000
Δ FAV	+ 600.000	Δ nU	+ 100.000

Tab. 5.21: Beispiel zur Bilanzierung von Geschäfts- oder Firmenwerten (goodwill)

Um die erfolgswirksame Auflösung der negativen Unterschiedsbeträge (negative goodwill) für die bilanzpolitische Beeinflussung der auszuweisenden Periodenerfolge nutzen zu können, werden alle Unternehmungen ungeachtet ihrer Vermögens-, Finanz- und Ertragslagen bzw. -entwicklungen den negativen Unterschiedsbetrag (negative goodwill) bzw. das übernommene Vermögen unter subjektiver Ermessensausübung mit hohen Buchwerten ansetzen. Doch können derartige Beeinflussungen, wie aus der Strukturbilanz in der Tabelle 5.22 ersichtlich wird, durch jahresabschlußanalytische Aufbereitungen eliminiert werden.

(3.05) $\Delta SAV^{St} = SAV - nU$

$\Delta SAV^{St} = 1.000.000 - 100.000 = 900.000$ DM

(3.07) $\Delta nU^{St} = nU - nU = 0$

$\Delta nU^{St} = 100.000 - 100.000 = 0$ DM

Aktiva	Strukturbilanz in DM	Passiva	
Δ SAVSt	+ 900.000	Δ FKSt	+ 1.500.000
Δ FAVSt	+ 600.000		

Tab. 5.22: Beispiel zur Berücksichtigung von Geschäfts- oder Firmenwerten (goodwill) in Strukturbilanzen

Mit der empfohlenen Aufbereitungsmaßnahme für Unterschiedsbeträge aus Unternehmungs-, Betriebs- oder Teilbetriebsübernahmen ist der vorsichtige Strukturbilanzausweis von Vermögenspositionen im Beispielfall sichergestellt. Zudem werden bilanzpolitische Einflußnahmen auf Periodenerfolge durch spätere Abschreibungen bzw. Auflösungen von Unterschiedsbeträgen ausgeschlossen, womit die uneingeschränkte Vergleichbarkeit von Strukturbilanzen für die jahresabschlußanalytische Untersuchung gegeben ist.

5.4.2 Sonstige immaterielle Vermögenswerte (intangible assets)

Da immaterielle Vermögenswerte (intangible assets) - mit Ausnahme von vorgenannten Geschäfts- oder Firmenwerten (goodwill) und kurzfristigen Vermögenswerten (current assets) - keinen besonderen Bilanzierungs- und Bewertungsbestimmungen unterliegen, sind weitere Differenzierungen in den nachfolgenden Erörterungen über ihre Aufbereitung für die finanzwirtschaftliche Jahresabschlußanalyse nicht erforderlich. Generell umfassen immaterielle Vermögenswerte (intangible assets) nicht-monetäre Vermögenswerte (assets) ohne körperliche Gegenständlichkeit, die im betrieblichen Gesamtvermögen als eigenständige Vermögenspositionen identifizierbar und zur betrieblichen Nutzung über mehrere Geschäftsjahre bestimmt sind (IAS 38.7). Infolge der definitorischen Bezugnahme auf die abstrakten Bilanzierungskriterien (IAS F.49a) führen die speziellen Bestimmungen für den bilanziellen Ansatz von immateriellen Vermögenswerten (intangible assets) zu erheblichen Gestaltungspotentialen,[83] die in begrenztem Umfang durch weitere Bilanzierungsvoraussetzungen für einzelne Vermögenswerte (assets) eingeschränkt werden. Beispielsweise werden immaterielle Vermögenswerte (intangible assets) aus eigenen Entwicklungstätigkeiten hinsichtlich ihres Bilanzansatzes durch folgende Zusatzbedingungen begrenzt (IAS 38.45):

(1) mögliche und beabsichtigte Ressourcennutzung bzw. -vermarktung in zukünftigen Rechnungslegungsperioden,

(2) offenkundiger Ressourcennutzen in zukünftigen Rechnungslegungsperioden und

(3) zuverlässige Bestimmbarkeit von sämtlichen Entwicklungskosten.

Sind alle Zusatzbedingungen erfüllt, müssen immaterielle Vermögenswerte (intangible assets) in IAS-Abschlüssen im Gegensatz zu HGB-Abschlüssen bilanziert werden, auch wenn solche Vermögenswerte (assets) selbst erstellt wurden.[84] Von diesem Grundsatz bleiben folgende Vermögenswerte (assets) aufgrund mangelnder Erfüllung von sämtlichen Bilanzierungsvoraussetzungen explizit ausgenommen:

(1) originäre Geschäfts- oder Firmenwerte (IAS 38.36),

(2) eigene Forschungsaktivitäten (IAS 38.42) und

(3) selbsterstellte Markenzeichen, Werbekampagnen etc. (IAS 38.51).

Sämtliche Anschaffungs- bzw. Herstellungskosten letztgenannter Vermögenspositionen und anderer Vermögenspositionen immaterieller Art, deren bilanzieller Ansatz mangels der vollständigen Erfüllung von einschlägigen Voraussetzungen ausscheidet, müssen sofortige Erfolgsausweise unter einschlägigen Aufwandspositionen erfahren (IAS 38.56). Soweit getätigte Ausgaben für immaterielle Vermögenspositionen in vorangegangenen Jahresabschlüssen oder Zwischenberichten aufwandswirksam wurden, ist die nachträgliche Einbeziehung in die bilanziellen Wertansätze unzulässig, auch wenn sämtliche Bilanzierungsvoraussetzungen durch die zugrundeliegende Vermögensposition in späteren Rechnungslegungsperioden erfüllt werden (IAS 38.59).

Falls immaterielle Vermögenswerte (intangible assets) bilanziert werden, muß die Zugangsbewertung zu den Anschaffungs- oder Herstellungskosten erfolgen (IAS 38.22), womit verschiedene Ermessensspielräume begründet werden.[85] Danach sollen immaterielle Vermögenswerte (intangible assets) zu den fortgeführten Anschaffungs- oder

---

[83] Siehe hierzu Kapitel 3.2.1.1.
[84] Vgl. Born, K. (1999), S. 543; Schader, H. (1999), S. 35.
[85] Siehe hierzu Kapitel 3.2.1.2.2.

Herstellungskosten vorbehaltlich außerplanmäßiger Abschreibungen ausgewiesen werden (IAS 38.63); alternativ dürfen die Neubewertungsbeträge (revalued amounts) als Wertmaßstab für die Folgebewertung herangezogen werden, wenn verschiedene Zusatzvoraussetzungen erfüllt sind (IAS 38.64). Sollten alternative Neubewertungen (revaluations) mit Buchwertveränderungen von immateriellen Vermögenswerten (intangible assets) verbunden sein, müssen die Buchungen analog den Buchungen bei Neubewertungen von Sachanlagen vorgenommen werden (IAS 38.76f).[86]

Unabhängig vom gewählten Bewertungsverfahren sind immaterielle Vermögenswerte (intangible assets) über ihre Nutzungsdauer abzuschreiben, wobei die gewählte Abschreibungsmethode dem wirtschaftlichen Nutzenverlauf des jeweiligen Vermögenswertes (asset) entsprechen muß. Falls die verläßliche Bestimmung des wirtschaftlichen Nutzenverlaufs unmöglich ist, müssen lineare Abschreibungen erfolgen (IAS 38.88ff), so daß bilanzpolitische Ermessensspielräume bei planmäßigen Abschreibungsmethoden eingeschränkt werden.[87] In grundsätzlicher Entsprechung zu planmäßigen Abschreibungsmethoden sind planmäßige Abschreibungszeiträume an wirtschaftlichen Nutzungsdauern auszurichten (IAS 38.79). Hierbei können wirtschaftliche Nutzungsdauern in aller Regel über individuelle Entscheidungen festgelegt werden, wenngleich planmäßige Abschreibungszeiträume, die zwanzig Jahre übersteigen, auf begründete Ausnahmefälle beschränkt bleiben.[88] Sofern planmäßige Abschreibungszeiträume über zwanzig Jahre gewählt werden, sind jährliche Überprüfungen von Buchwerten auf außerplanmäßige Wertminderungen sowie zusätzliche Erläuterungen (notes) zur Abschreibungsdauer erforderlich (IAS 38.83).

Jedoch bleibt die zusätzliche Forderung nach jährlichen Buchwertüberprüfungen ohne faktische Konsequenzen, weil die gewählten Abschreibungsmethoden und -zeiträume von immateriellen Vermögenswerten (intangible assets) zu jedem Rechnungslegungsstichtag kontrolliert werden müssen. Sollten signifikante Veränderungen des geschätzten Nutzenverlaufs und/oder der geschätzten Nutzungsdauer im betrachteten Rechnungslegungszeitraum eingetreten sein, müssen die planmäßigen Abschreibungsbeträge des betreffenden Vermögenswertes (asset) prospektiv korrigiert werden (IAS 38.94). Bleiben diese Sonderregelungen außer Betracht, sind außerplanmäßige Abschreibungen und Wertaufholungen von immateriellen Vermögenswerten (intangible assets) nach einschlägigen Bestimmungen im IAS 36 vorzunehmen (IAS 38.97).

Wegen zahlreicher Möglichkeiten zur bilanzpolitischen Einflußnahme müssen umfangreiche Zusatzinformationen zu immateriellen Vermögenswerten (intangible assets) gegeben werden. Insbesondere sind folgende Erläuterungen (notes) für jede Einzelposition an selbsterstellten und fremderworbenen Vermögenswerten (assets) notwendig (IAS 38.107ff):

---

[86] Siehe hierzu Kapitel 5.2.1.
[87] Vgl. Fuchs, M. (1997), S. 144.
[88] Vgl. PricewaterhouseCoopers (1998), IAS 38 Tz. 44ff m.w.E.

(1) angewandte Bilanzierungs- und Bewertungsmethoden (accounting policies) einschließlich aller Bestimmungsfaktoren von planmäßigen Abschreibungen,

(2) betragsmäßige Entwicklung von immateriellen Vermögenswerten (intangible assets) im betrachteten Rechnungslegungszeitraum,

(3) Erfolgspositionen, über die Abschreibungen immaterieller Vermögenswerte (intangible assets) gegengebucht werden, und

(4) diverse Angaben zu bilanziellen Besonderheiten von immateriellen Vermögenswerten (intangible assets), wie Neubewertungen oder Abschreibungszeiträume über zwanzig Jahre.

Obschon das tatsächliche Bemühen um Objektivierungen mittels der zusätzlichen Bilanzierungsvoraussetzungen im IAS 38 erkennbar ist, eröffnen immaterielle Vermögenswerte (intangible assets) im Hinblick auf ihre Erfassung und Bewertung noch beachtliche Gestaltungspotentiale. Außer neubewerteten Vermögenswerten (assets), bezüglich deren Beurteilung auf die Darstellung zu neubewerteten Sachanlagen verwiesen wird,[89] müssen selbsterstellte Vermögenswerte (assets) des immateriellen Anlagevermögens aufgrund bilanzpolitischer Gestaltungspotentiale für jahresabschlußanalytische Zwecke aufbereitet werden. Da selbsterstellte Vermögenswerte (assets) des immateriellen Anlagevermögens - angesichts unscharfer Formulierungen und leichter Umgehungsmöglichkeiten der zusätzlichen Bilanzierungsvoraussetzungen - hinsichtlich ihres Bilanzansatzes im faktischen Ermessen des jeweiligen Rechnungslegungssubjektes stehen, ist ihre Kürzung gegen bilanzielle Eigenkapitalpositionen zur uneingeschränkten Gewährleistung von objektiven Vermögensausweisen erforderlich.[90] Hierdurch bleiben alle Forschungs- und Entwicklungskosten (research and development costs) ohne strukturbilanzielle Berücksichtigung. Unter dem Blickwinkel von Fremdkapitalgeberinteressen ist die Vernachlässigung von Forschungs- und Entwicklungskosten (research and development costs) gerechtfertigt, weil sowohl die Differenzierung zwischen Forschungs- und Entwicklungskosten (research and development costs) als auch die Einhaltung von Bilanzierungsvoraussetzungen intersubjektiv unüberprüfbar ist.[91] Sofern eigene Entwicklungskosten (development costs) in früheren Rechnungslegungsperioden bilanziert wurden, dürften außerplanmäßige Abschreibungen oder vollständige Ausbuchungen in späteren Rechnungslegungsperioden ohne große Schwierigkeiten begründet werden können,[92] womit bilanzielle Ausweise entsprechend bilanzpolitischen Zielsetzungen reversibel sind. Überdies unterliegt der Bilanzansatz von Entwicklungskosten (development costs) noch Gestaltungsspiel-

---

[89] Siehe hierzu Kapitel 5.2.1.
[90] Vgl. Küting, K. (1995), S. 63; Küting, K./Hayn, S. (1996), S. 52.
[91] Vgl. Bardenz, A. (1998), S. 194; Bruns, C. (1998), S. 124f; Busse von Colbe, W./Seeberg, T. (1997), S. 39; Fuchs, M. (1997), S. 129f; Gidlewitz, H. (1996), S. 280; von Keitz, I. (1997), S. 188ff, Küting, K./Hayn, S. (1996), S. 54; Risse, A. (1996), S. 141; Schildbach, T. (1994), S. 716f.
[92] Vgl. Fuchs, M. (1997), S. 131ff; Schildbach, T. (1994), S. 716.

räumen, wie mit besonderer Deutlichkeit das konkrete Bilanzierungskriterium der möglichen und beabsichtigten Ressourcennutzung bzw. -vermarktung in zukünftigen Rechnungslegungsperioden (IAS 38.45) erkennen läßt.[93]
Ist die jahresabschlußanalytische Kürzung von selbsterstellten Vermögenswerten (assets) des immateriellen Anlagevermögens angesichts erheblicher Ermessens- und Gestaltungsspielräume unerläßlich, erscheint die jahresabschlußanalytische Kürzung von fremderworbenen Vermögenswerten (assets) des immateriellen Anlagevermögens aufgrund der bestätigten Werthaltigkeit unter tatsächlichen Marktbedingungen nicht sinnvoll. Sollten allerdings fremderworbene Vermögenswerte (assets) immaterieller Art nicht eliminiert werden, würde die unterschiedliche Behandlung von immateriellen Vermögenswerten (intangible assets) in Abhängigkeit vom Beschaffungsweg nach der jahresabschlußanalytischen Aufbereitung zu verzerrten Strukturbilanzausweisen führen. So würden Unternehmungen, deren immaterielle Vermögenswerte (assets) durch eigene Entwicklungsaktivitäten entstanden sind, gegenüber Unternehmungen, deren immaterielle Vermögenswerte (assets) von fremden Dritten erworben wurden, diskriminiert,[94] wobei allerdings selbsterstellte Vermögenswerte (assets) durch Verkauf- und Kaufgeschäfte ohne Schwierigkeiten zu fremderworbenen Vermögenswerten (assets) werden können.[95] Ihre weitere Begründung erfährt die jahresabschlußanalytische Kürzung von fremderworbenen Vermögenswerten (assets) des immateriellen Anlagevermögens durch erhebliche Bewertungsspielräume, für die exemplarisch die Zugangsbewertung beim Erwerb via Unternehmensakquisition oder die Festlegung von Bestimmungsfaktoren für Abschreibungen angeführt seien. Entgegen der Zugangsbewertung, deren jahresabschlußanalytische Aufbereitung mangels Kenntnis von substantiellen Werten außer Betracht steht, könnte die Folgebewertung in den Gestaltungsspielräumen begrenzt werden, indem über jahresabschlußanalytische Aufbereitungsmaßnahmen die tatsächlichen Abschreibungen durch standardisierte Abschreibungen ersetzt würden. Da aber sowohl die Festlegung von "richtigen Abschreibungsmethoden und -zeiträumen" als auch die Berücksichtigung von außerplanmäßigen Wertänderungen durch standardisierte Abschreibungen unmöglich ist, scheidet die jahresabschlußanalytische Korrektur der tatsächlichen Abschreibungen aus, so daß fremderworbene wie selbsterstellte Vermögenswerte (assets) des immateriellen Anlagevermögens gegen bilanzielle Eigenkapitalpositionen gekürzt werden sollten.
Zusammenfassend können folgende Argumente die jahresabschlußanalytische **Kürzung von sämtlichen Vermögenswerten (assets) des immateriellen Anlagevermögens gegen bilanzielle Eigenkapitalpositionen** begründen:

---

[93] Vgl. Busse von Colbe, W./Seeberg, T. (1997), S. 39; Schildbach, T. (1994), S. 717.
[94] Vgl. Bardenz, A. (1998), S. 192; Bruns, C. (1998), S. 124; Küting, K. (1995), S. 63; Küting, K./Hayn, S. (1996), S. 52.
[95] Vgl. Bardenz, A. (1998), S. 190; Wagenhofer, A. (1996), S. 137.

(1) vorsichtige Strukturbilanzausweise angesichts ungewisser Werthaltigkeit von immateriellen Vermögenswerten (intangible assets),
(2) einheitliche Strukturbilanzausweise von selbsterstellten Vermögenswerten (assets) des immateriellen Anlagevermögens trotz des faktischen Bilanzierungswahlrechts infolge der unscharfen Formulierungen und leichten Umgehungsmöglichkeiten der zusätzlichen Bilanzierungsvoraussetzungen und
(3) einheitliche Behandlung von immateriellen Vermögenswerten (intangible assets) ungeachtet ihrer Erwerbsform.

Formal sind die erarbeiteten Aufbereitungsempfehlungen für immaterielle Vermögenswerte (intangible assets) auf folgende Weise wiederzugeben:

Symbole: AHK_{iAV}: historische bzw. fortgeführte Anschaffungs- oder Herstellungskosten von immateriellen Vermögenswerten (intangible assets) in GE

iAV: Buchwert von immateriellen Vermögenswerten (intangible assets) in GE

iAV^{St}: strukturbilanzieller Wert von immateriellen Vermögenswerten (intangible assets) in GE

NB_{iAV}: Neubewertungsbetrag (revalued amount) für immaterielle Vermögenswerte (intangible assets) in GE

Aktiva: $\Delta iAV^{St} = iAV - iAV = 0$ (3.08)

Passiva: $\Delta EK^{St} = EK - iAV + NB_{iAV} - AHK_{iAV}$ (3.09)

$\Delta NBR^{St} = NBR - NB_{iAV} + AHK_{iAV}$ (3.10)

Beispiel: Durch eigene Entwicklungsarbeiten wurden Produktionsverfahren im Geschäftsjahr 1996 zur wirtschaftlichen Marktreife gebracht. Zum 31.12.1999 sind folgende Daten gegeben:

Nutzungsbeginn im Geschäftsjahr 1996	
aktivierte Herstellungskosten:	1.000.000 DM
lineare Abschreibungen über 10 Jahre:	100.000 DM/Jahr
Neubewertung (revaluation) im Geschäftsjahr 1998	
Buchwerterhöhung:	400.000 DM
lineare Auflösung über 8 Jahre:	50.000 DM/Jahr

Demnach müssen immaterielle Vermögenswerte (intangible assets) zum 31.12.1999 in Entsprechung zur nachfolgenden Tabelle 5.23 aktiviert werden.

Immaterielle Vermögenswerte 163

```
Aktiva      Veränderungsbilanz in DM      Passiva
Δ iAV       - 150.000    Δ EK             - 100.000
                         Δ NBR            -  50.000
```

Erläuterungen (notes):
Buchwert von neubewerteten Vermögenswerten (assets) im immateriellen Anlagevermögen: - 150.000 DM
historische bzw. fortgeführte Anschaffungs- oder Herstellungskosten von neubewerteten Vermögenswerten (assets) im immateriellen Anlagevermögen: - 100.000 DM

Tab. 5.23: Beispiel zur Bilanzierung immaterieller Vermögenswerte (intangible assets)

Trotz ihrer Marktreife sollten die immateriellen Vermögenswerte (intangible assets) nach den erarbeiteten Empfehlungen für die jahresabschlußanalytische Aufbereitung gegen bilanzielle Eigenkapitalpositionen gekürzt werden, womit in Entsprechung zur Tabelle 5.24 keine Strukturbilanzveränderungen ausgewiesen werden.

(3.08) $\Delta iAV^{St} = iAV - iAV = 0$
$\Delta iAV^{St} = -150.000 - (-150.000) = 0$ DM

(3.09) $\Delta EK^{St} = EK - iAV + NB_{iAV} - AHK_{iAV}$
$\Delta EK^{St} = -100.000 - (-150.000) - 150.000 - (-100.000) = 0$ DM

(3.10) $\Delta NBR^{St} = NBR - NB_{iAV} + AHK_{iAV}$
$\Delta NBR^{St} = -50.000 - (-150.000) - 100.000 = 0$ DM

```
Aktiva          Strukturbilanz in DM       Passiva
Δ iAV^St        ± 0      Δ EK^St           ± 0
                         Δ NBR^St          ± 0
```

Tab. 5.24: Beispiel zur Berücksichtigung immaterieller Vermögenswerte (intangible assets) in Strukturbilanzen

Durch diese Aufbereitungsmaßnahme werden strukturbilanzielle Ausweise von nichtwerthaltigen Vermögenspositionen seitens kreditgewährender Finanzinstitute in jedem Fall ausgeschlossen. Gleichzeitig sind einheitliche Strukturbilanzausweise ungeachtet des faktischen Bilanzierungswahlrechts für immaterielle Vermögenswerte (intangible assets) gewährleistet, so daß die finanzwirtschaftliche Jahresabschlußanalyse im vorliegenden Beispielfall durch die bilanzpolitischen Gestaltungsspielräume beim immateriellen Anlagevermögen nicht beeinträchtigt wird.

5.5 Umlaufvermögen (current assets)

Entsprechend dem Anlagevermögen (long-term assets) muß das Umlaufvermögen (current assets) aufbereitet werden, wenn spätere Zeit- und Branchenvergleiche von Jahresabschlüssen trotz der verschiedenen Wahlrechte und Ermessensspielräume zu sinnvollen Ergebnissen für Kreditwürdigkeitsprüfungen führen sollen. In diesem Zusammenhang sind folgende Vermögenswerte (assets) von besonderer Relevanz:

(1) Vorräte (inventories),
(2) langfristige Fertigungsaufträge (construction contracts),
(3) erhaltene Anzahlungen (progress payments),
(4) kurzfristige Finanzinvestitionen (current investments) und
(5) eigene Anteile.

5.5.1 Vorräte (inventories)

Laut der Definition im IAS 2 umfassen Vorräte (inventories) ausschließlich Vermögenswerte (assets), die

(1) als fertige Erzeugnisse oder Handelswaren im gewöhnlichen Geschäftsgang verkauft,
(2) als unfertige Erzeugnisse im Produktions-, Herstellungs- oder Leistungsprozeß weiterverarbeitet oder
(3) als Roh-, Hilfs- und Betriebsstoffe im Produktions-, Herstellungs- oder Leistungsprozeß verbraucht

werden sollen (IAS 2.4). Generell sind diese Vermögenswerte (assets) zu den niedrigeren Werten aus den historischen Anschaffungs- oder Herstellungskosten und den realisierbaren Nettoveräußerungserlösen (net realisable values) im bilanziellen Umlaufvermögen auszuweisen (IAS 2.6), wobei grundsätzlich separate Buchwertermittlungen für jeden Vermögenswert (asset) erfolgen müssen (IAS 2.19f).

Um organisatorische Belastungen im Rahmen von Vorratsbewertungen zu verringern, sind verschiedene Vereinfachungsverfahren zulässig.[96] Unter anderem kann die konkrete Ermittlung der bilanziellen Werte über Kalkulationsverfahren erfolgen, sofern die ermittelten Ergebnisse den tatsächlichen Anschaffungs- oder Herstellungskosten annähernd entsprechen. Insbesondere kommen zwei Kalkulationsverfahren in Betracht (IAS 2.17):

(1) Übernahme von Standardkostensätzen bei normalen Materialeinsätzen, Lohnkosten und Kapazitätsauslastungen (standard cost method) und
(2) Kürzung von Verkaufspreisen um prozentuale Bruttogewinnspannen (retail method).

---
[96] Vgl. Achleitner, A./Behr, G. (1998), S. 142f; Baukmann, D./Mandler, U. (1997), S. 100; Jacobs, O. in: Baetge, J. et al. (1997), IAS 2 Tz. 10.

Indem die annähernde Übereinstimmung zwischen den ermittelten Ergebnissen und den tatsächlichen Anschaffungs- oder Herstellungskosten verlangt wird, differieren die Kalkulationsverfahren gegenüber der Einzelbewertung unmerklich, so daß keine jahresabschlußanalytischen Aufbereitungsmaßnahmen erforderlich werden. Demgegenüber sollten Verbrauchsfolgeverfahren, mittels derer große Stückzahlen von austauschbaren Vorräten (interchangeable inventories) ohne speziellen Projektbezug bewertet werden können (IAS 2.19ff), wegen wahlweiser Unterstellung von verschiedenen Verbrauchs- bzw. Veräußerungsfolgen für jahresabschlußanalytische Zwecke aufbereitet werden. Die einzelnen Verbrauchs- bzw. Veräußerungsfolgen, die zu Vorratsbewertungen in IAS-Abschlüssen zulässig sind (IAS 2.21ff), gibt die nachfolgende Tabelle 5.25 im Überblick wieder.

Verfahren	Verbrauchs- bzw. Veräußerungsfolge	Bewertung der Vermögenswerte (assets)
Fifo-Methode (first-in-first-out-method)	vorrangiger Verbrauch bzw. Verkauf von zuerst angeschafften bzw. hergestellten Vermögenswerten (assets)	Wert von Vermögenswerten (assets), die zuletzt angeschafft bzw. hergestellt wurden
Durchschnittsmethode (weighted average cost formula)	-.-	gewogener Durchschnittswert, dessen Bildung in Abhängigkeit von konkreten Verhältnissen permanent oder periodisch erfolgen kann
Lifo-Verfahren (last-in-first-out-method)	vorrangiger Verbrauch bzw. Verkauf von zuletzt angeschafften bzw. hergestellten Vermögenswerten (assets)	Wert von Vermögenswerten (assets), die zuerst angeschafft bzw. hergestellt wurden

Tab. 5.25: Überblick über Verbrauchsfolgeverfahren

Neben diesen Methoden dürfen weitere Verbrauchsfolgeverfahren in IAS-Abschlüssen in grundlegendem Gegensatz zu HGB-Abschlüssen nicht angewandt werden.[97] Zudem führen vereinfachte Vorratsbewertungen unter Rückgriff auf Verbrauchsfolgeverfahren zu Unterschieden zwischen beiden Jahresabschlüssen, indem Lifo- (last-in-first-out) Bewertungen aufgrund ihrer Klassifizierung als Alternativverfahren (allowed alternative treatment) an zusätzliche Erläuterungen (notes) in IAS-Abschlüssen gebunden sind. En detail müssen die Erläuterungen (notes) zu IAS-Abschlüssen folgende Angaben über die Behandlung von Vorräten (inventories) offenlegen (IAS 2.34ff):

---

[97] Vgl. Bruns, C. (1998), S. 134; Coenenberg, A. (1997), S. 169; Glaum, M./Mandler, U. (1996), S. 143; IDW (1995), S. 147f; KPMG (1996), S. 74; Reinhart, A. (1998), S. 190f; Risse, A. (1996), S. 125; a.A.: Born, K. (1999), S. 546; Jacobs, O. in: Baetge, J. et al. (1997), IAS 2 Tz. 47 u. 51f.

(1) angewandte Bilanzierungs- und Bewertungsmethoden (accounting policies),
(2) unternehmensspezifische Untergliederung von bilanziellen Vorratsausweisen,
(3) Buchwerte von Vorräten (inventories), die zu ihren Nettoveräußerungserlösen (net realisable values) ausgewiesen werden,
(4) Beträge und Ursachen von erfolgswirksamen Wertaufholungen im betrachteten Rechnungslegungszeitraum,
(5) Buchwerte von Vorräten (inventories), die als Sicherheit für Verbindlichkeiten dienen, und
(6) zusätzliche Angaben zu Lifo- (last-in-first-out) Bewertungen von Vorräten (inventories):
(6.1) Differenz zwischen den tatsächlichen Buchwerten und den niedrigeren Werten aus alternativen Buchwerten nach empfohlenen Verbrauchsfolgeverfahren (benchmark treatments) und realisierbaren Nettoveräußerungserlösen (net realisable values) oder
(6.2) Differenz zwischen den tatsächlichen Buchwerten und den niedrigeren Werten aus stichtagsbezogenen Wiederbeschaffungskosten (current cost) und realisierbaren Nettoveräußerungserlösen (net realisable values).

Infolge dieser Angabepflichten können sämtliche Vorräte (inventories), deren Bewertung per Lifo-Methode (last-in-first-out-method) erfolgt, für jahresabschlußanalytische Zwecke umbewertet werden. Generell sind solche Umbewertungen vorzunehmen, wenn deutliche Abweichungen zwischen den unterstellten und tatsächlichen Verbrauchsfolgen zu falschen Vermögensausweisen führen.[98] Obgleich falsche Vermögensausweise mangels Kenntnis von tatsächlichen Verbrauchsfolgen für Externe unerkennbar sind, sollten Lifo- (last-in-first-out) Bewertungen aus der Sicht von kreditgewährenden Finanzinstituten mit dem Ziel von einheitlichen Strukturbilanzausweisen eliminiert werden, um vermeidbare Beeinträchtigungen von Zeit- und Branchenvergleichen durch unterschiedliche Wertmaßstäbe auszuschließen.

Wenn auch Lifo- (last-in-first-out) Bewertungen eliminiert werden, sind einheitliche Strukturbilanzausweise nicht gewährleistet, weil verschiedene Verbrauchsfolgeverfahren, namentlich Fifo- (first-in-first-out-method) und Durchschnittsmethode (weighted average cost formula), als bevorzugte Bewertungsvereinfachungsverfahren (benchmark treatments) anerkannt sind. Demzufolge ist es gerechtfertigt, daß zusätzliche Angaben zur Differenz zwischen den tatsächlichen Buchwerten und den niedrigeren Werten aus alternativen Buchwerten nach bevorzugten Verbrauchsfolgeverfahren (benchmark treatments) und realisierbaren Nettoveräußerungserlösen (net realisable

---

[98] Vgl. Bruns, C. (1998), S. 134; Jung, W. (1993), S. 210f.

values) bei Lifo- (last-in-first-out) Bewertungen verpflichtend sind. Indem aber unterschiedliche Verbrauchsfolgeverfahren oder stichtagsbezogene Marktbewertungen zugrundegelegt werden dürfen, sind die Erläuterungen (notes) zu Lifo- (last-in-first-out) Bewertungen für die Aufbereitung von Jahresabschlüssen begrenzt geeignet, sofern bevorzugte Verbrauchsfolgeverfahren (benchmark treatments) und stichtagsbezogene Marktbewertungen keine zufälligen Ergebnisübereinstimmungen zeigen.[99] Sollten gleichwohl Lifo- (last-in-first-out) Bewertungen eliminiert werden, können zwangsläufige Verzerrungen von Vermögensausweisen angesichts weiterer Wahlrechte und Ermessensspielräume toleriert werden.

Neben dem expliziten Wahlrecht zwischen verschiedenen Verbrauchsfolgeverfahren ist die konkrete Abgrenzung von einzelnen Bewertungseinheiten mit zusätzlichen Gestaltungspotentialen für bilanzpolitische Maßnahmen verbunden. Denn obschon Verbrauchsfolgeverfahren in ihrer Anwendung auf austauschbare Vorräte (interchangeable inventories) ohne speziellen Projektbezug beschränkt werden (IAS 2.19ff), bleiben deren Voraussetzungen in begrifflicher Hinsicht offen. In genereller Entsprechung zu gleichartigen Vermögensgegenständen, die korrespondierende Regelungen zur HGB-Rechnungslegung als Anwendungsvoraussetzung für Verbrauchsfolgeverfahren nennen, müssen austauschbare Vorräte (interchangeable inventories) im Sinne von Regelungen zur IAS-Rechnungslegung gattungs- und funktionsgleich sein. Darüber hinaus muß die annähernde Wertgleichheit als weitere Begriffsvoraussetzung gefordert werden, soll die erklärte Zielsetzung von allen Verbrauchsfolgeverfahren, der willkürlichen Bestimmung im Bestand verbleibender Vorräte (inventories) zur Objektivierung periodischer Erfolgsausweise vorzubeugen, über den gezielten Ein- und Verkauf von wertverschiedenen Vermögenswerten (assets) nicht unterlaufen werden.[100] Dennoch läßt jede Entscheidung, welche Vermögenswerte (assets) sämtlichen Kriterien von austauschbaren Vorräten (interchangeable inventories) genügen, erhebliche Ermessensspielräume im konkreten Einzelfall, deren bilanzpolitische Nutzung zum überwiegenden Teil verborgen bleibt.[101]

Resümierend ist festzustellen, daß unterschiedliche Verbrauchsfolgeverfahren und unbestimmte Abgrenzungskriterien für bilanzielle Bewertungseinheiten, sollten jahresabschlußanalytische Aufbereitungen unterbleiben, erhebliche Beeinflussungen von strukturbilanziellen Vorratsausweisen begründen können.[102] Bei steigenden Preisen werden die tendenziellen Beeinflussungen von bilanziellen bzw. strukturbilanziellen Vorratsbewertungen in der nachfolgenden Tabelle 5.26 wiedergegeben.

---

[99] Vgl. Fuchs, M. (1997), S. 198, a.A.: Jacobs, O. in: Baetge, J. et al. (1997), IAS 2 Tz. 70ff; Risse, A. (1996), S. 128.
[100] Vgl. Fuchs, M. (1997), S. 193ff; Unselt, K. (1996), S. 933f.
[101] Vgl. Fuchs, M. (1997), S. 194.
[102] Vgl. Bruns, C. (1998), S. 135f; Fuchs, M. (1997), S. 194ff.

angewandtes Verfahren \ Vergleichsverfahren	Lifo-Verfahren (last-in-first-out-method)	Fifo-Verfahren (first-in-first-out-method)	Durchschnittsbewertung (weighted average cost formula)
Lifo-Verfahren (last-in-first-out-method)	-.-	niedrigerer Buchwert höhere Aufwendungen	niedrigerer Buchwert höhere Aufwendungen
Fifo-Verfahren (first-in-first-out-method)	höherer Buchwert niedrigere Aufwendungen	-.-	höherer Buchwert niedrigere Aufwendungen
Durchschnittsbewertung (weighted average cost formula)	höherer Buchwert niedrigere Aufwendungen	niedrigerer Buchwert höhere Aufwendungen	-.-

Tab. 5.26: Tendentielle Konsequenzen von unterschiedlichen Verbrauchsfolgeverfahren für bilanzielle bzw. strukturbilanzielle Vorratsausweise bei steigenden Preisen

Somit sprechen zwei Gründe für die **Umbewertung von Vorräten (inventories)**, die per Lifo-Methode (last-in-first-out-method) bewertet werden, **unter Rückgriff auf die Erläuterungen (notes)** als jahresabschlußanalytische Aufbereitungsmaßnahme:

(1) weitgehende Einheitlichkeit des strukturbilanziellen Vermögensausweises trotz unterschiedlicher Nutzung des bilanziellen Bewertungswahlrechts und

(2) vorsichtige Strukturbilanzausweise aufgrund der maximalen Bewertung zu den realisierbaren Nettoveräußerungserlösen (net realisable values) bzw. stichtagsbezogenen Wiederbeschaffungskosten (current costs).

Falls letzteren Argumenten zugestimmt wird, kann die jahresabschlußanalytische Aufbereitungsempfehlung für das bilanzielle Vorratsvermögen über folgende Formalismen beschrieben werden:

Symbole: VOR : bilanzielles Vorratsvermögen in GE

VOR_{VF} : Korrekturwert für bilanzielles Vorratsvermögen bei alternativer Anwendung von bevorzugten Verbrauchsfolgeverfahren (benchmark treatment) oder stichtagsbezogenen Marktbewertungen in GE

VOR^{St} : strukturbilanzielles Vorratsvermögen in GE

Aktiva: $\Delta VOR^{St} = VOR + VOR_{VF}$ (4.01)

Passiva: $\Delta EK^{St} = EK + VOR_{VF}$ (4.02)

Umlaufvermögen 169

Beispiel: Im Geschäftsjahr 1999 sind folgende Veränderungen von betrieblichen Vorratsbeständen eingetreten:

Anfangsbestand (01.01.):	0 t	Buchwert:	0 DM
Zugänge (01.02.):	10.000 t	Anschaffungskosten:	8.000 DM
Zugänge (01.04.):	12.000 t	Anschaffungskosten:	10.000 DM
Abgänge (01.10.):	12.000 t		
Endbestand (31.12.):	10.000 t	Wiederbeschaffungskosten:	11.000 DM

Abhängig vom Verbrauchsfolgeverfahren können die Vorratsbestände und -aufwendungen zum 31.12.1999 gemäß der Tabelle 5.27 ermittelt werden.

Verfahren	Veränderungen des Vorratsbestandes		Buchwert	Aufwand
Fifo-Verfahren (first-in-first-out-method)	Zugänge	10.000 t à 0,8 DM	8.000 DM	
		12.000 t à 1,0 DM	12.000 DM	
	Abgänge	10.000 t à 0,8 DM	8.000 DM	10.000 DM
		2.000 t à 1,0 DM	2.000 DM	
	Endbestand	10.000 t à 1,0 DM	10.000 DM	
Durchschnittsbewertung (weighted average cost formula)	Zugänge	10.000 t à 0,8 DM	8.000 DM	
		12.000 t à 1,0 DM	12.000 DM	
	Abgänge	12.000 t à 0,909 DM	10.909 DM	10.909 DM
	Endbestand	10.000 t à 0,909 DM	9.091 DM	
Lifo-Verfahren (last-in-first-out-method)	Zugänge	10.000 t à 0,8 DM	8.000 DM	
		12.000 t à 1,0 DM	12.000 DM	
	Abgänge	12.000 t à 1,0 DM	12.000 DM	12.000 DM
	Endbestand	10.000 t à 0,8 DM	8.000 DM	

Buchwertdifferenz zwischen Lifo-Verfahren (last-in-first-out-method) und

(1) Fifo-Verfahren (first-in-first-out-method):

   10.000 DM - 8.000 DM = 2.000 DM

(2) Durchschnittsbewertung (weighted average cost formula):

   9.091 DM - 8.000 DM = 1.091 DM

(3) Marktbewertung

   11.000 DM - 8.000 DM = 3.000 DM

Tab. 5.27: Ermittlung von Vorratsbeständen und -aufwendungen unter Zugrundelegung von Verbrauchsfolgeverfahren

Falls sämtliche Gegenleistungen für Zugänge an Vorräten (inventories) als Verbindlichkeiten aus Lieferungen und Leistungen erfaßt werden müssen, gibt die nachfolgende Tabelle 5.28 die möglichen Bilanzveränderungen wieder.

Fifo-Verfahren (first-in-first-out-method) - progressive Bilanzierung	Aktiva Veränderungsbilanz in DM Passiva Δ VOR + 10.000 | Δ EK − 10.000 Δ VLL + 20.000
Durchschnittsbewertung (weighted average cost formula)	Aktiva Veränderungsbilanz in DM Passiva Δ VOR + 9.091 | Δ EK − 10.909 Δ VLL + 20.000
Lifo-Verfahren (last-in-first-out-method) - konservative Bilanzierung	Aktiva Veränderungsbilanz in DM Passiva Δ VOR + 8.000 | Δ EK − 12.000 Δ VLL + 20.000
	Erläuterungen (notes): Differenz zwischen tatsächlichem Buchwert und alternativem Buchwert nach bevorzugtem Verbrauchsfolgeverfahren (benchmark treatment): + 2.000 DM bzw. + 1.091 DM oder Differenz zwischen tatsächlichem Buchwert und stichtagsbezogenen Wiederbeschaffungskosten (current cost): + 3.000 DM

Tab. 5.28: Beispiel zur Bilanzierung von Vorräten (inventories) unter Zugrundelegung von Verbrauchsfolgeverfahren

Im vorliegenden Fall von steigenden Preisen werden Unternehmungen, deren Vermögens-, Finanz- und Ertragslagen gute Entwicklungen aufweisen, nach Möglichkeit auf Lifo- (last-in-first-out) Bewertungen zurückgreifen, um gewinnabhängige Zahlungen zu reduzieren und zukünftige Gewinnausschüttungspotentiale zu generieren. Sollten schlechte Vermögens-, Finanz- und Ertragslagen bzw. -entwicklungen bilanzpolitische Zielsetzungen zu Lasten maximaler Minderungen von gewinnabhängigen Zahlungen verschieben, kämen Durchschnitts- und Fifo- (first-in-first-out) Bewertungen in Betracht. Diese bilanzpolitischen Spielräume können kreditgewährende Finanzinstitute durch jahresabschlußanalytische Aufbereitungsmaßnahmen begrenzt aufheben, wie die Strukturbilanzen in der Tabelle 5.29 zeigen.

Fifo-Verfahren (first-in-first-out-method) und Lifo-Verfahren (last-in-first-out-method) mit Angabe von Differenzen zum Fifo-Verfahren (first-in-first-out-method)	(4.01) $\Delta VOR^{St} = VOR + VOR_{VF}$ $\Delta VOR^{St} = 8.000 + 2.000 = 10.000\ DM$ (4.02) $\Delta EK^{St} = EK + VOR_{VF}$ $\Delta EK^{St} = -12.000 + 2.000 = -10.000\ DM$ Aktiva Strukturbilanz in DM Passiva ΔVOR^{St} + 10.000 | ΔEK^{St} − 10.000 ΔVLL^{St} + 20.000

Durchschnittsbewertung (weighted average cost formula) und Lifo-Verfahren (last-in-first-out-method) mit Angabe von Differenzen zur Durchschnittsbewertung (weighted average cost formula)	(4.01) $\Delta \text{VOR}^{St} = \text{VOR} + \text{VOR}_{VF}$ $\Delta \text{VOR}^{St} = 8.000 + 1.091 = 9.091$ DM (4.02) $\Delta \text{EK}^{St} = \text{EK} + \text{VOR}_{VF}$ $\Delta \text{EK}^{St} = -12.000 + 1.091 = -10.909$ DM Aktiva Strukturbilanz in DM Passiva ΔVOR^{St} + 9.091 ΔEK^{St} − 10.909 ΔVLL^{St} + 20.000
Lifo-Verfahren (last-in-first-out-method) mit Angabe von Differenzen zu Wiederbeschaffungskosten (current cost)	(4.01) $\Delta \text{VOR}^{St} = \text{VOR} + \text{VOR}_{VF}$ $\Delta \text{VOR}^{St} = 8.000 + 3.000 = 11.000$ DM (4.02) $\Delta \text{EK}^{St} = \text{EK} + \text{VOR}_{VF}$ $\Delta \text{EK}^{St} = -12.000 + 3.000 = -9.000$ DM Aktiva Strukturbilanz in DM Passiva ΔVOR^{St} + 11.000 ΔEK^{St} − 9.000 ΔVLL^{St} + 20.000

Tab. 5.29: Beispiel zur Berücksichtigung von Vorräten (inventories) unter Zugrundelegung von Verbrauchsfolgeverfahren in Strukturbilanzen

Durch die Umbewertung der Vorräte (inventories), die per Lifo- (last-in-first-out) Methode bewertet werden, wurde die Einheitlichkeit des Vermögensausweises verbessert, obschon exakte Korrekturbeträge nicht herzuleiten sind. Trotzdem bleibt die überhöhte Bewertung des ausgewiesenen Vorratsvermögens ausgeschlossen, weil die strukturbilanzielle Wertobergrenze in den realisierbaren Nettoveräußerungserlösen (net realisable values) bzw. stichtagsbezogenen Wiederbeschaffungskosten (current costs) liegt.

5.5.2 Langfristige Fertigungsaufträge (construction contracts)

Ebenso wie Vorräte (inventories) eröffnen langfristige Fertigungs- (construction contracts) und Dienstleistungsaufträge (services) im Hinblick auf ihre Bilanzierung und Bewertung letztlich erhebliche Möglichkeiten für bilanzpolitische Einflußnahmen. Da die einschlägigen Bilanzierungs- und Bewertungsregelungen für langfristige Dienstleistungsaufträge (services) - ausgenommen vereinfachende Erfolgsrealisierungen bei einzelnen Sondertatbeständen (IAS 18.20ff) - mit den korrespondierenden Bestimmungen für langfristige Fertigungsaufträge (construction contracts) übereinstimmen,[103] kann die nachfolgende Darstellung auf langfristige Fertigungsaufträge (construction contracts) beschränkt bleiben.

---

[103] Vgl. Bardenz, A. (1998), S. 209; Coenenberg, A. (1997), S. 179; Fuchs, M. (1997), S. 238f; Reinhart, A. (1998), S. 203; Seeberg, T. in: Baetge, J. et al. (1997), IAS 11 Tz. 3.

Unter langfristigen Fertigungsaufträgen (construction contracts) werden Verträge über kundenspezifische Fertigungen von einzelnen Vermögenswerten (assets) bzw. Gruppen von zusammengehörigen Vermögenswerten (assets) verstanden (IAS 11.3), wobei vertragliche Leistungen vom Rechnungslegungssubjekt im Regelfall über mehrere Rechnungslegungsperioden erbracht werden müssen.[104] Im einzelnen sind folgende Vertragstypen aufgrund unterschiedlicher Bilanzierungsbestimmungen auseinanderzuhalten (IAS 11.3 und 6):

(1) Verträge, die zu festen Gesamt- oder Stückpreisen ungeachtet eventueller Preisgleitklauseln abgerechnet werden (fixed-price-contracts),

(2) Verträge, die nach abrechenbaren Kosten zuzüglich vereinbarter Gewinnmargen abgerechnet werden (cost-plus-contracts), und

(3) Mischformen aus festpreis- (fixed-price-contracts) und kostenbasierten Verträgen (cost-plus-contracts).

Obschon generell jeder Vertrag separat beurteilt werden muß, können einzelne Fertigungsaufträge (construction contracts) aufzuteilen oder zusammenzufassen sein (IAS 11.7ff). Unter welchen Voraussetzungen solche Aufteilungen bzw. Zusammenfassungen erforderlich sind, zeigt die nachfolgende Abbildung 5.05. Ungeachtet dieser Konkretisierungen durch zusätzliche Voraussetzungen begründet die praktische Abgrenzung von einzelnen Fertigungsaufträgen (construction contracts) noch erhebliche Ermessensspielräume, die angesichts signifikanter Einflußmöglichkeiten auf den periodischen Erfolgsausweis für bilanzpolitische Maßnahmen besonders geeignet sind.[105]

Darüber hinaus existieren weitere Ermessensspielräume im Rahmen der Ergebnis- bzw. Umsatzvereinnahmung aus laufenden Fertigungsaufträgen (construction contracts). Entsprechend der erklärten Intention von IAS-Abschlüssen, tatsächliche Mehrungen an wirtschaftlicher Leistungsfähigkeit (performance) wiederzugeben (IAS 11.25), müssen die periodischen Erfolgsausweise für Fertigungsaufträge (construction contracts), deren Gesamterfolg mit hinreichender Zuverlässigkeit festzustellen ist, an den erreichten Fertigstellungsgraden (stages of completion) zum Rechnungslegungsstichtag ausgerichtet werden (IAS 11.22). Wann auftragsbezogene Gesamterfolge mit hinreichender Zuverlässigkeit festzustellen sind, wird in Abhängigkeit vom Vertragstyp präzisiert.[106] Danach ist die zuverlässige Gesamterfolgsermittlung bei festpreis-

---

[104] Vgl. Bardenz, A. (1998), S. 209; IDW (1995), S. 150; KPMG (1996), S. 74; Reinhart, A. (1998), S. 195; Richter, M. (1998), S. 152; Seeberg, T. in: Baetge, J. et al. (1997), IAS 11 Tz. 3; Wagenhofer, A. (1995), S. 767; ders. (1996) S. 186.

[105] Vgl. Fuchs, M. (1997), S. 230; Richter, M. (1998), S. 155f.

[106] Vgl. Coenenberg, A. (1997) S. 177f; Demming, C. (1997), S. 301; KPMG (1996), S. 75; Reinhart, A. (1998), S. 196; Seeberg, T. in: Baetge, J. et al. (1997), IAS 11 Tz. 14f; Wagenhofer, A. (1996), S. 188.

Umlaufvermögen 173

Segmentierung primärer Aufträge (IAS 11.8)	Zusammenfassung primärer Aufträge (IAS 11.9)	Segmentierung späterer Folgeaufträge (IAS 11.10)
(1) eigenständige Ausschreibung bzw. Angebotserstellung für einzelne Vermögenswerte (assets) bzw. Vermögensgruppen,	(1) gemeinsame Verhandlung über sämtliche Aufträge	(1) wesentliche Unterschiede zwischen ursprünglichen und späteren Vertragsgegenständen im Hinblick auf Konstruktion, Technologie und/ oder Funktion oder
(2) getrennte Vertragsverhandlung über einzelne Vermögenswerte (assets) bzw. Vermögensgruppen bei möglicher Annahme bzw. Ablehnung von einzelnen Vertragsteilen und	(2) enge Projektverknüpfung, so daß sämtliche Aufträge als einzelner Auftrag mit einem Gesamtdeckungsbeitrag anzusehen sind, und	(2) separate Preisvereinbarungen für ursprüngliche und spätere Vertragsgegenstände
(3) zuverlässige Ermittelbarkeit von sämtlichen Kosten und Umsatzerlösen, die auf einzelne Vermögenswerte (assets) bzw. Vermögensgruppen entfallen.	(3) parallele Abwicklung oder unmittelbares Aufeinanderfolgen von späteren Auftragsausführungen.	

Voraussetzungen für Segmentierungen und Zusammenfassungen beim Bilanz- und Erfolgsausweis von Fertigungsaufträgen (construction contracts)

Abb. 5.05: Voraussetzungen für Segmentierungen und Zusammenfassungen beim Bilanz- und Erfolgsausweis von Fertigungsaufträgen (construction contracts)

basierten Verträgen (fixed-price-contracts) durch folgende Voraussetzungen bestimmt (IAS 11.23):

(1) zuverlässige Ermittelbarkeit und wahrscheinlichen Zufluß von erwarteten Gesamtauftragserlösen,

(2) zuverlässige Bestimmbarkeit von sämtlichen Kosten, die zur endgültigen Vertragserfüllung noch aufzuwenden sind,

(3) zuverlässige Ermittelbarkeit von erreichten Fertigstellungsgraden (stages of completion) zu jedem Rechnungslegungsstichtag sowie

(4) eindeutige Bestimmbarkeit und zuverlässige Bewertbarkeit von erwarteten Gesamtauftragskosten,

während die zuverlässige Gesamterfolgsermittlung bei kostenbasierten Verträgen (cost-plus-contracts) an folgende Voraussetzungen gebunden ist (IAS 11.24):
(1) hinreichende Wahrscheinlichkeit von wirtschaftlichen Nutzenzuflüssen sowie
(2) eindeutige Bestimmbarkeit und zuverlässige Bewertbarkeit von erwarteten Gesamtauftragskosten.

Sämtliche einschlägigen Voraussetzungen für festpreis- (fixed-price-contracts) und kostenbasierte Verträge (cost-plus-contracts) müssen gegeben sein, sollen Gewinnausweise nach erreichten Fertigstellungsgraden (stages of completion) bei Mischformen aus beiden Vertragstypen vorgenommen werden (IAS 11.6).
Scheiden vorzeitige Gewinnausweise nach erreichten Fertigstellungsgraden (stages of completion) angesichts unsicherer Gesamtauftragserfolge aus, müssen die angefallenen Kosten, die mit hinreichender Sicherheit in späteren Rechnungslegungsperioden einbringbar sind, den gesamten Kosten, die zur periodengerechten Gewinnermittlung (accrual) im betrachteten Rechnungslegungszeitraum aufwandswirksam auszuweisen sind, ertragswirksam gegenübergestellt werden (IAS 11.32). Erst wenn alle Unsicherheitsfaktoren von auftragsbezogenen Gesamterfolgsermittlungen fortfallen, darf der periodische Erfolgsausweis aus entsprechenden Fertigungsaufträgen (construction contracts) nach den erreichten Fertigstellungsgraden (stages of completion) zum betrachteten Rechnungslegungsstichtag erfolgen (IAS 11.35), so daß sämtliche Teilgewinnausweise, die aufgrund früherer Erfolgsunsicherheiten unterblieben sind, unvermittelt nachgeholt werden.[107]
Unabhängig vom zugrundeliegenden Gewinnermittlungsverfahren müssen die erwarteten Verluste aus einzelnen Fertigungsaufträgen (construction contracts) als negative Salden zwischen den geschätzten Gesamtauftragserlösen und geschätzten Gesamtauftragskosten mit ihrem Erkennen aufwandswirksam antizipiert werden (IAS 11.22, 11.32 und 11.36f), wobei die berücksichtigungspflichtigen Verluste um die vereinnahmten Erfolge aus den vorangegangenen Rechnungslegungsperioden zu korrigieren sind.[108] Obwohl also Erfolge aus Fertigungsaufträgen (construction contracts) in IAS- wie HGB-Abschlüssen imparitätisch erfaßt werden, kann die erfolgswirksame Berücksichtigung von erwarteten Auftragsverlusten in beiden Abschlüssen differieren, indem unterschiedliche Grade an Verlustwahrscheinlichkeiten unterstellt und/oder unterschiedliche Methoden zur Verlustberechnung angewendet werden.[109]
Wie die vorstehenden Erläuterungen in diesem Abschnitt zeigen, bleibt die hinreichende Zuverlässigkeit von notwendigen Erlös- und Kostenprognosen wie die hinreichende Wahrscheinlichkeit von erwarteten Forderungsausfällen mangels konkreter Maßstäbe

---

[107] Vgl. Richter, M. (1998), S. 154; Schildbach, T. (1994), S. 716; Wagenhofer, A. (1996), S. 191.
[108] Vgl. Seeberg, T. in: Baetge, J. et al. (1997), IAS 11 Tz. 20f.
[109] Vgl. Richter, M. (1998), S. 154.

unüberprüfbar.[110] Wenn aber zuverlässige Schätzungen von zukünftigen Erlösen, Kosten oder Forderungsausfällen unmöglich sind, müßten Teilgewinnausweise für Fertigungsaufträge (construction contracts) bei strenger Standardauslegung in jedem Fall unterbleiben.[111] Doch würde die generelle Unterlassung von Teilgewinnausweisen für Fertigungsaufträge (construction contracts) der erklärten Intention von Regelungen zur IAS-Rechnungslegung widersprechen, so daß konkrete Voraussetzungen für zuverlässige Schätzungen von zukünftigen Erlösen, Kosten oder Forderungsausfällen nach einhelliger Auffassung weit auszulegen sind. Folglich werden sämtliche Entscheidungen über Teilgewinnausweise für Fertigungsaufträge (construction contracts) letztlich subjektiven Einschätzungen überantwortet.[112]

Sollten diese Einschätzungen geändert werden, wäre der Wechsel der Gewinnermittlungsart unausweichlich.[113] Weil solche Wechsel als Veränderungen von Schätzungen (Change in Accounting Estimates) im Sinne vom IAS 8 prospektive Berücksichtigung finden müssen (IAS 11.38),[114] können Gewinne aus Fertigungsaufträgen (construction contracts) durch einfache Veränderung von subjektiven Einschätzungen nach Belieben erfolgswirksam beseitigt oder wieder ausgewiesen werden. Insofern müssen Bilanz- und Erfolgsausweise für Fertigungsaufträge (construction contracts) als klassisches Mittel zur Beeinflussung von IAS-Abschlüssen charakterisiert werden, zumal alle Einschätzungen nicht bindend und infolge pflichtweiser Überprüfungen reversibel sind.[115] Überdies bleiben die bilanziellen Wertänderungen von Fertigungsaufträgen (construction contracts), obschon die angewandten Methoden zur Erlösermittlung (IAS 11.39) und die quantitativen Konsequenzen von Verfahrenswechseln (IAS 8.30) anzugeben sind, aus der externen Sicht von Fremdkapitalgebern unerkennbar, sofern die betreffenden Erläuterungen (notes) für Fertigungsaufträge (construction contracts), die nach unterschiedlichen Methoden erfaßt werden, nicht aufgeschlüsselt werden.[116]

Jedoch sind langfristige Fertigungsaufträge (construction contracts) nicht nur im Hinblick auf ihren Ansatz, sondern auch im Hinblick auf ihre Bewertung mit bilanzpolitischen Gestaltungspotentialen verbunden. Bei der erfolgswirksamen Ergebnisvereinnahmung nach erreichten Fertigstellungsgraden (stages of completion) müssen die auszuweisenden Periodenergebnisse für einzelne Fertigungsaufträge (construction contracts) gemäß der nachfolgenden Tabelle 5.30 ermittelt werden.

---

[110] Vgl. Bruns, C. (1998), S. 184; Fuchs, M. (1997), S. 237; Schildbach, T. (1994), S. 716f.
[111] Vgl. Fuchs, M. (1997), S. 237; Pellens, B. (1999), S. 450f; Schildbach, T. (1994), S. 717.
[112] Vgl. Fuchs, M. (1997), S. 237; Schildbach, T. (1994), S. 716f.
[113] Vgl. Fuchs, M. (1997), S. 237f; Schildbach, T. (1994), S. 716.
[114] Siehe hierzu Kapitel 2.4.2.2.
[115] Vgl. Fuchs, M. (1997), S. 238; Schildbach, T. (1994), S. 716.
[116] a.A.: Fuchs, M. (1997), S. 238.

> Produkt aus geschätzten Gesamtauftragserlösen und erreichtem Fertigstellungsgrad (stages of completion)
> - erfolgswirksame Auftragserlöse in früheren Rechnungslegungszeiträumen
> - aufwandswirksame Auftragskosten im betrachteten Rechnungslegungszeitraum
> = erfolgswirksames Auftragsergebnis im betrachteten Rechnungslegungszeitraum

Tab. 5.30: Ermittlung von Periodenerfolgen für einzelne Fertigungsaufträge (construction contracts)[117]

In diesem Zusammenhang sind die geschätzten Gesamtauftragserlöse als Summe aus den beizulegenden Werten (fair values) von folgenden Größen zu bestimmen (IAS 11.11ff):

(1) Gegenleistungen, die gemäß ursprünglichen Vertragsvereinbarungen zu erbringen sind, unter zusätzlicher Berücksichtigung von nachträglichen Preisänderungen, vereinbarten Preisgleitklauseln und erwarteten Vertragsstrafen sowie

(2) Entgelten für Veränderungen im vereinbarten Gesamtwerk (variations), Nachforderungen für zusätzliche Kosten (claims) oder Prämien (incentive payments), soweit deren Zufluß mit hinreichender Wahrscheinlichkeit erwartet und deren Höhe mit hinreichender Sicherheit geschätzt werden kann.

Indem zusätzliche Entgelte für Veränderungen im vereinbarten Gesamtwerk (variations), Nachforderungen für zusätzliche Kosten (claims) oder Prämien (incentive payments) unter bestimmten Voraussetzungen einzubeziehen sind, führt die konkrete Erlösermittlung für einzelne Fertigungsaufträge (construction contracts) zu beachtlichen Individualspielräumen, deren bilanzpolitische Nutzung in jedem Fall unerkannt bleibt.[118] Zudem können die geschätzten Gesamtauftragserlöse im jeweiligen Ausführungszeitraum geändert werden,[119] weil ihre Überprüfung und eventuelle Anpassung zu jedem Rechnungslegungsstichtag verpflichtend ist (IAS 11.12).

Den gleichen Einwänden unterliegen die geschätzten Gesamtauftragskosten,[120] die folgende Positionen umfassen (IAS 11.16ff):

(1) direkte Kosten einschließlich Aufwendungen für Nachbesserungen und Garantieleistungen sowie Nachforderungen von Dritten,

(2) indirekte Kosten, soweit ihre Einzelzurechenbarkeit nach grundsätzlicher Maßgabe normaler Kapazitätsauslastung unter einheitlicher Anwendung sachgerechter Methoden möglich ist,

(3) sonstige Kosten, die aufgrund vertraglicher Vereinbarungen berechnet werden dürfen, und

---

[117] Vgl. Fuchs, M. (1997), S. 233; Richter, M. (1998), S. 152.
[118] Vgl. Fuchs, M. (1997), S. 233f; Richter, M. (1998), S. 153; Seeberg, T. in: Baetge, J. et al. (1997), IAS 11 Tz. 22ff m.w.E.
[119] Vgl. Fuchs, M. (1997), S. 234; KPMG (1996), S. 78.
[120] Vgl. Fuchs, M. (1997), S. 233f; Richter, M. (1998), S. 153.

(4) notwendige Kosten zur Geschäftsanbahnung bei wahrscheinlicher Auftragserlangung.

Gegebenenfalls müssen die vorgenannten Auftragskostenbestandteile um zusätzliche Erträge (incidental income), die neben Gesamterlösen aus Fertigungsaufträgen (construction contracts) entstehen,[121] gekürzt werden (IAS 11.17). Vor diesem Hintergrund beruhen die geschätzten Gesamtauftragskosten auf subjektiven Prognosen.[122] Insbesondere wenn Fertigungsaufträge (construction contracts) auf innovativen Technologien und Verfahrensweisen aufbauen, ist die verläßliche Ermittlung der geschätzten Gesamtauftragskosten unmöglich.[123]

Neben den geschätzten Gesamtauftragserlösen und -kosten führen die zugrundezulegenden Fertigstellungsgrade (stages of completion) zu weiteren Gestaltungspotentialen für bilanzpolitische Maßnahmen,[124] weil jede Methode, die erbrachte Leistungen mit hinreichender Zuverlässigkeit mißt, zu ihrer Ermittlung genutzt werden kann. Explizit werden folgende Methoden bzw. Bezugsgrößen erwähnt (IAS 11.30f):

(1) Verhältnis von angefallenen Kosten für vollendete Leistungen zu geschätzten Kosten für sämtliche Leistungen (cost-to-cost-method),

(2) unmittelbare Begutachtung von erbrachten Leistungen durch fachkundige Personen und

(3) physischer Fertigstellungsgrad (physical proportion of the contract work).

Abhängig von Bezugsgrößen werden input- und outputorientierte Methoden zur Ermittlung von Fertigstellungsgraden (stages of completion) unterschieden. Während fiktive Input-Output-Relationen den inputorientierten Methoden zugrunde liegen, basieren die outputorientierten Methoden auf direkten Messungen bzw. Begutachtungen von periodischen Leistungsfortschritten. Folglich sind die outputorientierten Methoden vorzuziehen, sobald die verläßliche Outputschätzung möglich ist.[125] Dennoch existieren weite Verfahrensspielräumen, zumal die gewählte Methode für analoge Fälle nicht bindend ist. Obgleich die angewandten Methoden zur Ermittlung von Fertigstellungsgraden (stages of completion) offenzulegen sind (IAS 11.39), bleiben bilanzpolitische Einflußnahmen auf die ausgewiesenen Periodenergebnisse durch unterschiedliche Methoden verborgen.[126]

Zudem begründet jede Methode zur Ermittlung von Fertigstellungsgraden (stages of completion) beachtliche Individualspielräume, wofür exemplarisch Gesamtkostenermittlungen zur Bestimmung von Relationen zwischen angefallenen Kosten für voll-

---

[121] Beispielsweise werden zusätzliche Erträge (incidental income), die neben Gesamterlösen aus Fertigungsaufträgen (construction contracts) entstehen, durch die Veräußerung von überschüssigem Material oder benötigtem Anlagevermögen nach der Auftragsbeendigung begründet.
[122] Vgl. Fuchs, M. (1997), S. 232; Richter, M. (1998), S. 153.
[123] Vgl. Fuchs, M. (1997), S. 232; Richter, M. (1998), S. 140; Schildbach, T. (1994), S. 717.
[124] Vgl. Bruns, C. (1998), S. 184; Coenenberg, A. (1997), S. 178; Fuchs, M. (1997), S. 234; Richter, M. (1998), S. 153.
[125] Vgl. Seeberg, T. in: Baetge, J. et al. (1997), IAS 11 Tz. 37ff.
[126] Vgl. Fuchs, M. (1997), S. 234f.

endete Leistungen und geschätzten Kosten für sämtliche Leistungen (cost-to-cost-method) genannt seien. Derartige Ermessensspielräume besitzen besondere Eignung für bilanzpolitische Einflußnahmen, weil ihre Ausübung grundsätzlich unkenntlich und teilweise reversibel ist.[127] Dabei werden Veränderungen der einzelnen Determinanten von Fertigstellungsgraden (stages of completion) in Analogie zu Veränderungen der geschätzten Gesamtauftragserlöse bzw. -kosten (IAS 11.38) als Veränderungen von Schätzungen (changes in accounting estimate) im Sinne vom IAS 8 auszuweisen sein,[128] so daß prospektive Wertkorrekturen erfolgen müssen.

Abschließend sollen die vorangegangenen Ausführungen zur Erfolgsermittlung bei Fertigungsaufträgen (construction contracts) in der nachfolgenden Tabelle 5.31 zusammengefaßt werden.

Symbole: ER_t : Auftragserfolg in Periode t in GE
FG_t : Fertigstellungsgrad (stage of completion) in Periode t in GE/GE
GK_t^a : angefallene Gesamtauftragskosten in Periode t in GE
GK_t^s : geschätzte Gesamtauftragskosten in Periode t in GE
GU_t^s : geschätzte Gesamtauftragserlöse in Periode t in GE
t' : Laufindex für Rechnungslegungsperioden
UE_t : Auftragserlöse in Periode t in GE
UK_t^a : angefallene Auftragskosten in Periode t in GE
V^s : geschätzte Auftragsverluste in GE

Bestimmungsfaktor für Auftragserfolge im Rechnungslegungszeitraum t	Formel
Fertigstellungsgrad (stage of completion)	$FG_t = \dfrac{GK_t^a}{GK_t^s}$
Auftragserlöse	Gewinnfall: $UE_t = GU_t^s \cdot FG_t - \sum_{t'=0}^{t-1} UE_{t'}$ Verlustfall: $UE_t = \sum_{t'=0}^{t} UK_{t'}^a - \sum_{t'=0}^{t-1} UE_{t'} + V^s$
Auftragskosten	$UK_t^a = GK_t^a - \sum_{t'=0}^{t-1} UK_{t'}^a$
Auftragserfolg	$ER_t = UE_t - UK_t^a$

Tab. 5.31: Formeln zur Ermittlung von Auftragserfolgen für einzelne Rechnungslegungsperioden

---

[127] Vgl. Fuchs, M. (1997), S. 235.
[128] Vgl. Fuchs, M. (1997), S. 235; Seeberg, T. in: Baetge, J. et al. (1997), IAS 11 Tz. 41.

Bei zusammenfassender Würdigung der bilanzpolitischen Gestaltungsspielräume muß der herrschenden Meinung im betriebswirtschaftlichen Schrifttum widersprochen werden, daß vorzeitige Teilgewinnausweise (percentage-of-completion-method) gegenüber Gewinnausweisen bei Fertigstellung (completed-contracted-method) mit aussagekräftigeren Informationen über Erfolge aus Fertigungsaufträgen (construction contracts) verbunden sind.[129] Denn im Vergleich zu Gewinnausweisen bei Fertigstellung (completed-contracted-method) garantieren vorzeitige Teilgewinnausweise (percentage-of-completion-method) weder intersubjektive Nachprüfbarkeit noch verbesserte Darstellungen von unternehmensindividuellen Vermögens- und Ertragslagen.

Selbst wenn Gewinnausweise bei Fertigstellung (completed-contracted-method) falsche Darstellungen von Vermögens- und Erfolgswirkungen aus Einzelaufträgen geben,[130] werden diese Fehler weitgehend kompensiert, sofern mehrere Fertigungsaufträge (construction contracts) parallel betrachtet werden.[131] Im speziellen Fall der periodischen Wiederholung von identischen Fertigungsaufträgen (construction contracts) führen Teilgewinnausweise (percentage-of-completion-method) und Gewinnausweise bei Fertigstellung (completed-contracted-method) - bleiben Besonderheiten im Anfangszyklus unberücksichtigt - bei konstanter Differenz der bilanziellen Auftragswerte zum selben Gewinnausweis. Folglich sind die unterschiedlichen Methoden zur Erfolgsermittlung für Fertigungsaufträge (construction contracts) im Hinblick auf Gewinnausweise unbeachtlich, solange übereinstimmende Erlös- und Kostenwerte von aufeinanderfolgenden Fertigungsaufträgen (construction contracts) vorliegen. Sollten nominale Erlös- und Kostenwerte von aufeinanderfolgenden Fertigungsaufträgen (construction contracts) zunehmen, sind die auszuweisenden Periodengewinne wie die bilanziellen Auftragswerte im Fall von Teilgewinnausweisen (percentage-of-completion-method) im Vergleich zu Gewinnausweisen bei Fertigstellung (completed-contracted-method) größer. Umgekehrt bedingen schrumpfende Erlös- und Kostenwerte von aufeinanderfolgenden Fertigungsaufträgen (construction contracts) bei Teilgewinnausweisen (percentage-of-completion-method) gegenüber Gewinnausweisen bei Fertigstellung (completed-contracted-method) - mit Ausnahme spezieller Effekte im Anfangszyklus - immer niedrigere Gewinnausweise bei höheren Auftragswerten. Da solche Differenzen mit fortschreitendem Zeitablauf abnehmen, werden Gewinnausweise bei Fertigstellung (completed-contracted-method) im praktischen Regelfall der periodischen Wiederholung von langfristigen Fertigungsaufträgen (construction contracts) keine Verzerrungen von Vermögens- und Erfolgsdarstellungen begründen.[132]

---

[129] Vgl. Richter, M. (1998), S. 162f; a.A.: Bruns, C. (1998), S. 182; Coenenberg, A. (1997), S. 175f; Reinhart, A. (1998), S. 203; Risse, A. (1996), S. 147.
[130] Vgl. Adler, H./Düring, W./Schmaltz, K. (1995), § 264 HGB Tz. 122; Bruns, C. (1998), S. 182; Coenenberg, A. (1997), S. 175; Reinhart, A. (1998), S. 196; Richter, M. (1998), S. 143.
[131] Vgl. Wagenhofer, A. (1995), S. 769; a.A.: Richter, M. in: Ballwieser, Wolfgang (1998), S. 144.
[132] Vgl. Wagenhofer, A. (1995), S. 769f.

Darüber hinaus sind objektive Daten für Gewinnausweise bei Fertigstellung (completed-contracted-method) gegeben, während vorzeitige Teilgewinnausweise (percentage-of-completion-method) zu weiten Teilen auf Prognosen und Schätzungen basieren.[133] Mangels greifbarer Hinweise zur Vornahme von solchen Prognosen und Schätzungen können vorzeitige Teilgewinnausweise aus Fertigungsaufträgen (construction contracts) in erheblichem Umfang manipuliert werden. Erst wenn Fertigungsaufträge fertiggestellt und abgerechnet sind, erlöschen die bilanzpolitischen Gestaltungspotentiale, weil die letztgültigen Gesamtgewinne nicht beeinflußt werden können.[134]

Sollten auch Teilgewinne aus Fertigungsaufträgen (construction contracts) seitens kreditgewährender Finanzinstitute im Rahmen von Jahresabschlußanalysen gekürzt werden, bleibt es fraglich, ob diese Kürzung durch Angaben zu Fertigungsaufträgen (construction contracts) möglich ist. Nach einschlägigen IAS werden Fertigungsaufträge (construction contracts) über erhöhte Forderungs- bzw. Zahlungsmittelbestände sichtbar, soweit erbrachte Leistungen abgerechnet wurden (IAS 11.43). Haben erbrachte Leistungen keine vollständige Abrechnung erfahren, sind Fertigungsaufträge (construction contracts) in Entsprechung zur Tabelle 5.32 als Aufträge in Bearbeitung im Forderungsvermögen auszuweisen (IAS 11.42f).

angefallene Gesamtauftragskosten
± realisierte Gewinne/antizipierte Verluste
- abgerechnete Beträge
= Buchwert von Aufträgen in Bearbeitung

Tab. 5.32: Buchwertermittlung für Aufträge in Bearbeitung

Soweit dieser Saldo negativ ist, müssen Verpflichtungen aus Aufträgen in Bearbeitung als gesonderter Passivposten erfaßt werden (IAS 11.42 und 11.44). Dabei können Verpflichtungen neben Forderungen aus Aufträgen in Bearbeitung auszuweisen sein, weil die gegenseitige Verrechnung von Fertigungsaufträgen (construction contracts) aufgrund des generellen Saldierungsverbotes in IAS-Abschlüssen unzulässig ist.[135]

Entgegen der Bilanzierung bleibt die Erfassung in der Gewinn- und Verlustrechnung ungeregelt, so daß unterschiedliche Erfolgsausweise von laufenden Fertigungsaufträgen (construction contracts) zulässig sind. Grundsätzlich werden zwei Methoden zum

---

[133] Vgl. Bruns, C. (1998), S. 184; Fuchs, M. (1997), S. 235; Richter, M. (1998), S. 159; Risse, A. (1996), S. 148.
[134] Vgl. Bruns, C. (1998), S. 184; Fuchs, M. (1997), S. 234f; Richter, M. (1998), S. 153; Risse, A. (1996), S. 148.
[135] Vgl. Bardenz, A. (1998), S. 211; Reinhart, A. (1998), S. 200; Seeberg, T. in: Baetge, J. et al. (1997), IAS 11 Tz. 46.

Ausweis von Erfolgen aus Fertigungsaufträgen (construction contracts) vom Schrifttum zur IAS-Rechnungslegung anerkannt. Beim ersten Verfahren werden die auszuweisenden Gewinnanteile und Umsatzerlöse in ausschließlicher Abhängigkeit von den erreichten Fertigstellungsgraden (stages of completion) ermittelt, ehe die aufwandswirksamen Umsatzkosten unter Abgrenzung von Kostenabweichungen an die auszuweisenden Umsatzerlöse angepaßt werden. Umgekehrt ist die Anpassung von Umsatzerlösen an Umsatzkosten möglich, indem die aufwandswirksamen Umsatzkosten in Höhe der angefallenen Auftragskosten ausgewiesen und den erfolgswirksamen Umsatzerlösen als Summe der ausgewiesenen Auftragskosten und Gewinnanteile gegenübergestellt werden. Obgleich beide Verfahren zum selben Periodenergebnis führen, kann die konkrete Verfahrensentscheidung über unterschiedliche Werte für Umsatzerlöse und Umsatzkosten für die jahresabschlußanalytische Untersuchung doch unterschiedliche Werte für Umsatzrenditen und Ertragsstrukturkennzahlen bewirken.[136]

Indem verschiedene Bilanz- und Erfolgspositionen betroffen sind, können Teilgewinne aus Fertigungsaufträgen (construction contracts) von kreditgewährenden Finanzinstituten unter Rückgriff auf Bilanz- und Erfolgspositionen nicht gekürzt werden. Ebenso erlauben einschlägige Erläuterungen (notes) zu Fertigungsaufträgen (construction contracts) angesichts ihrer Begrenzung auf folgende Pflichtinformationen (IAS 11.38ff) keine solchen Kürzungen:[137]

(1) ausgewiesene Auftragserlöse für laufende Fertigungsaufträge (construction contracts) im betrachteten Rechnungslegungszeitraum,

(2) angewandte Methoden zur Ermittlung von Auftragserlösen und Fertigstellungsgraden für laufende Fertigungsaufträge (construction contracts),

(3) angefallene Kosten zuzüglich ausgewiesener Erfolge aus laufenden Fertigungsaufträgen (construction contracts),

(4) erhaltene Anzahlungen für laufende Fertigungsaufträge (construction contracts),

(5) Einbehalte (retentions) für laufende Fertigungsaufträge (construction contracts),

(6) sämtliche Erfolgsunsicherheiten (contingent gains and losses) aus Fertigungsaufträgen (construction contracts, IAS 10.9, 16 und 22) sowie

(7) Ursachen und Beträge von geänderten Schätzungen für Gesamtauftragserlöse und -kosten (IAS 8.30).

Damit bleiben jahresabschlußanalytische Kürzungen von Fertigungsaufträgen (construction contracts) auf zwei Möglichkeiten beschränkt:

---

[136] Vgl. Seeberg, T. in: Baetge, J. et al. (1997), IAS 11 Tz. 43f.
[137] Vgl. Richter, M. (1998), S. 156f.

(1) Kürzung von Umlaufvermögen um Umsatzerlöse aus laufenden Fertigungsaufträgen (construction contracts) oder

(2) Kürzung von Umlaufvermögen um Veränderungen von angefallenen Kosten zuzüglich ausgewiesener Erfolge aus laufenden Fertigungsaufträgen (construction contracts).

In beiden Fällen würde das strukturbilanzielle Umlaufvermögen um die realisierten Teilerfolge und die ausgewiesenen Aufwendungen aus laufenden Fertigungsaufträgen (construction contracts) gemindert. Da sämtlichen Aufwendungen aber reale Werte gegenüberstehen, würden solche Kürzungen zu niedrige Vermögensausweise bewirken, so daß ihre Vornahme nicht sinnvoll ist. Vielmehr sollte die jahresabschlußanalytische Aufbereitung von Fertigungsaufträgen (construction contracts) für Zwecke von Kreditwürdigkeitsprüfungen ausschließlich die ausweistechnische **Umgliederung von Aufträgen in Bearbeitung vom Forderungs- zum Vorratsvermögen** umfassen. Mögen die ausgewiesenen Forderungen in Höhe der beglichenen Beträge in Anbetracht der offensichtlichen Anerkennung durch Auftraggeber gesichert sein, ist die Umgliederung von Aufträgen in Bearbeitung durch folgende Argumente aus der Sicht von Fremdkapitalgebern gerechtfertigt:

(1) unsichere Forderungsausweise angesichts erheblicher Beeinflußbarkeit der realisierten Teilerfolge aufgrund bilanzpolitischer Ermessensspielräume bei konkreten Ergebnis- bzw. Umsatzvereinnahmungen,

(2) gesicherte Werthaltigkeit der ausgewiesenen Aufwendungen aus laufenden Fertigungsaufträgen (construction contracts) und

(3) unmögliche Eliminierung der ausgewiesenen Teilerfolge mangels entsprechender Informationspflichten der rechnungslegenden Unternehmungen.

Formal ist die vorgenannte Aufbereitungsempfehlung für laufende Fertigungsaufträge (construction contracts) auf folgende Weise wiederzugeben:

Symbole: AiB : Buchwert von Aufträgen in Bearbeitung in GE
FOR : bilanzielles Forderungsvermögen in GE
FOR^{St} : strukturbilanzielles Forderungsvermögen in GE

Aktiva: $\Delta FOR^{St} = FOR - AiB$ (4.03)

$\Delta VOR^{St} = VOR + AiB$ (4.04)

Beispiel: Im Geschäftsjahr 1998 wurden zwei Fertigungsaufträge (construction contracts) über Gebäude mit einem Investor geschlossen. Laut der anschließenden Nachkalkulation sind den beiden Projekten zwar die erwarteten Gesamterlöse sehr genau zuzurechnen, aber die erwarteten Gesamtkosten allenfalls näherungsweise beizulegen. Im einzelnen können die Daten aus der Tabelle 5.33 entnommen werden.

Umlaufvermögen 183

	Gebäude 1	Gebäude 2	Gesamtauftrag
erwartete Umsatzerlöse	6.500.000 DM	3.500.000 DM	10.000.000 DM
erwartete Gesamtkosten			
im Jahr 1998	1.000.000 DM	500.000 DM	1.500.000 DM
im Jahr 1999	2.750.000 DM	1.750.000 DM	4.500.000 DM
im Jahr 2000	5.000.000 DM	2.500.000 DM	7.500.000 DM

Tab. 5.33: Beispielhafte Ausgangssituation zur Bilanzierung langfristiger Fertigungsaufträge (construction contracts)

Beim Gebäude 1 wird der vereinbarte Leistungsumfang im Geschäftsjahr 1999 aufgestockt. Dabei werden folgende Konditionen angesichts erwarteter Folgeaufträge akzeptiert:

zusätzliche Auftragserlöse: 1.000.000 DM
zusätzliche Auftragskosten: 1.250.000 DM

Zudem werden die praktischen Baumaßnahmen beim Gebäude 2 entgegen den ursprünglichen Erwartungen beeinträchtigt, so daß zusätzliche Auftragskosten von 1.250.000 DM im Geschäftsjahr 1999 anfallen. Voraussichtlich werden die erwarteten Gesamtkosten im Geschäftsjahr 1999 bei Fertigstellung der beiden Gebäude im Geschäftsjahr 2000 nicht überschritten.

Angesichts schwieriger Aufteilung der erwarteten Gesamtkosten ist die zuverlässige Gesamterfolgsermittlung, die bei zusammengefaßter Betrachtung der beiden Verträge in jedem Fall bejaht werden muß, bei getrennter Betrachtung der beiden Verträge allerdings fraglich. Somit kann der betrachtete Sachverhalt unter bilanzpolitischer Nutzung der gewährten Ermessensspielräume über drei Verfahren ausgewiesen werden:

(1) getrennte Bilanzierung mit Teilgewinnausweis (percentage-of-completion-method), wobei Fertigstellungsgrade (stages of completion) nach Maßgabe von Verhältnissen zwischen angefallenen Kosten und geschätzten Gesamtkosten (cost-to-cost-method) ermittelt werden,

(2) getrennte Bilanzierung mit Gewinnausweis bei Fertigstellung (completed-contracted-method) mangels zuverlässiger Ermittelbarkeit von Gesamtkosten für einzelne Aufträge und

(3) gemeinsame Bilanzierung mit Teilgewinnausweis (percentage-of-completion-method), wobei Fertigstellungsgrade (stages of completion) nach Maßgabe von Verhältnissen zwischen angefallenen Kosten und geschätzten Gesamtkosten (cost-to-cost-method) ermittelt werden.

Bei der getrennten Bilanzierung mit Teilgewinnausweis (percentage-of-completion-method) müssen die auszuweisenden Periodenergebnisse im Zeitraum zwischen 1998 und 2000 entsprechend der nachfolgenden Tabelle 5.34 ermittelt werden.

	1998	1999	2000
Fertigstellungsgrad $FG_t = \dfrac{GK_t^a}{GK_t^s}$	Gebäude 1 $\dfrac{1.000}{5.000}=20\%$ Gebäude 2 $\dfrac{500}{2.500}=20\%$	Gebäude 1 $\dfrac{4.000}{6.250}=64\%$ Gebäude 2 $\dfrac{3.000}{3.750}=80\%$	Gebäude 1 $\dfrac{6.250}{6.250}=100\%$ Gebäude 2 $\dfrac{3.750}{3.750}=100\%$
Umsatzerlöse der Periode Gewinnfall: $UE_t = GU_t^s \cdot FG_t - \sum\limits_{t'=0}^{t-1} UE_{t'}$ Verlustfall: $UE_t = \sum\limits_{t'=0}^{t} UK_{t'}^a - \sum\limits_{t'=0}^{t-1} UE_{t'} + V^s$	Gebäude 1 6.500 · 20% = 1.300 TDM Gebäude 2 3.500 · 20% = 700 TDM	Gebäude 1 7.500 · 64% - 1.300 = 3.500 TDM Gebäude 2 3.000 - 700 - 250 = 2.050 TDM	Gebäude 1 7.500 - 4.800 = 2.700 TDM Gebäude 2 3.500 - 2.750 = 750 TDM
Umsatzkosten der Periode $UK_t^a = GK_t^a - \sum\limits_{t'=0}^{t-1} UK_{t'}^a$	Gebäude 1 1.000 TDM Gebäude 2 500 TDM	Gebäude 1 4.000 - 1.000 = 3.000 TDM Gebäude 2 3.000 - 500 = 2.500 TDM	Gebäude 1 6.250 - 4.000 = 2.250 TDM Gebäude 2 3.750 - 3.000 = 750 TDM
Bruttoergebnis der Periode $ER_t = UE_t - UK_t^a$	Gebäude 1 300 TDM Gebäude 2 200 TDM	Gebäude 1 500 TDM Gebäude 2 - 450 TDM	Gebäude 1 450 TDM Gebäude 2 0 TDM

Tab. 5.34: Buchwertermittlung von Fertigungsaufträgen (construction contracts) bei getrennter Bilanzierung mit Teilgewinnausweis (percentage-of-completion-method)

Sollte die zuverlässige Ermittelbarkeit von Gesamterlösen für einzelne Fertigungsaufträge (construction contracts) unter Nutzung von bilanzpolitischen Ermessensspielräumen verneint werden, müssen die erzielten Gewinne im Fall der getrennten Bilanzierung bei Fertigstellung erfaßt werden. Welche konkreten Periodenergebnisse im betrachteten Zeitraum auszuweisen sind, gibt die Tabelle 5.35 wieder.

	1998	1999	2000
Umsatzkosten der Periode $UK_t^a = GK_t^a - \sum\limits_{t'=0}^{t-1} UK_{t'}^a$	Gebäude 1 1.000 TDM Gebäude 2 500 TDM	Gebäude 1 4.000 - 1.000 = 3.000 TDM Gebäude 2 3.000 - 500 = 2.500 TDM	Gebäude 1 6.250 - 4.000 = 2.250 TDM Gebäude 2 3.750 - 3.000 = 750 TDM

Umsatzerlöse der Periode $UE_t = GK_t^a - \sum_{t'=0}^{t-1} UE_{t'} - V^s$ bzw. $UE_t = UE^a - \sum_{t'=0}^{t-1} UE_{t'}$	Gebäude 1 1.000 TDM Gebäude 2 500 TDM	Gebäude 1 3.000 TDM Gebäude 2 2.500 - 250 = 2.250 TDM	Gebäude 1 7.500 - 4.000 = 3.500 TDM Gebäude 2 3.500 - 2.750 = 750 TDM
Bruttoergebnis der Periode $ER_t = UE_t - UK_t^a$	Gebäude 1 0 TDM Gebäude 2 0 TDM	Gebäude 1 0 TDM Gebäude 2 - 250 TDM	Gebäude 1 1.250 TDM Gebäude 2 0 TDM

Tab. 5.35: Buchwertermittlung von Fertigungsaufträgen (construction contracts) bei getrennter Bilanzierung mit Gewinnausweis bei Fertigstellung (completed-contracted-method)

Schließlich ist die gemeinsame Bilanzierung der beiden Gebäude mit Teilgewinnausweis (percentage-of-completion-method) möglich. Für diesen Fall können die Periodenergebnisse im betrachteten Zeitraum gemäß der Tabelle 5.36 berechnet werden.

	1998	1999	2000
Fertigstellungsgrad $FG_t = \dfrac{GK_t^a}{GK_t^s}$	$\dfrac{1.500}{7.500} = 20\%$	$\dfrac{7.000}{10.000} = 70\%$	$\dfrac{10.000}{10.000} = 100\%$
Umsatzerlöse der Periode $UE_t = GU_t^s \cdot FG_t - \sum_{t'=0}^{t-1} UE_{t'}$	10.000 · 20% = 2.000 TDM	11.000 · 70% - 2.000 = 5.700 TDM	11.000 - 7.700 = 3.300 TDM
Umsatzkosten der Periode $UK_t^a = GK_t^a - \sum_{t'=0}^{t-1} UK_{t'}^a$	1.500 TDM	7.000 - 1.500 = 5.500 TDM	10.000 - 7.000 = 3.000 TDM
Bruttoergebnis der Periode $ER_t = UE_t - UK_t^a$	500 TDM	200 TDM	300 TDM

Tab. 5.36: Buchwertermittlung von Fertigungsaufträgen (construction contracts) bei gemeinsamer Bilanzierung mit Teilgewinnausweis (percentage-of-completion-method)

Sofern die aufwandswirksamen Umsatzkosten zur Hälfte über Materialbestände und Bankguthaben gegenzubuchen sind, gibt die folgende Tabelle 5.37 zum 31.12.1999 die möglichen Bilanzveränderungen in Abhängigkeit des gewählten Bilanzierungsverfahrens wieder.

(1) getrennte Bilanzierung mit Teilgewinnausweis (percentage-of-completion-method)	Aktiva Veränderungsbilanz in DM Passiva Δ VOR - 2.750.000 Δ EK + 50.000 Δ FOR + 5.550.000 Δ Bank - 2.750.000	
	Erläuterungen (notes): Umsatzerlöse aus laufenden Fertigungsaufträgen (construction contracts): + 5.550.000 DM angefallene Kosten zuzüglich ausgewiesener Erfolge aus laufenden Fertigungsaufträgen (construction contracts): + 5.550.000 DM	
(2) getrennte Bilanzierung mit Gewinnausweis bei Fertigstellung (completed-contraced-method) - konservative Bilanzierung	Aktiva Veränderungsbilanz in DM Passiva Δ VOR - 2.750.000 Δ EK - 250.000 Δ FOR + 5.250.000 Δ Bank - 2.750.000	
	Erläuterungen (notes): Umsatzerlöse aus laufenden Fertigungsaufträgen (construction contracts): + 5.250.000 DM angefallene Kosten zuzüglich ausgewiesener Erfolge aus laufenden Fertigungsaufträgen (construction contracts): + 5.250.000 DM	
(3) gemeinsame Bilanzierung mit Teilgewinnausweis (percentage-of-completion-method) - progressive Bilanzierung	Aktiva Veränderungsbilanz in DM Passiva Δ VOR - 2.750.000 Δ EK + 200.000 Δ FOR + 5.700.000 Δ Bank - 2.750.000	
	Erläuterungen (notes): Umsatzerlöse aus laufenden Fertigungsaufträgen (construction contracts): + 5.700.000 DM angefallene Kosten zuzüglich ausgewiesener Erfolge aus laufenden Fertigungsaufträgen (construction contracts): + 5.700.000 DM	

Tab. 5.37: Beispiel zur Bilanzierung langfristiger Fertigungsaufträge (construction contracts)

Im vorliegenden Beispiel werden Unternehmungen, deren Vermögens-, Finanz- und Ertragslagen gute Entwicklungen zeigen, die getrennte Bilanzierung der beiden Gebäude mit Gewinnausweis bei ihrer Fertigstellung (completed-contracted-method) bevorzugen, weil Gewinn- und Verlustausweise im Auftragsausführungszeitraum imparitätisch erfolgen. Mit zunehmender Verschlechterung von unternehmensindividuellen Vermögens-, Finanz- und Ertragslagen bzw. -entwicklungen verliert die Bilanzierung mit Gewinnausweis bei Fertigstellung (completed-contracted-method) gegenüber der Bilanzierung mit

Teilgewinnausweis (percentage-of-completion-method) an Bedeutung. Durch jahresabschlußanalytische Aufbereitungsmaßnahmen können diese Gestaltungsspielräume nicht eliminiert werden. Welche erheblichen Strukturbilanzunterschiede im betrachteten Fall bestehen bleiben, läßt die Tabelle 5.38 erkennen.

(1) getrennte Bilanzierung mit Teilgewinnausweis (percentage-of-completion-method)	(4.03) $\Delta FOR^{St} = FOR - AiB$ $\Delta FOR^{St} = 5.550.000 - 5.550.000 = 0 \, DM$ (4.04) $\Delta VOR^{St} = VOR + AiB$ $\Delta VOR^{St} = -2.750.000 + 5.550.000$ $= 2.800.000 \, DM$ Aktiva Strukturbilanz in DM Passiva ΔVOR^{St} + 2.800.000 $\| \Delta EK^{St}$ + 50.000 ΔFOR^{St} ± 0 $\Delta Bank^{St}$ − 2.750.000
(2) getrennte Bilanzierung mit Gewinnausweis bei Fertigstellung (completed-contracted-method)	(4.03) $\Delta FOR^{St} = FOR - AiB$ $\Delta FOR^{St} = 5.250.000 - 5.250.000 = 0 \, DM$ (4.04) $\Delta VOR^{St} = VOR + AiB$ $\Delta VOR^{St} = -2.750.000 + 5.250.000$ $= 2.500.000 \, DM$ Aktiva Strukturbilanz in DM Passiva ΔVOR^{St} + 2.500.000 $\| \Delta EK^{St}$ − 250.000 ΔFOR^{St} ± 0 $\Delta Bank^{St}$ − 2.750.000
(3) gemeinsame Bilanzierung mit Teilgewinnausweis (percentage-of-completion-method)	(4.03) $\Delta FOR^{St} = FOR - AiB$ $\Delta FOR^{St} = 5.700.000 - 5.700.000 = 0 \, DM$ (4.04) $\Delta VOR^{St} = VOR + AiB$ $\Delta VOR^{St} = -2.750.000 + 5.700.000$ $= 2.950.000 \, DM$ Aktiva Strukturbilanz in DM Passiva ΔVOR^{St} + 2.950.000 $\| \Delta EK^{St}$ + 200.000 ΔFOR^{St} ± 0 $\Delta Bank^{St}$ − 2.750.000

Tab. 5.38: Beispiel zur Berücksichtigung langfristiger Fertigungsaufträge (construction contracts) in Strukturbilanzen

Da die Aufbereitung von Aufträgen in Bearbeitung auf die Umgliederung vom Forderungs- zum Vorratsvermögen beschränkt bleibt, können vorsichtige Strukturbilanzausweise bei einheitlicher Bewertung nicht gewährleistet werden. Hierfür sind verschiedene Gründe anzuführen:

(1) faktisches Wahlrecht zwischen der Segmentierung und der Zusammenfassung von einzelnen Fertigungsaufträgen (construction contracts) für den Bilanzausweis,

(2) faktisches Wahlrecht zwischen dem Gewinnausweis bei Fertigstellung und dem Teilgewinnausweis bei getrennter Bilanzierung von einzelnen Fertigungsaufträgen (construction contracts) und

(3) erhebliche Ermessensspielräume im Rahmen der Ergebnis- bzw. Umsatzvereinnahmung aus laufenden Fertigungsaufträgen (construction contracts).

5.5.3 Erhaltene Anzahlungen (progress payments)

Mit der Umgliederung von langfristigen Fertigungsaufträgen (construction contracts) vom Forderungs- zum Vorratsvermögen steht die Aufbereitung von erhaltenen Anzahlungen (progress payments) im Zusammenhang, weil saldierte Bilanzausweise von beiden Positionen möglich sind. Gemäß den ursprünglichen Regelungen im IAS 13 "Darstellung kurzfristiger Vermögenswerte und Schulden (Presentation of Current Assets and Current Liabilities)" durften erhaltene Anzahlungen (progress payments) über die separate Passivierung von Abgrenzungsposten (deferred income, IAS 13.15f) oder die entsprechende Minderung von Anschaffungs- oder Herstellungskosten (IAS 13.21) berücksichtigt werden, wobei die Anzahlungen, die nicht über Abgrenzungsposten (deferred income) ausgewiesen wurden, in den Erläuterungen (notes) offenzulegen waren (IAS 13.21 i.V.m. IAS 11.40). Obschon diese Regelungen gestrichen wurden, bleibt das Bilanzierungswahlrecht mangels abweichender Bestimmungen nach dem Rechtsstand zum gegenwärtigen Zeitpunkt bestehen, zumal beide Ausweismöglichkeiten mit guten Gründen gerechtfertigt werden können.

Um gleichwohl Zeit- und Branchenvergleiche für Zwecke von Kreditwürdigkeitsprüfungen nicht zu beeinträchtigen, müssen die unterschiedlichen Ausweismöglichkeiten von erhaltenen Anzahlungen (progress payments) über jahresabschlußanalytische Aufbereitungsmaßnahmen eliminiert werden. Da erhaltene Anzahlungen (progress payments) aufgrund ihrer Finanzierungs- oder Sicherungsfunktion in vergleichbarer Weise wie öffentliche Zuschüsse (government grands) im wirtschaftlichen Zusammenhang mit zugrundeliegenden Aufträgen stehen,[138] erscheint ihre Kürzung gegen die bilanziellen Anschaffungs- oder Herstellungskosten für jahresabschlußanalytische Zwecke gerechtfertigt. Daß strukturbilanzielle **Ausweise von erhaltenen Anzahlungen (progress payments) über passivische Abgrenzungsposten (deferred income)** trotzdem bevorzugt werden, hat folgende Gründe:

---

[138] Vgl. Coenenberg, A. (1997), S. 229; Küting, K./Weber, C. (1999), S. 63.

(1) zutreffende Strukturbilanzausweise von Vermögenspositionen angesichts unveränderter Werthaltigkeit nach Anzahlungen (progress payments) und
(2) zweifelsfreie Zuordnung von erhaltenen Anzahlungen (progress payments) zum Fremdkapital aufgrund obligatorischer Rückzahlung bei mangelnder Auftragserfüllung.[139]

Infolge dieser Überlegungen würde die jahresabschlußanalytische Kürzung von erhaltenen Anzahlungen (progress payments) gegen die bilanziellen Anschaffungs- oder Herstellungskosten zu unzutreffenden Vermögens- und Kapitalausweisen führen,[140] so daß erhaltene Anzahlungen (progress payments) in Strukturbilanzen als passivische Abgrenzungsposten (deferred income) ausgewiesen werden sollten. Diese Empfehlung können folgende Formalismen beschreiben:

Symbole: AiB_{EA} : Buchwertveränderungen von Aufträgen in Bearbeitung infolge erhaltener Anzahlungen (progress payments) in GE

RAP_{EA} : passivische (Rechnungs-) Abgrenzungsposten (deferred income) für erhaltene Anzahlungen (progress payments) in GE

RAP_{EA}^{St} : strukturbilanzielle Abgrenzungsposten für erhaltene Anzahlungen (progress payments) in GE

VOR_{EA} : Buchwertveränderungen von Vorräten (inventories) infolge erhaltener Anzahlungen (progress payments) in GE

Aktiva: $\Delta VOR^{St} = VOR - VOR_{EA} - AiB_{EA}$ (4.05)

Passiva: $\Delta RAP_{EA}^{St} = RAP_{EA} - VOR_{EA} - AiB_{EA}$ (4.06)

Beispiel: Im Geschäftsjahr 1999 wurden mehrere VOB-Verträge über Einfamilienhäuser geschlossen, worauf erste Anzahlungen trotz fehlenden Baubeginns eingingen. Im einzelnen sind folgende Daten zugrundezulegen:

Eingang von Anzahlungen: 250.000 DM
Erwerb von Baumaterialien auf Ziel: 500.000 DM

Da ihre Erfassung als langfristige Fertigungsaufträge (construction contracts) aufgrund fehlenden Baubeginns ausscheidet, müssen die geleisteten Anzahlungen (progress payments) im IAS-Abschluß über die entsprechende Buchwertminderung von Vorräten (inventories) oder die separate Passivierung von Abgrenzungsposten (deferred income) berücksichtigt werden. Somit sind die Bilanzveränderungen der Tabelle 5.39 möglich.

---

[139] Vgl. Knop, W. in: Küting, K./Weber, C. (1995), § 268 HGB Tz. 212; Küting, K./Weber, C. (1999), S. 63.
[140] Vgl. Küting, K./Weber, C. (1999), S. 63f.

Minderung zugrundezulegender Anschaffungskosten - progressive Bilanzierung	Aktiva Veränderungsbilanz in DM Passiva
	Δ VOR + 250.000 | Δ VLL + 500.000
	Δ Bank + 250.000 |
	Erläuterungen (notes): Buchwertveränderung von Vorräten (inventories) durch erhaltene Anzahlungen (progress payments): - 250.000 DM
Bilanzierung passivischer Abgrenzungsposten (deferred income) - konservative Bilanzierung	Aktiva Veränderungsbilanz in DM Passiva
	Δ VOR + 500.000 | Δ VLL + 500.000
	Δ Bank + 250.000 | Δ RAP + 250.000
	Erläuterungen (notes): Veränderung von passivischen Abgrenzungsposten (deferred income) für erhaltene Anzahlungen (progress payments): + 250.000 DM

Tab. 5.39: Beispiel zur Bilanzierung erhaltener Anzahlungen (progress payments)

Im vorliegenden Fall bevorzugen alle Unternehmungen die Buchwertminderung der Vorräte (inventories) trotz übereinstimmender Gewinnausweise bei beiden Bilanzierungsmethoden, weil positive Wirkungen auf Bilanzstrukturkennzahlen über verminderte Bilanzsummen erzielt werden. Da solche Minderungen im Widerspruch zur tatsächlichen Vermögenslage stehen, sollte der strukturbilanzielle Ausweis von passivischen Rechnungsabgrenzungsposten entsprechend der nachfolgenden Tabelle 5.40 über jahresabschlußanalytische Aufbereitungsmaßnahmen sichergestellt werden.

Minderung zugrundezulegender Anschaffungskosten	(4.05) $\Delta \text{VOR}^{St} = \text{VOR} - \text{VOR}_{EA} - \text{AiB}_{EA}$
	$\Delta \text{VOR}^{St} = 250.000 - (-250.000)$
	$= 500.000$ DM
	(4.06) $\Delta \text{RAP}^{St}_{EA} = \text{RAP}_{EA} - \text{VOR}_{EA} - \text{AiB}_{EA}$
	$\Delta \text{RAP}^{St}_{EA} = 0 - (-250.000) = 250.000$ DM
	Aktiva Strukturbilanz in DM Passiva
	ΔVOR^{St} + 500.000 | ΔVLL^{St} + 500.000
	ΔBank^{St} + 250.000 | ΔRAP^{St} + 250.000
Bilanzierung passivischer Abgrenzungsposten (deferred income)	Aktiva Strukturbilanz in DM Passiva
	ΔVOR^{St} + 500.000 | ΔVLL^{St} + 500.000
	ΔBank^{St} + 250.000 | ΔRAP^{St} + 250.000

Tab. 5.40: Beispiel zur Berücksichtigung erhaltener Anzahlungen (progress payments) in Strukturbilanzen

Indem die Buchwertminderung des bilanziellen Vorratsvermögens um die erhaltenen Anzahlungen (progress payments) unter der Erhöhung der passivischen Abgrenzungsposten (deferred income) eliminiert werden, sind einheitliche Strukturbilanzausweise entsprechend den tatsächlichen Begebenheiten im vorliegenden Beispielfall gewährleistet. Damit bleibt die finanzwirtschaftliche Jahresabschlußanalyse durch die unterschiedlichen Ausweismöglichkeiten für die erhaltenen Anzahlungen (progress payments) unbeeinträchtigt.

5.5.4 Kurzfristige Finanzinvestitionen (current investments)

Als weitere Position des bilanziellen Umlaufvermögens bedürfen kurzfristige Finanzinvestitionen (current investments) der jahresabschlußanalytischen Aufbereitung, um zweckmäßige Strukturbilanzausweise für Jahresabschlußanalysen im Rahmen von Kreditwürdigkeitsprüfungen trotz bilanzpolitischer Gestaltungsmöglichkeiten sicherzustellen. Nach einschlägigen IAS werden kurzfristige Finanzinvestitionen (current investments) durch zwei Kriterien charakterisiert (IAS 25.4):

(1) jederzeitige Realisierbarkeit bzw. Veräußerbarkeit und
(2) beabsichtigte Veräußerung im folgenden Rechnungslegungszeitraum.

Sind die beiden Kriterien erfüllt, müssen Finanzinvestitionen (investments) zu den aktuellen Marktwerten (market values) oder den niedrigeren Werten aus Anschaffungskosten und Marktwerten (market values) ausgewiesen werden, wobei die niedrigeren Werte über Einzel-, Gruppenportfolio- oder Gesamtportfoliobetrachtungen ermittelt werden können (IAS 25.19). Wenn auch die Gruppenportfolio- oder Gesamtportfoliobetrachtung ungeachtet möglicher Durchbrechungen des Einzelbewertungs- und Realisationsprinzips präferiert wird (IAS 25.22), erfolgt keine ausdrückliche Differenzierung in bevorzugte (benchmark treatment) und alternative (alternative allowed treatment) Methoden, so daß einzelne Bewertungsverfahren keine zusätzlichen Informationspflichten begründen.[141] Unabhängig vom Bewertungsverfahren sind folgende Erläuterungen (notes) zur Behandlung von kurzfristigen Finanzinvestitionen (current investments) erforderlich (IAS 25.49):

(1) angewandte Bilanzierungs- und Bewertungsmethoden (accounting policies),
(2) erfolgswirksame Beträge aus Zinsen, Dividenden, Mieten und anderen Nutzungsentgelten sowie Veräußerungserlösen und bilanziellen Wertänderungen,
(3) aktuelle Marktwerte (market values) von marktfähigen Finanzinvestitionen (investments), die zu anderen Werten bilanziert werden, und
(4) erhebliche Einschränkungen von späteren Veräußerungen und effektiven Zuflüssen aus Erträgen und Verkaufserlösen.

---

[141] Vgl. Fuchs, M. (1997), S. 181.

Trotz der weitgehenden Eliminierung der beschriebenen Gestaltungspotentiale, die im IAS 39 für Geschäftsjahre mit Beginn ab 01.01.2001 begründet werden,[142] liegen die gegenwärtigen Regelungen den nachfolgenden Ausführungen zugrunde, weil wesentliche Änderungen des IAS 39 angesichts seiner Bezeichnung als vorläufiger Standard in offiziellen Verlautbarungen des International Accounting Standard Committee (IASC) wahrscheinlich sind.[143]

Indem die aktuellen Marktwerte (market values) von marktfähigen Finanzinvestitionen (investments) bei der bilanziellen Bewertung zu anderen Werten anzugeben sind, kann der einheitliche Vermögensausweis von kurzfristigen Finanzinvestitionen (current investments) durch die jahresabschlußanalytische Umbewertung zu ihren Marktwerten (market values) gewährleistet werden. Wenn auch alle Argumente für strukturbilanzielle Marktbewertungen von langfristigen Finanzinvestitionen (investments) übernommen werden können,[144] ist das konkrete Bilanzierungskriterium der jederzeitigen Realisierbarkeit als vornehmliches Argument für strukturbilanzielle Marktbewertungen von kurzfristigen Finanzinvestitionen (current investments) zusätzlich anzuführen.

Denn sollen jederzeitige Realisierungen möglich sein, müssen kurzfristige Finanzinvestitionen (current investments) auf liquiden Märkten gehandelt werden, womit ihre Veräußerbarkeit zu den aktuellen Marktwerten (market values) oder den beizulegenden Werten (fair values) zu beliebigen Zeitpunkten gewährleistet ist.[145] Infolgedessen könnte die bilanzielle Bewertung von kurzfristigen Finanzinvestitionen (current investments) zu den historischen Anschaffungskosten zu jedem Rechnungslegungsstichtag durch den gleichzeitigen Ver- und Rückkauf ohne große Schwierigkeiten umgangen werden, so daß faktische Marktbewertungswahlrechte bei dieser Bewertungsalternative bestehen.[146] Wird außerdem ihre Entbehrlichkeit für normale Geschäftstätigkeiten mit gutem Grund als weiteres Charakteristikum unterstellt, sind kurzfristige Finanzinvestitionen (current investments) als Substitut für liquide Mittel zu interpretieren. Vor diesem Hintergrund ist ihre Bewertung zu niedrigeren Werten aus Anschaffungskosten und Marktwerten (market values) gegenüber ihrer Bewertung zu aktuellen Marktwerten (market values) für Zwecke von Kreditwürdigkeitsprüfungen ungeachtet vorsichtigerer Bilanzausweise nicht vorzuziehen.[147]

Ihre weitere Bestätigung findet die vorgenannte Beurteilung der zulässigen Bewertungsmethoden in der möglichen Anknüpfung der niedrigere Werten an alternative Betrachtungshorizonte. Welche bilanzpolitischen Spielräume durch Einzel-, Gruppenportfolio- oder Gesamtportfoliobetrachtungen zur konkreten Marktwertbestimmung

---

[142] Vgl. Hacker, B. (1999), S. 858; Steiner, M. in: Baetge, J. et al. (1997), IAS 25 Tz. 84ff; Wagenhofer, A. (1996), S. 166.
[143] Vgl. Hacker, B. (1999), S. 859.
[144] Siehe hierzu Kapitel 5.3.1.
[145] Vgl. Fuchs, M. (1997), S. 181; Steiner, M. in: Baetge, J. et al. (1997), IAS 25 Tz. 9.
[146] Vgl. Busse von Colbe, W. (1995), S. 385; ders. (1998), S. 384f.
[147] Vgl. Steiner, M. in: Baetge, J. et al. (1997), IAS 25 Tz. 33.

Umlaufvermögen 193

eröffnet werden, lassen potentielle Bilanzausweise erkennen, wenn aktuelle Marktwerte (market values) von einzelnen Finanzinvestitionen (investments) in unterschiedliche Richtungen tendieren. Dann bewirkt die vermögenswertbezogene Bestimmung der niedrigeren Werte, daß sämtliche Wertminderungen bilanziell berücksichtigt, aber sämtliche Wertsteigerungen bilanziell vernachlässigt werden.[148] Dagegen ist die portfoliobezogene Bestimmung der niedrigeren Werte aufgrund der gegenseitigen Verrechnung der angefallenen Wertsteigerungen und Wertminderungen aus unterschiedlichen Finanzinvestitionen (investments) mit verringerten Abwertungserfordernissen verbunden, wobei der auszuweisende Gesamtaufwand - wegen erheblicher Ermessensspielräume bei der Zuordnung von kurzfristigen Finanzinvestitionen (current investments) zu den Gruppenportfolios - unter der begrenzten Einschränkung durch das materielle Stetigkeitserfordernis variiert werden kann.[149] Letztlich ist die bilanzielle Bewertung von Finanzinvestitionen (investments) zu den niedrigeren Werten aus Anschaffungskosten und Marktwerten (market values) mit den unterschiedlichsten Bilanzausweisen verbunden.

Zusammenfassend kann die **Umbewertung von kurzfristigen Finanzinvestitionen (current investments) zu ihren Marktwerten (market values)** bei der Bilanzierung zu anderen Werten durch folgende Argumente gerechtfertigt werden:

(1) zutreffende Vermögensausweise in Anbetracht der Realisierbarkeit der Marktwerte (market values) zum Rechnungslegungsstichtag und

(2) einheitliche Strukturbilanzausweise des kurzfristigen Finanzvermögens (current investments) trotz unterschiedlicher Nutzung des bilanziellen Bewertungswahlrechts.

Sofern diesen Argumenten gefolgt wird, ist die jahresabschlußanalytische Aufbereitungsempfehlung für kurzfristige Finanzinvestitionen (current investments) über folgende Formalismen wiederzugeben:

Symbole: AK_{KFI} : Buchwert von kurzfristigen Finanzinvestitionen (current investments), die zu anderen Werten als aktuellen Marktwerten (market values) im grundsätzlichen Regelfall zu historischen Anschaffungskosten bilanziert werden, in GE

KFI : Buchwert von kurzfristigen Finanzinvestitionen (current investments) in GE

KFI^{St} : strukturbilanzieller Wert von kurzfristigen Finanzinvestitionen (current investments) in GE

MW_{KFI} : aktueller Marktwert (market value) von kurzfristigen Finanzinvestitionen (current investments), die zu anderen Werten bilanziert werden, in GE

---

[148] Vgl. Fuchs, M. (1997), S. 183.
[149] Vgl. Fuchs, M. (1997), S. 183.

Aktiva: $\Delta \text{KFI}^{St} = \text{KFI} - \text{AK}_{KFI} + \text{MW}_{KFI}$ (4.07)

Passiva: $\Delta \text{EK}^{St} = \text{EK} - \text{AK}_{KFI} + \text{MW}_{KFI}$ (4.08)

Beispiel: Zum 31.12.1999 zeigt die Tabelle 5.41 den Bestand an Wertpapieren, die aufgrund jederzeitiger Realisierbarkeit und beabsichtigter Veräußerung im folgenden Rechnungslegungszeitraum als kurzfristige Finanzinvestitionen (current investments) auszuweisen sind.

Finanzinvestition (investment)	Anschaffungskosten in DM	aktueller Marktwert (market value) in DM	niedrigerer Wert in DM
A1	2.000	2.500	2.000
A2	3.500	3.200	3.200
B	1.500	2.000	1.500
C	3.000	2.800	2.800
Σ	10.000	10.500	9.500

Tab. 5.41: Beispielhafte Datensituation zur Bilanzierung kurzfristiger Finanzinvestitionen (current investments)

Demnach sind folgende Bilanzwerte von kurzfristigen Finanzinvestitionen (current investments) zulässig:

(1) aktuelle Marktwerte (market values)   10.500 DM

(2) niedrigere Werte nach Gesamtportfoliobetrachtung   10.000 DM

(3) niedrigere Werte nach Gruppenportfoliobetrachtung   9.800 DM
      niedrigerer Wert von Portfolio A   5.500 DM
      zuzüglich   niedrigerer Wert von Portfolio B   1.500 DM
                  niedrigerer Wert von Portfolio C   2.800 DM
      und

(4) niedrigere Werte nach Einzelbetrachtung   9.500 DM

Werden die historischen Anschaffungskosten von 10.000 DM als die bilanziellen Ausgangswerte zugrundegelegt, können die möglichen Bilanzveränderungen aus der nachfolgenden Tabelle 5.42 entnommen werden.

aktuelle Marktwerte (market values) - progressive Bilanzierung	Aktiva	Veränderungsbilanz in DM		Passiva
	Δ KFI	+ 500	Δ EK	+ 500
	Erläuterungen (notes): keine Zusatzangaben			

Umlaufvermögen

niedrigere Werte nach Gesamtportfoliobetrachtung	Aktiva Veränderungsbilanz in DM Passiva Δ KFI ± 0 | Δ EK ± 0 Erläuterungen (notes): Differenz zwischen Markt- und Buchwerten von kurzfristigen Finanzinvestitionen (current investments): + 500 DM
niedrigere Werte nach Gruppenportfoliobetrachtung	Aktiva Veränderungsbilanz in DM Passiva Δ KFI - 200 | Δ EK - 200 Erläuterungen (notes): Differenz zwischen Markt- und Buchwerten von kurzfristigen Finanzinvestitionen (current investments): + 700 DM
niedrigere Werte nach Einzelbetrachtung - konservative Bilanzierung	Aktiva Veränderungsbilanz in DM Passiva Δ KFI - 500 | Δ EK - 500 Erläuterungen (notes): Differenz zwischen Markt- und Buchwerten von kurzfristigen Finanzinvestitionen (current investments): + 1.000 DM

Tab. 5.42: Beispiel zur Bilanzierung kurzfristiger Finanzinvestitionen (current investments)

Während negative Marktwertentwicklungen ungeachtet der gewählten Bewertungsmethode über entsprechende Buchwertminderungen auszuweisen sind, werden positive Marktwertentwicklungen zwar über die aktuellen Marktwerte (market values), aber nicht über die niedrigeren Werte aus Anschaffungskosten und Marktwerten (market values) beim bilanziellen Vermögensausweis berücksichtigt. Infolge dieses Unterschiedes sind Unternehmungen mit schlechten Vermögens-, Finanz- und Ertragslagen bzw. -entwicklungen bestrebt, nach Möglichkeit die aktuellen Marktwerte (market values) zur Bewertung der kurzfristigen Finanzinvestitionen (current investments) heranzuziehen. Demgegenüber präferieren alle Unternehmungen mit guten Vermögens-, Finanz- und Ertragslagen bzw. -entwicklungen die niedrigeren Werte aus Anschaffungskosten und Marktwerten (market values) als bilanziellen Wertmaßstab im betrachteten Beispielfall. Allerdings können diese Unterschiede, wie die Tabelle 5.43 zeigt, für jahresabschlußanalytische Zwecke eliminiert werden.

aktuelle Marktwerte (market values)	Aktiva Strukturbilanz in DM Passiva Δ KFISt + 500 | Δ EKSt + 500

niedrigere Werte nach Gesamtportfoliobetrachtung	(4.07) $\Delta KFI^{St} = KFI - AK_{KFI} + MW_{KFI}$ $\Delta KFI^{St} = 0 + 500 = 500$ DM (4.08) $\Delta EK^{St} = EK - AK_{KFI} + MW_{KFI}$ $\Delta EK^{St} = 0 + 500 = 500$ DM Aktiva Strukturbilanz in DM Passiva ΔKFI^{St} + 500 | ΔEK^{St} + 500
niedrigere Werte nach Gruppenportfoliobetrachtung	(4.07) $\Delta KFI^{St} = KFI - AK_{KFI} + MW_{KFI}$ $\Delta KFI^{St} = -200 + 700 = 500$ DM (4.08) $\Delta EK^{St} = EK - AK_{KFI} + MW_{KFI}$ $\Delta EK^{St} = -200 + 700 = 500$ DM Aktiva Strukturbilanz in DM Passiva ΔKFI^{St} + 500 | ΔEK^{St} + 500
niedrigere Werte nach Einzelbetrachtung	(4.07) $\Delta KFI^{St} = KFI - AK_{KFI} + MW_{KFI}$ $\Delta KFI^{St} = -500 + 1.000 = 500$ DM (4.08) $\Delta EK^{St} = EK - AK_{KFI} + MW_{KFI}$ $\Delta EK^{St} = -500 + 1.000 = 500$ DM Aktiva Strukturbilanz in DM Passiva ΔKFI^{St} + 500 | ΔEK^{St} + 500

Tab. 5.43: Beispiel zur Berücksichtigung kurzfristiger Finanzinvestitionen (current investments) in Strukturbilanzen

Sollten die angegebenen Marktwerte (market values) für die jahresabschlußanalytische Umbewertung genutzt werden, können zutreffende Vermögensausweise der kurzfristigen Finanzinvestitionen (current investments) bei einheitlicher Bewertung sichergestellt werden. Insofern beeinträchtigt die Bewertung der Finanzinvestitionen (investments) weder die Beurteilung der Vermögensverhältnisse noch die Vergleichbarkeit des Jahresabschlusses.

5.5.5 Eigene Anteile

Schließlich sind eigene Anteile als letzte Position im bilanziellen Umlaufvermögen für jahresabschlußanalytische Zwecke aufzubereiten. Gemäß einschlägigen IAS müssen

Umlaufvermögen 197

eigene Anteile als gesonderte Position bilanziert werden (IAS 1.74),[150] wobei ihr Ausweis aufgrund der Unbestimmtheit von Form- und Inhaltsvorschriften für die Bilanz an beliebiger Stelle erfolgen kann.[151] Allerdings scheidet die offene Absetzung vom bilanziellen Eigenkapital, die in IAS-Abschlüssen im Grundsatz zulässig wäre,[152] für deutsche Unternehmen aus, weil der bilanzielle Ausweis von eigenen Anteilen, deren Verwendung für Zahlungen an Gesellschafter unzulässig ist, über spezielle Eigenkapitalrücklagen nach den gesellschaftsrechtlichen Bestimmungen vorgeschrieben ist (§ 71 II AktG und § 33 II GmbHG).

Bilanztheoretisch haben eigene Anteile ambivalenten Charakter. Während jene Anteile, die zur Weitergabe an Dritte bestimmt sind, echte Vermögenspositionen darstellen, müssen die übrigen Anteile als korrigierender Posten zum bilanziellen Eigenkapital charakterisiert werden.[153] Da die konkrete Verwendungsabsicht für kreditgewährende Finanzinstitute unerkennbar bleibt, ist die generelle **Saldierung von eigenen Anteilen gegen die bilanziellen Gewinnrücklagen** für vorsichtige Strukturbilanzausweise unerläßlich.[154] Dafür können folgende Formalismen verwendet werden:

Symbole: EA : Buchwert eigener Anteile in GE
GR : bilanzielle Gewinnrücklagen in GE
GR^{St} : strukturbilanzielle Gewinnrücklagen in GE

Aktiva: $\Delta KFI^{St} = KFI - EA$ (4.09)

Passiva: $\Delta GR^{St} = GR - EA$ (4.10)

Beispiel: Im Geschäftsjahr 1999 wurden eigene Anteile im Wert von 10.000 DM mit liquiden Mitteln erworben. Entsprechend dem bisherigem Bilanzierungsverhalten sollen die erworbenen Anteile im kurzfristigen Finanzvermögen als separater Posten ausgewiesen werden, woraus die bilanziellen Veränderungen in der nachfolgenden Tabelle 5.44 resultieren.

---

[150] Obgleich die ursprünglichen Bestimmungen im IAS 5 "Offenlegungspflichtige Informationen (Information to be Disclosed in Financial Statements)" durch die neugefaßten Bestimmungen im IAS 1 aufgehoben wurden, bleiben bilanzielle Ausweise von eigenen Anteilen unverändert. Insofern kann die einschlägige Kommentierung zum IAS 5 "Offenlegungspflichtige Informationen (Information to be Disclosed in Financial Statements)" den nachfolgenden Darstellungen zugrundegelegt werden.
[151] Vgl. Kleekämper, H./Achleitner, A. in: Baetge, J. et al. (1997), IAS 5 Tz. 122.
[152] Vgl. Coenenberg, A. (1997), S. 157; IDW (1995), S. 168; Kleekämper, H./Achleitner, A. in: Baetge, J. et al. (1997), IAS 5 Tz. 122.
[153] Vgl. Baetge, J. (1998), S. 94; Coenenberg, A. (1997), S. 156; Jacobs, O. (1994), S. 86; Küting, K./Weber, C. (1999), S. 64.
[154] Vgl. Baetge, J. (1998), S. 148; Jacobs, O. (1994), S. 86; Küting, K./Weber, C. (1999), S. 64.

```
Aktiva      Veränderungsbilanz in DM      Passiva
Δ KFI              + 10.000
Δ EA    + 10.000
Δ Kasse            - 10.000
```

Tab. 5.44: Beispiel zur Bilanzierung eigener Anteile

Laut den vorstehenden Empfehlungen für jahresabschlußanalytische Aufbereitungsmaßnahmen müssen die eigenen Anteile gegen die bilanziellen Gewinnrücklagen aufgrund ambivalenten Charakters gekürzt werden. In diesem Fall werden die strukturbilanziellen Veränderungen durch die nachfolgende Tabelle 5.45 wiedergegeben.

(4.09) $\Delta KFI^{St} = KFI - EA$

$\Delta KFI^{St} = 10.000 - 10.000 = 0$ DM

(4.10) $\Delta GR^{St} = GR - EA$

$\Delta GR^{St} = 0 - 10.000 = -10.000$ DM

```
Aktiva         Strukturbilanz in DM          Passiva
Δ KFI^St              ± 0   | Δ EK^St      - 10.000
Δ EA^St      ± 0             | Δ GR^St  - 10.000
Δ Kasse^St   - 10.000
```

Tab. 5.45: Beispiel zur Berücksichtigung eigener Anteile in Strukturbilanzen

Indem die eigenen Anteile gegen die bilanziellen Gewinnrücklagen saldiert werden, sind vorsichtige Strukturbilanzausweise des kurzfristigen Finanzvermögens im vorliegenden Fall sichergestellt.

5.6 Fremdkapital

In grundsätzlicher Analogie zu aktivischen Vermögenspositionen sind passivische Fremdkapitalpositionen für jahresabschlußanalytische Untersuchungen aufzubereiten, um bilanzpolitischen Einflußnahmen über explizite Wahlrechte und subjektive Ermessensspielräume entgegenzuwirken. Abgesehen von Verbindlichkeiten, die wegen ihrer Gewißheit in Grund und Höhe ohne Aufbereitung bleiben können, bestehen Fremdkapitalpositionen aus Rückstellungen (provisions), die aufgrund beachtlicher Bilanzierungs- und Bewertungsspielräume für Zwecke von Kreditwürdigkeitsprüfungen aufzubereiten sind.

Fremdkapital 199

Infolge der vielfältigen Kritik im Schrifttum wurde der bilanzielle Ausweis von Rückstellungen (provisions) und Eventualschulden (contingent liabilities), nachdem lange Zeit nur rudimentäre Bestimmungen bestanden, über die speziellen Bilanzierungs- und Bewertungsregelungen im IAS 37 determiniert.[155] Laut expliziter Klarstellung gilt der IAS 37, dessen Anwendung für Geschäftsjahre mit Beginn ab 01.07.1999 verpflichtend ist (IAS 37.95), für alle Rückstellungsarten (provisions); ausgenommen sind allerdings Rückstellungen (provisions), deren Bilanzierung in anderen Standards zur IAS-Rechnungslegung geregelt ist, und Risiken, deren Ursache in drohenden Inanspruchnahmen aus Versicherungsverträgen besteht (IAS 37.1). Vor diesem Hintergrund sollen folgende Positionen hinsichtlich ihrer Aufbereitungserfordernisse analysiert werden:

(1) Pensionsrückstellungen,
(2) latente Steuerverbindlichkeiten (deferred tax liabilities),
(3) sonstige Rückstellungen (provisions) und
(4) Eventualschulden (contingent liabilities).

5.6.1 Pensionsrückstellungen

Nach der erstmaligen Überarbeitung im Jahr 1993 wurden die ursprünglichen Bilanzierungs- und Bewertungsregelungen für Pensionsrückstellungen erneut geändert, weil ihre IOSCO-Anerkennung wegen verschiedener Beanstandungen gescheitert war.[156] Seit dieser Überarbeitung werden sämtliche Bestimmungen zu Arbeitnehmervergütungen (employee benefits) für Geschäftsjahre mit Beginn ab 01.01.1999 (IAS 19.157) im IAS 19 zusammengefaßt, wobei Arbeitnehmervergütungen aus betrieblichen Altersversorgungen - angesichts des beachtlichen Gestaltungspotentials für bilanzpolitische Maßnahmen und des hohen Anteils am ausgewiesenen Gesamtvermögen - für Fremdkapitalgeber von besonderer Bedeutung sind.

Um ihre Bilanzierung zu klären, müssen betriebliche Altersversorgungen in Entsprechung zur Abbildung 5.06 in beitrags- (defined contribution plans) und leistungsorientierte Versorgungszusagen (defined benefit plans) unterschieden werden (IAS 19.25), wenngleich auch Mischformen zwischen beiden Kategorien möglich sind.[157]

---

[155] Vgl. Ernsting, I./von Keitz, I. (1998), S. 2477; Förschle, G./Kroner, M./Heddäus, B. (1999), S. 41; Hayn, S./Pilhofer, J. (1998), S. 1729; Moxter, A. (1999), S. 519); Reinhart, A. (1998a), S. 2514.
[156] Vgl. Bauer, A. (1997), S. 172; Demming, C. (1997), S. 247ff; Hayn, S. (1997), S. 425; Risse, A. (1996), S. 81; Wagenhofer, A. (1996), S. 204.
[157] Vgl. Hübner, S./Schwarzinger, P. (1998), S. 329; Wollmert, P./Hofmann, J./Schwitters, J. in: Baetge, J. et al. (1997), IAS 19 Tz. 22.

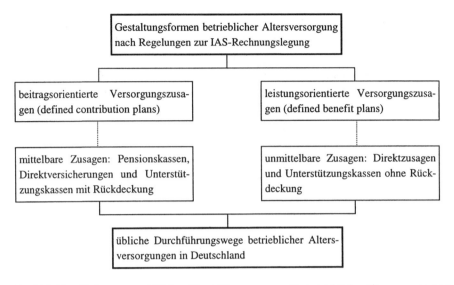

Abb. 5.06: Klassifizierung von üblichen Durchführungswegen für betriebliche Altersversorgungen in IAS-Abschlüssen[158]

Bei **beitragsorientierten Versorgungszusagen (defined contribution plans)** sind die zukünftigen Leistungsverpflichtungen auf laufende Beitragsleistungen an externe Versorgungsträger begrenzt, womit die versicherungsmathematischen Risiken und sonstigen Erfolgsrisiken auf begünstigte Arbeitnehmer übergehen (IAS 19.25). Folglich müssen Direktversicherungen, Pensionskassen und Unterstützungskassen mit Rückdeckung, bei denen sämtliche Finanzierungsrisiken für den zusagenden Arbeitgeber wegen der versicherungsmathematischen Beitragskalkulation und rechtlichen Leistungsgarantie ausgeschlossen sind, als beitragsorientierte Versorgungszusagen (defined contribution plans) klassifiziert werden,[159] sofern alle Leistungsverpflichtungen auf externe Versorgungsträger übergehen (IAS 19.39). Da beitragsorientierte Versorgungszusagen (defined contribution plans) ohne jedes Finanzierungsrisiko sind, stimmen die erfolgsmindernden Personalaufwendungen für betriebliche Altersversorgungen mit den erbrachten Beitragsleistungen im betreffenden Rechnungslegungszeitraum überein, falls Vorauszahlungen keine aktivischen Abgrenzungsposten bzw. Beitragsrückstände keine sonstigen Verbindlichkeiten begründen (IAS 19.44).

---

[158] Vgl. Rößler, N./Kaether, F./Schmandt, E. (1997), S. 1146f; a.A.: Bode, J./Gohdes, A./Thurnes, G. (1998), S. 1093f; Hübner, S./Schwarzinger, P. (1998), S. 330; Reinhart, A. (1998), S. 227ff m.w.E.; Wollmert, P./Hofmann, J./Schwitters, J. in: Baetge, J. et al. (1997), IAS 19 Tz. 24ff i.V.m. Tz. 140f m.w.E.

[159] Vgl. Rößler, N./Kaether, F./Schmandt, E. (1997), S. 1146; a.A.: Bode, J./Gohdes, A./Thurnes, G. (1998), S. 1094; Hübner, S./Schwarzinger, P. (1998), S. 330; Reinhart, A. (1998), S. 227ff; Wollmert, P./Hofmann, J./Schwitters, J. in: Baetge, J. et al. (1997), IAS 19 Tz. 24ff i.V.m. Tz. 140f.

Fremdkapital 201

Demgegenüber unterliegen **leistungsorientierte Versorgungszusagen (defined benefit plans)**, zu denen Direktzusagen und Unterstützungskassen ohne Rückdeckung gehören,[160] komplexeren Bilanzierungs- und Bewertungsregelungen,[161] weil die versicherungsmathematischen Risiken und sonstigen Erfolgsrisiken angesichts der ungewissen Leistungsverpflichtungen in den nachfolgenden Rechnungslegungsperioden beim zusagenden Arbeitgeber verbleiben (IAS 19.27). Für leistungsorientierte Versorgungszusagen (defined benefit plans), die entweder rechtliche Ursächlichkeit aufgrund formeller Verpflichtungen oder faktische Ursächlichkeit aufgrund betrieblicher Übung besitzen können (IAS 19.52), müssen separate Rückstellungen in Übereinstimmung zur Tabelle 5.46 gebildet werden (IAS 19.54).

Barwert von erdienten Bruttoverpflichtungen (defined benefit obligations) nach versicherungsmathematischem Anwartschaftsansammlungsverfahren (IAS 19.64ff)

± versicherungsmathematische Bewertungserfolge, deren erfolgswirksame Verrechnung mangels Überschreitung von einschlägigen Toleranzgrenzen unterblieben ist (IAS 19.92f)

- Barwert von erdienten Ansprüchen aus ursprünglicher Versorgungsplaneinführung oder nachträglicher Versorgungsplanänderung (past service costs), deren erfolgswirksame Verrechnung in späteren Rechnungslegungsperioden erfolgt (IAS 19.96)

- beizulegender Wert (fair value) von zugehörigen Planvermögen (plan assets, IAS 19.102ff)

= Nettoverpflichtung (defined benefit liability) bzw. Buchwert von leistungsorientierten Versorgungszusagen (defined benefit plans)

Tab. 5.46: Buchwertermittlung für leistungsorientierte Versorgungszusagen (defined benefit plans)

Sollten negative Nettoverpflichtungen (defined benefits liabilities) für leistungsorientierte Versorgungszusagen (defined benefit plans) ermittelt werden, sind entsprechende Aktivpositionen auszuweisen, soweit unrealisierte Verluste aus versicherungsmathematischen Bewertungsänderungen zuzüglich unrealisierter Aufwendungen für zurückliegende Dienstzeiten (past service costs) abzüglich diskontierter Beträge an Rückerstattungen oder Minderungen von zukünftigen Beitragszahlungen nicht überschritten werden (IAS 19.58).

Für leistungsorientierte Versorgungszusagen (defined benefit plans) müssen die erfolgswirksamen Beträge aus planmäßigen und tatsächlichen Daten berechnet werden (IAS 19.61), obschon ihre Ermittlung - vorbehaltlich aller Buchwertänderungen von

---

[160] Vgl. Rößler, N./Kaether, F./Schmandt, E. (1997), S. 1146; a.A.: Bode, J./Gohdes, A./Thurnes, G. (1998), S. 1094; Hübner, S./Schwarzinger, P. (1998), S. 330; Reinhart, A. (1998), S. 227ff; Wollmert, P./Hofmann, J./Schwitters, J. in: Baetge, J. et al. (1997), IAS 19 Tz. 24ff i.V.m. Tz. 140f.

[161] Vgl. Bauer, A. (1997), S. 173; Hübner, S./Schwarzinger, P. (1998), S. 330.

zugehörigen Planvermögen (plan assets) - durch einfache Korrektur von Rückstellungsänderungen um erfolgsneutrale Verpflichtungsbegleichungen und entgeltliche Verpflichtungsübernahmen bzw. -übertragungen im betrachteten Rechnungslegungszeitraum möglich wäre.[162] Der genaue Berechnungsmodus kann der nachfolgenden Tabelle 5.47 entnommen werden.

---

laufende Dienstzeitaufwendungen (current service costs): Barwert von Versorgungszusagen (defined benefit plans), die im Rechnungslegungszeitraum erdient wurden (IAS 19.63ff)

+ **Zinsaufwendungen (interest costs)**: Barwertänderungen von Versorgungszusagen (defined benefit plans), die im Rechnungslegungszeitraum erwartet wurden (IAS 19.82)

± **versicherungsmathematische Erfolge (actuarial gains and losses)**: erfolgswirksame Buchwertveränderungen von Versorgungszusagen (defined benefit plans) aus Soll-Ist-Abweichungen von versicherungsmathematischen Parametern einschließlich Schätzungs- und Planvermögensänderungen im Rechnungslegungszeitraum (IAS 19.92ff)

+ **nachzuverrechnende Dienstzeitaufwendungen (past service costs)**: Beträge an erdienten Ansprüchen aus ursprünglicher Versorgungsplaneinführung oder nachträglicher Versorgungsplanänderung, die im Rechnungslegungszeitraum realisiert wurden (IAS 19.96ff)

− **erwartete Erträge aus Planvermögen (expected return on any plan assets)**: bilanzielle Wertänderungen von zugehörigen Planvermögen (plan assets) durch Beitragsleistungen, Anlageerträge, Wertänderungen und Leistungserbringungen, die im Rechnungslegungszeitraum erwartet wurden (IAS 19.105ff)

± **Konsequenzen von Plankürzungen oder -abgeltungen (effects of any curtailments or settlements)**: Veränderungen von Versorgungszusagen (defined benefit plans) und Planvermögen (plan assets), die aus Plankürzungen oder -abgeltungen im Rechnungslegungszeitraum resultieren, einschließlich versicherungsmathematischer Erfolge (actuarial gains and losses) sowie nachzuverrechnender Dienstzeitaufwendungen (past service costs, IAS 19.109ff)

= **Personalaufwendungen für leistungsorientierte Versorgungszusagen (defined benefit plans)**

Tab. 5.47: Ermittlung von Personalaufwendungen für leistungsorientierte Versorgungszusagen (defined benefit plans)

Indem die verpflichtende Buchwertermittlung für leistungsorientierte Versorgungszusagen (defined benefit plans) über das versicherungsmathematische Anwartschaftsansammlungsverfahren vorgeschrieben ist (IAS 19.64), wurden die ursprünglichen Bilanzierungsspielräume infolge des Wahlrechts zwischen dem Anwartschaftsansammlungs- und Gleichverteilungsverfahren durch die geltenden Regelungen vollständig

---

[162] Vgl. Busse von Colbe, W./Seeberg, T. (1997), S. 132.

aufgehoben.[163] Zudem verlangen die geltenden Regelungen in weiterer Einschränkung der ursprünglichen Bilanzierungsspielräume,[164] daß leistungsorientierte Versorgungszusagen (defined benefit plans) mittels fristenadäquater Zinssätze von festverzinslichen Industrie- bzw. Staatsanleihen mit ausgezeichneter Bonität abgezinst werden (IAS 19.78). Abgesehen vom anzuwendenden Abzinsungsfaktor wird die bilanzielle Bewertung von leistungsorientierten Versorgungszusagen (defined benefit plans) durch die versicherungsmathematischen Bewertungsannahmen bestimmt, wobei folgende Parameter unterschieden werden:[165]

(1) demographische Parameter: biometrische Berechnungsgrundlagen (Sterblichkeits-, Berufsunfähigkeitswahrscheinlichkeit etc.), festgesetzte Pensionsgrenzen sowie erwartete Fluktuationsraten und

(2) ökonomische Parameter: künftige Lohn- bzw. Gehaltsdynamik, erwartete Rentenanpassung und Vermögensverzinsung sowie sonstige Bemessungsgrößen für Versorgungszusagen.

Wenngleich alle Parameter unter Beachtung gegenseitiger Abhängigkeiten nach Maßgabe aktueller Markterwartungen festzulegen sind (IAS 19.72ff), verbleiben erhebliche Ermessensspielräume,[166] deren bilanzpolitische Nutzung durch den einfachen Verweis auf unterschiedliche Verhältnisse außerhalb einzelner Versorgungspläne unverbindlich und mit der dauerhaften Veränderung von ursprünglichen Annahmen für einzelne Versorgungspläne reversibel ist.[167] Angesichts solcher Bilanzierungsspielräume können die angenommenen Veränderungen bei den versicherungsmathematischen Bewertungsprämissen erfolgsunwirksam bleiben, solange folgende Werte bei 10%igen Toleranzgrenzen nicht überschritten werden (IAS 19.92):

(1) Barwert von leistungsorientierten Versorgungszusagen (defined benefit plans) vor Abzug von zugehörigen Planvermögen (plan assets) und

(2) beizulegende Werte (fair values) von zugehörigen Planvermögen (plan assets) am letzten Rechnungslegungsstichtag.

---

[163] Vgl. Fuchs, M. (1997), S. 228; Hayn, S. (1997), S. 425f; Reinhart, A. (1998), S. 238ff; Rößler, N./Kaether, F./Schmandt, E. (1997), S. 1143.
Nähere Erläuterungen zu den Unterschieden zwischen dem Anwartschaftsansammlungs- und Gleichverteilungsverfahren enthalten folgende Literaturbeiträge: Achleitner, A./Behr, G. (1998), S. 177f; Coenenberg, A. (1997), S. 258f; Hübner, S./Schwarzinger, P. (1998), S. 332; KPMG (1996), S. 94ff; Reinhart, A. (1998), S. 238ff; Wagenhofer, A. (1996), S. 206f; Wollmert, P./Hofmann, J./Schwitters, J. in: Baetge, J. et al. (1997), IAS 19 Tz. 69ff u. 111ff.

[164] Vgl. Fuchs, M. (1997), S. 229; a.A.: Hayn, S. (1997), S. 427; Reinhart, A. (1998), S. 233.

[165] Nähere Erläuterungen zur Festlegung von versicherungsmathematischen Bewertungsannahmen in IAS-Abschlüssen enthält folgender Literaturbeitrag: Bode, J./Gohdes, A./Thurnes, G. (1998), S. 1093ff.

[166] Vgl. Achleitner, A./Behr, G. (1998), S. 179; Bode, J./Gohdes, A./Thurnes, G. (1998), S. 1094ff m.w.E.; Fuchs, M. (1997), S. 225; KPMG (1996), S. 94; Reinhart, A. (1998), S. 234f m.w.E.

[167] Vgl. Bellavite-Hövermann, Y./Prahl, R. (1997), S. 47; Busse von Colbe, W./Seeberg, T. (1997), S. 137; Fuchs, M. (1997), S. 226; Rößler, N./Kaether, F./Schmandt, E. (1997), S. 1143f.

Sollten beide Toleranzgrenzen überschritten sein, müssen versicherungsmathematische Erfolge (actuarial gains and losses) bei den aktiven Pensionsberechtigten über die verbleibenden Dienstzeiträume in gleichen Teilbeträgen verteilt oder nach anderer Systematik vorgezogen werden (IAS 19.93). Demgegenüber sind erdiente Ansprüche aus ursprünglichen Versorgungsplaneinführungen oder nachträglichen Versorgungsplanänderungen, deren erfolgswirksame Verrechnung in späteren Rechnungslegungsperioden erfolgt (past service costs), über durchschnittliche Zeiträume, mit deren Ablauf endgültige Verpflichtungen begründet werden, in gleichen Teilbeträgen erfolgswirksam auszuweisen (IAS 19.96).

Schließlich müssen leistungsorientierte Versorgungszusagen (defined benefit plans) um die beizulegenden Werte (fair values) von zugehörigen Planvermögen (plan assets) korrigiert werden. Derartige Planvermögen (plan assets) umfassen sämtliche Vermögenswerte (assets) von separaten Fonds, sofern folgende Voraussetzungen erfüllt werden (IAS 19.7):[168]

(1) rechtliche Selbständigkeit bzw. Unabhängigkeit vom berichtenden Rechnungslegungssubjekt,

(2) ausschließliche Vermögensverwendung zur Erfüllung von Leistungsverpflichtungen aus Pensionsplänen, womit sowohl Zugriffe durch Drittgläubiger als auch Rückübertragungen zum Rechnungslegungssubjekt ausgeschlossen sind, und

(3) keine unmittelbaren Zahlungsansprüche von begünstigten Arbeitnehmern gegenüber dem berichtenden Rechnungslegungssubjekt bei ausreichender Deckung von zugehörigen Fonds.

Da ihre Buchwerte unter Rückgriff auf verschiedene Größen ermittelt werden, ist die bilanzielle Berücksichtigung von leistungsorientierten Versorgungsplänen (defined benefit plans) an umfangreiche Zusatzangaben gebunden. Im einzelnen müssen folgende Erläuterungen (notes) gegeben werden (IAS 19.120):

(1) angewandte Methode zur Erfassung von versicherungsmathematischen Erfolgen (actuarial gains and losses),

(2) allgemeine Beschreibung von leistungsorientierten Versorgungsplänen (defined benefit plans),

(3) Buchwertüberleitung für leistungsorientierte Versorgungspläne (defined benefit plans) mittels folgender Angaben:

(3.1) Barwert von Versorgungsverpflichtungen, die nicht über Planvermögen (plan assets) gedeckt sind,

(3.2) Barwert von Versorgungsverpflichtungen, die über Planvermögen (plan assets) gedeckt sind, vor Abzug von zugehörigen Planvermögen (plan assets),

---

[168] Nähere Erläuterungen zu Voraussetzungen von Planvermögen (plan assets) enthält folgender Literaturbeitrag: Rößler, N./Doetsch, P./Heger, H. (1999), S. 2498ff.

(3.3) beizulegende Werte (fair values) von zugehörigen Planvermögen (plan assets),

(3.4) unrealisierte Erfolge aus versicherungsmathematischen Bewertungsänderungen,

(3.5) unrealisierte Aufwendungen für zurückliegende Dienstzeiten (past service costs) und

(3.6) unberücksichtigte Überhänge zwischen beizulegenden Werten (fair values) von zugehörigen Planvermögen (plan assets) und diskontierten Beträgen von korrespondierenden Versorgungsverpflichtungen,

(4) beizulegende Werte (fair values) für verschiedene Einzelpositionen von zugehörigen Planvermögen (plan assets),

(5) betragsmäßige Entwicklung von leistungsorientierten Versorgungsplänen (defined benefit plans) im betrachteten Rechnungslegungszeitraum,

(6) detaillierte Untergliederung von erfolgswirksamen Beträgen aus leistungsorientierten Versorgungsplänen (defined benefit plans) und zugehörigen Planvermögen (plan assets) und

(7) Erläuterung versicherungsmathematischer Annahmen zur Bewertung leistungsorientierter Versorgungspläne (defined benefit plans).

Wie aus den vorangegangenen Darlegungen ersichtlich wird, war die erneute Überarbeitung von Bilanzierungs- und Bewertungsregelungen für Versorgungszusagen mit weitreichenden Veränderungen verbunden, so daß großzügige Übergangsregelungen erforderlich wurden. Sobald die überarbeiteten Regelungen ihre erstmalige Anwendung erfuhren, mußte der auszuweisende Differenzbetrag für jeden Versorgungsplan gemäß der folgenden Tabelle 5.48 berechnet werden (IAS 19.154).

---

bilanzieller Wert von Pensionsverpflichtungen nach überarbeiteten Regelungen im IAS 19

- aktueller Marktwert (market value) von zugehörigen Planvermögen (plan assets)
- Barwert von erdienten Ansprüchen aus ursprünglichen Versorgungsplaneinführungen oder nachträglichen -änderungen, deren erfolgswirksame Verrechnung in späteren Rechnungslegungsperioden erfolgt (past service costs)

= Übergangsverbindlichkeit

- fiktiver Buchwert von Pensionsverpflichtungen nach ursprünglichen Regelungen im IAS 19 (rev. 1993)

= Differenzbetrag aus leistungsorientierten Versorgungszusagen (defined benefit plans)

Tab. 5.48: Ermittlung von Differenzbeträgen aus leistungsorientierten Versorgungszusagen (defined benefit plans)

Während positive Differenzbeträge mit sofortiger Ertragswirkung auszuweisen waren (IAS 19.155), konnten negative Differenzbeträge entweder unter gleichmäßiger Verteilung über maximale Zeiträume von fünf Jahren[169] oder mit sofortiger Wirkung aufwandswirksam erfaßt werden (IAS 19.155). Sollte die gleichmäßige Verteilung von negativen Differenzbeträgen erfolgen, müssen unrealisierte Mehrbeträge einschließlich erfolgswirksamer Veränderungen im betrachteten Rechnungslegungszeitraum offengelegt werden (IAS 19.155).

Werden sämtliche Bilanzierungs- und Bewertungsregelungen für Versorgungszusagen betrachtet, sind folgende Maßnahmen zur Aufbereitung von Pensionsrückstellungen für Zwecke von Kreditwürdigkeitsprüfungen erwägenswert:

(1) Gleichstellung von unterschiedlichen Durchführungswegen für betriebliche Altersversorgungen,

(2) Erhöhung von bilanziellen Pensionsrückstellungen um beizulegende Werte (fair values) von zugehörigen Planvermögen (plan assets),

(3) Veränderung von bilanziellen Pensionsrückstellungen um unrealisierte Erfolge aus versicherungsmathematischen Bewertungsänderungen und unrealisierte Aufwendungen für zurückliegende Dienstzeiten (past service costs),

(4) Eliminierung unterschiedlicher Verfahren zur Verteilung versicherungsmathematischer Erfolge (actuarial gains and losses) und

(5) Erhöhung von bilanziellen Pensionsrückstellungen um unrealisierte Differenzbeträge zwischen Übergangsverbindlichkeiten und Buchwerten nach ursprünglichen Regelungen im IAS 19 (rev. 1993).

Im deutschen Schrifttum wird die strukturbilanzielle Gleichstellung von unterschiedlichen Durchführungswegen für betriebliche Altersversorgungen vorgeschlagen, um ungleiche Fremdkapitalausweise bei beitrags- (defined contribution plans) und leistungsorientierten Versorgungszusagen (defined benefit plans) auszuschließen. Hierzu sollen leistungsorientierte Versorgungszusagen (defined benefit plans) in Strukturbilanzen nicht über Pensionsrückstellungen, sondern als Beitragszahlungen an Externe berücksichtigt werden. Obschon ungleiche Fremdkapitalausweise durch diese Aufbereitungsmaßnahme entfallen würden,[170] sollte die generelle Gleichstellung von unterschiedlichen Durchführungswegen für betriebliche Altersversorgungen unterbleiben, weil jede Entscheidung für beitrags- (defined contribution plans) oder leistungsorientierte Versorgungszusagen (defined benefit plans) im wirtschaftlichen Zusammenhang mit anderen Finanzierungsentscheidungen steht.[171]

---

[169] Falls negative Differenzbeträge über mehrere Rechnungslegungsperioden verteilt werden, dürfen versicherungsmathematische Gewinne - ausgenommen entsprechende Gewinne für nachzuverrechnende Dienstzeitaufwendungen (past service costs) - nicht ausgewiesen werden, soweit unrealisierte Erfolge aus negativen Differenzbeträgen nicht überschritten werden (IAS 19.155).
[170] Vgl. Küting, K./Strickmann, M. (1997), S. 14; Wagenhofer, A. (1996), S. 376.
[171] Vgl. Frankenberg, P. (1993), S. 285f; Küting, K./Strickmann, M. (1997), S. 14; Wagenhofer, A. (1996), S. 376.

Ebenso sollten bilanzielle Pensionsrückstellungen um die beizulegenden Werte (fair values) von zugehörigen Planvermögen (plan assets) bei der genaueren Betrachtung von wirtschaftlichen Zusammenhängen nicht erhöht werden, weil Planvermögen (plan assets) ohne Ausnahme zur Befriedigung von Leistungsverpflichtungen aus Pensionsplänen einzusetzen sind. Insofern müssen diese Vermögenswerte (assets) im untrennbaren Zusammenhang zu korrespondierenden Pensionsverpflichtungen gesehen werden, womit die verpflichtende Buchwertminderung von Pensionsrückstellungen um die beizulegenden Werte (fair values) von Planvermögen (plan assets) unter dem speziellen Blickwinkel von Fremdkapitalgebern unproblematisch ist. Auch begründet der bewertungstechnische Rückgriff auf die beizulegenden Werte (fair values), der in Fortsetzung von tendentiellen Entwicklungen zu Marktbewertungen von finanziellen Vermögenswerten (financial assets) im IAS 19 verlangt wird,[172] keine jahresabschlußanalytischen Probleme, weil die beizulegenden Werte (fair values) als strukturbilanzieller Wertmaßstab für finanzielle Vermögenswerte (financial assets) dienen.[173]

Dagegen muß der ausgewiesene Buchwert von Pensionsrückstellungen um **unrealisierte Erfolge aus versicherungsmathematischen Bewertungsänderungen** für den vorsichtigen Kapitalausweis in Strukturbilanzen korrigiert werden. Indem versicherungsmathematische Bewertungsänderungen innerhalb verschiedener Toleranzgrenzen erfolgsunwirksam bleiben können (IAS 19.92), sollen zufällige Erfolgswirkungen durch geänderte Bewertungsprämissen vermieden werden. Werden aber Bewertungsprämissen aus betriebswirtschaftlichen Gründen geändert, führen solche Toleranzgrenzen zu Ungenauigkeiten, denen der Grundsatz der Relevanz (relevance) bzw. Wesentlichkeit (materiality) ebenso entgegensteht wie der Grundsatz der Zuverlässigkeit (reliability).[174] Zudem verstoßen unrealisierte Erfolge aus versicherungsmathematischen Bewertungsänderungen gegen einfache Vorsichtsüberlegungen, weil positive und negative Erfolgswirkungen gleichermaßen betroffen sind.[175] Entsprechend ist die lineare Verteilung von **unrealisierten Aufwendungen für zurückliegende Dienstzeiten (past service costs)** unter einfachen Vorsichtsüberlegungen problematisch.[176] Deshalb sollten die ausgewiesenen Buchwerte für leistungsorientierte Pensionszusagen (defined benefit plans) um unrealisierte Erfolge aus versicherungsmathematischen Bewertungsänderungen und um unrealisierte Aufwendungen für zurückliegende Dienstzeiten (past service costs) korrigiert werden.

---

[172] Vgl. Hübner, S./Schwarzinger, P. (1998), S. 334.
[173] Siehe hierzu Kapitel 5.3.1 u. 5.5.4.
[174] Vgl. Hübner, S./Schwarzinger, P. (1998), S. 335; a.A.: Busse von Colbe, W./Seeberg, T. (1997), S. 137.
[175] Vgl. Bode, J./Gohdes, A./Thurnes, G. (1998), S. 1094; Hübner, S./Schwarzinger, P. (1998), S. 335.
[176] Vgl. Wollmert, P./Hofmann, J./Schwitters, J. in: Baetge, J. et al. (1997), IAS 19 Tz. 138.

Falls kreditgewährende Finanzinstitute im Rahmen von Jahresabschlußanalysen mit diesen Korrekturen arbeiten, werden versicherungsmathematische Bewertungsänderungen ungeachtet der konkreten Wahlrechtsausübung mit ihrer Entstehung erfolgswirksam erfaßt. Folglich bleibt die jahresabschlußanalytische Eliminierung von unterschiedlichen Wahlrechtsausübungen auf temporäre Übergangsregelungen beschränkt. Um mögliche Strukturbilanzdivergenzen aus temporären Übergangsregelungen auszuschließen, müssen Pensionsrückstellungen um **unrealisierte Differenzbeträge zwischen Übergangsverbindlichkeiten und Buchwerten nach ursprünglichen Regelungen im IAS 19 (rev. 1993)** erhöht werden.

Letztlich sind die empfohlenen Aufbereitungen für bilanzielle Pensionsrückstellungen aufgrund der vorangegangenen Analyseergebnisse durch zwei Gründe gerechtfertigt:

(1) vorsichtige Strukturbilanzausweise von Kapitalpositionen unter Berücksichtigung von wirtschaftlichen Zusammenhängen und

(2) weitgehende Einheitlichkeit der strukturbilanziellen Bewertung von Pensionsrückstellungen trotz unterschiedlicher Nutzung des bilanziellen Bewertungswahlrechts.

Werden sämtliche Aufbereitungsmaßnahmen für bilanzielle Pensionsrückstellungen zusammengefaßt, sind korrigierte Werte für Zwecke von Kreditwürdigkeitsprüfungen über folgende Formalismen zu ermitteln:

Symbole: PRSt: bilanzielle Pensionsrückstellungen in GE

$PRSt^{St}$: strukturbilanzielle Pensionsrückstellungen in GE

uAzD : unrealisierte Aufwendungen für zurückliegende Dienstzeiten (past service costs) in GE

uDtU : unrealisierte Differenzbeträge aufgrund temporärer Übergangsregelungen in GE

uEvB : unrealisierte Erfolge aus versicherungsmathematischen Bewertungsänderungen in GE

Passiva: $\Delta PRSt^{St} = PRSt - uEvB + uAzD + uDtU$ (5.01)

$\Delta EK^{St} = EK + uEvB - uAzD - uDtU$ (5.02)

Beispiel: Im Geschäftsjahr 1998 wurden leistungsorientierte Versorgungszusagen (defined benefit plans) gegenüber zehn Arbeitnehmern in folgendem Umfang gewährt:

berechtigte Arbeitnehmer (Bezugsjahr 1998):
durchgängiger Beschäftigungszeitraum: 15 Jahre
durchschnittliches Nettogehalt: 40.000 DM/Jahr
spätester Versorgungszeitpunkt: 2022

Fremdkapital

betriebliche Versorgungsleistungen:
Höhe : 0,5% vom Nettoendgehalt für jedes Jahr an ununterbrochener Betriebszugehörigkeit
Voraussetzung: minimaler Beschäftigungszeitraum von 20 Jahren

versicherungsmathematische Bewertungsprämissen:
Diskontierungsfaktor:[177] 3,5%
erwartete Gehaltssteigerungen: 5% p.a.

Bevor die auszuweisenden Buchwerte für einzelne Rechnungslegungsperioden entsprechend der nachfolgenden Tabelle 5.49 ermittelt werden können, müssen die nominalen Werte von erdienten Ansprüchen und unberücksichtigten Aufwendungen für zurückliegende Dienstzeiten (past service costs) in folgenden Schritten berechnet werden:

Symbole: bAzD : berücksichtigungspflichtige Aufwendungen für zurückliegende Dienstzeiten (past service costs) in GE/PE

BZ_0 : Betriebszugehörigkeit im Pensionszusagezeitpunkt t = 0 in PE

BZ_m : minimale Betriebszugehörigkeit, die zur Begründung von Pensionsansprüchen erforderlich ist, in PE

BZ_n : Betriebszugehörigkeit im spätesten Versorgungszeitpunkt t = n in PE

BZ_t : Betriebszugehörigkeit im betrachteten Rechnungslegungszeitraum t in PE

$C_0(X)$: Kapitalwert von Größe X in GE

GS : Gehaltssteigerungen als Prozentsatz vom Nettogehalt in $\frac{GE/PE}{GE/PE}$

NG_0 : Nettogehalt im Pensionszusagezeitpunkt t = 0 in GE/PE

PA : erdiente Pensionsansprüche pro Rechnungslegungsperiode in GE/PE

PA_n : erdiente Pensionsansprüche im spätesten Versorgungszeitpunkt t = n in GE

PA_t : erdiente Pensionsansprüche im Rechnungslegungszeitraum t in GE

PZ : Pensionszusage als Prozentsatz vom Nettoendgehalt in $\frac{GE/PE}{GE/PE}$

$uAzD_t$: unrealisierte Aufwendungen für zurückliegende Dienstzeiten (past service costs) im Rechnungslegungszeitraum t in GE

erdiente Pensionsansprüche im spätesten Versorgungszeitpunkt

$$\begin{aligned}PA_n &= PZ \cdot NG_0 \cdot (1+GS)^{n-1} \cdot BZ_n \\ &= 0{,}005 \cdot 40.000 \cdot (1+0{,}05)^{24} \cdot 40 = 25.800 \text{ DM}\end{aligned}$$

---

[177] Der unterstellte Diskontierungsfaktor von 3,5% soll fristenadäquate Zinssätze einwandfreier Industrie- bzw. Staatsanleihen ebenso reflektieren wie versicherungsmathematische Bewertungsannahmen unternehmensindividueller Biometrie- und Fluktuationsentwicklungen.

erdiente Pensionsansprüche pro Rechnungslegungsperiode

$$PA = PZ \cdot NG_0 \cdot (1 + GS)^{n-1}$$
$$= 0,005 \cdot 40.000 \cdot (1 + 0,05)^{24} = 645 \text{ DM / Jahr}$$

unberücksichtigte Aufwendungen für zurückliegende Dienstzeiten (past service costs) im Zusagezeitpunkt t = 0

$$uAzD_0 = BZ_0 \cdot PA$$
$$= 15 \cdot 645 = 9.675 \text{ DM}$$

berücksichtigungspflichtige Aufwendungen für zurückliegende Dienstzeiten (past service costs) im Zeitraum zwischen 1998 und 2002

$$bAzD = uAzD : (BZ_m - BZ_0)$$
$$= 9.675 : (20 - 15) = 1935 \text{ DM}$$

	1998 t = 1	1999 t = 2	2000 t = 3	...	2022 t = 25
erdiente Ansprüche aus früheren Rechnungslegungszeiträumen $PA_{t-1} = BZ_{t-1} \cdot PA$	9.675	10.320	10.965		25.155
erdiente Ansprüche im betrachteten Rechnungslegungszeitraum $PA = PZ \cdot NG_0 \cdot (1 + GS)^{n-1}$	645	645	645		645
erdiente Ansprüche am betrachteten Rechnungslegungsstichtag $PA_t = BZ_t \cdot PA$	10.320	10.965	11.610		25.800
Barwert erdienter Ansprüche am betrachteten Rechnungslegungsstichtag $C_0 (PA_t)$	4.520	4.970	5.447		25.800
unberücksichtigte Aufwendungen für zurückliegende Dienstzeiten (past service costs) aus früheren Rechnungslegungszeiträumen $uAzD_{t-1}$	9.675	7.740	5.805		0
berücksichtigungspflichtige Aufwendungen für zurückliegende Dienstzeiten (past service costs) $bAzD = uAzD : (BZ_m - BZ_0)$	1.935	1.935	1.935		0

Restbetrag unberücksichtigter Aufwendungen für zurückliegende Dienstzeiten (past service costs) $uAzD_t = uAzD_{t-1} + bAzD$	7.740	5.805	3.870		0
Barwert unberücksichtigter Aufwendungen für zurückliegende Dienstzeiten (past service costs) am betrachteten Rechnungslegungsstichtag $C_0 (uAzD_t)$	3.390	2.631	1.815		0
Barwertveränderungen von unberücksichtigten Aufwendungen für zurückliegende Dienstzeiten (past service costs) am betrachteten Rechnungslegungsstichtag $\Delta C_0 (uAzD_t)$	3.390	-759	-816		0
Buchwert von Pensionsrückstellungen am betrachteten Rechnungslegungsstichtag $PRSt = C_0 (PA_t) - C_0 (uAzD_t)$	1.130	2.339	3.632		25.800
Buchwertveränderungen von Pensionsrückstellungen am betrachteten Rechnungslegungsstichtag $\Delta PRSt$	1.130	**1.209**	1.297		1.496

Tab. 5.49: Buchwertermittlung für Pensionsrückstellungen

Danach werden die Bilanzveränderungen zum 31.12.1999 in der Tabelle 5.50 ausgewiesen.

Aktiva	Veränderungsbilanz in DM	Passiva
	Δ EK	- 1.209
	Δ PRSt	+ 1.209

Erläuterungen (notes):
Barwert von unberücksichtigten Aufwendungen für zurückliegende Dienstzeiten (past service costs):
- 759 DM

Tab. 5.50: Beispiel zur Bilanzierung von Pensionsrückstellungen

Um vorsichtige Strukturbilanzausweise von Verpflichtungen aus leistungsorientierten Versorgungszusagen (defined benefit plans) sicherzustellen, müssen bilanzielle Pensionsrückstellungen um unrealisierte Aufwendungen für zurückliegende Dienstzeiten (past service costs) korrigiert werden. Daher wurden entsprechende Aufwendungen zum 31.12.1998 im vorliegenden Beispielfall vollständig erfaßt. Infolgedessen sind die strukturbilanziellen Rückstellungsänderungen im nachfolgenden Jahr gegenüber den bilanziellen Rückstellungsänderungen geringer. Konkret werden die Werte der Tabelle 5.51 ausgewiesen.

(5.01) $\Delta \text{PRSt}^{St} = \text{PRSt} - \text{uEvB} + \text{uAzD} + \text{uDtU}$

$\Delta \text{PRSt}^{St} = 1.209 + (-759) = 450 \text{ DM}$

(5.02) $\Delta \text{EK}^{St} = \text{EK} + \text{uEvB} - \text{uAzD} - \text{uDtU}$

$\Delta \text{EK}^{St} = -1.209 - (-759) = -450 \text{ DM}$

Aktiva	Strukturbilanz in DM	Passiva
	ΔEK^{St}	- 450
	ΔPRSt^{St}	+ 450

Tab. 5.51: Beispiel zur Berücksichtigung von Pensionsrückstellungen in Strukturbilanzen

Indem unrealisierte Erfolge im Zusammenhang mit leistungsorientierten Versorgungszusagen (defined benefit plans) angerechnet werden, sind vorsichtige Strukturbilanzausweise der Pensionsverpflichtungen unter weitestmöglicher Angleichung der Bewertung sichergestellt. Dennoch werden Bewertungsunterschiede im Regelfall verbleiben, weil versicherungsmathematische Bewertungsprämissen in begrenztem Umfang entsprechend bilanzpolitischer Zielsetzungen von rechnungslegenden Unternehmungen variabel sind.

5.6.2 Latente Steuerverbindlichkeiten (deferred tax liabilities)

Ebenso wie Pensionsrückstellungen sind latente Steuerverbindlichkeiten (deferred tax liabilities) angesichts spezieller Bilanzierungs- und Bewertungsregelungen als gesonderte Rückstellungsposition zu analysieren. Nach einschlägigen Regelungen im IAS 12 müssen latente Steuerverbindlichkeiten (deferred tax liabilities) bilanziert werden, wenn temporäre Differenzen (temporary differences) zwischen handels- und steuerrechtlichen Bilanzansätzen in späteren Rechnungslegungsperioden nach handelsbilanziellen Ergebnissen zu überhöhten Steuerbelastungen führen (IAS 12.15). Demnach sind zwei Ursachen für latente Steuerverbindlichkeiten (deferred tax liabilities) auszumachen:

(1) positive Salden zwischen handelsrechtlichen und steuerrechtlichen Bilanzansätzen von gleichen Vermögenswerten (assets) und

(2) negative Salden zwischen handelsrechtlichen und steuerrechtlichen Bilanzansätzen von gleichen Schuldpositionen (liabilities).

Obgleich temporäre Differenzen (temporary differences) zwischen handels- und steuerrechtlichen Bilanzansätzen vorliegen, muß die Passivierung von latenten Steuerverbindlichkeiten (deferred tax liabilities) in IAS-Abschlüssen von Einzelunternehmungen bei der Begründung durch folgende Sachverhalte unterbleiben:[178]

(1) Goodwill aus Unternehmensakquisitionen, dessen spätere Abschreibung nach steuerrechtlichen Bestimmungen unzulässig ist (IAS 12.15a), und

(2) erfolgsneutrale Erstverbuchungen von Vermögenswerten (assets) und Schulden (liabilities), soweit kein Zusammenhang mit Unternehmensakquisitionen (IAS 12.15b) oder Emissionen von kombinierten Finanzinstrumenten (IAS 12.23) besteht.

Falls das spezielle Bilanzierungskriterium der hinreichenden Wahrscheinlichkeit von späteren Steuerminderungen und der größere Umfang der zusätzlichen Erläuterungen (notes) für latente Steuerforderungen (deferred tax assets) vernachlässigt werden, unterliegen latente Steuerforderungen und -verbindlichkeiten (deferred tax assets bzw. liabilities) übereinstimmenden Bilanzierungs-, Bewertungs- und Ausweisregelungen.[179] Somit können die Darlegungen über die bilanzielle Berücksichtigung von latenten Steuerverbindlichkeiten (deferred tax liabilities) mit dem Hinweis auf die ausführlichen Darstellungen zu latenten Steuerforderungen (deferred tax assets) entfallen.[180]

Laut diesen Darstellungen sollen latente Steuerforderungen (deferred tax assets) gegen bilanzielle Eigenkapitalpositionen gekürzt werden, so daß bilanzielle Eigenkapitalpositionen im konsequenten Umkehrschluß um latente Steuerverbindlichkeiten (deferred tax liabilities) aufzuwerten wären. Jedoch zeigen latente Steuerverbindlichkeiten (deferred tax liabilities) gegenüber ungewissen Verpflichtungen hinsichtlich der Wahrscheinlichkeit von ökonomischen Nutzenabflüssen allenfalls geringe Unterschiede, weil ihre Existenz im Regelfall durch Steuerstundungseffekte über vorweggenommene Aufwendungen begründet ist.[181] Werden etwa die Vermögenswerte (assets) des abnutzbaren Anlagevermögens in der Handelsbilanz zwar linear, in der Steuerbilanz aber degressiv abgeschrieben, entstehen latente Steuerverbindlichkeiten (deferred tax liabilities), deren Auflösung in späteren Rechnungslegungsperioden zur Erhöhung von handelsrechtlichen Steueraufwendungen führt. Den gleichen Effekten unterliegen neubewertungsbedingte Buchwerterhöhungen von langfristigen Vermögenswerten (assets) ohne steuerliche Relevanz.[182] Wenn allerdings handelsbilanzielle Neubewertungen (revaluations) im materiellen oder immateriellen Anlagevermögen vorgenommen werden, ist die jahresabschlußanalytische Kürzung von latenten Steuerverbindlichkeiten (defer-

---

[178] Vgl. Coenenberg, A./Hille, K. (1997), S. 539f; dies. in: Baetge, J. et al. (1997), IAS 12 Tz. 65ff.
[179] Vgl. Fuchs, M. (1997), S. 214 u. 218f; Reinhart, A. (1998), S. 250.
[180] Siehe hierzu Kapitel 5.3.4.
[181] Vgl. Küting, K./Weber, C. (1999), S. 66.
[182] Vgl. Fuchs, M. (1997), S. 219f.

red tax liabilities) angesichts der empfohlenen Eliminierung von zugrundeliegenden Neubewertungseffekten notwendig. Denn anderenfalls würden Steuerursachen und -wirkungen von Neubewertungen (revaluations) unterschiedlich behandelt, woraus negative Erfolgs- bzw. Eigenkapitalausweise resultierten. Daher müssen latente Steuerverbindlichkeiten (deferred tax liabilities), soweit die bilanzielle Gegenbuchung über Neubewertungsrücklagen (revaluation surplus) für das materielle oder immaterielle Anlagevermögen erfolgt, gegen entsprechende Rücklagen aufgerechnet werden. Da aber die konkreten Ursachen von latenten Steuerverbindlichkeiten (deferred tax liabilities) nicht offenzulegen sind, müssen die aufzurechnenden Positionen approximiert werden, indem die neubewertungsbedingten Buchwertänderungen für das materielle und immaterielle Anlagevermögen mit dem pauschalen Ertragsteuersatz multipliziert werden.

Bei zusammenfassender Betrachtung sind zwei Argumente für die **Eliminierung von latenten Steuerverbindlichkeiten (deferred tax liabilities) aufgrund neubewertungsbedingter Buchwertänderungen im materiellen und immateriellen Anlagevermögen** festzuhalten:

(1) grundsätzliche Übernahme von latenten Steuerverbindlichkeiten (deferred tax liabilities) in Strukturbilanzen angesichts genereller Übereinstimmung mit ungewissen Verbindlichkeiten, aber

(2) Eliminierung von latenten Steuerverbindlichkeiten (deferred tax liabilities) bei ihrer Begründung durch Neubewertungen (revaluations) im materiellen und immateriellen Anlagevermögen zur Vermeidung von negativen Erfolgs- bzw. Eigenkapitalausweisen infolge unterschiedlicher Behandlung von Steuerursachen und -wirkungen.

Formal können diese Aufbereitungsempfehlungen auf folgende Weise beschrieben werden:

Symbole: s^{ErSt} : pauschaler Ertragsteuersatz in GE/GE

lStv : Buchwert von latenten Steuerverbindlichkeiten (deferred tax liabilities) in GE

$lStv^{St}$: strukturbilanzieller Wert von latenten Steuerverbindlichkeiten (deferred tax liabilities) in GE

Passiva: $\Delta NBR^{St} = NBR + (NB_{SAV} - AHK_{SAV} + NB_{iAV} - AHK_{iAV}) \cdot s^{ErSt}$ (5.03)

$\Delta lStv^{St} = lStv - (NB_{SAV} - AHK_{SAV} + NB_{iAV} - AHK_{iAV}) \cdot s^{ErSt}$ (5.04)

Beispiel: Im betrachteten Geschäftsjahr sind temporäre Differenzen, deren bilanzielle Erfassung als latente Steuerverbindlichkeiten (deferred tax liabilities) erforderlich ist, in folgender Höhe entstanden:

Fremdkapital 215

passivische Differenzbeträge: 100.000 DM
davon aus Neubewertungen (revaluations) von Sachanlagen: 30.000 DM
Marktbewertungen von Finanzanlagen: 25.000 DM

Sofern die zukünftigen Ertragsteuersätze für thesaurierte Gewinne von deutschen Kapitalgesellschaften von 52% zugrundegelegt werden,[183] gibt die anschließenden Tabelle 5.52 nach folgenden Zwischenrechnungen die auszuweisenden Bilanzveränderungen wieder:

Symbole: pDB : passivische Differenzbeträge in GE

Buchwertveränderung von Neubewertungsrücklagen (revaluation surplus)

$$\Delta \text{NBR} = \left[(\Delta \text{NB}_{SAV} - \Delta \text{AHK}_{SAV}) + (\Delta \text{MW}_{FAV} - \Delta \text{AK}_{FAV})\right] \cdot (1 - s^{ErSt})$$
$$= (30.000 + 25.000) \cdot (1 - 0,52) = 26.400 \text{ DM}$$

erfolgswirksame Veränderung von latenten Steuerverbindlichkeiten (deferred tax liabilities)

$$\Delta \text{EK} = \left[- \text{pDB} + (\Delta \text{NB}_{SAV} - \Delta \text{AHK}_{SAV}) + (\Delta \text{MW}_{FAV} - \Delta \text{AK}_{FAV})\right] \cdot s^{ErSt}$$
$$= (-100.000 + 30.000 + 25.000) \cdot 0,52 = -23.400 \text{ DM}$$

Buchwertveränderung von latenten Steuerverbindlichkeiten (deferred tax liabilities)

$$\Delta \text{lStv} = \text{pDB} \cdot s^{ErSt}$$
$$= 100.000 \cdot 0,52 = 52.000 \text{ DM}$$

Aktiva	Veränderungsbilanz in DM		Passiva
Δ SAV	+ 30.000	Δ EK	- 23.400
Δ FAV	+ 25.000	Δ NBR	+ 26.400
		Δ lStv	+ 52.000

Tab. 5.52: Beispiel zur Bilanzierung latenter Steuerverbindlichkeiten (deferred tax liabilities)

Im vorliegenden Beispielfall sollten die latenten Steuerverbindlichkeiten (deferred tax liabilities), deren Gegenbuchung über die Neubewertungsrücklagen (revaluation surplus) für Sachanlagen erfolgt, gegen die entsprechenden Rücklagen für jahresabschlußanalytische Zwecke gekürzt werden. Somit entspricht die Strukturbilanz der Tabelle 5.53.

---

[183] Vgl. Herzig, N./Schiffers, J. (1999), S. 970.

(1.01) $\Delta SAV^{St} = SAV - NB_{SAV} + AHK_{SAV}$

$\Delta SAV^{St} = 30.000 - 30.000 = 0$ DM

(1.02) $\Delta NBR^{St} = NBR - NB_{SAV} + AHK_{SAV}$

(5.03) $\Delta NBR^{St} = NBR + (NB_{SAV} - AHK_{SAV} + NB_{iAV} - AHK_{iAV}) \cdot s^{ErSt}$

$\Delta NBR^{St} = 26.400 - 30.000 + 30.000 \cdot 0,52 = 12.000$ DM

(5.04) $\Delta lStv^{St} = lStv - (NB_{SAV} - AHK_{SAV} + NB_{iAV} - AHK_{iAV}) \cdot s^{ErSt}$

$\Delta lStv^{St} = 52.000 - 30.000 \cdot 0,52 = 36.400$ DM

Aktiva	Strukturbilanz in DM	Passiva	
ΔSAV^{St}	0	ΔEK^{St}	- 23.400
ΔFAV^{St}	+ 25.000	ΔNBR^{St}	+ 12.000
		$\Delta lStv^{St}$	+ 36.400

Tab. 5.53: Beispiel zur Berücksichtigung latenter Steuerverbindlichkeiten (deferred tax liabilities) in Strukturbilanzen

Wenngleich latente Steuerverbindlichkeiten (deferred tax liabilities) im Grundsatz wie ungewisse Verpflichtungen behandelt werden müssen, ist ihre Eliminierung für Zwecke von Kreditwürdigkeitsprüfungen über jahresabschlußanalytische Aufbereitungsmaßnahmen erforderlich, soweit ihre Existenz durch Neubewertungen (revaluations) im materiellen und immateriellen Anlagevermögen begründet ist. Ansonsten wäre die Kürzung des neubewerteten Sachanlagevermögens um 30.000 DM im vorliegenden Beispielfall mit dem Strukturbilanzausweis der negativen Neubewertungsrücklage (revaluation surplus) von 3.600 DM verbunden, obwohl aus Marktbewertungen von Finanzanlagen noch Neubewertungsrücklagen (revaluation surplus) existieren müßten. Durch die jahresabschlußanalytische Aufbereitung der latenten Steuerverbindlichkeiten (deferred tax liabilities) wird der unzutreffende Ausweis der strukturbilanziellen Neubewertungsrücklagen (revaluation surplus) vermieden.

5.6.3 Sonstige Rückstellungen (provisions)

Da spezielle Standardbestimmungen zu Rückstellungen (provisions) mit Ausnahme zu Pensionsrückstellungen und latenten Steuerverbindlichkeiten (deferred tax liabilities) nicht existieren, müssen die weiteren Aufbereitungserfordernisse für Jahresabschlußanalysen nach den allgemeinen Regelungen im IAS 37 beurteilt werden. Danach bezeichnen Rückstellungen (provisions) gegenwärtige Verpflichtungen, deren spätere Begleichung ungeachtet ihrer Ungewißheit im Hinblick auf Fälligkeit und/oder Höhe mit hinreichender Wahrscheinlichkeit zu ökonomischen Nutzenabflüssen führt (IAS 37.10). Indem hinreichende Wahrscheinlichkeiten von ökonomischen Nutzenabflüssen

Fremdkapital 217

zum bilanziellen Ansatz ausreichen, müssen IAS- wie HGB-Abschlüsse nicht nur Unsicherheiten der Höhe nach, sondern auch Unsicherheiten dem Grunde nach als Rückstellungen ausweisen.[184] Dennoch sind erhebliche Unterschiede in beiden Abschlüssen möglich,[185] weil folgende Zusatzvoraussetzungen für den Rückstellungsansatz in der Bilanz durch einschlägige IAS festgeschrieben werden (IAS 37.14):

(1) gegenwärtige Verpflichtung gegenüber Dritten aus Begebenheiten in zurückliegenden Rechnungslegungsperioden,

(2) wahrscheinlicher (probable) Abfluß von ökonomischen Ressourcen zur späteren Verpflichtungsbegleichung und

(3) zuverlässige Bewertbarkeit (measurement with reliability) von erwarteten Ressourcenabflüssen.

Indem gegenwärtige Verpflichtungen gegenüber fremden Dritten aus Begebenheiten in zurückliegenden Rechnungslegungsperioden als zusätzliche Ansatzvoraussetzung verlangt werden, bleiben Rückstellungen (provisions) auf rechtliche oder faktische Verpflichtungen zum Rechnungslegungsstichtag beschränkt (IAS 37.14), womit Aufwandsrückstellungen in IAS-Abschlüssen nicht passivierungsfähig sind.[186] Gegenüber rechtlichen Verpflichtungen, die auf vertraglichen Vereinbarungen oder gesetzlichen Bestimmungen beruhen, resultieren faktische Verpflichtungen aus bisherigen Verhaltensweisen oder öffentlichen Erklärungen, durch die "begründete Erwartungen (valid expectation)" der späteren Verpflichtungsübernahme bei fremden Dritten geweckt und zukünftige Unterlassungen der tatsächlichen Verpflichtungserfüllung ohne negative Konsequenzen unmöglich wurden (IAS 37.10). Trotz dieser Konkretisierungen steht die reale Entscheidung, ob faktische Verpflichtungen angesichts nachteiliger Konsequenzen bei ihrer Negierung aufgrund begründeter Erwartungen von fremden Dritten beglichen werden müssen, im subjektiven Ermessen jedes einzelnen Rechnungslegungssubjektes, so daß erhebliche Gestaltungspotentiale beim bilanziellen Rückstellungsansatz verbleiben.[187]

Desweiteren setzt der Rückstellungsansatz in der Bilanz voraus, daß ökonomische Ressourcenabflüsse zur späteren Verpflichtungsbegleichung wahrscheinlich sind. Nach subjektivem Ermessen müssen die Argumente für spätere Ressourcenabflüsse gegenüber den Argumenten gegen spätere Ressourcenabflüsse überwiegen (IAS 37.23), womit objektive Wertungen und subjektive Schätzungen vermischt werden.[188] Laut expliziter Klarstellung sind solche Vermischungen unproblematisch, da zuverlässige Darstellungen von unternehmensindividuellen Vermögens-, Finanz- und Ertragslagen

---

[184] Vgl. Ernsting, I./von Keitz, I. (1998), S. 2477; Reinhart, A. (1998a), S. 2514.
[185] Vgl. Hayn, S./Pilhofer, J. (1998), S. 1729; Moxter, A. (1999), S. 519ff; Reinhart, A. (1998a), S. 2514.
[186] Siehe hierzu Kapitel 3.2.2.1.
[187] Vgl. Förschle, G./Kroner, M./Heddäus, B. (1999), S. 45; Hayn, S./Pilhofer, J. (1998), S. 1730; Moxter, A. (1999), S. 521f.
[188] Vgl. Moxter, A. (1999), S. 520.

bzw. -entwicklungen durch verläßliche Schätzungen nicht beeinträchtigt werden (IAS 37.25). Insofern ist die intersubjektive Überprüfung von zugrundegelegten Wahrscheinlichkeiten für Nutzenabflüsse trotz der konkretisierenden Bestimmungen zum relevanten Wahrscheinlichkeitsbegriff im IAS 37 unmöglich.[189]
Diese erheblichen Ermessensspielräume bleiben bestehen, auch wenn erwartete Ressourcenabflüsse zur späteren Verpflichtungserfüllung "mit hinreichender Zuverlässigkeit (reliable estimate)" bewertet werden können. Denn weil sämtliche Rückstellungen (provisions) gegenüber anderen Bilanzpositionen mit größeren Unsicherheiten behaftet sind, ist die zuverlässige Bewertbarkeit (measurement with reliability) von erwarteten Ressourcenabflüssen gegeben, sobald zukünftige Verpflichtungen aus Bandbreiten von möglichen Werten abzuleiten sind (IAS 32.75). Daher werden bilanzielle Rückstellungsausweise wegen der unsicheren Bewertbarkeit von erwarteten Ressourcenabflüssen selten scheitern.[190]
Neben den allgemeinen Bilanzierungskriterien für Rückstellungen (provisions) werden die konkreten Bilanzierungskriterien für Drohverlust- und Restrukturierungsrückstellungen im IAS 37 festgeschrieben. Trotz eventueller Widersprüche zur sachlichen Aufwandsabgrenzung (matching) müssen Rückstellungen für drohende Verluste aus schwebenden Geschäften passiviert werden, sofern ausstehende Leistungsverpflichtungen abzüglich außerplanmäßiger Abschreibungen von Vermögenswerten (assets), die in unmittelbarem Zusammenhang mit diesen Geschäften bilanziert werden, im Vergleich zu ausstehenden Leistungsansprüchen größer sind (IAS 37.66). Weil genaue Konkretisierungen von möglichen Saldierungsbereichen zwischen ausstehenden Leistungsverpflichtungen und -ansprüchen nicht erfolgen, ist es unklar, ob generelle Gleichwertigkeitsvermutungen bei schwebenden Geschäften gelten können.[191] Infolge dieser Ungewißheit bleibt der bilanzielle Ansatz von Drohverlustrückstellungen ungeachtet der speziellen Bilanzierungs- und Bewertungsregelungen mit erheblichen Ermessensspielräumen verbunden.
Ebenso wie Drohverlustrückstellungen müssen Restrukturierungsrückstellungen den allgemeinen Kriterien zur Bilanzierung von Rückstellungen (provisions) genügen (IAS 37.71), auch wenn spezielle Bilanzierungskriterien in zusätzlichen Bestimmungen kodifiziert werden. Im einzelnen bestehen folgende Zusatzvoraussetzungen für den Ansatz von bilanziellen Restrukturierungsrückstellungen (IAS 37.72f):
    (1) detaillierter Restrukturierungsplan, in dem betroffene Geschäftsbereiche und Standorte, erwartete Beschäftigungseffekte, veranschlagte Ausgaben und Zeitvorgaben beschrieben werden,

---

[189] Vgl. Ernsting, I./von Keitz, I. (1998), S. 2479; Förschle, G./Kroner, M./Heddäus, B. (1999), S. 48; Hayn, S./Pilhofer, J. (1998), S. 1731; Moxter, A. (1999), S. 520f.
[190] Vgl. Ernsting, I./von Keitz, I. (1998), S. 2479; Förschle, G./Kroner, M./Heddäus, B. (1999), S. 48; Moxter, A. (1999), S. 520.
[191] Vgl. Förschle, G./Kroner, M./Heddäus, B. (1999), S. 42f m.w.E.; Moxter, A. (1999), S. 524.

(2) wahrscheinliche Durchführung von geplanten Restrukturierungsmaßnahmen aufgrund begonnener Umsetzung von Restrukturierungsplanungen oder öffentlicher Bekanntgabe von Planungsdetails sowie
(3) baldiger Beginn und Abschluß von angekündigten Restrukturierungsmaßnahmen.

Trotz dieser Zusatzbedingungen sind Restrukturierungsrückstellungen unter konzeptionellen Gesichtspunkten problematisch, weil unternehmerische Selbstbindungen, durch die begründete Erwartungen von fremden Dritten hinsichtlich bestimmter Maßnahmen geweckt werden, in anderen Fällen[192] aufgrund mangelnder Außenverpflichtungen ohne passivischen Ausweis bleiben. Grundsätzlich müssen faktische Verpflichtungen, soll ihre Bilanzierung erfolgen, mit faktischen Ansprüchen von fremden Dritten korrespondieren,[193] was im Regelfall bei Restrukturierungsrückstellungen nicht gegeben ist. Gleichwohl besitzen Restrukturierungsrückstellungen für bilanzpolitische Maßnahmen nur begrenzte Eignung, weil zugrundeliegende Restrukturierungsmaßnahmen nach der begonnenen Umsetzung von Restrukturierungsplanungen oder der öffentlichen Bekanntgabe von Planungsdetails ohne erhebliche Schwierigkeiten kaum unterbleiben können.

Sind ungewisse Verpflichtungen als Drohverlustrückstellungen, Restrukturierungsrückstellungen oder allgemeine Rückstellungen passivierungspflichtig, erfolgt ihre Bewertung zum diskontierten Wert von sämtlichen Ausgaben,[194] die nach "bestmöglicher Schätzung (best estimate)" zu ihrer Begleichung bzw. Übertragung aufzuwenden wären (IAS 37.36). Seine weitere Präzisierung erfährt dieser Wertmaßstab durch verschiedene Beispielfälle,[195] nach denen folgende Größen zur Bewertung von unsicheren Verpflichtungen heranzuziehen sind (IAS 37.39f):

(1) statistischer Erwartungswert (expected value) bei großer Zahl von gleichartigen Verpflichtungen und
(2) wahrscheinlichster Ausgangswert (individual most likely outcome) von einzelnen Verpflichtungen, wobei höhere bzw. niedrigere Belastungen, die angesichts wesentlicher Wahrscheinlichkeiten beachtet werden müssen, über entsprechende Zu- bzw. Abschläge anzurechnen sind.

Darüber hinaus müssen Zuschläge (risk adjustments) für besondere Risiken und Unsicherheiten unter bestimmten Voraussetzungen vorgenommen werden, um verminderte Ausweise von Verpflichtungen bzw. überhöhte Ausweise von Periodenerfolgen auszuschließen (IAS 37.42ff).

---

[192] Als klassisches Beispiel für unternehmerische Selbstbindungen, deren Passivierung - ungeachtet begründeter Erwartungen von fremden Dritten hinsichtlich ihrer Erfüllung - aufgrund mangelnder Außenverpflichtung ausscheidet, seien Verpflichtungen zur Abraumbeseitigung angeführt.
[193] Vgl. Moxter, A. (1999), S. 520.
[194] Vgl. Hayn, S./Pilhofer, J. (1998), S. 1766; a.A.: Moxter, A. (1999), S. 524.
[195] Vgl. Ernsting, I./von Keitz, I. (1998), S. 2480.

Ungeachtet dieser Konkretisierungen ist der Wertansatz von Rückstellungen (provisions) in der Bilanz mit beachtlichen Gestaltungspotentialen verbunden.[196] So bleiben die begrifflichen Voraussetzungen für gleichartige Verpflichtungen ebenso offen wie die genauen Wertmaßstäbe für alle Rückstellungen, bei denen keine Präzisierung über Beispielfälle erfolgt.[197] Liegen gleichartige Verpflichtungen in großer Zahl vor, wurden konkrete Möglichkeiten für die Beeinflussung von Jahresabschlüssen durch die verpflichtende Bewertung zu statistischen Erwartungswerten statt der ursprünglichen Bewertung zu beliebigen Intervallwerten unter der Offenlegung von Differenzen zu möglichen Maximalverlusten noch ausgeweitet.[198] Denn indem die ausgewiesenen Rückstellungen für jahresabschlußanalytische Zwecke um die offengelegten Differenzen zu möglichen Maximalverlusten erhöht wurden, waren bilanzpolitische Bewertungsentscheidungen im Rahmen von Rückstellungsausweisen ohne großen Aufwand auszuschließen. Nunmehr scheiden solche Aufbereitungsmaßnahmen mangels verpflichtender Angaben von möglichen Maximalverlusten aus, so daß strukturbilanzielle Rückstellungen infolge der Bewertung zu statistischen Erwartungswerten aufgrund der Ermessensspielräume bei zugrundegelegten Ausgangswerten und Eintrittswahrscheinlichkeiten manipulierbar bleiben. Den gleichen Einwendungen unterliegen Zu- bzw. Abschläge für höhere bzw. niedrigere Belastungen, die angesichts wesentlicher Wahrscheinlichkeiten beachtet werden müssen, sowie Zuschläge für besondere Risiken und Unsicherheiten. Letztlich sind beliebige Wertansätze für erwartete Ausgaben zur späteren Verpflichtungsbegleichung als genereller Wertmaßstab für bilanzielle Rückstellungen (provisions) möglich.[199]

Zu weiteren Gestaltungspotentialen bei der Rückstellungsbewertung führt die Diskontierung von erwarteten Ausgaben, die unter bestimmten Voraussetzungen im IAS 37 für Geschäftsjahre mit Beginn ab 01.07.1999 zum ersten Mal verlangt wird.[200] Sobald die erwarteten Diskontierungseffekte aufgrund späterer Fälligkeit der zugrundeliegenden Verpflichtungen wesentlich sind, müssen Rückstellungen abgezinst werden (IAS 37.45f), wobei sowohl die aktuellen Markteinschätzungen über erwartete Zinseffekte als auch die spezifischen Verpflichtungsrisiken in die angewandten Zinssätze oder unterstellten Zahlungsströme einzubeziehen sind (IAS 37.47). Darüber hinaus müssen subjektive Erwartungen über zukünftige Ereignisse, die spätere Mittelabflüsse in ihrer Höhe beeinflussen, in bilanzielle Rückstellungswerte einfließen,[201] wenn solche Wert-

---

[196] Vgl. Ernsting, I./von Keitz, I. (1998), S. 2481; Moxter, A. (1999), S. 523.
[197] Vgl. Moxter, A. (1999), S. 523.
[198] a.A.: Ernsting, I./von Keitz, I. (1998), S. 2481.
[199] Vgl. Ernsting, I./von Keitz, I. (1998), S. 2481; Moxter, A. (1999), S. 523.
[200] Vgl. Ernsting, I./von Keitz, I. (1998), S. 2481; Hayn, S./Pilhofer, J. (1998), S. 1767.
[201] Beispielsweise können die passivierungspflichtigen Stillegungskosten durch technologische Veränderungen in den nachfolgenden Rechnungslegungsperioden reduziert werden, weil zunehmende Erfahrungen mit gegenwärtigen Technologien oder zukünftige Technologien nach aller Voraussicht zu entsprechenden Kostenminderungen am erwarteten Stillegungszeitpunkt führen (IAS 37.49).

änderungen nach dem gegenwärtigen Kenntnisstand objektiver Beobachter am betrachteten Rechnungslegungsstichtag unter der verständigen Würdigung aller Informationen über technische Entwicklungen und andere Rahmenbedingungen zum späteren Erfüllungszeitpunkt quasi-sicher (virtually certain) sind (IAS 37.48ff).

Insgesamt sollen die erwarteten Ausgaben zur Verpflichtungserfüllung durch den bilanziellen Wertansatz von Rückstellungen (provisions) wiedergegeben werden.[202] Wenn aber unsichere Zahlungszeitpunkte, erwartete Entwicklungen von maßgeblichen Technologien, mögliche Veränderungen von rechtlichen Rahmenbedingungen und zukünftige Inflations- wie Zinserwartungen berücksichtigt werden müssen, haben Buchwerte von Rückstellungen (provisions) an Aussagewert für Externe verloren.[203]

Abgesehen vom Diskontierungsgebot wurden die ursprünglichen Regelungen im IAS 10 durch die geltenden Regelungen im IAS 37 geändert,[204] indem keine generelle Saldierung von ungewissen Verbindlichkeiten mit korrespondierenden Rückgriffsansprüchen mehr erfolgen darf (IAS 37.53). Vielmehr müssen alle Rückgriffsansprüche bei quasi-sicherer (virtually certain) Entstehung als separate Aktivposition bilanziert werden, wobei die aktivierten Ansprüche allerdings die passivierten Verpflichtungen nicht überschreiten dürfen (IAS 37.53). Erst wenn ursächliche Verpflichtungen durch korrespondierende Rückgriffsansprüche erlöschen, scheidet die bilanzielle Rückstellungsbildung mangels gegenwärtiger Verpflichtungen und wahrscheinlicher Ressourcenabflüsse aus (IAS 37.57). Offensichtlich steht diese Verrechnungsbeschränkung im Widerspruch zur wirtschaftlichen Betrachtungsweise (substance over form). Denn wenn ungewisse Verpflichtungen angesichts ihrer Absicherung durch Versicherungsverträge oder anderweitiger Weiterleitung an Dritte nach aller Voraussicht keine zukünftigen Vermögensbelastungen begründen, muß der bilanzielle Ansatz nach der wirtschaftlichen Betrachtungsweise unterbleiben, weil weder gegenwärtige Verpflichtungen noch wahrscheinliche Nutzenabflüsse vorliegen.[205] Entsprechend dem zulässigen Nettoausweis von Erfolgen aus Rückgriffsansprüchen (IAS 37.54) wäre die durchgängige Saldierung von Verbindlichkeiten und Rückgriffsansprüchen konsequent. Demgegenüber wird die aktivische Erfassung von Rückgriffsansprüchen mit der unzutreffenden Darstellung von Vermögens- und Finanzlagen bzw. -entwicklungen verbunden sein, weil Verpflichtungen im Grundsatz überzeichnet werden.[206]

Jedoch können solche Darstellungsfehler unter Rückgriff auf die Erläuterungen (notes) zu Erstattungsansprüchen durch jahresabschlußanalytische Aufbereitungsmaßnahmen

---

[202] Vgl. Hayn, S./Pilhofer, J. (1998), S. 1767; Moxter, A. (1999), S. 523.
[203] Vgl. Ernsting, I./von Keitz, I. (1998), S. 2481.
[204] Vgl. Ernsting, I./von Keitz, I. (1998), S. 2481f; Hayn, S./Pilhofer, J. (1998), S. 1766.
[205] Vgl. Ernsting, I./von Keitz, I. (1998), S. 2482; Förschle, G./Kroner, M./Heddäus, B. (1999), S. 50.
[206] Vgl. Ernsting, I./von Keitz, I. (1998), S. 2482; a.A.: Moxter, A. (1999), S. 524.

behoben werden,[207] weil folgende Angaben für jede Kategorie von wesensgleichen bzw. -ähnlichen Rückstellungen (provisions) offenzulegen sind (IAS 37.84f):

(1) betragsmäßige Angaben zur Buchwertentwicklung von Rückstellungen (provisions) im betrachteten Rechnungslegungszeitraum

(1.1) Ausgangs- und Endwerte,

(1.2) Rückstellungsbildungen für neue Verpflichtungen und Rückstellungserhöhungen für bestehende Verpflichtungen,

(1.3) Rückstellungsauflösungen aufgrund tatsächlicher Inanspruchnahme aus zugrundeliegenden Verpflichtungen,

(1.4) Rückstellungsauflösungen ohne tatsächliche Inanspruchnahme aus zugrundeliegenden Verpflichtungen,

(1.5) betragsmäßige Veränderungen durch Diskontierungseffekte einschließlich Effekte aufgrund geänderter Abzinsungsfaktoren,

(2) ursächliche Umstände von zugrundeliegenden Verpflichtungen und erwartete Eintrittszeitpunkte von späteren Vermögensbelastungen,

(3) Unsicherheiten im Hinblick auf Verpflichtungshöhen und Eintrittszeitpunkte einschließlich wesentlicher Annahmen über zukünftige Ereignisse sowie

(4) Gesamtbetrag von erwarteten Erstattungsansprüchen unter separater Angabe von aktivierten Ansprüchen.

Jedoch können alle Angaben gemäß (1) bis (4) für einzelne Rückstellungen (provisions) unterbleiben, sofern ihre Offenlegung mit erheblichen Beeinträchtigungen der Lage des Rechnungslegungssubjektes in laufenden Rechtsstreitigkeiten mit fremden Dritten verbunden wäre (IAS 37.92). Um ihren Mißbrauch zur Umgehung von Informationspflichten auszuschließen, bleibt diese Schutzvorschrift laut ausdrücklicher Klarstellung auf seltene Ausnahmefälle beschränkt. Zudem muß jeder Verzicht auf die verpflichtenden Erläuterungen (notes) hinsichtlich der betroffenen Verpflichtungsarten und zugrundeliegenden Ursachen offengelegt werden (IAS 37.92), obwohl diese Angaben der Intention der Befreiung von zusätzlichen Erläuterungspflichten entgegenstehen.[208]

Wenngleich erhebliche Ermessensspielräume durch die begrenzte Konkretisierung von obligatorischen Angaben, durch die unzulängliche Abgrenzung zwischen einzelnen Rückstellungskategorien und durch die potentielle Umgehung von sämtlichen Informationspflichten existieren,[209] werden folgende Aufbereitungsmaßnahmen durch die verpflichtenden Erläuterungen (notes) zu bilanziellen Rückstellungen (provisions) möglich, um bilanzpolitischen Gestaltungspotentialen in jahresabschlußanalytischen Untersuchungen entgegenzuwirken:

---

[207] a.A.: Ernsting, I./von Keitz, I. (1998), S. 2482.
[208] Vgl. Ernsting, I./von Keitz, I. (1998), S. 2484.
[209] Vgl. Ernsting, I./von Keitz, I. (1998), S. 2483f.

(1) Kürzung von bilanziellen Rückstellungen (provisions) um erwartete bzw. aktivierte Erstattungsansprüche und
(2) Erhöhung von bilanziellen Rückstellungen (provisions) um sämtliche Diskontierungseffekte.

Infolge der verpflichtenden Erläuterungen (notes) können bilanzielle Rückstellungen (provisions) für die jahresabschlußanalytische Untersuchung um erwartete Erstattungsansprüche gekürzt werden. Daß zutreffendere Darstellungen von unternehmensindividuellen Vermögens- und Finanzlagen bzw. -entwicklungen durch die Kürzung von bilanziellen Rückstellungen (provisions) um aktivierte Erstattungsansprüche erreicht werden, führen die Darlegungen zum Verrechnungsverbot zwischen Rückstellungen (provisions) und Erstattungsansprüchen im Einzelnen aus. Deshalb sollten bilanzielle Rückstellungen (provisions) um aktivierte Erstattungsansprüche für jahresabschlußanalytische Zwecke gekürzt werden. Jedoch bleibt es fraglich, ob erwartete Erstattungsansprüche, deren bilanzielle Berücksichtigung mangels hinreichender Eintrittswahrscheinlichkeiten ausscheidet, ebenfalls strukturbilanzielle Rückstellungen (provisions) mindern sollten. Da hinreichende Wahrscheinlichkeiten für zukünftige Nutzenzuflüsse in IAS-Abschlüssen als grundlegende Voraussetzung zum bilanziellen Ansatz von Vermögenspositionen anerkannt sind, würden unvorsichtige Bilanzausweise und konzeptionelle Inkonsistenzen begründet, wenn strukturbilanzielle Rückstellungen (provisions) um erwartete Erstattungsansprüche ohne hinreichende Eintrittswahrscheinlichkeiten gemindert würden. Sofern dieser Argumentation gefolgt wird, muß die jahresabschlußanalytische Kürzung von bilanziellen Rückstellungen (provisions) auf aktivierte Erstattungsansprüche beschränkt bleiben.

Ferner erscheint die jahresabschlußanalytische Eliminierung von Diskontierungseffekten aus Rückstellungsansätzen sinnvoll. Denn obgleich Belastungen durch Leistungsverpflichtungen vom Erfüllungszeitpunkt abhängen,[210] bleibt die Diskontierung von bilanziellen Rückstellungen (provisions) angesichts erheblicher Ermessensspielräume bei der Wahl von zugrundegelegten Abzinsungsfaktoren wegen der Determinierung durch unsichere Zahlungszeitpunkte und zukünftige Zinserwartungen problematisch.[211] Zudem können die gewählten Abzinsungsfaktoren ohne große Probleme in den nachfolgenden Rechnungslegungsperioden entsprechend bilanzpolitischen Zielsetzungen geändert werden, weil ihre Anpassung an veränderte Zinserwartungen obligatorisch ist. Somit sollte die strukturbilanzielle Eliminierung von sämtlichen Diskontierungseffekten aufgrund der bilanzpolitischen Gestaltungspotentiale in jedem Fall erfolgen.

Bei zusammenfassender Betrachtung können die **Kürzung von Rückstellungen (provisions) um aktivierte Erstattungsansprüche** und die **Erhöhung von Rück-**

---

[210] Vgl. Dörner, D./Wollmert, P./Oser, P. in: Baetge, J. et al. (1997), IAS 10 Tz. 34; Hayn, S./Pilhofer, J. (1998), S. 1767.
[211] Vgl. Hayn, S./Pilhofer, J. (1998), S. 1767.

stellungen (provisions) um sämtliche Diskontierungseffekte unter dem Blickwinkel von Fremdkapitalgeberinteressen durch zwei Argumente gerechtfertigt werden:
(1) zutreffende Verpflichtungsausweise in Anbetracht der Minderung von Vermögensbelastungen durch Erstattungsansprüche und
(2) weitgehende Einheitlichkeit der strukturbilanziellen Bewertung von Rückstellungen (provisions) trotz bilanzpolitischer Festlegung der zugrundegelegten Abzinsungsfaktoren.

Dabei können jahresabschlußanalytische Handlungsempfehlungen für Zwecke von Kreditwürdigkeitsprüfungen durch folgende Formeln beschrieben werden:

Symbole: bER: Buchwert von Erstattungsansprüchen in GE
DRSt: Buchwertveränderungen von Rückstellungen (provisions) durch Diskontierungen in GE
RSt: bilanzielle Rückstellungen (provisions) in GE
RSt^{St}: strukturbilanzielle Rückstellungen (provisions) in GE

Aktiva: $\Delta FOR^{St} = FOR - bER$ (5.05)

Passiva: $\Delta RSt^{St} = RSt - bER - DRSt$ (5.06)

$\Delta EK^{St} = EK + DRSt$ (5.07)

Jedoch vermag die jahresabschlußanalytische Aufbereitung von bilanziellen Rückstellungen (provisions) nicht alle Ermessensspielräume offenzulegen. So sind bilanzpolitische Gestaltungspotentiale durch die verbindliche Bewertung zu statistischen Erwartungswerten ebensowenig auszuschließen wie bilanzpolitische Gestaltungspotentiale bei der konkreten Wertkorrektur für höhere bzw. niedrigere Belastungen oder besondere Risiken und Unsicherheiten. Diesem Mangel gebührt besondere Aufmerksamkeit, weil ursprüngliche Ermessensentscheidungen im Zuge der obligatorischen Überprüfung und Anpassung der ausgewiesenen Rückstellungen (provisions) zu jedem Rechnungslegungsstichtag (IAS 37.21) reversibel sind. Sollten bilanzielle Rückstellungen (provisions) wegen des späteren Fortfalls der einschlägigen Bilanzierungsvoraussetzungen oder der späteren Veränderung der bewertungsrelevanten Sachverhalte ihre Berechtigung verlieren,[212] müssen erfolgswirksame Rückstellungsauflösungen oder -anpassungen vorgenommen werden (IAS 37.59). Somit bleiben strukturbilanzielle Rückstellungen ungeachtet aller Aufbereitungsmaßnahmen im Vorfeld von Jahresabschlußanalysen angesichts erheblicher Manipulationsmöglichkeiten durch unabdingbare Ermessensspielräume für Kreditwürdigkeitsbeurteilungen von Unternehmungen problematisch.

---

[212] Beispielsweise können veränderte Zinserwartungen über entsprechende Korrekturen von zugrundezulegenden Abzinsungsfaktoren zu späteren Rückstellungsanpassungen führen.

Beispiel: Infolge mehrerer Geschäftsvorfälle im Geschäftsjahr 1999 werden zusätzliche Gewährleistungsverpflichtungen erwartet. Dabei sind die Daten der Tabelle 5.54 gegeben.

Eintrittswahrscheinlichkeit	5 %	30 %	65%
erwartete Gewährleistungsverpflichtung	0 DM	400.000 DM	500.000 DM
Anmerkungen: Fälligkeit im Jahr: 2006 angenommener Kalkulationszinsfuß: 3,5% erwartete Erstattungsansprüche: hälftige Weiterleitung von Gewährleistungsverpflichtungen an beteiligte Subunternehmungen			

Tab. 5.54: Beispielhafte Datensituation zur Bilanzierung von Rückstellungen (provisions)

Sollten mehrere Geschäftsvorfälle als große Zahl von gleichartigen Vorgängen klassifiziert werden, sind die bilanziellen Rückstellungen im vorliegenden Fall mit dem statistischen Erwartungswert auszuweisen, so daß folgender Bilanzansatz zwingend ist:

$$\Delta \text{RSt} = (0{,}05 \cdot 0 + 0{,}30 \cdot 400.000 + 0{,}65 \cdot 500.000) \cdot (1+0{,}035)^{-6}$$

$$\Delta \text{RSt} = 445.000 \cdot (1+0{,}035)^{-6} \approx 362.000 \,\text{DM}$$

$$\Delta \text{DRSt} = 445.000 \cdot \left[1 - (1+0{,}035)^{-6}\right] \approx 83.000 \,\text{DM}$$

Demgegenüber müssen die Gewährleistungsverpflichtungen im Beispielfall bei ihrer Klassifizierung als einzelne Verpflichtungen zum wahrscheinlichsten Wert von 500.000 DM bilanziert werden, wobei unbestimmte Risikoabschläge zur Berücksichtigung von niedrigeren Alternativwerten von 0 DM bzw. 300.000 DM vorzunehmen sind. Sofern der Risikoabschlag von 28.000 DM erfolgen würde, ist folgender Bilanzansatz erforderlich:

$$\Delta \text{RSt} = (500.000 - 28.000) \cdot (1+0{,}035)^{-6} \approx 384.000 \,\text{DM}$$

$$\Delta \text{DRSt} = (500.000 - 28.000) \cdot \left[1 - (1+0{,}035)^{-6}\right] \approx 88.000 \,\text{DM}$$

Werden die erwarteten Erstattungsansprüche in Höhe von 181.000 DM bzw. 192.000 DM angesichts der hälftigen Weiterleitung von Gewährleistungsverpflichtungen an Subunternehmungen als Forderungen aktiviert, weist die nachfolgende Tabelle 5.55 die möglichen Bilanzveränderungen zum 31.12.1999 aus.

Klassifizierung zugrundeliegender Geschäftsvorfälle als Vielzahl gleichartiger Vorgänge - progressive Bilanzierung	Aktiva Veränderungsbilanz in DM Passiva Δ FOR + 181.000 Δ EK - 181.000 Δ RSt + 362.000 Erläuterungen (notes): Buchwertveränderung von Rückstellungen (provisions) durch Diskontierungen: - 83.000 DM aktivierte Erstattungsansprüche: + 181.000 DM
Klassifizierung zugrundeliegender Geschäftsvorfälle als einzelne Vorgänge - konservative Bilanzierung	Aktiva Veränderungsbilanz in DM Passiva Δ FOR + 192.000 Δ EK - 192.000 Δ RSt + 384.000 Erläuterungen (notes): Buchwertveränderung von Rückstellungen (provisions) durch Diskontierungen: - 88.000 DM aktivierte Erstattungsansprüche: + 192.000 DM

Tab. 5.55: Beispiel zur Bilanzierung von Rückstellungen (provisions)

Im vorliegenden Fall werden alle Unternehmungen mit schlechten Vermögens-, Finanz- und Ertragslagen bzw. -entwicklungen die zugrundeliegenden Geschäftsvorfälle als einzelne Vorgänge zum wahrscheinlichsten Wert bilanzieren, um betriebliche Aufwendungen zu minimieren. Demgegenüber sind Unternehmungen mit guten Vermögens-, Finanz- und Ertragslagen bzw. -entwicklungen bestrebt, ihren Gewinn durch die Bewertung der Rückstellungen (provisions) zum statistischen Erwartungswert aufgrund der Klassifizierung der Geschäftsvorfälle als große Zahl von gleichartigen Vorgängen zu reduzieren. Diese unterschiedliche Bewertung können kreditgewährende Finanzinstitute durch jahresabschlußanalytische Aufbereitungsmaßnahmen nicht eliminieren, wie aus den Strukturbilanzen in der Tabelle 5.56 ersichtlich wird.

Klassifizierung zugrundeliegender Geschäftsvorfälle als Vielzahl gleichartiger Vorgänge	(5.05) $\Delta FOR^{St} = FOR - bER$ $\Delta FOR^{St} = 181.000 - 181.000 = 0$ DM (5.06) $\Delta RSt^{St} = RSt - bER - DRSt$ $\Delta RSt^{St} = 362.000 - 181.000 - (-83.000)$ $= 264.000$ DM (5.07) $\Delta EK^{St} = EK + DRSt$ $\Delta EK^{St} = -181.000 + (-83.000)$ $= -264.000$ DM Aktiva Strukturbilanz in DM Passiva ΔFOR^{St} ± 0 ΔEK^{St} - 264.000 ΔRSt^{St} + 264.000

Klassifizierung zugrundelie-	(5.05) ΔFOR^{St} = FOR − bER
gender Geschäftsvorfälle als einzelne Vorgänge	ΔFOR^{St} = 192.000 − 192.000 = 0 DM
	(5.06) ΔRSt^{St} = RSt − bER − DRSt
	ΔRSt^{St} = 384.000 − 192.000 − (−88.000)
	= 280.000 DM
	(5.07) ΔEK^{St} = EK + DRSt
	ΔEK^{St} = − 192.000 + (− 88.000)
	= − 280.000 DM

Aktiva	Strukturbilanz in DM		Passiva
ΔFOR^{St}	± 0	ΔEK^{St}	− 280.000
		ΔRSt^{St}	+ 280.000

Tab. 5.56: Beispiel zur Berücksichtigung von Rückstellungen (provisions) in Strukturbilanzen

Indem die ausgewiesenen Rückstellungen (provisions) um die aktivierten Erstattungsansprüche gekürzt werden, können zutreffende Strukturbilanzausweise in Höhe von erwarteten Vermögensbelastungen sichergestellt werden. Dennoch verbleiben erhebliche Bewertungsunterschiede von Rückstellungen (provisions) im vorliegenden Beispielfall, weil zwar sämtlichen Diskontierungseffekten, aber nicht subjektiven Verfahrens- und Individualspielräumen entgegengewirkt werden kann.

5.6.4 Eventualverbindlichkeiten (contingent liabilities)

Gemessen an Rückstellungen (provisions) sind Eventualverbindlichkeiten (contingent liabilities) mit größeren Unsicherheiten im Hinblick auf Gründe, Beträge und/oder Zeitpunkte von späteren Vermögensbelastungen verbunden. Im einzelnen werden folgende Verpflichtungen aus Begebenheiten in vergangenen Rechnungslegungsperioden unter Eventualverbindlichkeiten (contingent liabilities) subsumiert (IAS 37.10):

(1) mögliche Verpflichtungen (possible obligations), deren Existenz von unbeeinflußbaren Ereignissen in späteren Rechnungslegungsperioden abhängt, und

(2) gegenwärtige Verpflichtungen (present obligations), deren Bilanzierung wegen mangelnder Erfüllung von sämtlichen Bilanzierungskriterien ausscheidet.

Während einzelne Verpflichtungen gemäß (1) und (2) im Exposure Draft als spezielle Rückstellungspositionen anerkannt waren (IAS E59.79), dürfen Eventualverbindlichkeiten (contingent liabilities) laut ausdrücklicher Klarstellung im endgültigen Standard

nicht passiviert werden (IAS 32.27). Jedoch müssen sämtliche Eventualverbindlichkeiten (contingent liabilities), deren erwartete Eintrittswahrscheinlichkeiten "nicht gering (remote)" sind (IAS 37.28), durch folgende Erläuterungen (notes) beschrieben werden (IAS 37.86):
   (1) kurze Darstellungen von zugrundeliegenden Verpflichtungen,
   (2) geschätzte Vermögensbelastungen unter analoger Anwendung von Bewertungsvorschriften für Rückstellungen (provisions),
   (3) zeitliche und betragsmäßige Unsicherheiten von späteren Vermögensbelastungen sowie
   (4) mögliche Erstattungsansprüche gegenüber fremden Dritten.
Wie zu Rückstellungen (provisions) dürfen einzelne Erläuterungen (notes) zu Eventualverbindlichkeiten (contingent liabilities) unterbleiben, wenn ihre Offenlegung zu erheblichen Beeinträchtigungen der Lage des Rechnungslegungssubjektes in laufenden Rechtsstreitigkeiten mit fremden Dritten führen würde (IAS 37.92). Darüber hinaus sind Kurzdarstellungen ausreichend, sofern weitere Angaben aufgrund praktischer Schwierigkeiten unmöglich bzw. mit unverhältnismäßigem Aufwand ermittelbar sind (IAS 37.91). Obschon verpflichtende Hinweise auf unterlassene Erläuterungen (notes) vorgeschrieben werden (IAS 37.91f), verbleiben erhebliche Ermessensspielräume im Hinblick auf den Umfang und Detaillierungsgrad von konkreten Angaben zu Eventualverbindlichkeiten (contingent liabilities).[213]

Wenn auch die Differenzierung verschiedener Rückstellungsarten nach dem Grad ihrer Unsicherheiten umgangen wurde,[214] sind subjektive Ermessensentscheidungen weiterhin notwendig, um passivierungspflichtige Rückstellungen (provisions) von passivierungsunfähigen Eventualverbindlichkeiten (contingent liabilities) abzugrenzen.[215] Grundsätzlich können solche Abgrenzungsentscheidungen durch die Erfassung von angegebenen Eventualverbindlichkeiten (contingent liabilities) in der Strukturbilanz über jahresabschlußanalytische Aufbereitungen rückgängig gemacht werden. Ob allerdings solche Aufbereitungen sinnvoll sind, darf bezweifelt werden, weil hinreichende Wahrscheinlichkeiten von späteren Vermögensbelastungen als generelle Passivierungsvoraussetzung in allen Rechtsordnungen anerkannt sind. Andererseits umfassen Eventualverbindlichkeiten (contingent liabilities) ausschließlich Verpflichtungen, deren erwartete Eintrittswahrscheinlichkeiten "nicht gering (remote)" sind (IAS 37.28). Demzufolge wird die strukturbilanzielle Erfassung von Eventualverbindlichkeiten (contingent liabilities) als besondere Position von Rückstellungen (provisions) zwar die vorsichtige Darstellung, aber keine Überzeichnung von Verpflichtungen bewirken.

---

[213] Vgl. Ernsting, I./von Keitz, I. (1998), S. 2484.
[214] Vgl. Ernsting, I./von Keitz, I. (1998), S. 2479.
[215] Vgl. Hayn, S./Pilhofer, J. (1998), S. 1731.

Da die offenzulegenden Angaben zu Vermögensbelastungen durch Eventualverbindlichkeiten (contingent liabilities) unter der analogen Anwendung von Bewertungsvorschriften für Rückstellungen (provisions) zu ermitteln sind, werden Eventualverbindlichkeiten (contingent liabilities) im grundsätzlichen Regelfall mit ihren Erwartungswerten angegeben. Wenn auch zahlreiche Bedenken gegen den Ausweis von bilanziellen Schuldpositionen (liabilities) zu den Erwartungswerten bestehen, bleibt die Erfassung von Eventualverbindlichkeiten (contingent liabilities) als besondere Position von Rückstellungen (provisions) in der Strukturbilanz gerechtfertigt, weil auch Rückstellungen (provisions) mangels jahresabschlußanalytischer Aufbereitungsmöglichkeiten mit ihren Erwartungswerten ausgewiesen werden müssen.

Letztlich sprechen zwei Gründe für die **Erfassung von Eventualverbindlichkeiten (contingent liabilities)** in der Strukturbilanz als jahresabschlußanalytische Aufbereitungsmaßnahme:

(1) vorsichtige Strukturbilanzausweise von Kapitalpositionen in Anbetracht "nicht geringer (remote)" Eintrittswahrscheinlichkeiten von Vermögensbelastungen aus Eventualverbindlichkeiten (contingent liabilities) und

(2) einheitliche Strukturbilanzausweise ungeachtet bilanzpolitischer Ermessensentscheidungen bei der Abgrenzung zwischen passivierungspflichtigen Rückstellungen (provisions) und passivierungsunfähigen Eventualverbindlichkeiten (contingent liabilities).

Formal kann diese Aufbereitungsempfehlung für Zwecke von Kreditwürdigkeitsprüfungen auf folgende Weise beschrieben werden:

Symbole: EV: Wert von Eventualverbindlichkeiten (contingent liabilities) nach Abzug von Erstattungsansprüchen in GE

Passiva: $\Delta \text{RSt}^{St} = \text{RSt} + \text{EV}$ (5.08)

$\Delta \text{EK}^{St} = \text{EK} - \text{EV}$ (5.09)

Beispiel: Durch einzelne Geschäftsvorfälle im Jahr 1999 werden folgende Garantieverpflichtungen erwartet, wobei kein Rückgriff auf fremde Dritte möglich ist:

Verpflichtungsumfang: 750.000 DM
prognostizierte Eintrittswahrscheinlichkeit: 10 %

Infolge ihrer Eintrittswahrscheinlichkeit von 10% sind die angeführten Garantieverpflichtungen entsprechend der nachfolgenden Tabelle 5.57 als passivierungsunfähige Eventualverbindlichkeiten (contingent liabilities) im Beispielfall auszuweisen.

```
| Aktiva | Veränderungsbilanz in DM | Passiva |
```

Erläuterungen (notes):
Eventualverbindlichkeiten (contingent liabilities) aus Garantieverpflichtungen: Höhe: 75.000 DM; Eintrittswahrscheinlichkeit 10%; Erstattungsansprüche: 0 DM

Tab. 5.57: Beispiel zur Erfassung von Eventualverbindlichkeiten (contingent liabilities)

Nach der Durchführung der vorgeschlagenen Aufbereitungsmaßnahmen gibt die Tabelle 5.58 die entstehenden Strukturbilanzveränderungen wieder.

(5.08) $\Delta RSt^{St} = RSt + EV$

$\Delta RSt^{St} = 0 + 75.000 = 75.000 \, DM$

(5.09) $\Delta EK^{St} = EK - EV$

$\Delta EK^{St} = 0 - 75.000 = -75.000 \, DM$

Aktiva	Strukturbilanz in DM	Passiva
	ΔEK^{St}	- 75.000
	ΔRSt^{St}	+ 75.000

Tab. 5.58: Beispiel zur Berücksichtigung von Eventualverbindlichkeiten (contingent liabilities) in Strukturbilanzen

Trotz der ermessensabhängigen Abgrenzungsentscheidung zwischen passivierungsfähigen Rückstellungen (provisions) und passivierungsunfähigen Eventualverbindlichkeiten (contingent liabilities) werden vorsichtige Kapitalausweise durch die vorgeschlagene Aufbereitungsmaßnahme sichergestellt. Insofern wird die finanzwirtschaftliche Jahresabschlußanalyse im vorliegenden Beispielfall durch die unvollständige Passivierung von wirtschaftlichen Lasten nicht beeinträchtigt.

5.7 Zusammenfassender Überblick über erarbeitete Aufbereitungsempfehlungen

Wie die vorangegangenen Ausführungen in diesem Kapitel zeigen, ist die analytische Aufbereitung von sämtlichen Jahresabschlußpositionen unerläßlich, um zweckmäßige Informationen zur Kreditwürdigkeit von Unternehmungen aus IAS-Abschlüssen zu erhalten. Abschließend sollen die erarbeiteten Aufbereitungsempfehlungen in der nachfolgenden Tabelle 5.59 zusammengefaßt werden.

Aktivseite
A. **Anlagevermögen (long-term assets)**
   I. Sachanlagevermögen (tangible assets)
      ./. Buchwertveränderungen durch Neubewertungen (revaluations) von Sachanlagen
      ./. passivische Abgrenzungsposten (deferred income) für vermögensbezogene Zuschüsse
      ./. Fremdkapitalkosten (borrowing costs), deren erstmalige Bilanzierung im betrachteten Rechnungslegungszeitraum erfolgt
      ./. Finanzanlagen in Immobilien (investment properties), die als Sachanlagevermögen bilanziert werden
      ./. negative Unterschiedsbeträge (negative goodwill)
   II. Finanzanlagevermögen (investments and receivables)
      ./. marktfähige Finanzanlagen, die zu anderen Werten als aktuellen Marktwerten (market values) bilanziert werden
      + aktueller Marktwert (market values) von marktfähigen Finanzanlagen, die zu anderen Werten bilanziert werden
      ./. Salden zwischen bilanziellen Werten und beizulegenden Werten (fair values) von nichtmarktfähigen Finanzinvestitionen (investments) bei vorübergehenden Wertminderungen
      + Finanzanlagen in Immobilien (investment properties), die als Sachanlagevermögen bilanziert werden
      ./. Finanzanlagen in Immobilien (investment properties), die zu anderen Werten als aktuellen Marktwerten (market values) bilanziert werden
      + aktueller Marktwert (market values) von Finanzanlagen in Immobilien (investment properties), die zu anderen Werten bilanziert werden
      ./. latente Steuerforderungen (deferred tax assets)
   III. Immaterielle Vermögenswerte (intangible assets)
      ./. Geschäfts- oder Firmenwerte (goodwill)
      ./. immaterielles Anlagevermögen von sonstiger Art
B. **Umlaufvermögen (current assets)**
   I. Vorräte (inventories)
      + Buchwertveränderungen von Vorräten (inventories) unter Zugrundelegung von bevorzugten Verbrauchsfolgeverfahren oder stichtagsbezogenen Marktbewertungen
      + Aufträge in Bearbeitung
      ./. Buchwertveränderungen von Aufträgen in Bearbeitung bzw. Vorräten (inventories) infolge erhaltener Anzahlungen (progress payments)
   II. Forderungen (receivables)
      ./. Aufträge in Bearbeitung
      ./. Erstattungsansprüche im Zusammenhang mit Rückstellungen
   III. kurzfristige Finanzinvestitionen (current investments)
      ./. kurzfristige Finanzinvestitionen (investments), die zu anderen Werten als aktuellen Marktwerten (market values) bilanziert werden
      + aktueller Marktwert (market values) von kurzfristigen Finanzinvestitionen (investments), die zu anderen Werten bilanziert werden
      ./. eigene Anteile
   IV. Zahlungsmittel und Zahlungsmitteläquivalente (cash)

Passivseite
A. Eigenkapital (equity)
　I. Eingezahltes Kapital
　II. Neubewertungsrücklagen (revaluation surplus)
　　./. Buchwertveränderungen durch Neubewertungen (revaluations) von Sachanlagen
　　./. marktfähige Finanzanlagen, die zu anderen Werten als aktuellen Marktwerten (market values) bilanziert werden
　　+ aktueller Marktwert (market values) von marktfähigen Finanzanlagen, die zu anderen Werten bilanziert werden
　　./. Finanzanlagen in Immobilien (investment properties), die zu anderen Werten als aktuellen Marktwerten (market values) bilanziert werden
　　+ aktueller Marktwert (market values) von Finanzanlagen in Immobilien (investment properties), die zu anderen Werten bilanziert werden
　　./. Buchwertveränderungen durch Neubewertungen (revaluations) von immateriellen Vermögenswerten (intangible assets)
　　+ latente Steuerverbindlichkeiten (deferred tax liabilities) aus Neubewertungen (revaluations) im materiellen und immateriellen Anlagevermögen
　III. sonstige Eigenkapitalrücklagen
　　./. Fremdkapitalkosten (borrowing costs), deren erstmalige Bilanzierung im betrachteten Rechnungslegungszeitraum erfolgt
　　./. Salden zwischen bilanziellen Werten und beizulegenden Werten (fair values) von nichtmarktfähigen Finanzinvestitionen (investments) bei vorübergehenden Wertminderungen
　　./. latente Steuerforderungen (deferred tax assets)
　　./. Geschäfts- oder Firmenwerte (goodwill)
　　./. immaterielles Anlagevermögen von sonstiger Art
　　+ Buchwertveränderungen durch Neubewertungen (revaluations) von immateriellen Vermögenswerten (intangible assets)
　　+ Buchwertveränderungen von Vorräten (inventories) unter Zugrundelegung von bevorzugten Verbrauchsfolgeverfahren oder stichtagsbezogenen Marktbewertungen
　　./. kurzfristige Finanzinvestitionen (investments), die zu anderen Werten als aktuellen Marktwerten (market values) bilanziert werden
　　+ aktueller Marktwert (market values) von kurzfristigen Finanzinvestitionen (investments), die zu anderen Werten bilanziert werden
　　./. eigene Anteile
　　+ unrealisierte Erfolge aus Pensionsrückstellungen infolge versicherungsmathematischer Bewertungsänderungen
　　./. unrealisierte Aufwendungen aus Pensionsrückstellungen für zurückliegende Dienstzeiten (past service costs)
　　./. unrealisierte Differenzbeträge aus Pensionsrückstellungen aufgrund temporärer Übergangsregelungen
　　+ Buchwertveränderungen von Rückstellungen (provisions) durch Diskontierungen
　　./. Eventualverbindlichkeiten (contingent liabilities) nach Abzug von Erstattungsansprüchen

> **B. langfristiges Fremdkapital (long-term liabilities)**
> I. Verbindlichkeiten (loans)
> II. Pensionsrückstellungen
>   ./. unrealisierte Erfolge aus Pensionsrückstellungen infolge versicherungsmathematischer Bewertungsänderungen
>   + unrealisierte Aufwendungen aus Pensionsrückstellungen für zurückliegende Dienstzeiten (past service costs)
>   + unrealisierte Differenzbeträge aus Pensionsrückstellungen aufgrund temporärer Übergangsregelungen
> III. latente Steuern (deferred income taxes)
>   ./. latente Steuerverbindlichkeiten (deferred tax liabilities) aus Neubewertungen (revaluations) im materiellen und immateriellen Anlagevermögen
> IV. sonstige Rückstellungen (provisions)
>   ./. Erstattungsansprüche im Zusammenhang mit Rückstellungen
>   ./. Buchwertveränderungen von Rückstellungen (provisions) durch Diskontierungen
>   + Eventualverbindlichkeiten (contingent liabilities) nach Abzug von Erstattungsansprüchen
> **C. kurzfristiges Fremdkapital (current liabilities)**
> **D. negative Unterschiedsbeträge (negative goodwill)**
>   ./. negative Unterschiedsbeträge (negative goodwill)
> **E. abgegrenzte Erträge (deferred income)**
>   ./. passivische Abgrenzungsposten (deferred income) für vermögensbezogene Zuschüsse
>   ./. Buchwertveränderungen von Aufträgen in Bearbeitung bzw. Vorräten (inventories) infolge erhaltener Anzahlungen (progress payments)

Tab. 5.59: Zusammenfassung von Aufbereitungsmaßnahmen für IAS-Abschlüsse

5.8 Erfolgswirtschaftliche Jahresabschlußanalyse

In weiterer Ergänzung zur finanzwirtschaftlichen Jahresabschlußanalyse, deren Hauptaugenmerk auf zukunftsbezogenen Liquiditätsbeurteilungen liegt, soll die erfolgswirtschaftliche Jahresabschlußanalyse über zukünftige Gewinnerzielungspontentiale von kreditnehmenden bzw. -suchenden Unternehmungen informieren.[215] Hierzu werden tatsächliche Umfänge und strukturelle Zusammensetzungen von erzielten Periodenerfolgen ermittelt.[216] Welche einzelnen Teilbereiche der erfolgswirtschaftlichen Jahresabschlußanalyse unterschieden werden, zeigt die Abbildung 5.07 auf.

---

[215] Vgl. Baetge, J. (1998), S. 342f; Coenenberg, A. (1997), S. 665; Bieg, H. (1993), S. 379; Gräfer, H. (1994), S. 109f; Küting, K./Strickmann, M. (1997), S. 15; Küting, K./Weber, C. (1999), S. 193; Wöhe, G. (1997), S. 851.
[216] Vgl. Coenenberg, A. (1997), S. 666; Küting, K./Strickmann, M. (1997), S. 15; Küting, K./Weber, C. (1999), S. 193f.

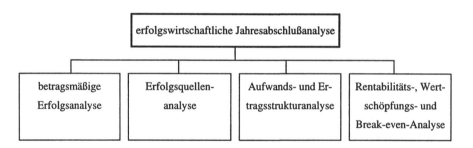

Abb. 5.07: Teilbereiche der erfolgswirtschaftlichen Jahresabschlußanalyse[217]

Da die erfolgswirtschaftliche Analyse von IAS-Abschlüssen mehrfach Untersuchungsgegenstand in der betriebswirtschaftlichen Literatur war, können genaue Darlegungen zu ihren Teilbereichen mit Verweis auf entsprechende Quellen an dieser Stelle entfallen.[218] Deshalb bleiben die nachfolgenden Darlegungen auf erfolgswirtschaftliche Konsequenzen der gegebenen Empfehlungen zur strukturbilanziellen Aufbereitung beschränkt.

Wie die vorangegangenen Herleitungen der strukturbilanziellen Aufbereitungsempfehlungen zeigen, können die ausgewiesenen Bilanzpositionen in IAS-Abschlüssen aufgrund der bilanzpolitischen Gestaltungspotentiale von Rechnungslegungssubjekten beeinflußt werden, wobei einige Beeinflussungen durch spezielle Aufbereitungsmaßnahmen korrigiert werden können. Infolge dieser Korrekturen sind die ausgewiesenen Periodenerfolge in gleicher Weise aufzubereiten, indem die strukturbilanziellen Aufbereitungsmaßnahmen, deren Gegenbuchung über Eigenkapitalrücklagen erfolgt, auch korrespondierende Erfolgspositionen verändern. Beispielsweise muß die strukturbilanzielle Kürzung von latenten Steuerforderungen (deferred tax assets) gegen bilanzielle Eigenkapitalpositionen mit der entsprechenden Erhöhung von jahresabschlußanalytischen Steueraufwendungen verbunden sein, um korrespondierende Bilanz- und Erfolgsausweise für jahresabschlußanalytische Zwecke sicherzustellen. Jedoch ist die eindeutige Zuordnung von aufbereitungsbedingten Eigenkapitalveränderungen zu einzelnen Erfolgspositionen schwierig, weil die Präsentationsform und Positionsanordnung in der Gewinn- und Verlustrechnung von IAS-Abschlüssen offen bleiben. Sofern die Gliederungsschemata im Anhang zum IAS 1 zugrundegelegt werden, muß die Gewinn- und Verlustrechnung von IAS-Abschlüssen nach dem Umsatzkostenverfahren in Entsprechung zur Tabelle 5.60 modifiziert werden.

---

[217] Vgl. Küting, K./Weber, C. (1999), S. 194.
[218] Nähere Erläuterungen zur erfolgswirtschaftlichen Analyse von IAS-Abschlüssen enthalten folgende Literaturbeiträge: Bruns, C. (1998); Coenenberg, A./Reinhart, A. (1999), S. 561ff; Reinhart, A. (1998).

Erfolgswirtschaftliche Jahresabschlußanalyse

01. Umsatzerlöse
02. Umsatzkosten (costs of goods sold and services rendered)
    ./. Buchwertveränderungen von Vorräten (inventories) unter Zugrundelegung von bevorzugten Verbrauchsfolgeverfahren oder stichtagsbezogenen Marktbewertungen
    ./. Veränderungen unrealisierter Erfolge aus Pensionsrückstellungen infolge versicherungsmathematischer Bewertungsänderungen
    + Veränderungen unrealisierter Aufwendungen aus Pensionsrückstellungen für zurückliegende Dienstzeiten (past service costs)
    + Veränderungen unrealisierter Differenzbeträge aus Pensionsrückstellungen aufgrund temporärer Übergangsregelungen
03. **Jahresabschlußanalytischer Bruttogewinn**
04. Sonstige betriebliche Erträge
05. Vertriebs- (selling costs), Lager- (storage costs) und Transportkosten (distribution costs)
06. Verwaltungsgemeinkosten (administrative overheads)
07. Forschungs- und Entwicklungskosten (research and development costs)
    + Buchwertveränderungen von immateriellen Anlagevermögen ohne Geschäfts- oder Firmenwerte (goodwill)
    ./. Buchwertveränderungen durch Neubewertungen (revaluations) von immateriellen Vermögenswerten (intangible assets)
08. Sonstige betriebliche Aufwendungen
09. **Jahresabschlußanalytischer Gewinn aus betrieblicher Tätigkeit**
10. Finanzerträge
    ./. Buchwertveränderungen von kurzfristigen Finanzinvestitionen (investments), die zu anderen Werten als aktuellen Marktwerten (market values) bilanziert werden
    + Marktwertveränderungen von kurzfristigen Finanzinvestitionen (investments), die zu anderen Werten bilanziert werden
11. Finanzaufwendungen (interests and other borrowing costs)
    + Fremdkapitalkosten (borrowing costs), deren erstmalige Bilanzierung im betrachteten Rechnungslegungszeitraum erfolgt
    + Veränderungen von Salden zwischen bilanziellen Werten und beizulegenden Werten (fair values) von nicht-marktfähigen Finanzinvestitionen (investments) bei vorübergehenden Wertminderungen
    ./. Buchwertveränderungen von Rückstellungen (provisions) durch Diskontierungen
12. Fremdwährungsdifferenzen (foreign exchange differences)
13. **Jahresabschlußanalytischer Gewinn vor Steuern**
14. Ertragsteuern (income taxes)
    + Buchwertveränderungen von latenten Steuerforderungen (deferred tax assets)
15. **Jahresabschlußanalytischer Gewinn nach Steuern**
16. Gewinnanteile von Minderheitsgesellschaftern
17. **Jahresabschlußanalytisches Ergebnis gewöhnlicher Geschäftätigkeit (profit or loss from ordinary activities)**

18. außerordentliche Positionen (extraordinary items)
   ./. Buchwertveränderungen von Geschäfts- oder Firmenwerten (goodwill)
   ./. Buchwertveränderungen von eigenen Anteilen
   ./. Veränderungen von Eventualverbindlichkeiten (contingent liabilities) nach Abzug von Erstattungsansprüchen
19. **Jahresabschlußanalytisches Ergebnis des Geschäftsjahres (profit or loss for the period)**

Tab. 5.60: Jahresabschlußanalytische Aufbereitung für die Gewinn- und Verlustrechnung nach dem Umsatzkostenverfahren

Analog ist die Gewinn- und Verlustrechnung von IAS-Abschlüssen nach dem Gesamtkostenverfahren im Vorfeld von Jahresabschlußanalysen aufzubereiten. Welche jahresabschlußanalytischen Erhöhungen bzw. Minderungen von einzelnen Erfolgspositionen in diesem Fall erforderlich sind, kann der Tabelle 5.61 entnommen werden.

01. Umsatzerlöse
02. Sonstige betriebliche Erträge
03. Bestandsveränderungen fertiger und unfertiger Erzeugnisse
04. Andere aktivierte Eigenleistungen
05. Roh-, Hilfs- und Betriebsstoffe
   ./. Buchwertveränderungen von Vorräten (inventories) unter Zugrundelegung von bevorzugten Verbrauchsfolgeverfahren oder stichtagsbezogenen Marktbewertungen
06. Personalaufwendungen
   ./. Veränderungen unrealisierter Erfolge aus Pensionsrückstellungen infolge versicherungsmathematischer Bewertungsänderungen
   + Veränderungen unrealisierter Aufwendungen aus Pensionsrückstellungen für zurückliegende Dienstzeiten (past service costs)
   + Veränderungen unrealisierter Differenzbeträge aus Pensionsrückstellungen aufgrund temporärer Übergangsregelungen
07. Forschungs- und Entwicklungskosten (research and development costs)
   + Buchwertveränderungen von immateriellen Anlagevermögen ohne Geschäfts- oder Firmenwerte (goodwill)
   ./. Buchwertveränderungen durch Neubewertungen (revaluations) von immateriellen Vermögenswerten (intangible assets)
08. Sonstige betriebliche Aufwendungen
09. **Jahresabschlußanalytischer Gewinn aus betrieblicher Tätigkeit**
10. Finanzerträge
   ./. Buchwertveränderungen von kurzfristigen Finanzinvestitionen (investments), die zu anderen Werten als aktuellen Marktwerten (market values) bilanziert werden
   + Marktwertveränderungen von kurzfristigen Finanzinvestitionen (investments), die zu anderen Werten bilanziert werden

11. Finanzaufwendungen (interests and other borrowing costs)
    + Fremdkapitalkosten (borrowing costs), deren erstmalige Bilanzierung im betrachteten Rechnungslegungszeitraum erfolgt
    + Veränderungen von Salden zwischen bilanziellen Werten und beizulegenden Werten (fair values) von nicht-marktfähigen Finanzinvestitionen (investments) bei vorübergehenden Wertminderungen
    ./. Buchwertveränderungen von Rückstellungen (provisions) durch Diskontierungen
12. Fremdwährungsdifferenzen (foreign exchange differences)
13. Jahresabschlußanalytischer Gewinn vor Steuern
14. Ertragsteuern (income taxes)
    + Buchwertveränderungen von latenten Steuerforderungen (deferred tax assets)
15. Jahresabschlußanalytischer Gewinn nach Steuern
16. Gewinnanteile von Minderheitsgesellschaftern
17. Jahresabschlußanalytisches Ergebnis gewöhnlicher Geschäftstätigkeit (profit or loss from ordinary activities)
18. außerordentliche Positionen (extraordinary items)
    ./. Buchwertveränderungen von Geschäfts- oder Firmenwerten (goodwill)
    ./. Buchwertveränderungen von eigenen Anteilen
    ./. Veränderungen von Eventualverbindlichkeiten (contingent liabilities) nach Abzug von Erstattungsansprüchen
19. Jahresabschlußanalytisches Ergebnis des Geschäftsjahres (profit or loss for the period)

Tab. 5.61: Jahresabschlußanalytische Aufbereitung für die Gewinn- und Verlustrechnung nach dem Gesamtkostenverfahren

6 Beispielfall[1]

Um jahresabschlußanalytische Konsequenzen der empfohlenen Aufbereitungsmaßnahmen für unternehmensindividuelle Kreditwürdigkeitsprüfungen zu erläutern, sollen markante Einzelbeispiele der vorangegangenen Abschnitte zur abschließenden Gesamtrechnung zusammengefaßt werden. Im einzelnen werden folgende Geschäftsvorfälle betrachtet:

(1) **Umsatzerlöse**
Im Geschäftsjahr 1999 führen betriebliche Tätigkeiten zu Umsatzerlösen von 318.709 DM, die per Banküberweisung zum Rechnungslegungsstichtag eingegangen sind.

(2) **Neubewertung von Sachanlagevermögen**
Gegeben ist folgende Datensituation zur Errichtung von zwei Fabrikationshallen im Geschäftsjahr 1997:

gesamte Anschaffungs- und Herstellungskosten:	600.000 DM
lineare Abschreibungen über 20 Jahre:	30.000 DM/Jahr
Zunahme von aktuellen Tageswerten zwischen 31.12.1997 und 31.12.1999 laut unabhängiger Wertgutachten:	80.000 DM

(3) **öffentliche Zuschüsse**
Im Geschäftsjahr 1996 wurden öffentliche Zuschüsse zum Erwerb von Sachanlagen in Anspruch genommen. Im einzelnen sind folgende Daten zugrundezulegen:

bilanzielle Anschaffungskosten:	20.000 DM
lineare Abschreibungen über 5 Jahre:	4.000 DM/Jahr
öffentliche Zuschüsse (government grands):	10% der bilanziellen Anschaffungskosten

(4) **Fremdkapitalkosten**
Auf betriebseigenen Grundstücken wurden zwei Bürogebäude im betrachteten Geschäftsjahr 1999 errichtet. Im einzelnen sind folgende Daten gegeben:

bilanzielle Herstellungskosten bei gleichmäßiger Verteilung zwischen Baubeginn am 01.01.1999 und Bauende am 31.12.1999:	2.000.000 DM
Finanzierung aus allgemeinen Fremdmitteln zu folgenden Konditionen:	
Gesamtbetrag an allgemeinen Fremdmitteln:	8.000.000 DM
Zinsen für allgemeine Fremdmittel:	480.000 DM/Jahr

---

[1] Um unnötige Erweiterungen von tabellarischen Darstellungen zu vermeiden, unterbleibt die zusätzliche Angabe von englischen Originalbegriffen in diesem Kapitel.

(5) Wertminderungen von Finanzanlagevermögen

Zum 31.12.1999 wird der auszuweisende Bestand an langfristigen Finanzinvestitionen in der nachfolgenden Tabelle 6.01 wiedergegeben.

Finanzinvestition	Anschaffungskosten in DM	aktueller Marktwert in DM	Neubewertungsbetrag in DM
A	30.000	-,-	40.000
B	45.000	47.000	47.000
C	55.000	-,-	51.000
D	70.000	67.000	67.000
Σ	200.000	114.000	205.000

Anmerkungen:
Finanzinvestition A:
- neubewertungsbedingte Buchwerterhöhungen um 7.000 DM auf 37.000 DM in vorangegangenen Rechnungslegungszeiträumen

Finanzinvestition B:
- aufwandswirksame Buchwertminderungen um 7.000 DM auf 38.000 DM in vorangegangenen Rechnungslegungszeiträumen

Finanzinvestition C: Kapitalanteile an C-GmbH
- erwarteter Fortfall von sämtlichen Wertminderungen im folgenden Geschäftsjahr
- Grund: wahrscheinliche Einstellung von Schadensersatzprozessen gegen C-GmbH

Tab. 6.01: Beispielhafte Datensituation zur Berücksichtigung vorübergehender Wertminderungen von Finanzanlagen

(6) Finanzanlagen in Immobilien

Im Geschäftsjahr 1999 sind folgende Wertveränderungen von Finanzanlagen in Immobilien eingetreten:

Zunahme der aktuellen Marktwerte:	20.000 DM
planmäßige Abschreibungen:	5.000 DM/Jahr

(7) immaterielle Vermögenswerte

Durch eigene Entwicklungsarbeiten wurden Produktionsverfahren im Geschäftsjahr 1996 zur wirtschaftlichen Marktreife gebracht. Zum 31.12.1999 sind folgende Daten gegeben:

Nutzungsbeginn im Geschäftsjahr 1996	
aktivierte Herstellungskosten:	1.000.000 DM
lineare Abschreibungen über 10 Jahre:	100.000 DM/Jahr
Neubewertung im Geschäftsjahr 1998	
Buchwerterhöhung:	400.000 DM
planmäßige Auflösung über 8 Jahre:	50.000 DM/Jahr

(8) Vorräte

Im Geschäftsjahr 1999 sind folgende Veränderungen von betrieblichen Vorratsbeständen eingetreten:

Anfangsbestand (01.01.):	0 t	Buchwert:	0 DM
Zugänge (01.02.):	10.000 t	Anschaffungskosten:	8.000 DM
Zugänge (01.04.):	12.000 t	Anschaffungskosten:	10.000 DM
Abgänge (01.10.):	12.000 t		
Endbestand (31.12.):	10.000 t	Wiederbeschaffungskosten:	11.000 DM

(9) Fertigungsaufträge

Im Geschäftsjahr 1998 wurden zwei Fertigungsaufträge über Gebäude mit einem Investor geschlossen. Laut der anschließenden Nachkalkulation sind den beiden Projekten zwar die erwarteten Gesamterlöse sehr genau zuzurechnen, aber die erwarteten Gesamtkosten allenfalls näherungsweise beizulegen. Im einzelnen können die Daten aus der Tabelle 6.02 entnommen werden.

	Gebäude 1	Gebäude 2	Gesamtauftrag
erwartete Umsatzerlöse	6.500.000 DM	3.500.000 DM	10.000.000 DM
erwartete Gesamtkosten			
im Jahr 1998	1.000.000 DM	500.000 DM	1.500.000 DM
im Jahr 1999	2.750.000 DM	1.750.000 DM	4.500.000 DM
im Jahr 2000	5.000.000 DM	2.500.000 DM	7.500.000 DM

Tab. 6.02: Beispielhafte Ausgangssituation zur Bilanzierung langfristiger Fertigungsaufträge

Beim Gebäude 1 wird der vereinbarte Leistungsumfang im Geschäftsjahr 1999 aufgestockt. Dabei werden folgende Konditionen angesichts erwarteter Folgeaufträge akzeptiert:

zusätzliche Auftragserlöse:	1.000.000 DM
zusätzliche Auftragskosten:	1.250.000 DM

Zudem werden die praktischen Baumaßnahmen beim Gebäude 2 entgegen den ursprünglichen Erwartungen beeinträchtigt, so daß zusätzliche Auftragskosten von 1.250.000 DM im Geschäftsjahr 1999 anfallen. Voraussichtlich werden die erwarteten Gesamtkosten im Geschäftsjahr 1999 bei Fertigstellung der beiden Gebäude im Geschäftsjahr 2000 nicht überschritten.

(10) erhaltene Anzahlungen

Im Geschäftsjahr 1999 wurden mehrere VOB-Verträge über Einfamilienhäuser geschlossen, worauf erste Anzahlungen trotz fehlenden Baubeginns eingingen. Im einzelnen sind folgende Daten zugrundezulegen:

Eingang von Anzahlungen:	250.000 DM
Erwerb von Baumaterialien auf Ziel:	500.000 DM

(11) kurzfristige Finanzinvestitionen

Zum 31.12.1999 zeigt die Tabelle 6.03 den Bestand an Wertpapieren, die aufgrund jederzeitiger Realisierbarkeit und beabsichtigter Veräußerung im folgenden Rechnungslegungszeitraum als kurzfristige Finanzinvestitionen auszuweisen sind.

Finanzinvestition	Anschaffungskosten in DM	aktueller Marktwert in DM	niedrigerer Wert in DM
A1	2.000	2.500	2.000
A2	3.500	3.200	3.200
B	1.500	2.000	1.500
C	3.000	2.800	2.800
Σ	10.000	10.500	9.500

Tab. 6.03: Beispielhafte Datensituation zur Bilanzierung kurzfristiger Finanzinvestitionen

(12) Pensionsrückstellungen

Im Geschäftsjahr 1998 wurden leistungsorientierte Versorgungszusagen gegenüber zehn Arbeitnehmern in folgendem Umfang gewährt:

berechtigte Arbeitnehmer (Bezugsjahr 1998):
durchgängiger Beschäftigungszeitraum: 15 Jahre
durchschnittliches Nettogehalt: 40.000 DM/Jahr
spätester Versorgungszeitpunkt: 2022

betriebliche Versorgungsleistungen:
Höhe: 0,5% vom Nettoendgehalt für jedes Jahr an ununterbrochener Betriebszugehörigkeit
Voraussetzung: minimaler Beschäftigungszeitraum von 20 Jahren

versicherungsmathematische Bewertungsprämissen:
Diskontierungsfaktor:[2] 3,5%
erwartete Gehaltssteigerungen: 5% p.a.

(13) latente Steuerverbindlichkeiten

Im betrachteten Geschäftsjahr sind temporäre Differenzen, deren bilanzielle Erfassung als latente Steuerverbindlichkeiten erforderlich ist, in folgender Höhe entstanden:

---

[2] Der unterstellte Diskontierungsfaktor von 3,5% soll fristenadäquate Zinssätze einwandfreier Industrie- bzw. Staatsanleihen ebenso reflektieren wie versicherungsmathematische Bewertungsannahmen unternehmensindividueller Biometrie- und Fluktuationsentwicklungen.

passivische Differenzbeträge: 100.000 DM

davon aus Neubewertungen von Sachanlagen: 30.000 DM
Marktbewertungen von Finanzanlagen: 25.000 DM

zukünftiger Ertragsteuersatz: 52 %

(14) sonstige Rückstellungen
Infolge mehrerer Geschäftsvorfälle im Geschäftsjahr 1999 werden zusätzliche Gewährleistungsverpflichtungen erwartet. Dabei sind die Daten der Tabelle 6.04 gegeben.

Eintrittswahrscheinlichkeit	5 %	30 %	65%
erwartete Gewährleistungsverpflichtung	0 DM	400.000 DM	500.000 DM

Anmerkungen:	
Fälligkeit:	2006
Kalkulationszinsfuß:	3,5%
Erstattungsansprüche:	hälftige Weiterleitung von Gewährleistungsverpflichtungen an beteiligte Subunternehmungen

Tab. 6.04: Beispielhafte Datensituation zur Bilanzierung von Rückstellungen

(15) Eventualverbindlichkeiten
Durch einzelne Geschäftsvorfälle im Jahr 1999 werden folgende Garantieverpflichtungen erwartet, wobei kein Rückgriff auf fremde Dritte möglich ist:

Verpflichtungsumfang: 750.000 DM
prognostizierte Eintrittswahrscheinlichkeit: 10 %

Infolge expliziter Bilanzierungs- und Bewertungswahlrechte sowie impliziter Ermessens- und Gestaltungsspielräume können die vorgenannten Geschäftsvorfälle mit unterschiedlichen Bilanz- und Erfolgsausweisen im betrachteten Rechnungslegungszeitraum verbunden sein. Um jahresabschlußanalytische Konsequenzen aus diesen Unterschieden in ihren Ursachen auf einzelne Sachverhalte zurückführen zu können, soll die Betrachtung im Beispielfall auf die Veränderungen von Bilanz- und Erfolgsausweisen beschränkt bleiben. Dabei werden mögliche Ausweise bei konservativen und progressiven Bilanzierungs- und Bewertungsmethoden gegenübergestellt.
Sofern die bilanzpolitischen Gestaltungspotentiale angesichts guter Vermögens-, Finanz- und Ertragslagen bzw. -entwicklungen konservativ genutzt werden, sind die möglichen Jahresabschlußveränderungen durch die betrachteten Geschäftsvorfälle aus den nachstehenden Tabellen 6.05 bis 6.07 ersichtlich.

Aktiva	Veränderungsbilanz in DM		Passiva
Anlagevermögen		**Eigenkapital**	
Sachanlagevermögen	+ 1.961.000	eingezahltes Kapital	± 0
Finanzanlagevermögen	- 3.000	Neubewertungsrücklage	± 0
immaterielles Anlagevermögen	- 100.000	Ergebnis des Geschäftsjahres	- 362.000
Umlaufvermögen		**Fremdkapital**	
Vorräte	- 2.242.000	Bankverbindlichkeiten	+ 2.000.000
Forderungen	+ 5.442.000	Lieferverbindlichkeiten	+ 520.000
kurzfristige Finanzinvestitionen	- 500	Pensionsrückstellungen	+ 1.209
Bankguthaben	- 2.241.291	Rückstellungen	+ 384.000
		latente Steuern	+ 23.400
		Abgrenzungsposten	+ 249.600
	+ 2.816.209		+ 2.816.209

Tab. 6.05: Beispielhafte Veränderungsbilanz der Unternehmung mit guten Vermögens-, Finanz- und Ertragslagen bzw. -entwicklungen

Gewinn- und Verlustrechnung in DM	
01. Umsatzerlöse	5.568.709
02. Umsatzkosten	
Personalaufwendungen	2.751.209
Abschreibungen	38.600
Materialaufwendungen	2.762.000
03. Bruttogewinn	16.900
04. Forschungs- und Entwicklungskosten	100.000
05. Sonstige betriebliche Aufwendungen	192.000
06. Gewinn aus betrieblichen Tätigkeiten	- 275.100
07. Finanzerträge	0
08. Finanzaufwendungen	63.500
09. Gewinn vor Steuern	- 338.600
10. Ertragsteuern	23.400
11. Ergebnis gewöhnlicher Geschäftstätigkeit	- 362.000
12. außerordentliche Positionen	0
13. Ergebnis des Geschäftsjahres	- 362.000

Tab. 6.06: Beispielhafte Gewinn- und Verlustrechnung der Unternehmung mit guten Vermögens-, Finanz- und Ertragslagen bzw. -entwicklungen nach Maßgabe des Umsatzkostenverfahrens

Erläuterungen
Anlagevermögen
(1) Sachanlagevermögen
Bilanzierung zu fortgeführten Anschaffungs- oder Herstellungskosten
Bilanzierung von öffentlichen Zuschüssen über passive (Rechnungs-) Abgrenzungsposten
aufwandswirksame Erfassung von aktivierungsfähigen Fremdkapitalkosten
Bilanzierung von Finanzanlagen in Immobilien als Sachanlagevermögen
Buchwert von Finanzanlagen in Immobilien: - 5.000 DM
(2) Finanzanlagevermögen
Bilanzierung zu Anschaffungskosten
Differenz zwischen Markt- und Buchwerten von marktfähigen Finanzinvestitionen: + 2.000 DM
vorübergehende Wertminderung von Kapitalanteilen an C-GmbH in Höhe von 4.000 DM angesichts erwarteter Einstellung von Schadensersatzprozessen gegen C-GmbH
(3) immaterielles Anlagevermögen
Bilanzierung zu fortgeführten Anschaffungs- oder Herstellungskosten
Buchwert von selbsterstellten Vermögenswerten: - 100.000 DM
Umlaufvermögen
(1) Vorräte
Bilanzierung nach Lifo-Methode
Differenz zwischen tatsächlichem Buchwert und alternativem Buchwert nach bevorzugten Verbrauchsfolgeverfahren: + 1.091 DM
(2) Forderungen
Umsatzerlöse bzw. Gesamtbetrag von angefallenen Kosten zuzüglich ausgewiesener Erfolge aus laufenden Fertigungsaufträgen: + 5.250.000 DM
(3) kurzfristige Finanzinvestitionen
Bilanzierung zu niedrigeren Werten aus historischen Anschaffungskosten und aktuellen Marktwerten unter separater Betrachtung von einzelnen Finanzinvestitionen
Differenz zwischen Markt- und Buchwert: + 1.000 DM
Fremdkapital
(1) Pensionsrückstellungen
Barwert von unberücksichtigten Aufwendungen für zurückliegende Dienstzeiten: - 759 DM
(2) Rückstellungen
Buchwertveränderung durch Diskontierungen: - 88.000 DM
aktivierte Erstattungsansprüche: + 192.000 DM
(3) Abgrenzungsposten
passive Abgrenzungsposten für öffentliche Zuschüsse: - 400 DM
passive Abgrenzungsposten für erhaltene Anzahlungen: + 250.000 DM
(4) Eventualverbindlichkeiten aus Gewährleistungsverpflichtungen
Umfang nach Abzug von Erstattungsansprüchen: 75.000 DM; Eintrittswahrscheinlichkeit 10%

Tab. 6.07: Beispielhafte Erläuterungen zum IAS-Abschluß der Unternehmung mit guten Vermögens-, Finanz- und Ertragslagen bzw. -entwicklungen

Entsprechend werden die möglichen Jahresabschlußveränderungen durch die betrachteten Geschäftsvorfälle in den nachfolgenden Tabellen 6.08 bis 6.10 dargestellt, wenn schlechte Vermögens-, Finanz- und Ertragslagen bzw. -entwicklungen durch progressive Bilanzierungs- und Bewertungsmethoden verborgen werden sollen.

Aktiva	Veränderungsbilanz in DM		Passiva
Anlagevermögen		**Eigenkapital**	
Sachanlagevermögen	+ 2.106.400	eingezahltes Kapital	± 0
Finanzanlagevermögen	+ 25.000	Neubewertungsrücklage	+ 26.400
immaterielles Anlagevermögen	- 150.000	Ergebnis des Geschäftsjahres	+ 170.000
Umlaufvermögen		**Fremdkapital**	
Vorräte	- 2.490.000	Bankverbindlichkeiten	+ 2.000.000
Forderungen	+ 5.881.000	Lieferverbindlichkeiten	+ 520.000
kurzfristige Finanzinvestitionen	+ 500	Pensionsrückstellungen	+ 1.209
Bankguthaben	- 2.241.291	Rückstellungen	+ 362.000
		latente Steuern	+ 52.000
	+ 3.131.609		+ 3.131.609

Tab. 6.08: Beispielhafte Veränderungsbilanz der Unternehmung mit schlechten Vermögens-, Finanz- und Ertragslagen bzw. -entwicklungen

Gewinn- und Verlustrechnung in DM	
01. Umsatzerlöse	6.018.709
02. Umsatzkosten	
Personalaufwendungen	2.751.209
Abschreibungen	33.600
Materialaufwendungen	2.760.000
03. Bruttogewinn	473.900
04. Forschungs- und Entwicklungskosten	100.000
05. Sonstige betriebliche Aufwendungen	181.000
06. Gewinn betrieblicher Tätigkeit	192.900
07. Finanzerträge	500
08. Finanzaufwendungen	0
09. Gewinn vor Steuern	193.400
10. Ertragsteuern	23.400
11. Ergebnis gewöhnlicher Geschäftstätigkeit	170.000
12. außerordentliche Positionen	0
13. Ergebnis des Geschäftsjahres	170.000

Tab. 6.09: Beispielhafte Gewinn- und Verlustrechnung der Unternehmung mit schlechten Vermögens-, Finanz- und Ertragslagen bzw. -entwicklungen nach Maßgabe des Umsatzkostenverfahrens

Erläuterungen
Anlagevermögen
(1) Sachanlagevermögen
Bilanzierung zu Neubewertungsbeträgen
Buchwert von neubewerteten Sachanlagen: + 50.000 DM
historische bzw. fortgeführte Anschaffungs- oder Herstellungskosten von neubewerteten Sachanlagen: - 30.000 DM
Bilanzierung von öffentlichen Zuschüssen unter Minderung von zugrundeliegenden Anschaffungskosten
Veränderung von planmäßigen Abschreibungen durch öffentliche Zuschüsse: - 400 DM
bilanzielle Erfassung von aktivierungsfähigen Fremdkapitalkosten
Fremdkapitalkosten, deren erstmalige Bilanzierung im betrachteten Rechnungslegungszeitraum erfolgt: + 60.000 DM
(2) Finanzanlagevermögen
Bilanzierung zu Neubewertungsbeträgen
Bilanzierung von Finanzanlagen in Immobilien als Finanzanlagevermögen
(3) immaterielles Anlagevermögen
Bilanzierung zu Neubewertungsbeträgen
Buchwert von neubewerteten Vermögenswerten: - 150.000 DM
historische bzw. fortgeführte Anschaffungs- oder Herstellungskosten von neubewerteten Vermögenswerten: - 100.000 DM
Umlaufvermögen
(1) Vorräte
Bilanzierung nach Fifo-Methode
Buchwertveränderungen durch erhaltene Anzahlungen: - 250.000 DM
(2) Forderungen
Umsatzerlöse bzw. Gesamtbetrag von angefallenen Kosten zuzüglich ausgewiesener Erfolge aus laufenden Fertigungsaufträgen: + 5.700.000 DM
(3) kurzfristige Finanzinvestitionen
Bilanzierung zu aktuellen Marktwerten
Fremdkapital
(1) Pensionsrückstellungen
Barwert von unberücksichtigten Aufwendungen für zurückliegende Dienstzeiten: - 759 DM
(2) Rückstellungen
Buchwertveränderung durch Diskontierungen: - 83.000 DM
aktivierte Erstattungsansprüche: + 181.000 DM
(3) latente Steuerverbindlichkeiten
Betrag, der im bilanziellen Eigenkapital erfolgsneutral verrechnet wurde: + 28.600 DM
(4) Eventualverbindlichkeiten aus Gewährleistungsverpflichtungen
Umfang nach Abzug von Erstattungsansprüchen: 75.000 DM; Eintrittswahrscheinlichkeit 10%

Tab. 6.10: Beispielhafte Erläuterungen zum IAS-Abschluß der Unternehmung mit schlechten Vermögens-, Finanz- und Ertragslagen bzw. -entwicklungen

Beispielfall 247

Wie aus den Tabellen 6.05 bis 6.10 ersichtlich wird, können erhebliche Differenzen von Bilanz- und Erfolgsausweisen trotz übereinstimmender Sachverhalte auftreten. Damit gleichwohl Zeit- und Branchenvergleiche von Jahresabschlüssen zu sinnvollen Ergebnissen für Zwecke von Kreditwürdigkeitsprüfungen führen, müssen jahresabschlußanalytische Aufbereitungsmaßnahmen vorgenommen werden. Sollten kreditgewährende Finanzinstitute den erarbeiteten Empfehlungen zur jahresabschlußanalytischen Aufbereitung folgen, zeigen die Tabellen 6.11 und 6.12 auf, welche konkreten Korrekturen des Jahresabschlusses der Unternehmung mit guten Vermögens-, Finanz- und Ertragslagen bzw. -entwicklungen erfolgen müssen.

Strukturbilanz	Ausgangswerte	Endwerte
Aktivseite		
A. Anlagevermögen		
I. Sachanlagevermögen	+ 1.961.000	+ 1.966.400
./. Buchwertveränderungen durch Neubewertungen von Sachanlagen	0	
./. passivische Abgrenzungsposten für vermögensbezogene Zuschüsse	+ 400	
./. Fremdkapitalkosten, deren erstmalige Bilanzierung im betrachteten Rechnungslegungszeitraum erfolgt	0	
./. Finanzanlagen in Immobilien, die als Sachanlagevermögen bilanziert werden	+ 5.000	
./. negative Unterschiedsbeträge	0	
II. Finanzanlagevermögen	- 3.000	- 10.000
./. marktfähige Finanzanlagen, die zu anderen Werten als aktuellen Marktwerten bilanziert werden	+ 2.000	
+ aktueller Marktwert von marktfähigen Finanzanlagen, die zu anderen Werten bilanziert werden		
./. Salden zwischen bilanziellen Werten und beizulegenden Werten von nicht-marktfähigen Finanzinvestitionen bei vorübergehenden Wertminderungen	- 4.000	
+ Finanzanlagen in Immobilien, die als Sachanlagevermögen bilanziert werden	- 5.000	
./. Finanzanlagen in Immobilien, die zu anderen Werten als aktuellen Marktwerten bilanziert werden	entfällt bei Ausweis im Sachanlagevermögen	
+ aktueller Marktwert von Finanzanlagen in Immobilien, die zu anderen Werten bilanziert werden		
./. latente Steuerforderungen	0	
III. Immaterielle Vermögenswerte	- 100.000	0
./. Geschäfts- oder Firmenwerte	0	
./. immaterielles Anlagevermögen von sonstiger Art	+ 100.000	

B. Umlaufvermögen		
I. Vorräte	- 2.242.000	+ 3.009.091
+ Buchwertveränderungen von Vorräten unter Zugrundelegung von bevorzugten Verbrauchsfolgeverfahren oder stichtagsbezogenen Marktbewertungen	+ 1.091	
+ Aufträge in Bearbeitung	+ 5.250.000	
./. Buchwertveränderungen von Aufträgen in Bearbeitung bzw. Vorräten infolge erhaltener Anzahlungen	0	
II. Forderungen	+ 5.442.000	0
./. Aufträge in Bearbeitung	- 5.250.000	
./. Erstattungsansprüche im Zusammenhang mit Rückstellungen	- 192.000	
III. kurzfristige Finanzinvestitionen	- 500	+ 500
./. kurzfristige Finanzinvestitionen, die zu anderen Werten als aktuellen Marktwerten bilanziert werden	+ 1.000	
+ aktueller Marktwert von kurzfristigen Finanzinvestitionen, die zu anderen Werten bilanziert werden		
./. eigene Anteile	0	
IV. Zahlungsmittel und Zahlungsmitteläquivalente	- 2.241.291	- 2.241.291
Passivseite		
A. Eigenkapital		
I. Eingezahltes Kapital	0	0
II. Neubewertungsrücklagen	0	+ 2.000
./. Buchwertveränderungen durch Neubewertungen von Sachanlagen	0	
./. marktfähige Finanzanlagen, die zu anderen Werten als aktuellen Marktwerten bilanziert werden	+ 2.000	
+ aktueller Marktwert von marktfähigen Finanzanlagen, die zu anderen Werten bilanziert werden		
./. Finanzanlagen in Immobilien, die zu anderen Werten als aktuellen Marktwerten bilanziert werden	entfällt bei Ausweis im Sachanlagevermögen	
+ aktueller Marktwert von Finanzanlagen in Immobilien, die zu anderen Werten bilanziert werden		
./. Buchwertveränderungen durch Neubewertungen von immateriellen Vermögenswerten	0	
+ latente Steuerverbindlichkeiten aus Neubewertungen im materiellen und immateriellen Anlagevermögen	0	
III. sonstige Eigenkapitalrücklagen	- 362.000	- 426.150
./. Fremdkapitalkosten, deren erstmalige Bilanzierung im betrachteten Rechnungslegungszeitraum erfolgt	0	
./. Salden zwischen bilanziellen Werten und beizulegenden Werten von nicht-marktfähigen Finanzinvestitionen bei vorübergehenden Wertminderungen	- 4.000	

./. latente Steuerforderungen	0	
./. Geschäfts- oder Firmenwerte	0	
./. immaterielles Anlagevermögen von sonstiger Art	+ 100.000	
+ Buchwertveränderungen durch Neubewertungen von immateriellen Vermögenswerten	0	
+ Buchwertveränderungen von Vorräten unter Zugrundelegung von bevorzugten Verbrauchsfolgeverfahren oder stichtagsbezogenen Marktbewertungen	+ 1.091	
./. kurzfristige Finanzinvestitionen, die zu anderen Werten als aktuellen Marktwerten bewertet werden	+ 1.000	
+ aktueller Marktwert von kurzfristigen Finanzinvestitionen, die zu anderen Werten bilanziert werden		
./. eigene Anteile	0	
+ unrealisierte Erfolge aus Pensionsrückstellungen infolge versicherungsmathematischer Bewertungsänderungen	0	
./. unrealisierte Aufwendungen aus Pensionsrückstellungen für zurückliegende Dienstzeiten	+ 759	
./. unrealisierte Differenzbeträge aus Pensionsrückstellungen aufgrund temporärer Übergangsregelungen	0	
+ Buchwertveränderungen von Rückstellungen durch Diskontierungen	- 88.000	
./. Eventualverbindlichkeiten nach Abzug von Erstattungsansprüchen	- 75.000	
B. langfristiges Fremdkapital		
I. Verbindlichkeiten	+ 2.520.000	+ 2.520.000
II. Pensionsrückstellungen	+ 1.209	+ 450
+ unrealisierte Erfolge aus Pensionsrückstellungen infolge versicherungsmathematischer Bewertungsänderungen	0	
./. unrealisierte Aufwendungen aus Pensionsrückstellungen für zurückliegende Dienstzeiten	- 759	
./. unrealisierte Differenzbeträge aus Pensionsrückstellungen aufgrund temporärer Übergangsregelungen	0	
III. latente Steuern	+ 23.400	+ 23.400
./. latente Steuerverbindlichkeiten aus Neubewertungen im materiellen und immateriellen Anlagevermögen	0	
IV. sonstige Rückstellungen	+ 384.000	+ 355.000
./. Erstattungsansprüche im Zusammenhang mit Rückstellungen	- 192.000	
./. Buchwertveränderungen von Rückstellungen durch Diskontierungen	+ 88.000	
+ Eventualverbindlichkeiten nach Abzug von Erstattungsansprüchen	+ 75.000	
C. kurzfristiges Fremdkapital	0	0

D. negative Unterschiedsbeträge (negative goodwill)	0	0
./. negative Unterschiedsbeträge (negative goodwill)	0	
E. abgegrenzte Erträge	+ 249.600	+ 250.000
./. passivische Abgrenzungsposten für vermögensbezogene Zuschüsse	+ 400	
./. Buchwertveränderungen von Aufträgen in Bearbeitung bzw. Vorräten infolge erhaltener Anzahlungen	0	

Tab. 6.11: Beispielhafte Strukturbilanz für die Unternehmung mit guten Vermögens-, Finanz- und Ertragslagen bzw. -entwicklungen

Gewinn- und Verlustrechnung nach jahresabschlußanalytischen Aufbereitungen	Ausgangswerte	Endwerte
01. Umsatzerlöse	5.568.709	5.568.709
02. Umsatzkosten	5.551.809	5.549.959
./. Buchwertveränderungen von Vorräten unter Zugrundelegung von bevorzugten Verbrauchsfolgeverfahren oder stichtagsbezogenen Marktbewertungen	- 1.091	
./. Veränderungen unrealisierter Erfolge aus Pensionsrückstellungen infolge versicherungsmathematischer Bewertungsänderungen	0	
+ Veränderungen unrealisierter Aufwendungen aus Pensionsrückstellungen für zurückliegende Dienstzeiten	- 759	
+ Veränderungen unrealisierter Differenzbeträge aus Pensionsrückstellungen aufgrund temporärer Übergangsregelungen	0	
03. (Jahresabschlußanalytischer) Bruttogewinn	16.900	18.750
04. Sonstige betriebliche Erträge	0	0
05. Vertriebs-, Lager- und Transportkosten	0	0
06. Verwaltungsgemeinkosten	0	0
07. Forschungs- und Entwicklungskosten	100.000	0
+ Buchwertveränderungen von immateriellen Anlagevermögen ohne Geschäfts- oder Firmenwerte	- 100.000	
./. Buchwertveränderungen durch Neubewertungen von immateriellen Vermögenswerten	0	
08. Sonstige betriebliche Aufwendungen	192.000	192.000
09. (Jahresabschlußanalytischer) Gewinn betrieblicher Tätigkeit	- 275.100	- 173.250
10. Finanzerträge	0	1.000
./. Buchwertveränderungen von kurzfristigen Finanzinvestitionen, die zu anderen Werten als aktuellen Marktwerten bilanziert werden	+ 1.000	
+ Marktwertveränderungen von kurzfristigen Finanzinvestitionen, die zu anderen Werten bilanziert werden		

11. Finanzaufwendungen	63.500	155.500
+ Fremdkapitalkosten, deren erstmalige Bilanzierung im betrachteten Rechnungslegungszeitraum erfolgt	0	
+ Veränderungen von Salden zwischen bilanziellen Werten und beizulegenden Werten von nicht-marktfähigen Finanzinvestitionen bei vorübergehenden Wertminderungen	+ 4.000	
./. Buchwertveränderungen von Rückstellungen durch Diskontierungen	+ 88.000	
12. (Jahresabschlußanalytischer) Gewinn vor Steuern	**- 338.600**	**- 327.750**
13. Ertragsteuern	23.400	23.400
+ Buchwertveränderungen von latenten Steuerforderungen	0	
14. (Jahresabschlußanalytisches) Ergebnis gewöhnlicher Geschäftstätigkeit	**- 362.000**	**- 351.150**
15. außerordentliche Positionen	0	- 75.000
./. Buchwertveränderungen von Geschäfts- oder Firmenwerten	0	
./. Buchwertveränderungen von eigenen Anteilen	0	
./. Veränderungen von Eventualverbindlichkeiten nach Abzug von Erstattungsansprüchen	- 75.000	
16. (Jahresabschlußanalytisches) Ergebnis des Geschäftsjahres	**- 362.000**	**- 426.150**

Tab. 6.12: Beispielhafte Gewinn- und Verlustrechnung für die Unternehmung mit guten Vermögens-, Finanz- und Ertragslagen bzw. -entwicklungen nach jahresabschlußanalytischen Aufbereitungen

Obgleich konservative Bilanzierungs- und Bewertungsmethoden im vorliegenden Beispielfall bereits negative Erfolgsausweise bewirken, wird der ausgewiesene Periodenerfolg durch die jahresabschlußanalytischen Aufbereitungen noch gemindert. Für dieses Ergebnis sind folgende Hauptursachen anzuführen:

(1) Minderung von Forschungs- und Entwicklungskosten um Abschreibungen für immaterielle Vermögenswerte,

(2) Erhöhung von Finanzaufwendungen um Diskontierungseffekte aus Rückstellungsbewertungen und

(3) Erhöhung von außerordentlichen Aufwendungen um Eventualverbindlichkeiten.

Entsprechend den Tabellen 6.11 und 6.12 geben die Tabellen 6.13 und 6.14 wieder, auf welche Weise der Jahresabschluß der Unternehmung mit schlechten Vermögens-, Finanz- und Ertragslagen bzw. -entwicklungen für jahresabschlußanalytische Zwecke aufzubereiten ist.

Strukturbilanz	Ausgangs-werte	End-werte
Aktivseite		
A. Anlagevermögen		
I. Sachanlagevermögen	+ 2.106.400	+ 1.966.400
./. Buchwertveränderungen durch Neubewertungen von Sachanlagen	- 80.000	
./. passivische Abgrenzungsposten für vermögensbezogene Zuschüsse	0	
./. Fremdkapitalkosten, deren erstmalige Bilanzierung im betrachteten Rechnungslegungszeitraum erfolgt	- 60.000	
./. Finanzanlagen in Immobilien, die als Sachanlagevermögen bilanziert werden	0	
./. negative Unterschiedsbeträge	0	
II. Finanzanlagevermögen	+ 25.000	+ 25.000
./. marktfähige Finanzanlagen, die zu anderen Werten als aktuellen Marktwerten bilanziert werden	0	
+ aktueller Marktwert von marktfähigen Finanzanlagen, die zu anderen Werten bilanziert werden		
./. Salden zwischen bilanziellen Werten und beizulegenden Werten von nicht-marktfähigen Finanzinvestitionen bei vorübergehenden Wertminderungen	0	
+ Finanzanlagen in Immobilien, die als Sachanlagevermögen bilanziert werden	0	
./. Finanzanlagen in Immobilien, die zu anderen Werten als aktuellen Marktwerten bilanziert werden	0	
+ aktueller Marktwert von Finanzanlagen in Immobilien, die zu anderen Werten bilanziert werden		
./. latente Steuerforderungen	0	
III. Immaterielle Vermögenswerte	- 150.000	0
./. Geschäfts- oder Firmenwerte	0	
./. immaterielles Anlagevermögen von sonstiger Art	+ 150.000	
B. Umlaufvermögen		
I. Vorräte	- 2.490.000	+ 3.460.000
+ Buchwertveränderungen von Vorräten unter Zugrundelegung von bevorzugten Verbrauchsfolgeverfahren oder stichtagsbezogenen Marktbewertungen	0	
+ Aufträge in Bearbeitung	+ 5.700.000	
./. Buchwertveränderungen von Aufträgen in Bearbeitung bzw. Vorräten infolge erhaltener Anzahlungen	+ 250.000	
II. Forderungen	+ 5.881.000	0
./. Aufträge in Bearbeitung	- 5.700.000	
./. Erstattungsansprüche im Zusammenhang mit Rückstellungen	- 181.000	

Beispielfall 253

III. kurzfristige Finanzinvestitionen	+ 500	+ 500
./. kurzfristige Finanzinvestitionen, die zu anderen Werten als aktuellen Marktwerten bilanziert werden	0	
+ aktueller Marktwert von kurzfristigen Finanzinvestitionen, die zu anderen Werten bilanziert werden		
./. eigene Anteile	0	
IV. Zahlungsmittel und Zahlungsmitteläquivalente	- 2.241.291	- 2.241.291
Passivseite		
A. Eigenkapital		
I. Eingezahltes Kapital	0	0
II. Neubewertungsrücklagen	+ 26.400	+ 12.000
./. Buchwertveränderungen durch Neubewertungen von Sachanlagen	- 80.000	
./. marktfähige Finanzanlagen, die zu anderen Werten als aktuellen Marktwerten bilanziert werden	0	
+ aktueller Marktwert von marktfähigen Finanzanlagen, die zu anderen Werten bilanziert werden		
./. Finanzanlagen in Immobilien, die zu anderen Werten als aktuellen Marktwerten bilanziert werden	0	
+ aktueller Marktwert von Finanzanlagen in Immobilien, die zu anderen Werten bilanziert werden		
./. Buchwertveränderungen durch Neubewertungen von immateriellen Vermögenswerten	+ 50.000	
+ latente Steuerverbindlichkeiten aus Neubewertungen im materiellen und immateriellen Anlagevermögen	+ 15.600	
III. sonstige Eigenkapitalrücklagen	+ 170.000	+ 52.759
./. Fremdkapitalkosten, deren erstmalige Bilanzierung im betrachteten Rechnungslegungszeitraum erfolgt	- 60.000	
./. Salden zwischen bilanziellen Werten und beizulegenden Werten von nicht-marktfähigen Finanzinvestitionen bei vorübergehenden Wertminderungen	0	
./. latente Steuerforderungen	0	
./. Geschäfts- oder Firmenwerte	0	
./. immaterielles Anlagevermögen von sonstiger Art	+ 150.000	
+ Buchwertveränderungen durch Neubewertungen von immateriellen Vermögenswerten	- 50.000	
+ Buchwertveränderungen von Vorräten unter Zugrundelegung von bevorzugten Verbrauchsfolgeverfahren oder stichtagsbezogenen Marktbewertungen	0	
./. kurzfristige Finanzinvestitionen, die zu anderen Werten als aktuellen Marktwerten bewertet werden	0	
+ aktueller Marktwert von kurzfristigen Finanzinvestitionen, die zu anderen Werten bilanziert werden		

./. eigene Anteile	0	
+ unrealisierte Erfolge aus Pensionsrückstellungen infolge versicherungsmathematischer Bewertungsänderungen	0	
./. unrealisierte Aufwendungen aus Pensionsrückstellungen für zurückliegende Dienstzeiten	+ 759	
./. unrealisierte Differenzbeträge aus Pensionsrückstellungen aufgrund temporärer Übergangsregelungen	0	
+ Buchwertveränderungen von Rückstellungen durch Diskontierungen	- 83.000	
./. Eventualverbindlichkeiten nach Abzug von Erstattungsansprüchen	- 75.000	
B. langfristiges Fremdkapital		
I. Verbindlichkeiten	+ 2.520.000	+ 2.520.000
II. Pensionsrückstellungen	+ 1.209	+ 450
+ unrealisierte Erfolge aus Pensionsrückstellungen infolge versicherungsmathematischer Bewertungsänderungen	0	
./. unrealisierte Aufwendungen aus Pensionsrückstellungen für zurückliegende Dienstzeiten	- 759	
./. unrealisierte Differenzbeträge aus Pensionsrückstellungen aufgrund temporärer Übergangsregelungen	0	
III. latente Steuern	+ 52.000	+ 36.400
./. latente Steuerverbindlichkeiten aus Neubewertungen im materiellen und immateriellen Anlagevermögen	- 15.600	
IV. sonstige Rückstellungen	+ 362.000	+ 339.000
./. Erstattungsansprüche im Zusammenhang mit Rückstellungen	- 181.000	
./. Buchwertveränderungen von Rückstellungen durch Diskontierungen	+ 83.000	
+ Eventualverbindlichkeiten nach Abzug von Erstattungsansprüchen	+ 75.000	
C. kurzfristiges Fremdkapital	0	0
D. negative Unterschiedsbeträge (negative goodwill)	0	0
./. negative Unterschiedsbeträge (negative goodwill)	0	
E. abgegrenzte Erträge	0	+ 250.000
./. passivische Abgrenzungsposten für vermögensbezogene Zuschüsse	0	
./. Buchwertveränderungen von Aufträgen in Bearbeitung bzw. Vorräten infolge erhaltener Anzahlungen	+ 250.000	

Tab. 6.13: Beispielhafte Strukturbilanz für die Unternehmung mit schlechten Vermögens-, Finanz- und Ertragslagen bzw. -entwicklungen

Beispielfall

Gewinn- und Verlustrechnung nach jahresabschlußanalytischen Aufbereitungen	Ausgangswerte	Endwerte
01. Umsatzerlöse	6.018.709	6.018.709
02. Umsatzkosten	5.544.809	5.544.050
./. Buchwertveränderungen von Vorräten unter Zugrundelegung von bevorzugten Verbrauchsfolgeverfahren oder stichtagsbezogenen Marktbewertungen	0	
./. Veränderungen unrealisierter Erfolge aus Pensionsrückstellungen infolge versicherungsmathematischer Bewertungsänderungen	0	
+ Veränderungen unrealisierter Aufwendungen aus Pensionsrückstellungen für zurückliegende Dienstzeiten	- 759	
+ Veränderungen unrealisierter Differenzbeträge aus Pensionsrückstellungen aufgrund temporärer Übergangsregelungen	0	
03. (Jahresabschlußanalytischer) Bruttogewinn	**473.900**	**474.659**
04. Sonstige betriebliche Erträge	0	0
05. Vertriebs-, Lager- und Transportkosten	0	0
06. Verwaltungsgemeinkosten	0	0
07. Forschungs- und Entwicklungskosten	100.000	0
+ Buchwertveränderungen von immateriellen Anlagevermögen ohne Geschäfts- oder Firmenwerte	- 150.000	
./. Buchwertveränderungen durch Neubewertungen von immateriellen Vermögenswerten	+ 50.000	
08. Sonstige betriebliche Aufwendungen	181.000	181.000
09. (Jahresabschlußanalytischer) Gewinn betrieblicher Tätigkeit	**192.900**	**293.659**
10. Finanzerträge	500	500
./. Buchwertveränderungen von kurzfristigen Finanzinvestitionen, die zu anderen Werten als aktuellen Marktwerten bilanziert werden	0	
+ Marktwertveränderungen von kurzfristigen Finanzinvestitionen, die zu anderen Werten bilanziert werden		
11. Finanzaufwendungen	0	143.000
+ Fremdkapitalkosten, deren erstmalige Bilanzierung im betrachteten Rechnungslegungszeitraum erfolgt	+ 60.000	
+ Veränderungen von Salden zwischen bilanziellen Werten und beizulegenden Werten von nicht-marktfähigen Finanzinvestitionen bei vorübergehenden Wertminderungen	0	
./. Buchwertveränderungen von Rückstellungen durch Diskontierungen	+ 83.000	
12. (Jahresabschlußanalytischer) Gewinn vor Steuern	**193.400**	**151.159**
13. Ertragsteuern	23.400	23.400
+ Buchwertveränderungen von latenten Steuerforderungen	0	

14. (Jahresabschlußanalytisches) Ergebnis gewöhnlicher Geschäftstätigkeit	170.000	127.759
15. außerordentliche Positionen	0	- 75.000
./. Buchwertveränderungen von Geschäfts- oder Firmenwerten	0	
./. Buchwertveränderungen von eigenen Anteilen	0	
./. Veränderungen von Eventualverbindlichkeiten nach Abzug von Erstattungsansprüchen	- 75.000	
16. (Jahresabschlußanalytisches) Ergebnis des Geschäftsjahres	170.000	52.759

Tab. 6.14: Beispielhafte Gewinn- und Verlustrechnung für die Unternehmung mit schlechten Vermögens-, Finanz- und Ertragslagen bzw. -entwicklungen nach jahresabschlußanalytischen Aufbereitungen

Durch die jahresabschlußanalytische Aufbereitung im vorliegenden Beispielfall können die unterschiedlichen Eigenkapitalausweise bei konservativen und progressiven Bilanzierungsmethoden angeglichen werden, weil folgende Maßnahmen zu zusätzlichen Eigenkapitalminderungen bei progressiven Bilanzierungsmethoden führen:

(1) Erfolgsminderung um Fremdkapitalkosten, deren erstmalige Bilanzierung im betrachteten Rechnungslegungszeitraum erfolgt, und

(2) Kürzung von Neubewertungsrücklagen für materielles und immaterielles Anlagevermögen.

Gleichwohl verbleiben erhebliche Differenzen zwischen einzelnen Strukturbilanzpositionen aus beiden Jahresabschlüssen, wie die nachfolgende Tabelle 6.15 für den betrachteten Beispielfall zeigt.

Strukturbilanzdifferenzen	gute Lage	schlechte Lage	Differenzen
Aktivseite			
A. Anlagevermögen			
I. Sachanlagevermögen	+ 1.966.400	+ 1.966.400	0
II. Finanzanlagevermögen	- 10.000	+ 25.000	+ 35.000
III. Immaterielle Vermögenswerte	0	0	0
B. Umlaufvermögen			
I. Vorräte	+ 3.009.091	+ 3.460.000	+ 450.909
II. Forderungen	0	0	0
III. kurzfristige Finanzinvestitionen	+ 500	+ 500	0
IV. Zahlungsmittel und Zahlungsmitteläquivalente	- 2.241.291	- 2.241.291	0

Passivseite			
A. Eigenkapital			
I. Eingezahltes Kapital	0	0	0
II. Neubewertungsrücklage	+ 2.000	+ 12.000	+ 10.000
III. sonstige Eigenkapitalrücklagen	- 426.150	+ 52.759	+ 478.909
B. langfristiges Fremdkapital			
I. Verbindlichkeiten	+ 2.520.000	+ 2.520.000	0
II. Pensionsrückstellungen	+ 450	+ 450	0
III. latente Steuern	+ 23.400	+ 36.400	+ 13.000
IV. sonstige Rückstellungen	+ 355.000	+ 339.000	- 16.000
C. kurzfristiges Fremdkapital	0	0	0
D. abgegrenzte Erträge	+ 250.000	+ 250.000	0

Tab. 6.15: Strukturbilanzdifferenzen im Beispielfall

Um problematische Bilanzierungs- und Bewertungsregelungen für Zwecke von Kreditwürdigkeitsprüfungen herauszufinden, sollen die Ursachen der Strukturbilanzdifferenzen im letzten Schritt analysiert werden. So sind die Strukturbilanzdifferenzen im betrachteten Beispielfall gemäß der Tabelle 6.16 auf folgende Sachverhalte zurückzuführen.

Ursachen von Strukturbilanzdifferenzen	Teilbeträge	Gesamtbetrag
Finanzanlagevermögen		35.000
klassische Finanzinvestitionen: Neubewertungen	3.000	
außerplanmäßige Abschreibungen	7.000	
Finanzanlagen in Immobilien: Neubewertungen	20.000	
Abschreibungen	5.000	
Vorräte		450.909
langfristige Fertigungsaufträge	450.000	
Materialverbrauch	909	
Neubewertungsrücklage		10.000
langfristige Finanzinvestitionen	3.000	
Finanzanlagen in Immobilien	20.000	
latente Steuern auf neubewertete Finanzanlagen	- 13.000	

Eigenkapital		478.909
langfristige Finanzinvestitionen: außerplanmäßige Abschreibungen	7.000	
Finanzanlagen in Immobilien: Abschreibungen	5.000	
langfristige Fertigungsaufträge	450.000	
Materialverbrauch	909	
ermessensabhängige Rückstellungsbemessung	16.000	
latente Steuern		13.000
latente Steuern auf neubewertete Finanzanlagen	13.000	
sonstige Rückstellungen		- 16.000
ermessensabhängige Rückstellungsbemessung	- 16.000	

Tab. 6.16: Ursachen von Strukturbilanzdifferenzen im Beispielfall

Demnach sind folgende Ursachen für Strukturbilanzdifferenzen im betrachteten Beispielfall festzuhalten:
(1) Neubewertung von Finanzanlagen,
(2) Teilgewinnrealisierungen bei Fertigungsaufträgen,
(3) vereinfachte Vorratsbewertung und
(4) ermessensabhängige Rückstellungsbewertung.

Da die vereinfachte Vorratsbewertung und ermessensabhängige Rückstellungsbewertung ungeachtet der zugrundegelegten Rechnungslegungsvorschriften zu jahresabschlußanalytischen Problemen führen, können diese Strukturbilanzdifferenzen als konventionsbestimmte Mängel bzw. allgemeine Rechnungslegungsschwierigkeiten bezeichnet werden. Demgegenüber müssen die ermittelten Strukturbilanzdifferenzen aus Neubewertungen von Finanzanlagen und aus Teilgewinnrealisierungen bei Fertigungsaufträgen aufgrund ihrer Begründung in speziellen Regelungen zur IAS-Rechnungslegung als besondere Probleme bei Analysen von IAS-Abschlüssen charakterisiert werden.

Jedoch sei betont, daß die neuen Bilanzierungs- und Bewertungsregelungen für finanzielle Vermögenswerte (financial assets) im IAS 39 angesichts des vorläufigen Charakters und langen Übergangszeitraums ohne Berücksichtigung in den vorstehenden Ausführungen bleiben. Darüber hinaus können bilanzielle Positionen für langfristige Fertigungsaufträge, sollten im Zuge des Übergangs zur IAS-Rechnungslegung ausschüttungsgesperrte Eigenkapitalrücklagen zur Sicherstellung der Zahlungsbemessungsfunktion von Einzelabschlüssen eingeführt werden, um solche Eigenkapitalrücklagen gekürzt werden, womit strukturbilanzielle Werte von Vorräten weitere Angleichungen erfahren würden.

7 Schlußbetrachtung

Die bilanzrechtlichen Bestimmungen im Kapitalaufnahmeerleichterungsgesetz (Kap-AEG), mittels derer deutsche Konzernabschlüsse für internationale Rechnungslegungsstandards geöffnet wurden (§ 292a HGB), werden beachtliche Konsequenzen für Einzelabschlüsse haben, weil unterschiedliche Rechnungslegungsvorschriften für Konzern- und Einzelabschlüsse nach einhelliger Auffassung auf Dauer nicht aufrechtzuerhalten sind.[1] In diesem Zusammenhang sind die Rechnungslegungsstandards des International Accounting Standard Committee (IASC) von besonderer Bedeutung, wenngleich ihre Übernahme auf folgende Schwierigkeiten im deutschen Bilanzrecht stößt:

(1) unmittelbare Zahlungsbemessungsfunktion von Einzelabschlüssen,
(2) Maßgeblichkeit von Handels- für Steuerbilanzen und
(3) erweiterte Rechnungslegungspflichten in IAS-Abschlüssen.

Wie im Kapitel 4 gezeigt, kann die Zahlungsbemessungsfunktion von Einzelabschlüssen sowie die Maßgeblichkeit von Handels- für Steuerbilanzen nach dem Übergang zur IAS-Rechnungslegung bestehen bleiben, sofern unsichere Eigenkapitalpositionen in IAS-Abschlüssen im Rahmen von Gewinnverwendungsrechnungen hinsichtlich ihrer Verwendungsmöglichkeiten über Ausschüttungssperren beschränkt werden. Da auch die branchen-, rechtsform- und/oder größenabhängige Einschränkung der erweiterten Rechnungslegungspflichten ohne Schwierigkeiten erfolgen kann, ist der allgemeine Übergang des deutschen Bilanzrechts zur IAS-Rechnungslegung nicht ausgeschlossen.

Nach diesem Übergang müßten Jahresabschlußanalysen für Zwecke von Kreditwürdigkeitsprüfungen in wesentlichen Punkten verändert werden. Dabei werden die Bilanzierung von unsicheren Eigenkapitalpositionen infolge der Einschränkung des Vorsichtsprinzips und der Verzicht auf vorgeschriebene Mindestgliederungen nachteilig wirken, während die verpflichtenden Zusatzangaben bei alternativen Bilanzierungs- und Bewertungsverfahren (allowed alternative treatments) in den Erläuterungen (notes) offenkundig den speziellen Informationsinteressen von kreditgewährenden Finanzinstituten entgegenkommen. Denn diese Erläuterungen (notes) ermöglichen umfangreiche Aufbereitungsmaßnahmen, um geeignete Informationen aus IAS-Abschlüssen von Einzelunternehmungen für spezielle Zwecke von Kreditwürdigkeitsprüfungen abzuleiten. Welche Aufbereitungen nach den Analysen im Kapitel 5 erfolgen sollten, faßt die Tabelle 7.01 zusammen.

---

[1] Vgl. Busse von Colbe, W. (1995), S. 389; ders. (1998), S. 383; Euler, R. (1998), S. 23; Groh, M. (1998), S. 191; Herzig, N./Dautzenberg, N. (1998), S. 32ff; Pellens, B. (1999), S. 523; Wagner, F. (1998), S. 2076f; Weber-Grellet, H. (1997), S. 391.

Aktiva

1. **Sachanlagevermögen**
   Kürzung um Buchwertveränderungen aus Neubewertungen (revaluations)
   Kürzung um passivische Abgrenzungsposten (deferred income) für vermögensbezogene Zuschüsse
   Kürzung um Fremdkapitalkosten (borrowing costs), deren erstmalige Bilanzierung im betrachteten Rechnungslegungszeitraum erfolgt
   Kürzung um negative Unterschiedsbeträge (negative goodwill)

2. **Finanzanlagevermögen**
   Umbewertung von marktfähigen Finanzanlagen zu aktuellen Marktwerten (market values) bei ihrer Bilanzierung zu anderen Werten
   Kürzung von nicht-marktfähigen Finanzanlagen um vorübergehende Wertminderungen
   Umgliederung von Finanzanlagen in Immobilien (investment properties), die im Sachanlagevermögen bilanziert werden, zum Finanzanlagevermögen
   Kürzung um latente Steuerforderungen (deferred tax assets)

3. **immaterielles Anlagevermögen**
   Eliminierung von sämtlichen Vermögenswerten (assets) einschließlich derivativer Geschäfts- oder Firmenwerte (goodwill)

4. **Vorräte (inventories)**
   Erhöhung auf alternative Werte nach bevorzugten Verbrauchsfolgeverfahren (benchmark treatments) oder stichtagsbezogenen Marktbewertungen bei ihrer Bilanzierung zu anderen Werten
   Umgliederung von Aufträgen in Bearbeitung vom Forderungs- zum Vorratsvermögen
   Erfassung von erhaltenen Anzahlungen (progress payments) als passivische Abgrenzungsposten (deferred income)

5. **Kurzfristige Finanzinvestitionen (current investments)**
   Umbewertung zu aktuellen Marktwerten (market values) bei ihrer Bilanzierung zu anderen Werten
   Kürzung um eigene Anteile

Passiva

1. **Pensionsrückstellungen**
   Erhöhung um unrealisierte Erfolge aus versicherungsmathematischen Bewertungsänderungen
   Kürzung um unrealisierte Aufwendungen für zurückliegende Dienstzeiten (past service costs)
   Kürzung um unrealisierte Differenzbeträge aus temporären Übergangsregelungen

2. **latente Steuerverbindlichkeiten (deferred tax liabilities)**
   Kürzung um Buchwertveränderungen, deren bilanzielle Gegenbuchung über Neubewertungsrücklagen (revaluation surplus) für materielle und immaterielle Anlagevermögen erfolgt

3. **sonstige Rückstellungen (provisions)**
   Kürzung um aktivierte Erstattungsansprüche
   Erhöhung um Diskontierungseffekte
   Erhöhung um Eventualverbindlichkeiten

Tab. 7.01: Überblick über Aufbereitungsmaßnahmen für IAS-Abschlüsse von Einzelunternehmungen für Zwecke von Kreditwürdigkeitsprüfungen

Allerdings können strukturbilanzielle Unterschiede aufgrund bilanzpolitischer Maßnahmen trotz dieser Aufbereitungsmaßnahmen nicht ausgeschlossen werden. Dafür sind folgende Hauptursachen festzustellen:
(1) wahlweise Bewertung von Finanzanlagen zu ihren Anschaffungskosten, Neubewertungsbeträgen (revalued amounts) oder niedrigeren Werten aus Anschaffungskosten und Marktwerten (market values),
(2) Teilgewinnausweis (percentage-of-completion-method) bei Fertigungsaufträgen (construction contracts),
(3) vereinfachte Vorratsbewertung mittels verschiedener Verbrauchsfolgeverfahren und
(4) ermessensabhängige Rückstellungsbewertung infolge zwangsläufiger Ungewißheit von zukünftigen Verpflichtungen.

Während die vereinfachte Vorratsbewertung und die ermessensabhängige Rückstellungsbewertung als allgemeine Schwierigkeiten von jahresabschlußanalytischen Untersuchungen charakterisiert werden können, basieren Strukturbilanzunterschiede aus dem Bewertungswahlrecht für Finanzanlagen und dem Erfolgsausweis bei Fertigungsaufträgen (construction contracts) auf den Besonderheiten von IAS-Abschlüssen. Jedoch sind weitere Änderungen der Bilanzierungs- und Bewertungsregelungen für finanzielle Vermögenswerte (financial assets) im laufenden Arbeitsprogramm des International Accounting Standard Committee (IASC) eingeplant. Zudem könnten die Buchwerte für Fertigungsaufträge (construction contracts) bei der Einführung von Ausschüttungssperren um entsprechende Eigenkapitalrücklagen gekürzt werden, womit strukturbilanzielle Unterschiede auf allgemeine Schwierigkeiten von jahresabschlußanalytischen Untersuchungen begrenzt würden.

Letztlich zeigen die durchgeführten Analysen, daß drei Maßnahmen unter dem speziellen Blickwinkel von Finanzinstituten doch den allgemeinen Übergang von HGB- zu IAS-Abschlüssen in jedem Fall begleiten müssen:
(1) gesicherte Verwendungsbeschränkung für unsichere Eigenkapitalpositionen über Ausschüttungssperren im Rahmen von Gewinnverwendungsrechnungen,
(2) weitgehende Vermeidung von branchen-, rechtsform- und/oder größenabhängigen Einschränkungen für einzelne Rechnungslegungspflichten und
(3) Vorgabe von verpflichtenden Mindestgliederungen für sämtliche Jahresabschlußbestandteile.

Solange die vollständige Umsetzung der genannten Maßnahmen (1) bis (3) für IAS-Abschlüsse nicht sichergestellt ist, sollte das bewährte System der gläubigerschutzorientierten Rechnungslegung über HGB-Abschlüsse aufrechterhalten bleiben, um Forderungsausfällen aus Kreditengagements durch jahresabschlußanalytische Untersuchungen von Seiten von Finanzinstituten vorbeugen zu können.

Literaturverzeichnis

Achleitner, Ann-Kristin/Behr, Giorgio (1998): International Accounting Standards, München 1998.

Achleitner, Ann-Kristin/Kleekämper, Heinz (1997): "Presentation of Financial Statements" - Das Reformprojekt des IASC und seine Auswirkungen, in: Wpg 50. Jg. (1997), Heft 4, S. 117-126.

Achleitner, Ann-Kristin/Pejic, Philip (1996): Des Abschlusses neue Kleider, in: DB 49. Jg. (1996), Heft 41, S. 2037-2043.

Adler, Hans/Düring, Walther/Schmaltz, Kurt (1995ff): Rechnungslegung und Prüfung der Unternehmen, 6. Aufl., Stuttgart 1995ff.

Alberth, Markus (1997): USA: Vertraglicher Gläubigerschutz und Ausschüttungsbemessung durch Convenants als Vorbild zur Änderung des deutschen Bilanzrechts?, in: Wpg 50. Jg. (1997), Heft 21, S. 744-750.

Alberth, Markus (1998): US-amerikanische Gläubigerbilanzen durch Convenants in Verträgen, der Versuch einer weltweiten Kategorisierung der Rechnungslegung und Folgen für die internationale Harmonisierungsdiskussion, in: ZfB 68. Jg. (1998), Heft 8, S. 803-824.

Altman, Edward (1968): Financial Ratios, Discriminant Analysis and the Prediction of Corporate Bankruptcy: in: JoF 23. Jg. (1968), Heft 4, S. 589-609.

Angele, Jürgen (1999): Insolvenzen 1998, in: Wirtschaft und Statistik 75. Jg. (1999), Heft 4, S. 299-305.

Baetge, Jörg (1994): Rating von Unternehmen anhand von Bilanzen, in: Wpg 47. Jg. (1994), Heft 1, S. 1-10.

Baetge, Jörg (1996): Bilanzen, 4. Aufl., Düsseldorf 1996.

Baetge, Jörg (1997): Konzernbilanzen, 3. Aufl., Düsseldorf 1997.

Baetge, Jörg (1998): Bilanzanalyse, Düsseldorf 1998.

Baetge, Jörg et al. (Hrsg., 1997): Rechnungslegung nach International Accounting Standards (IAS), Stuttgart 1997.

Baetge, Jörg/Jerschensky, Andreas (1996): Beurteilung der wirtschaftlichen Lage von Unternehmen mit Hilfe von modernen Verfahren der Jahresabschlußanalyse, in: DB 49. Jg. (1996), Heft 32, S. 1581-1591.

Baetge, Jörg/Kirsch, Hans-Jürgen (1995): Grundsätze ordnungsmäßiger Buchführung, in: Küting, Karlheinz/Weber, Claus-Peter (Hrsg.): Handbuch der Rechnungslegung, Band Ia, 4. Aufl., Stuttgart 1995, I Rz. 238-349.

Baetge, Jörg/Beuter, Hubert/Feidicker, Markus (1992): Kreditwürdigkeitsprüfung mit Diskriminanzanalyse, in: Wpg 45. Jg. (1992), Heft 24, S. 749-761.

Baetge, Jörg/Kruse, Ariane/Uthoff, Carsten (1996): Bonitätsklassifikationen von Unternehmen mit Neuronalen Netzen, in: WI 38. Jg. (1996), Heft 3, S. 273-281.

Ballwieser, Wolfgang (1989): Die Einflüsse des neuen Bilanzrechts auf die Jahresabschlußanalyse, in: Baetge Jörg (Hrsg.): Bilanzanalyse und Bilanzpolitik, Düsseldorf 1989, S. 15-49.

Bardenz, Alexander (1998): Von Deutscher zu Internationaler Rechnungslegung: HGB und IAS, Frankfurt am Main et al. 1998.

Barckow, Andreas/Gräfer, Horst (1997): Aktuelle Entwicklungen und Tendenzen in der Arbeit des International Accounting Standards Committee (IASC), in: DB 50. Jg. (1997), Heft 24, S. 1189-1193.

Bauch, Günter/Oestreicher, Andreas (1989): Handels- und Steuerbilanzen, 4. Aufl., Heidelberg 1989.

Bauer, Anna (1997): Pensionsrückstellungen und sonstige Dienstnehmervorteile - Änderungen durch Exposure Draft E54 des IASC, in: SWI 7. Jg. (1997), Heft 4, S. 172-178.

Baukmann, Dirk/Mandler, Udo (1997): International accounting standards, München/Wien 1997.

Bellavite-Hövermann, Yvette/Prahl, Reinhard (1997): Bankbilanzierung nach IAS, Stuttgart 1997.

BFH vom 12.05.1966 - IV 472/60, in: BStBl. 1966 III, S. 371-374.

BFH vom 31.05.1967 - I 208/63, in: BStBl. 1967 III, S. 607-609.

BFH vom 03.02.1969, Gr. S. 2/68, in: BStBl. 1969, II, S. 291-294.

BFH vom 12.12.1990, I R 153/86, in: BStBl. 1991 II, S. 479-484.

Bieg, Hartmut (1993): Jahresabschlußanalyse, in: StB 44. Jg. (1993), Heft 10, S. 378-386, Heft 11, S. 414-421 und Heft 12, S. 454-461.

Biener, Herbert (1993): Die Rechnungslegungsempfehlungen des IASC und deren Auswirkungen auf die Rechnungslegung in Deutschland, in: BFuP 45. Jg. (1993), Heft 4, S. 345-356.

Bippus, Birgit Elsa (1998): US-amerikanische Grundsätze der Rechnungslegung von Unternehmen und die Maßgeblichkeit im deutschen Bilanzrecht - keine unvereinbaren Bilanzierungsphilosophien!, in: DStZ 86. Jg. (1998), Heft 17/18, S. 637-650.

Böcking, Hans-Joachim/Benecke, Birka (1998): Neue Vorschriften zur Segmentberichterstattung nach IAS und US-GAAP unter dem Aspekt des Business Reporting, in: Wpg 51. Jg. (1998), Heft 3, S. 92-107.

Böcking, Hans-Joachim/Orth, Christian (1998): Neue Vorschriften zur Rechnungslegung und Prüfung durch das KonTraG und das KapAEG, in: DB 51. Jg. (1998), Heft 25, S. 1241-1246.

Böcking, Hans-Joachim/Orth, Christian (1998a): Offene Fragen und Systemwidrigkeiten bei den neuen Rechnungslegungs- und Prüfungsvorschriften des KonTraG und des KapAEG, in: DB 51. Jg. (1998), Heft 38, S. 1873-1879.

Bode, Joachim/Gohdes, Alfred/Thurnes, Georg (1998): Betriebliche Altersversorgung im internationalen Jahresabschluß - Bewertungsannahmen zum 31.12.1997/01.01.1998, in: DB 51. Jg. (1998), Heft 22, S. 1093-1098.

Born, Karl (1999): Rechnungslegung international: Konzernabschlüsse nach IAS, US-GAAP, HGB und EG-Richtlinien, 2. Aufl., Stuttgart 1999.

Brandstätter, Jörn (1993): Die Prüfung der Sanierungsfähigkeit notleidender Unternehmen, München 1993.

Bruns, Carsten (1998): Unternehmensbewertung auf der Basis von HGB- und IAS-Abschlüssen, Herne, Berlin 1998.

Buchmann, Peter (2000): Die Offenlegung der wirtschaftlichen Verhältnisse nach § 18 KWG, in: Sparkasse 117. Jg. (2000), Heft 5, S. 227-234 und Heft 6, S. 280-287.

Budde, Wolfgang Dieter et al. (Hrsg., 1990): Beck'scher Bilanz-Kommentar, 2. Aufl., München 1990.

Bundesministerium der Justiz (Hrsg., 1999): Schreiben vom 14.05.1999 III A 3 - 3507/ 20 - 321069/99, in: DB 52. Jg. (1999), Heft 28, S. 1416.

Büschgen, Hans Egon (1998): Bankbetriebslehre: Bankgeschäfte und Bankmanagement, 5. Aufl., Wiesbaden 1998.

Busse von Colbe, Walther (1995): Zur Anpassung der Rechnungslegung von Kapitalgesellschaften an internationale Normen in: BFuP 47. Jg. (1995), Heft 4, S. 373-391.

Busse von Colbe, Walther (1998): Rechnungslegungsziele und Ansätze zur internationalen Harmonisierung der Rechnungslegung deutscher Unternehmen, in: Ballwieser, Wolfgang (Hrsg.): US-amerikanische Rechnungslegung, 3. Aufl., Stuttgart 1998, S. 369-387.

Busse von Colbe, Walther (1999): Der befreiende Konzernabschluß nach international anerkannten Rechnungslegungsgrundsätzen, in: Dörner, Dietrich et al. (Hrsg.): Reform des Aktienrechts, der Rechnungslegung und Prüfung, Stuttgart 1999, S. 401-420.

Busse von Colbe, Walther/Ordelheide, Dieter (1993): Konzernabschlüsse, 6. Aufl., Wiesbaden 1993.

Busse von Colbe, Walther/Seeberg, Thomas (Hrsg., 1997): Vereinbarkeit internationaler Konzernrechnungslegung mit handelsrechtlichen Grundsätzen, Düsseldorf/ Frankfurt am Main 1997.

BVerfG vom 17.01.1957 - 1 BvL 4/54, in: BVerfGE 6, S. 55-84.

BVerfG vom 14.04.1959 - 1 BvL 23, 34/57, in: BVerfGE 9, S. 237-250.

BVerfG vom 23.11.1976 - 1 BvR 150/75, in: BVerfGE 43, S. 108-125.

BVerfG vom 03.11.1982 - 1 BvR 620/78, 1335/78, 1104/79 und 363/80, in: BVerfGE 61, S. 319-357.

BVerfG vom 29.05.1990 - 1 BvL 20, 26, 184 und 4/86, in: BVerfGE 82, S. 60-105.

BVerfG vom 26.01.1994 - 1 BvL 12/86, in: BVerfGE 89, S. 346-359.

BVerfG vom 22.06.1995 - 2 BvL 37/91, in: BVerfGE 93, S. 121-165.

Cairns, David (1995): IASC - Individual Accounts, in: Ordelheide, Dieter/KPMG (Hrsg.): Transacc, Stuttgart 1995, Volume 2, Chapter 18, S. 1661-1767.

Coenenberg, Adolf Gerhard (1997): Jahresabschluß und Jahresabschlußanalyse, 16. Aufl., Landsberg/Lech 1997.

Coenenberg, Adolf Gerhard/Hille, Klaus (1997): Latente Steuern nach der neu gefaßten Richtlinie IAS 12, in: DB 50. Jg. (1997), Heft 11, S. 537-544.

Coenenberg, Adolf Gerhard/Reinhart, Alexander (1999): Erfolgswirtschaftliche Jahresabschlußanalyse bei Bilanzierung nach IAS, in: Küting, Karlheinz/Langenbucher, Günther (Hrsg.): Internationale Rechnungslegung, Festschrift für Weber, Stuttgart 1999, S. 561-584.

Crezelius, Georg (1994): Steuerrecht II, 2. Aufl., München 1994.

Demming, Claudia (1997): Grundlagen der internationalen Rechnungslegung, München 1997.

Deutsche Bundesbank (Hrsg., 1992): Die Untersuchung von Unternehmensinsolvenzen im Rahmen der Kreditwürdigkeitsprüfung durch die Deutsche Bundesbank, in: Monatsberichte der Deutschen Bundesbank o.Jg. (1992), Heft 1, S. 30-36.

Deutsche Bundesbank (Hrsg., 1999): Zur Bonitätsbeurteilung von Wirtschaftsunternehmen durch die Deutsche Bundesbank, in: Monatsberichte der Deutschen Bundesbank o.Jg. (1999), Heft 1, S. 51-63.

Döllerer, Georg (1959): Grundsätze ordnungsmäßiger Bilanzierung, deren Entstehung und Ermittlung, in: BB 14. Jg. (1959), Heft 34, S. 1217-1221.

Döllerer, Georg (1971): Maßgeblichkeit der Handelsbilanz in Gefahr, in: BB 26. Jg. (1971), Heft 31, S. 1333-1335.

Dolzer, Rudolf/Vogel, Klaus (Hrsg., 1999): Bonner Kommentar zum Grundgesetz, 93. Ergänzungslieferung, Heidelberg 1999.

Literaturverzeichnis 267

Dreier, Horst (Hrsg., 1996): Grundgesetz: Kommentar, Band 1: Artikel 1-19, Tübingen 1996.

Ernsting, Ingo/von Keitz, Isabel (1998): Bilanzierung von Rückstellungen nach IAS 37, in: DB 51. Jg. (1998), Heft 50, S. 2477-2484.

Erxleben, Karsten et al. (1992): Klassifikation von Unternehmen, in: ZfB 62. Jg. (1992), Heft 11, S. 1237-1262.

Euler, Roland (1997): Bilanzrechtstheorie und internationale Rechnungslegung, in: Budde, Wolfgang Dieter et al. (Hrsg.): Handelsbilanzen und Steuerbilanzen, Festschrift für Beisse, Düsseldorf 1997, S. 171-188.

Euler, Roland (1998): Steuerbilanzielle Konsequenzen der internationalisierten Rechnungslegung, in: StuW 75. Jg. (1998), Heft 1, S. 15-24.

Federmann, Rudolf (1994): Bilanzierung nach Handelsrecht und Steuerrecht, 10. Aufl., Berlin 1994.

Feidicker, Markus (1992): Kreditwürdigkeitsprüfung, Düsseldorf 1992.

Fey, Gerd/Schruff, Wienand (1997): Das Standing Interpretations Committee (SIC) des International Accounting Standards Committee, in: Wpg 50. Jg. (1997), Heft 17, S. 585-595.

Förschle, Gerhart/Hoffmann, Karl (1998): Latente Steuern nach IAS 12 unter Berücksichtigung des deutschen Körperschaftsteuersystems, in: DB 51. Jg. (1998), Heft 43, S. 2125-2129.

Förschle, Gerhart/Kroner, Matthias (1996): International Accounting Standards: Offene Fragen zur künftigen Steuerabgrenzung, in: DB 49. Jg. (1996), Heft 33, S. 1633-1639.

Förschle, Gerhart/Kroner, Matthias/Heddäus, Birgit (1999): Ungewisse Verpflichtungen nach IAS 37 im Vergleich zum HGB, in: Wpg 52. Jg. (1999), Heft 2, S. 41-54.

Förschle, Gerhart/Kroner, Matthias/Mandler, Udo (1996): Internationale Rechnungslegung: US-GAAP, HGB und IAS, 2. Aufl., Bonn 1996.

Frankenberg, Peter (1993): Jahresabschlüsse im internationale Vergleich: Analyse US-amerikanischer und deutscher Unternehmen, Wiesbaden 1993.

Fuchs, Markus (1997): Jahresabschlußpolitik und International Accounting Standards, Wiesbaden 1997.

Fülbier, Rolf Uwe/Gassen, Joachim (1999): Wider die Maßgeblichkeit der International Accounting Standards für die steuerliche Gewinnermittlung, in: DB 52. Jg. (1999), Heft 30, S. 1511-1513.

Gebhardt, Günther/Naumann, Thomas (1999): Grundzüge der Bilanzierung von Financial Instruments und von Absicherungszusammenhängen nach IAS 39, in: DB 52. Jg. (1999), Heft 29, S. 1461-1469.

GEFIU (Hrsg., 1995): Möglichkeiten und Grenzen der Anpassung deutscher Konzernabschlüsse an die Rechnungslegungsgrundsätze des International Accounting Standards Committee (IASC), in: DB 48. Jg. (1995), Heft 23, S. 1137-1143 und Heft 24, S. 1185-1191.

Gidlewitz, Hans-Jörg (1996): Internationale Harmonisierung der Konzernrechnungslegung unter besonderer Berücksichtigung der Vereinbarkeit der Bestimmungen des IASC und des HGB, Frankfurt am Main et al. 1996.

Glaum, Martin/Mandler, Udo (1996): Rechnungslegung auf globalen Kapitalmärkten: HGB, IAS und US-GAAP, Wiesbaden 1996.

Goebel, Andrea (1994): Konzernrechnungslegung nach den International Accounting Standards, in: DB 47. Jg. (1994), Heft 49, S. 2457-2464.

Goebel, Andrea (1995): Die Konzernrechnungslegung nach HGB, IAS und US-GAAP, in: DB 48. Jg. (1995), Heft 50, S. 2489-2492.

Goebel, Andrea/Fuchs, Markus (1994): Rechnungslegung nach den International Accounting Standards vor dem Hintergrund des deutschen Rechnungslegungsrechts für Kapitalgesellschaften, in: DStR 37. Jg. (1994), Heft 24, S. 874-880.

Goebel, Andrea/Fuchs, Markus (1995): Die Anwendung der International Accounting Standards in den Konzernabschlüssen deutscher Kapitalgesellschaften, in: DB 48. Jg. (1995), Heft 31, S. 1521-1527.

Goebel, Andrea/Heinrich, Christoph (1995): Die bilanzielle Behandlung immaterieller Vermögenswerte nach den IAS, in: DStR 38. Jg. (1995), Heft 38, S. 1484-1488.

Gräfer, Horst (1994): Bilanzanalyse, 6. Aufl., Herne/Berlin 1994.

Gräfer, Horst/Demming, Claudia (1994): Harmonisierung der Rechnungslegung, in: Gräfer, Horst/Demming, Claudia (Hrsg.): Internationale Rechnungslegung, Stuttgart 1994, S. 1-22.

Groh, Manfred (1998): Der Kampf um das Maßgeblichkeitsprinzip, in: Meffert, Heribert/Krawitz, Norbert (Hrsg.): Unternehmensrechnung und Besteuerung, Festschrift für Dietrich Börner, Wiesbaden 1998, S. 177-196.

Großfeld, Bernhard (1990): Bilanzrecht, 2. Aufl., Heidelberg 1990.

Hacker, Bernd (1999): Bilanzierung von Wertpapieren bei Umstellung der Rechnungslegung deutscher Kreditinstitute auf International Accounting Standards (IAS), in: DB 52. Jg. (1999), Heft 17, S. 858-863.

Hayn, Sven (1994): Die International Accounting Standards, in: Wpg 47. Jg. (1994), Heft 21, S. 713-721 und Heft 22, S. 749-755.

Hayn, Sven (1997): Internationale Rechnungslegung, Stuttgart 1997.

Hayn, Sven/Pilhofer, Jochen (1998): Die neuen Rückstellungsregeln des IASC im Vergleich zu den korrespondierenden Regeln der US-GAAP, in: DStR 41. Jg. (1998), Heft 44, S. 1729-1732 und Heft 45, S. 1765-1771.

Haller, Axel (1993): Die Rolle des International Accounting Standards Committee bei der weltweiten Harmonisierung der externen Rechnungslegung, in: DB 46. Jg. (1993), Heft 26/27, S. 1297-1305.

Hartmann-Wendels, Thomas/Pfingsten, Andreas/Weber, Martin (1998): Bankbetriebslehre, Berlin et al. 1998.

Hauser, Hansgeorg/Meurer, Ingetraut (1998): Die Maßgeblichkeit der Handelsbilanz im Lichte neuer Entwicklungen, in: Wpg 51. Jg. (1998), Heft 7, S. 269-280.

Havermann, Hans (1994): Internationale Entwicklungen in der Rechnungslegung; in: Ballwieser, Wolfgang et al. (Hrsg.): Bilanzrecht und Kapitalmarkt, Festschrift zum 65. Geburtstag von Adolf Moxter, Düsseldorf 1994, S. 655-677.

Heinhold, Michael (1996): Der Jahresabschluß, 4. Aufl., München/Wien 1996.

Heintges, Sebastian (1997): Bilanzkultur und Bilanzpolitik in den USA und in Deutschland, 2. Aufl., Sternenfels et al. 1997.

Heintzen, Markus (1999): Zur Verfassungsmäßigkeit von § 292a Abs. 2 Nr. 2a) HGB, in: BB 54. Jg. (1999), Heft 20, S. 1050-1054.

Herzig, Norbert/Dautzenberg, Norbert (1998): Auswirkungen der Internationalisierung der Rechnungslegung auf die Steuerbilanz, in: BFuP 50. Jg. (1998), Heft 1, S. 23-37.

Herzig, Norbert/Mauritz, Peter (1998): Ökonomische Analyse einer bilanziellen Marktbewertungspflicht für originäre und derivative Finanzinstrumente, in: ZfB 68. Jg. (1998), Heft 4, S. 335-361.

Herzig, Norbert/Schiffers, Joachim (1999): Steuersatzänderungen des Steuerentlastungsgesetzes 1999/2000/2002 - Auswirkungen auf die Unternehmensbesteuerung, in: DB 52. Jg. (1999), Heft 19, S. 969-974 und Heft 20, S. 1028-1031.

Höhn, Ernst (1993): Steuerrecht, 7. Aufl., Bern et al. 1993.

Hofbauer, Max A. et al. (Hrsg., 1997): Bonner Handbuch der Rechnungslegung, 2. Aufl., 11. Ergänzungslieferung, Bonn 1997.

Hommelhoff, Peter (1996): Deutscher Konzernabschluß: International Accounting Standards und das Grundgesetz, in: Böttcher, Reinhard et al. (Hrsg.): Festschrift für Walter Odersky zum 65. Geburtstag, Berlin et al. 1996, S. 779-797.

Hommelhoff, Peter (1997): Zum Ersatz des deutschen Konzernabschlusses durch den internationalen Konzernabschluß, in: Baetge, Jörg (Hrsg.): Aktuelle Entwicklungen in Rechnungslegung und Wirtschaftsprüfung, Düsseldorf 1997, S. 109-134.

Hübner, Stefan/Schwarzinger, Petra (1998): Arbeitnehmervergütungen nach International Accounting Standard 19 in überarbeiteter Fassung, in: SWI 8. Jg. (1998), Heft 7, S. 328-335.

Hüls, Dagmar (1995): Früherkennung insolvenzgefährdeter Unternehmen, Düsseldorf 1995.

van Hulle, Karel (1995): Tendenzen bei der Koordinierung der Rechnungslegung in der EU, in: IDW (Hrsg.): Neuorientierung der Rechnungslegung - Bericht über die Fachtagung 1994 des Instituts der Wirtschaftsprüfer in Deutschland e.V., Düsseldorf 1995, S. 39-54.

IASC (Hrsg., 1995): International Accounting Standards, London 1995, Introduction, abgedruckt in: IDW (Hrsg.): Rechnungslegung nach International Accounting Standards, Düsseldorf 1995.

IDW (Hrsg., 1995): Rechnungslegung nach International Accounting Standards, Düsseldorf 1995.

Jacobs, Otto H. (1994): Bilanzanalyse, München 1994.

Jacobs, Otto H./Spengel, Christoph/Wünsche, Alexander (1999): Steuerreform 1999/ 2000/2002: Auswirkungen auf die Unternehmensbesteuerung im nationalen und internationalen Vergleich, in: DB 52. Jg. (1999), Heft 2, S. 57-63.

Jung, Willi (1993): Praxis des Unternehmenskaufs, 2. Aufl., Stuttgart 1993.

von Keitz, Isabel (1997): Immaterielle Güter in der internationalen Rechnungslegung - Grundsätze für den Ansatz von immateriellen Gütern in Deutschland im Vergleich zu den Grundsätzen in den USA und nach IASC, Düsseldorf 1997.

Kerling, Matthias/Poddig, Thorsten (1994): Klassifikation von Unternehmen mittels KNN, in: Rehkugler, Heinz/Zimmermann, Hans Georg (Hrsg.): Neuronale Netze in der Ökonomie, München 1994, S. 427-490.

Kirchhof, Paul/Söhn, Hartmut (Hrsg., 1995): Einkommensteuergesetz, 56. Ergänzungslieferung, Heidelberg 1995.

Kleekämper, Heinz (1994): Rechnungslegung aus Sicht des IASC, in: Baetge, Jörg (Hrsg.): Die deutsche Rechnungslegung vor dem Hintergrund internationaler Entwicklungen, Düsseldorf 1994, S. 41-65.

Kleekämper, Heinz (1995): Aktivitäten und Tendenzen im IASC, in: Dörner, Dietrich/Wollmert, Peter (Hrsg.): IASC-Rechnungslegung, Düsseldorf 1995, S. 99-127.

Kleekämper, Heinz (1998): IASC - Das Trojanische Pferd der SEC?, in: Ballwieser, Wolfgang (Hrsg.): US-amerikanische Rechnungslegung, 3. Aufl., Stuttgart 1998, S. 351-367.

Knobbe-Keuk, Brigitte (1989): Bilanz- und Unternehmenssteuerrecht, 7. Aufl., Köln 1989.

Koberg, Ann-Kristin (1991): Die Auswirkungen des Bilanzrichtlinien-Gesetzes auf die Kreditwürdigkeitsprüfung der deutschen Banken, St. Gallen 1991.

KPMG (Hrsg., 1996): International Accounting Standards, 2. Aufl., Düsseldorf 1996.

Krause, Clemens (1993): Kreditwürdigkeitsprüfung mit Neuronalen Netzen, Düsseldorf 1993.

Krawitz, Norbert (1998): Steuerliche Determinierung der Handelsbilanzpolitik, in: Meffert, Heribert/Krawitz, Norbert (Hrsg.): Unternehmensrechnung und Besteuerung, Festschrift für Börner, Wiesbaden 1998, S. 197-230.

Kußmaul, Heinz (1995): Bilanzierungsfähigkeit und Bilanzierungspflicht, in: Küting, Karlheinz/Weber, Claus-Peter (Hrsg.): Handbuch der Rechnungslegung, Band Ia, 4. Aufl., Stuttgart 1995, I Rz. 384-422.

Küting, Karlheinz (1993): Europäisches Bilanzrecht und Internationalisierung der Rechnungslegung, in: BB 48. Jg. (1993), Heft 1, S. 30-38.

Küting, Karlheinz (1995): Gegenwärtige und künftige Behandlung immaterieller Vermögensgegenstände im IASC-Abschluß mit Vergleich zum deutschen Recht, in: Dörner, Dietrich/Wollmert, Peter (Hrsg.): IASC-Rechnungslegung, Düsseldorf 1995, S. 57-81.

Küting, Karlheinz/Brakensiek, Sonja (1999): IASC, FASB und DRSC - Ein Kurzporträt dreier Standard Setter, in: BB 54. Jg. (1999), Heft 13, S. 678-682.

Küting, Karlheinz/Hayn, Sven (1995): Unterschiede zwischen den Rechnungslegungsvorschriften von IASC und SEC/FASB vor dem Hintergrund einer internationalisierten Rechnungslegung in Deutschland, in: DStR 38. Jg. (1995), Heft 41, S. 1601-1604 und Heft 42, S. 1642-1648.

Küting, Karlheinz/Hayn, Sven (1996): Der Aussagewert eines angelsächsischen Konzernabschlusses im Vergleich zum HGB-Abschluß, in: AG 41. Jg. (1996), Heft 2, S. 49-71.

Küting, Karlheinz/Strickmann, Michael (1997): Die betriebliche Altersversorgung im Spannungsfeld von Bilanzpolitik und Bilanzanalyse, in: BB 52. Jg. (1997), Beilage 12 zu Heft 34.

Küting, Karlheinz/Weber, Claus-Peter (1999): Die Bilanzanalyse, 4. Aufl., Stuttgart 1999.

Küting, Karlheinz/Weber, Claus-Peter (Hrsg., 1995): Handbuch der Rechnungslegung, Band Ia, 4. Aufl., Stuttgart 1995.

Langer, Klaus (1999): Zur Bilanzierung des Anlagevermögens im internationalen Vergleich, in: Küting, Karlheinz/Langenbucher, Günther (Hrsg.): Internationale Rechnungslegung, Festschrift für Claus-Peter Weber, Stuttgart 1999, S. 181-217.

Langenbucher, Günther (1999): Segmentberichterstattung als Ergänzung der Rechnungslegung, in: Küting, Karlheinz/Langenbucher, Günther (Hrsg.): Internationale Rechnungslegung, Festschrift für Weber, Stuttgart 1999, S. 157-179.

Leffson, Ulrich (1984): Bilanzanalyse, 3. Aufl.; Stuttgart 1984.

Leffson, Ulrich (1987): Die Grundsätze ordnungsmäßiger Buchführung, 7. Aufl., Düsseldorf 1987.

Leker, Jens (1993): Fraktionierende Frühdiagnose von Unternehmenskrisen, Köln 1993.

Leker, Jens (1994): Fraktionierende Frühdiagnose von Unternehmenskrisen anhand von Jahresabschlüssen, in: ZfbF 46. Jg. (1994), Heft 9, S. 732-750.

Lorchheim, Ulrich (1997): Die Zuverlässigkeit als grundlegende qualitative Eigenschaft von Jahresabschlüssen nach den International Accounting Standards, in: RIW 43. Jg. (1997), S. 124-133.

Lutz, Günter (1999): Tendenzen im Bilanzrecht - eine unzeitgemäße Betrachtung, in: BB 54. Jg. (1999), Heft 3, S. 148-149.

Maunz, Theodor/Düring, Günter (Begr., 1999): Grundgesetz-Kommentar, 36. Ergänzungslieferung, München 1999.

Moxter, Adolf (1991): Bilanzlehre, Band II: Einführung in das neue Bilanzrecht, 3. Aufl., Wiesbaden 1991.

Moxter, Adolf (1993): Bilanzrechtsprechung, 3. Aufl., Tübingen 1993.

Moxter, Adolf (1995): Zum Verhältnis von handelsrechtlichen Grundsätzen ordnungsmäßiger Bilanzierung und True-and-fair-view-Gebot bei Kapitalgesellschaften, in: Förschle, Gerhart et al. (Hrsg.): Rechenschaftslegung im Wandel, Festschrift für Wolfgang Dieter Budde, München 1995, S. 419-429.

Moxter, Adolf (1999): Rückstellungen nach IAS: Abweichungen vom geltenden deutschen Bilanzrecht, in: BB 54. Jg. (1999), Heft 10, S. 519-525.

von Münch, Ingo (Begr., 1992): Grundgesetz-Kommentar, Band 1 (Präambel bis Art. 20), 4. Aufl., München 1992.

Mujkanovic, Robin (1999): Befreiende Konzernabschlüsse und Konzernlageberichte, in: BB 54. Jg. (1999), Heft 19, S. 999-1005.

Niehaus, Hans-Jürgen (1987): Früherkennung von Unternehmenskrisen, Düsseldorf 1987.

Niehus, Rudolf J. (1995): Zur "Internationalisierung" der Konzernabschlüsse 1994 der Bayer AG und der Schering AG, in: DB 48. Jg. (1995), Heft 19, S. 937-940.

Oestreicher, Andreas/Spengel, Christoph (1999): International Accounting Standards, Maßgeblichkeitsprinzip und Besteuerung, in: DB 52. Jg. (1999), Heft 12, S. 593-600.

Oestreicher, Andreas/Spengel, Christoph (1999a): Replik zu Fülbier, Rolf Uwe/Gassen, Joachim: Wider die Maßgeblichkeit der International Accounting Standards für die steuerliche Gewinnermittlung, in: DB 52. Jg. (1999), Heft 30, S. 1513-1516.

Ordelheide, Dieter (1993): Externes Rechnungswesen, in: Bitz, Michael et al. (Hrsg.): Vahlens Kompendium der Betriebswirtschaftslehre, 3. Aufl., München 1993, S. 219-314.

Oser, Peter (1996): Einsatz der Diskriminanzanalyse bei Kreditwürdigkeitsprüfungen, in: BB 51. Jg. (1996), Heft 7, S. 367-375.

Pejic, Philip (1997): International Accounting Standards Committee: Der überarbeitete Standard zur Segmentberichterstattung, in: DB 50. Jg. (1997), Heft 41, S. 2038-2041.

Pejic, Philip/Meiisel, Patrick (1998): Discontinuing Operations - Ausweis- und Bilanzierungsvorschriften nach dem neuen Standard des IASC, in: DB 51. Jg. (1998), Heft 45, S. 2229-2232.

Pellens, Bernhard (1997): Internationale Rechnungslegung, Stuttgart 1997.

Pellens, Bernhard (1999): Internationale Rechnungslegung, 3. Aufl., Stuttgart 1999.

Pellens, Bernhard/Bonse, Andreas/ Gassen, Joachim (1998): Perspektiven der deutschen Konzernrechnungslegung, in: DB 51. Jg. (1998), Heft 16, S. 785-792.

Piltz, Klaus (1990): Zur internationalen Harmonisierung der Rechnungslegung, in: Schweizer Treuhänder 64. Jg. (1990), Heft 6, S. 288-293.

PricewaterhouseCoopers (Hrsg., 1998): Understanding IAS: Analysis and interpretation of International Accounting Standards, 2. Aufl., London 1998.

Rehkugler, Heinz/Poddig, Thorsten (1993): Bilanzanalyse, 3. Aufl., München/Wien 1993.

Reinhart, Alexander (1998): Die Auswirkungen der Rechnungslegung nach International Accounting Standards auf die erfolgswirtschaftliche Abschlußanalyse von deutschen Jahresabschlüssen, Frankfurt am Main et al. 1998.

Reinhart, Alexander (1998a): Rückstellungen, Contingent Liabilities sowie Contingent Assets nach der neuen Richtlinie IAS 37, in: BB 53. Jg. (1998), Heft 49, S. 2514-2520.

Reischauer, Friedrich/Kleinhans, Joachim (Begr., 1963): Kreditwesengesetz, Band 1: Kommentar, KWG-Verordnungen, Grundsätze, Berlin 1963ff (Stand: August 1999).

Richter, Martin (1998): Gewinnrealisierung bei langfristiger Fertigung, in: Ballwieser, Wolfgang (Hrsg.): US-amerikanische Rechnungslegung, 3. Aufl., Stuttgart 1998, S. 135-163.

Riebell, Claus (1988): Die Praxis der Bilanzauswertung, 4. Aufl., Stuttgart 1988.

Risse, Axel (1995): Standard-Setting beim IASC: Mitwirkungsmöglichkeiten aus deutscher Sicht, in: RIW 41. Jg. (1995), S. 830-834.

Risse, Axel (1996): International Accounting Standards für den deutschen Konzernabschluß, Wiesbaden 1996.

Robisch, Martin/Treisch, Corinna (1997): Neuere Entwicklungen des Verhältnisses von Handelsbilanz und Steuerbilanz - Anhaltspunkte für eine Trendwende, in: Wpg 50. Jg. (1997), Heft 5, S. 156-169.

Rößler, Norbert/Doetsch, Peter/Heger, Heinz-Josef (1999): Auslagerung von Pensionsverpflichtungen im Rahmen einer Bilanzierung gemäß SFAS bzw. IAS, in: BB 54. Jg. (1999), Heft 48, S. 2498-2504.

Rößler, Norbert/Kaether, Fritz/Schmandt, Ernst Martin (1997): Rechnungslegung über Pensionsverpflichtungen in Deutschland nach internationalen Standards, in: BB 52. Jg. (1997), Heft 22, S. 1141-1148.

Rost, Peter (1991): Der internationale Harmonisierungsprozeß der Rechnungslegung, Frankfurt am Main et al. 1991.

Russ, Wolfgang (1986): Der Anhang als dritter Teil des Jahresabschlusses, 2. Aufl., Bergisch Gladbach/Köln 1986.

Schader, Heimo (1999): Intangible Assets - IAS 38 im Vergleich mit HGB und US-GAAP, in: SWI 9. Jg. (1999), Heft 1, S. 29-35.

Sauer, Wolfgang (1996): Offenlegung der wirtschaftlichen Verhältnisse von Kreditnehmern - Probleme in der praktischen Umsetzung, in: ZIR 31. Jg. (1996), Heft 3, S. 132-140.

Scherrer, Gerhard (1994): Konzernrechnungslegung, München 1994.

Schierenbeck, Henner (1999): Ertragsorientiertes Bankmanagement, Band 2: Risiko-Controlling und Bilanzstruktur-Management, 6. Aufl., Wiesbaden 1999.

Schildbach, Thomas (1987): Die neue Generalklausel für den Jahresabschluß von Kapitalgesellschaften - zur Interpretation des Paragraphen 264 Abs. 2 HGB, in: BFuP 39 Jg. (1987), Heft 1, S. 1-15.

Schildbach, Thomas (1992): Der handelsrechtliche Jahresabschluß, 3. Aufl., Herne/Berlin 1992.

Schildbach, Thomas (1994): Internationale Rechnungslegungsstandards auch für deutsche Einzelabschlüsse?, in: Ballwieser, Wolfgang et al. (Hrsg.): Bilanzrecht und Kapitalmarkt: Festschrift zum 65. Geburtstag von Adolf Moxter, Düsseldorf 1994, S. 699-721.

Schildbach, Thomas (1998): Rechnungslegung nach US-GAAP - ein Fortschritt für Deutschland?, in: Ballwieser, Wolfgang/Schildbach, Thomas (Hrsg.): Rechnungslegung und Steuern international, Düsseldorf 1998, S. 55-81.

Schildbach, Thomas (1998a): Zeitwertbilanzierung in USA und nach IAS, in: BFuP 50. Jg. (1998), Heft 5, S. 580-592.

Schipporeit, Erhard (1980): Ziele und Möglichkeiten einer Unternehmungsteuer, in: StuW 57. Jg. (1980), Heft 3, S. 190-199.

Schmidt, Matthias (1998): Die Folgebewertung des Sachanlagevermögens nach den International Accounting Standards, in: Wpg. 51. Jg. (1998), Heft 18, S. 808-816.

Schmidt, Reinhart (1990): Rating börsennotierter Unternehmen, in: Gerke, Wolfgang (Hrsg.): Anleger an die Börse, Berlin et al. 1990, S. 55-88.

Schmidt-Bleibtreu, Bruno/Klein, Franz (1999): Kommentar zum Grundgesetz, 9. Aufl., Neuwied 1999.

Schneider, Dieter (1989): Erste Schritte zu einer Theorie der Bilanzanalyse, in: Wpg 42. Jg. (1989), S. 633-642.

Schön, Wolfgang (1995): Die Steuerbilanz zwischen Handelsrecht und Grundgesetz, in: StuW 72. Jg. (1995), Heft 4, S. 366-377.

Schruff, Wienand (1993): Die internationale Vereinheitlichung der Rechnungslegung nach den Vorschlägen des IASC - Gefahr oder Chance für die deutsche Bilanzierung, in: BFuP 45. Jg. (1993), Heft 4, S. 400-426.

Schwarzinger, Petra (1997): Darstellung des Jahresabschlusses nach IAS 1, in: SWI 7. Jg. (1997), Heft 12, S. 556-562.

Siegel, Theodor (1998): Zeitwertbilanzierung für das deutsche Bilanzrecht?, in: BFuP 50. Jg. (1998), Heft 5, S. 593-603.

Siepe, Günter (1997): Steuerorientierter Jahresabschluß - anlegerorientierter Konzernabschluß?, in: Forster, Karl-Heinz et al. (Hrsg.): Aktien- und Bilanzrecht, Festschrift für Bruno Kropf, Düsseldorf 1997, S. 619-638.

Strobl, Elisabeth (1994): Matching Principle und deutsches Bilanzrecht; in: Ballwieser, Wolfgang et al. (Hrsg.): Bilanzrecht und Kapitalmarkt, Festschrift für Moxter, Düsseldorf 1994, S. 407-432.

Tipke, Klaus (1993): Die Steuerrechtsordnung, Band 2: Steuerrechtfertigungstheorie, Anwendung auf alle Steuerarten, sachgerechtes Steuersystem, Köln 1993.

Tipke, Klaus/Lang, Joachim (1996): Steuerrecht, 15. Aufl., Köln 1996.

Unselt, Kai (1996): Grundlagen und Methoden der Lifo-Bewertung in den USA - Zur Anwendung im deutschen Handels- und Steuerrecht, in: RIW 42. Jg. (1996), Heft 11, S. 928-935.

Uthoff, Carsten (1997): Erfolgsoptimale Kreditwürdigkeitsprüfung auf der Basis von Jahresabschlüssen und Wirtschaftsauskünften mit künstlichen Neuronalen Netzen, Stuttgart 1997.

Vigelius, Christoph (1997): HGB, US-GAAP, IAS: Vergleich deutscher und internationaler Rechnungslegungsstandards, Frankfurt am Main 1997.

Wagenhofer, Alfred (1995): Analyse von nach IAS aufgestellten Jahresabschlüssen, in: ÖBA 43. Jg. (1995), Heft 10, S. 766-775.

Wagenhofer, Alfred (1996): International Accounting Standards, Wien 1996.

Wagner, Franz (1998): Aufgabe der Maßgeblichkeit bei einer Internationalisierung der Rechnungslegung?, in: DB: 51. Jg. (1998), Heft 42, S. 2073-2077.

Weber, Martin/Krahnen, Jan/Weber, Adelheid (1995): Scoring-Verfahren - häufige Anwendungsfehler und ihre Vermeidung, in: DB 48. Jg. (1995), Heft 33, S. 1621-1626.

Weber-Grellet, Heinrich (1994): Maßgeblichkeitsschutz und eigenständige Zielsetzung der Steuerbilanz, in: DB 47. Jg. (1994), Heft 6, S. 288-291.

Weber-Grellet, Heinrich (1997): Maßgeblichkeitsgrundsatz in Gefahr?, in: DB 50. Jg. (1997), Heft 8, S. 385-391.

Winnefeld, Robert (1997): Bilanz-Handbuch, München 1997.

Wöhe, Günter (1990): Die Handels- und Steuerbilanz, 2. Aufl., München 1990.

Wöhe, Günther (1997): Bilanzierung und Bilanzpolitik, 9. Aufl., München 1997.

Wollmert, Peter (1995): IASC-Rechnungslegung, Stuttgart 1995.

Wollmert, Peter (1995a): Gegenwärtige und künftige Behandlung latenter Steuern im IASC-Abschluß, in: Dörner, Dietrich/Wollmert, Peter (Hrsg.): IASC-Rechnungslegung, Düsseldorf 1995, S. 83-98.

Wollmert, Peter/Achleitner, Ann-Kristin (1997): Konzeptionelle Grundlagen der IAS-Rechnungslegung, in: Wpg 50. Jg. (1997), Heft 7, S. 209-222 und Heft 8, S. 245-256.

Gesetzesmaterialien

Vierte Richtlinie des Rates vom 25. Juli 1978 aufgrund von Artikel 54 Absatz 3 Buchstabe g des Vertrages über den Jahresabschluß von Gesellschaften bestimmter Rechtsformen (78/660/EWG), Abl. EG Nr. L 222 vom 14.08.1978, S. 11-31.

Siebente Richtlinie des Rates vom 13. Juni 1983 aufgrund von Artikel 54 Absatz 3 Buchstabe g des Vertrages über den konsolidierten Abschluß (83/349/EWG), Abl. EG Nr. L 193 vom 18.06.1983, S. 1-17.

Achte Richtlinie des Rates vom 10. April 1984 aufgrund von Artikel 54 Absatz 3 Buchstabe g des Vertrages über die Zulassung der mit der Pflichtprüfung der Rechnungslegungsunterlagen beauftragten Personen (84/253/EWG), Abl. EG Nr. L 126 vom 12.05.1984, S. 20-26.

Gesetz zur Durchführung der Vierten, Siebenten und Achten Richtlinie des Rates der Europäischen Gemeinschaften zur Koordinierung des Gesellschaftsrechts (Bilanzrichtlinien-Gesetz - BiRiLiG) vom 19.12.1985, BGBl. 1985 I, S. 2355-2433.

Entwurf eines Gesetzes zur Verbesserung der Wettbewerbsfähigkeit deutscher Konzerne an internationalen Kapitalmärkten und zur Erleichterung der Aufnahme von Gesellschafterdarlehen (Kapitalaufnahmeerleichterungsgesetz - KapAEG), in: BR-Drucks. 967/96 vom 20.12.1996.

Entwurf eines Gesetzes zur Verbesserung der Wettbewerbsfähigkeit deutscher Konzerne an internationalen Kapitalmärkten und zur Erleichterung der Aufnahme von Gesellschafterdarlehen (Kapitalaufnahmeerleichterungsgesetz - KapAEG), in: BT-Drucks. 13/7141 vom 06.03.1997.

Beschlußempfehlung und Bericht des Rechtsausschusses (6. Ausschuß) zu dem Gesetzentwurf der Bundesregierung - Drucksache 13/7141, in: BT-Drucks. 13/9909 vom 12.02.1998.

Stichwortverzeichnis

A

Abkopplungsthese	18
Abschreibungen	
- HGB-Abschlüsse	63
- IAS-Abschlüsse	
- außerplanmäßige	84ff
- planmäßige	80ff
Anhang	21f
Anlagenspiegel	35
Anlagevermögen	
- HGB-Abschlüsse	20
- IAS-Abschlüsse	
- Einzelheiten	112ff
- Grundlagen	25f
Anschaffungskosten	
- HGB-Abschlüsse	61
- IAS-Abschlüsse	75ff
Anteile, eigene	
- Aufbereitung	197
- Beispiel	197f
- Bilanzierungs- und Bewertungsgrundlagen	196f
Anzahlungen, erhaltene	
- Aufbereitung	188f
- Beispiel	189ff
- Bilanzierungs- und Bewertungsgrundlagen	188
Aufbereitung, jahresabschlußanalytische	
- Gesamtbeispiel	247ff
- Grundlagen	111
Ausschüttungssperren	99ff

B

Barwerte	
- Schulden	93
- Vermögenswerte	74
Besteuerung, gesicherte	103ff
Beträge	
- erlösbare	85
- realisierbare	74
Bewertungsannahmen, versicherungsmathematische	202ff
Bilanz	
- HGB-Abschlüsse	20f
- IAS-Abschlüsse	23ff
Bilanzpolitik	
- Gesamtbeispiel	242ff
- Grundlagen	110f
Bilanzierungsfähigkeit, abstrakte	
- HGB-Abschlüsse	
- Schulden	63f
- Vermögensgegenstände	60
- IAS-Abschlüsse	
- Schulden	88ff
- Vermögenswerte	68ff
Bilanzierungsfähigkeit, konkrete	
- HGB-Abschlüsse	
- Schulden	64f
- Vermögensgegenstände	60f
- IAS-Abschlüsse	
- Schulden	91f
- Vermögenswerte	71f
Bilanzierungs- und Bewertungsgrundlagen, allgemeine	
- HGB-Abschlüsse	60ff
- IAS-Abschlüsse	67ff
Bilanzierungs- und Bewertungswahlrechte	
- handelsrechtliche	110
- steuerrechtliche	104
Bilanzrichtlinien	9f
Bilanzrichtlinien-Gesetz	10
Bonitätsprüfung	2ff

Stichwortverzeichnis

C
Cash-flow
- direkte Methode ... 30f
- indirekte Methode ... 31f

D
Datenbankanalyse ... 6
Diskriminanzanalyse ... 6
Dokumentationsfunktion
- HGB-Abschlüsse ... 17
- IAS-Abschlüsse ... 19

E
Eigenkapital
- HGB-Abschlüsse
  - Einzelheiten ... 66f
  - Grundlagen ... 20
- IAS-Abschlüsse
  - Einzelheiten ... 96
  - Grundlagen ... 25f
Eigenkapitalgeber-Fremdkapitalgeber-Konflikt ... 17
Eigenkapitalspiegel
- IAS-Abschlüsse ... 32f
- Übergangsproblematik ... 107
Eigentumsgarantie ... 102
Erfolgsanalyse, betragsmäßige ... 234ff
Ergebnis
- außerordentliches
  - HGB-Abschlüsse ... 21
  - IAS-Abschlüsse ... 27ff
- betriebliches
  - HGB-Abschlüsse ... 21
  - IAS-Abschlüsse ... 27f
- finanzielles
  - HGB-Abschlüsse ... 21
  - IAS-Abschlüsse ... 27f
Erläuterungen
- IAS-Abschlüsse ... 33ff
- Übergangsproblematik ... 107f

Erläuterungen zu Finanzinstrumenten ... 35f
Ermessens- und Gestaltungsspielräume ... 110
Eventualverbindlichkeiten
- Aufbereitung ... 228f
- Beispiel ... 229f
- Bilanzierungs- und Bewertungsgrundlagen ... 227f
Expertensysteme ... 6
Exposure Draft ... 15

F
Fertigungsaufträge, langfristige
- Aufbereitung ... 179ff
- Beispiel ... 182ff
- Bilanzierungs- und Bewertungsgrundlagen ... 171ff
- Gesamtbeispiel ... 257f
Finanzanlagen in Immobilien
- Aufbereitung ... 140f
- Beispiel ... 142ff
- Bilanzierungs- und Bewertungsgrundlagen ... 139f
Finanzanlagevermögen ... 126ff
Finanzierungsanalyse ... 109f
Finanzinvestitionen, kurzfristige
- Aufbereitung ... 192ff
- Beispiel ... 194ff
- Bilanzierungs- und Bewertungsgrundlagen ... 191f
Folgebewertung
- HGB-Abschlüsse
  - Schulden ... 66
  - Vermögensgegenstände ... 62f
- IAS-Abschlüsse
  - Schulden ... 95
  - Vermögenswerte ... 79ff
Framework ... 10ff

Fremdkapital
- HGB-Abschlüsse 20
- IAS-Abschlüsse
  - Einzelheiten 198ff
  - Grundlagen 25f
Fremdkapitalkosten
- Aufbereitung 122f
- Beispiel 124f
- Bilanzierungs- und Bewertungsgrundlagen 121f

G

Gesamtkostenverfahren 21
Geschäfts- oder Firmenwerte
- Aufbereitung 153ff
- Beispiel 156f
- Bilanzierungs- und Bewertungsgrundlagen 150ff
Gesetzmäßigkeit steuerlicher Eingriffe 105f
Gestaltungspotentiale, bilanzpolitische 110
Gewinn- und Verlustrechnung
- HGB-Abschlüsse 21
- IAS-Abschlüsse 26ff
Gleichheitsmaxime 102f
Grundsatz der Bewertungsvorsicht 57f
Grundsatz der Bilanzidentität 44
Grundsatz der Bilanzierungs- und Bewertungsstetigkeit 46f
Grundsatz der Darstellungsstetigkeit 47f
Grundsatz der Einzelabbildung 50f
Grundsatz der Neutralität 43
Grundsatz der Relevanz 41f
Grundsatz der Stetigkeit 46ff
Grundsatz der Unternehmungsfortführung 48f
Grundsatz der Vergleichbarkeit 46ff

Grundsatz der Verständlichkeit 40f
Grundsatz der Vollständigkeit 44
Grundsatz der Vorsicht 56ff
Grundsatz der Wesentlichkeit 41f
Grundsatz der Wirtschaftlichkeit 45f
Grundsatz der Zuverlässigkeit 42ff
Grundsatz des "true-and-fair-view" 51f
Grundsätze zur Konkretisierung von Informationsaufgaben
- HGB-Abschlüsse 38
- IAS-Abschlüsse 51ff
Grundsätze zur Konkretisierung von Zahlungsbemessungsaufgaben
- HGB-Abschlüsse 38
- IAS-Abschlüsse 55ff
Grundsatz getreuer Rechenschaftslegung 43
Grundsatz periodengerechter Gewinnermittlung 53ff
Grundsatz nomineller Kapitalerhaltung 49
Grundsatz sachlicher Aufwandsabgrenzung 55
Grundsatz wirtschaftlicher Betrachtungsweise 53
Grundsatz zeitgerechter Informationsvermittlung 45
Grundsatz zeitlicher Aufwandsabgrenzung 55

H

Handelsgesetzbuch 10
Herstellungskosten
- HGB-Abschlüsse 62
- IAS-Abschlüsse 77f

I

Imparitätsprinzip 56f

Stichwortverzeichnis

Informationsfunktion		Marktwerte, aktuelle	84
- HGB-Abschlüsse	17f	Maßgeblichkeitsprinzip	101ff
- IAS-Abschlüsse	18f		
Insolvenzstatistik	1	**N**	
International Accounting Standards	10ff	Nettoveräußerungserlöse, realisierbare	86
Investitionsanalyse	109f	Netze, neuronale	6
		Neubewertung	
J		- Grundlagen	82ff
Jahresabschluß		- Finanzinvestitionen	
- Bestandteile	20ff	- Aufbereitung	128ff
- Informationsquelle	3f	- Beispiel	131ff
- Zielsetzungen	16ff	- Bilanzierungs- und Bewertungsgrundlagen	127f
Jahresabschlußanalyse		- Gesamtbeispiel	257f
- erfolgswirtschaftliche	233ff	- Sachanlagevermögen	
- finanzwirtschaftliche	109ff	- Aufbereitung	114ff
- Instrumente	5ff	- Beispiel	116f
		- Bilanzierungs- und Bewertungsgrundlagen	113f
K			
Kalkulationsverfahren	164f	- Vermögenswerte, immaterielle	159f
Kapitalaufnahmeerleichterungsgesetz (KapAEG)	97	Normenhierarchie	10ff
Kapitalflußrechnung			
- IAS-Abschlüsse	29ff	**P**	
- Übergangsproblematik	107	Pensionsrückstellungen	
Korrekturposten	20	- Aufbereitung	206ff
Kosten, historische		- Beispiel	208ff
- Schulden	93	- Bilanzierungs- und Bewertungsgrundlagen	199ff
- Vermögenswerte	73	Preface	10f
Kennzahlenanalyse	5ff		
Kreditwürdigkeitsprüfung bzw. -überwachung	1ff	**R**	
		Rahmengrundsätze	
L		- HGB-Abschlüsse	37
Lagebericht	22	- IAS-Abschlüsse	40ff
Leistungsfähigkeit, subjektive	103	Realisationsprinzip	53f
Liquiditätsanalyse	109f	Rechnungslegungsgrundsätze	
		- HGB-Abschlüsse	36ff
M		- IAS-Abschlüsse	38ff
Marktbewertung	84		

Rechnungslegungsvorschriften
- HGB-Abschlüsse 9f
- IAS-Abschlüsse 10ff
Rechtssystem
- anglo-amerikanisches 9
- kontinentaleuropäisches 9
Rückstellungen
- Aufbereitung 222ff
- Beispiel 225ff
- Bilanzierungs- und Bewertungsgrundlagen 216ff
- Gesamtbeispiel 257f
Rückzahlungsbeträge 93f

S

Sachanlagevermögen 112ff
Schätzwerte 94f
Schulden
- HGB-Abschlüsse 63ff
- IAS-Abschlüsse 88ff
Scoring-Verfahren 5
Segmentberichterstattung 34f
Standards
- Bedeutung 10ff
- Entwicklungsprozeß 15
- Interpretation 14ff
- Überblick 12f
Standing Interpretation Committee (SIC) 14
Statement of Principles 15
Steuerforderungen, latente
- Aufbereitung 147f
- Beispiel 148f
- Bilanzierungs- und Bewertungsgrundlagen 144ff
Steuerverbindlichkeiten, latente
- Aufbereitung 213f
- Beispiel 214ff
- Bilanzierungs- und Bewertungsgrundlagen 212f

Stichtagsprinzip 44f
Strukturbilanzen
- Gesamtbeispiel 256ff
- Grundlagen 111f
Systemgrundsätze
- HGB-Abschlüsse 37
- IAS-Abschlüsse 48ff

U

Übersicht über Beziehungen zu nahestehenden Personen und Unternehmungen 35
Umlaufvermögen
- HGB-Abschlüsse 20
- IAS-Abschlüsse
  - Einzelheiten 164ff
  - Grundlagen 25f
Umsatzkostenverfahren 21
Unterschiedsbeträge, negative
- Aufbereitung 155f
- Beispiel 156f
- Bilanzierungs- und Bewertungsgrundlagen 151ff

V

Verbrauchsfolgeverfahren 165ff
Vermögensgegenstände 60f
Vermögenswerte 67ff
Vermögenswerte, immaterielle
- Aufbereitung 160ff
- Beispiel 162f
- Bilanzierungs- und Bewertungsgrundlagen 149ff
Verrechnungsverbot 50
Vorräte
- Aufbereitung 166ff
- Beispiel 169ff
- Bilanzierungs- und Bewertungsgrundlagen 164ff
- Gesamtbeispiel 257f

W

Wertänderungen, außerplanmäßige
- Finanzinvestitionen
  - Aufbereitung   135f
  - Beispiel   136ff
  - Bilanzierungs- und Bewertungsgrundlagen   134
- Grundlagen   84ff

Wiederbeschaffungskosten
- Schulden   93
- Vermögenswerte   74

Z

Zahlungsbemessungsfunktion
- HGB-Abschlüsse   17f
- IAS-Abschlüsse   19
- Übergangsproblematik   97ff

Zielsetzung
- HGB-Abschlüsse   16ff
- IAS-Abschlüsse   18f

Zugangsbewertung
- HGB-Abschlüsse
  - Schulden   65f
  - Vermögensgegenstände   61f
- IAS-Abschlüsse
  - Schulden   93ff
  - Vermögenswerte   75ff

Zurechnung
- HGB-Abschlüsse
  - Schulden   65
  - Vermögensgegenstände   61
- IAS-Abschlüsse
  - Schulden   92
  - Vermögenswerte   72f

Zuschreibungen
- HGB-Abschlüsse   63
- IAS-Abschlüsse   87

Zuschüsse, öffentliche
- Aufbereitung   118ff
- Beispiel   120f
- Bilanzierungs- und Bewertungsgrundlagen   117f

Zweckpluralismus   18